新羅 下代 王位繼承 研究

金 昌 謙

景仁文化社

머 리 말

군주국가에서 왕은 권력과 사회구성의 정점에 해당한다. 그리고 왕위의 계승은 수성이요 왕조의 연속이며, 왕위의 단절은 곧 왕조의 멸망인 것이다. 신라 문성왕은 죽음에 이르러 "조종의 대업은 임금이 없어서는 안되며 군사와 나라의 모든 일은 잠시도 버려 둘 수 없다."고 하였고, 더욱이 문무왕은 "종묘의 주인은 잠시도 비울 수 없으니 태자는 나의 관 앞에서 왕위를 잇도록 하라."고 유언하였다.

이처럼 중요한 왕위가 신라에서는 어떻게 계승되었을까?

사실 예나 지금이나, 단위가 국가건 정치단체건 종교단체건 기업체건 혹은 가족이건 그 대표자의 지위와 권력의 계승은 대단히 중요한 것이고, 거기에는 나름대로 원칙과 방법이 있다. 만약에 이것이 지켜지지 못하거나 않을 경우에는 비상조치와 분쟁이 발생하게 된다.

필자는 현대 한국사에서 역대 대통령들의 취임방법과 치적이 일면 신라 하대 왕들의 그것과 유사한 점이 많다는 느낌을 자주 받곤 하였다. 특히 북한의 권력승계는 더욱 그러하다. 그래서 비록 오늘날과 시대적 상황과 정치사회적 구조는 다르지만, 신라 하대의 왕위계승이 시사하는 바가 대단히 클 것이라는 생각에서 본 연구를 하였다.

이 책은 필자가 1994년에 박사학위 청구논문으로 제출하였던 원고를 다시 다듬어 출간하는 것이다. 사실 그 동안 이 중에서 일부는 분리시켜 개별 논문으로 꾸며 학술지에 게재한 적도 있다.

iv

이 과정에서 수정과 보완이 된 곳도 있지만, 원래의 내용과 견해가 크게 달라진 것은 없다. 그리고 이것을 다시 한 권의 책으로 묶었다. 그러다 보니 체제상 서술 내용의 부분적인 중복을 피할 수가 없었다. 이는 전적으로 필자가 불민한 까닭이지만, 독자 여러분들의 해량을 바란다.

이 책의 본문은 크게 여섯 장으로 구성되어 있다. 먼저 제2장에서는 신라 하대 각 왕들의 가계를 검토하고 재구성하여 새로운 왕실계보도를 복원하였다. 그리고 이를 바탕으로 하여 제3장에서는 하대 왕위계승의 유형별 특징을, 제4장에서는 왕위계승과 상대등·병부령·시중 등 고위관직의 상호관계성을, 제5장에서는 왕위찬탈형 반역에 대하여 살펴보았다. 또 제6장에서는 비진골왕의 등장과 왕위계승에서 골품제의 기능 소멸을, 제7장에서는 고려 태조가 제시한 「훈요십조」 제3조를 분석하여 왕위 부자계승 원칙의 재확립에 대하여 다루었다.

사실 책을 내면서 되돌아보니 부족한 점이 너무 많아 부끄럽지만, 필자가 그 동안 공부하고 연구한 것을 한 권의 책으로 정리하는 것에 자위하면서, 한편으로는 동학들의 연구에 조금이라도 도움이 되었으면 하는 소박한 바램도 품어본다.

이 책을 내기까지 정말 주위의 많은 분들로부터 도움을 받았다. 우선 부족한 논문을 지도와 심사해주신 閔丙河·金成俊·崔根泳·申解淳·金瑛河 교수님을 비롯하여, 필자가 신라사에 관심을 갖도록 자극을 주신 학부시절 恩師 李鍾旭 교수님과 학문적 기초를 다져주신 李樹健·吳世昌·金潤坤 교수님, 또 평소 여러 기회를 통하여 많은 가르침과 도움을 주신 李基東·崔柄憲·金杜珍·李在範 교수님께도 깊은 감사를 드린다.

아울러 평생 자식을 위해 농사만으로 살아오신 아버지, 몇 해 전에 세상을 달리하신 어머니와 셋째 형님께 이 책을 바친다. 그리고 바쁜 교사생활에도 큰 불평 없이 가정을 꾸려 가는 아내 吳妙順과, 또 건강하게 성장하고 있는 아들 載日이와 딸 載我에게도 이 기회를 빌어 고마움을 전한다.

끝으로 교정과 색인작성을 도와준 金德原 박사와, 어려운 여건 속에서도 이 책을 출판해 준 경인문화사 韓政熙 사장과 申鶴泰 편집장께도 감사의 마음을 표한다.

2003년 3월 1일 삼일절 84주년에
서울 봉천동 서재에서 저자 **김 창 겸** 씀

<목 차>

<표 차례>

<그림 차례>

제1장

緒　論

1. 연구사 정리

신라시대 왕위계승의 성격에 대하여 살펴보는 것은 매우 중요한
연구의 한 분야이다. 이는 신라의 최고지배층인 왕실의 친족구조
와 왕위계승의 특징을 밝히는 것이므로 정치사 뿐만 아니라 사회
사적으로도 의미가 있는 것이다. 그래서 이에 관한 기왕의 많은 연
구가 있었고, 또 연구사적 정리도 있었다.[1] 본 연구로 들어가기에
앞서, 우선 이 주제와 관련한 최근까지의 연구동향을 정리하면 다
음과 같다.

---

1) 대표적인 것으로는 崔在錫(1983,「新羅王室의 王位繼承」『歷史學報』
　98 ; 1983,『韓國家族制度史硏究』, 一志社)과 李鍾旭(1989,「新羅時代
　의 血緣集團과 相續」『歷史學報』121)의 글을 들 수 있는데, 이것은
　필자의 연구사 정리에 많은 참조가 되었다. 그리고 신라시대 친족조직
　에 대한 연구사적 정리는 盧明鎬의 글(1987,「高麗時代 親族組織의 연
　구상황」『中央史論』5)이 좋은 참고가 된다.

신라의 왕위계승에 대한 연구가 본격적으로 시작된 것은 1922년부터이다.[2] 특히 해방 이후에는 인류학의 이론을 적용한 연구가 활발하여 많은 글이 발표되었는데, 혈족결정의 원리(descent rule)로서 왕위계승의 원리·법칙을 구명해 보려는 노력이 있었다. 신라 왕실의 친족구조와 왕위계승에 대한 연구성과를 크게 보면, ①母系에서 父系로의 전환, ②家父長·父子繼承, ③二重出系(double descent), ④兩邊出系(bilateral), ⑤選系(ambilineal), ⑥非單系(non－unilineal, 父系血緣集團의 非存在) 등의 여섯 범주로 나눌 수 있다.

그러면 이러한 견해들이 특히 신라 하대의 왕위계승에 대해서는 어떻게 보았는지를 살펴보자.

먼저 ①의 범주에 속하는 연구자로는 今西龍, 白南雲, 末松保和, 金斗憲, 沈嵎俊, 丁仲煥, 李基白, 申瀅植 등이 있다.

今西龍은 신라 上代처럼 男系相續의 시대에 들어오면서도 아직도 女系相續時代의 자취를 遺存하고 있다고 하면서,[3] 또 골품제에 대한 논의 중 '신라시대에는 女系에서 男系로 전환되었다.'고 보았다. 백남운은 '신라는 母系氏族制에서 父系氏族制로 전환기'라고 하였고,[4] 그리고 末松保和는 '신라 상대 계승은 부자상속원칙이 아니었고'[5] 또 '中代의 男系男子繼承에서 下代에는 母系－女系繼承을 한' 것으로[6] 이해하였다.

더욱이 김두헌은 '전설에 나타난 부분은 원시적 모계씨족사회의 편린을 남기고 있으나 기록의 역사에 나타난 부분은 父系的·父

2) 崔在錫, 앞의 책, 99쪽.
3) 今西龍, 1922,「新羅骨品考」『史林』7-1 ; 1970,『新羅史研究』, 國書刊行會, 207쪽.
4) 白南雲, 1933,『朝鮮社會經濟史』, 改造社, 85쪽.
5) 末松保和, 1932,「新羅王代略考」『靑丘學叢』9, 35～39쪽.
6) 末松保和, 1949,「新羅三代考」『史學雜誌』57-5·6合倂號 ; 1954,『新羅史の諸問題』, 東洋文庫, 37～39쪽.

權的이었고, 삼국시대부터는 장자상속제가 실시되었다.'고 보았
다.7) 또 심우준은 '신라 중기 이후에 母系에서 父系로 전환'하였
고,8) 정중환은 '金氏에 의한 父系世襲制가 성립되기 이전에는 상
속법이 모계 중심이었고 부계세습제는 김씨왕 이후에 성립되었
다.'고 하였다.9)

한편 신형식은 제1대 朴赫居世～제16대 訖解王은 왕위추대시
대, 제17대 奈勿王～제22대 智證王은 부자상속과도기, 제23대 法
興王～제56대 敬順王은 부자상속확립기로 구분하였다.10) 그리고
이기백은 신라의 왕위계승은 모계제사회가 선행하였고 부자상속
(逸聖·阿達羅)→형제상속(昔氏 등장 이후)→부자상속(訥祗 이후)
의 과정으로 변하였는데,11) '신라 하대에는 부자상속의 원칙이 무
너졌다가 神武王 이후에 어떤 것인지 확실치는 않으나 나름대로의
왕위계승원칙이 정해진 듯하다.'고12) 보았다.

이처럼 이 범주에 속하는 자들은 신라의 왕위계승이 모계에서
부계로의 전환기로 보았듯이, 그 전환의 시점에 대해서는 조금씩
차이는 있으나, 모두 결국 중대 이후에는 부계계승으로 바뀐 것으
로 이해하였다. 그러면서도 하대에는 부계상속의 원칙이 무너졌거
나, 또는 모계계승－여계계승을 한 것으로 파악하고 있다.

또 ②의 범주에 속하는 연구자는 李德星, 邊太燮, 李基東, 金毅

---

7) 金斗憲, 1980, 『韓國家族制度研究』, 서울大學校 出版部, 88쪽.
8) 沈𨋀俊, 1965, 「新羅王室의 婚姻法則」『趙明基博士華甲紀念 佛教史學
論叢』.
9) 丁仲煥, 1969, 「新羅聖骨考」『李弘稙博士回甲紀念 韓國史學論叢』.
10) 申瀅植, 1971, 「新羅王位繼承考」『柳洪烈博士華甲紀念論叢』, 92쪽.
11) 李基白, 1973, 「新羅時代의 葛文王」『歷史學報』58 ; 1974, 『新羅政治
社會史研究』, 一潮閣, 19～22쪽.
12) 李基白, 1962, 「上大等考」『歷史學報』19 ; 앞의 책, 121～124쪽. 즉 '憲
德王이 哀莊王을 죽이고 즉위함으로써 父子繼承原則이 무너졌는데,
그 역할을 담당한 것은 上大等이다.'고 하였다.

奎, 李鍾旭 등이 있다.

먼저 이덕성은 '신라의 왕계는 엄격한 가부장적 사회의 제도이고 원칙적으로는 장자상속'이며, 또 신라의 骨은 엄격한 父骨의 혈연적 기반에서 형성되었고, 아울러 '男系相續者가 없는 경우에는 女系가 상속을 대행하면서도 養子를 거부하여 父骨의 혈연과 家格을 지지하려는 노력을 기울였고, 여계상속은 엄격한 부계골품사회에서 생겨난 한 개의 기형적 현상에 불과하다.'고 보았다.[13]

또 변태섭은 五廟制의 실시에 초점을 두고 "古代의 祖上祭祀는 長子相續이었으며 신라·고구려·백제의 왕위계승도 장자상속이 원칙이었다."고[14] 하여, '신라 五廟制의 실시가 骨品·王族中心社會에서 家祖中心社會로의 전환을 의미하며 삼국통일 후 家祖觀念은 親祖的 五廟制로 재편되었다.'는 견해를[15] 제시하였다.

그리고 李基東은 "소위 母系母權制는 그 자체 복잡한 구조를 갖고 있는 것이며 일반적인 母族 중시를 가지고 곧 母系制를 상정하는 것은 소박한 해석이다. 신라사회의 경우 처음부터 부계제를 상정할 수 있는 근거가 더욱 유력할 것 같다."고 하면서, 신라왕실의 왕통은 어디까지나 부계적이지만 父쪽의 單系姓만이 강조된 것이 아니라 母쪽의 姻戚의 비중도 컸다고[16] 하였다.

김의규는 신라 모계사회설에 대해 강한 비판을 한 뒤, "신라시대의 친족집단은 엄격한 父系出自에 기초하고 있었다."고 하였다.[17]

---

13) 李德星, 1949, 『朝鮮古代社會研究』, 正音社, 26쪽과 88쪽 및 93~129쪽.
14) 邊太燮, 1958, 「韓國古代의 繼世思想과 祖上崇拜信仰」 『歷史教育』 3·4, 82쪽.
15) 邊太燮, 「廟制의 變遷을 통하여 본 新羅社會의 發展過程」 『歷史教育』 8, 1964, 68~74쪽.
16) 李基東, 1975, 「新羅 中古時代 血緣集團의 特質에 대한 諸問題」 『震檀學報』 40 ; 1984, 『新羅骨品制社會와 花郎徒』, 一潮閣, 114쪽과 116쪽.
17) 金毅奎, 1979, 「新羅 母系社會說에 대한 檢討」 『韓國史研究』 23.

한편 이종욱은 '신라시대에는 부계혈족집단이 있었으며 왕위계승은 부계가계 내에서 주로 부자간에 이루어지는 원칙이 있었으나 다른 특별한 이유에 의해 그렇지 못한 경우도 있었다.'고[18] 하였다.

결국 이 범주의 연구자들은 신라의 왕위계승은 부자상속제였으며 특히 장자상속을 원칙으로 한다고 하였으니, 신라 하대에도 당연히 그러했던 것으로 본 것이다.

한편 ③의 범주에는 金哲埈, 皮暎姬, 申東河 등이 있다.

김철준은 '신라 上古는 母系繼承이나 double descent적인 상속법이 있었는데, 모계계승에서 부계계승의 전환은 부족국가가 생기면서이지만, 신라 二部體制는 후기까지 지속되어 double descent적 상속 및 모계계승의 흔적이 고려 초까지 보인다.'고 하였다.[19]

그리고 김철준의 설을 계승한 피영희는 신라시대에 한 개인에게 동시에 父系·母系繼承이 적용되는 계승방법이 있었다고 하면서, 왕위계승에 王妃族·母系族 중시의 경향과 聖骨決定에 모계계통이 중요한 역할을 하는 double descent의 친족규정이었는데, 왕위계승에서 '上古는 double descent, 中古이전은 double descent 계승원칙, 中代는 double descent를 고의적으로 따르지 않았고, 下代에는 double descent 관념은 있으나 왕위계승은 부계상속을 하였다.'고 보았다.[20]

한편 신동하는 '신라사회는 double descent의 형태가 나타나나 부계적 계승이 작용하였으므로 重系繼承社會로 규정하기에는 문제가 있다.'고 하였다.[21]

---

18) 李鍾旭, 1989,「新羅時代 血緣集團과 相續」『歷史學報』121, 43∼81쪽.
19) 金哲埈, 1968,「新羅時代의 親族集團」『韓國史研究』1 ; 1975,『韓國古代社會研究』, 知識産業社, 168쪽과 171∼173쪽.
20) 皮暎姬, 1979,「Double Descent理論適用을 통해 본 新羅王의 身分概念」『韓國史論』5, 서울대학교 국사학과, 54∼104쪽.

그러므로 이 범주에 속하는 연구자들도 하대에도 비록 친족원리
에서는 double descent의 성격이 있으나 왕위계승은 父系相續·繼
承한 것으로 보았다.[22]

그리고 ④의 범주에는 李光奎와[23] 李仁哲을 들 수 있다.

이광규는 신라의 친족은 bilater descent group(兩方的 出系集團)으
로 보면서,[24] 그러나 신라의 왕위계승은 長子繼承原理, 優秀者繼
承原理, 父子繼承, 選系出系(ambilineal descent)의 계승원리, 長子直
系繼承原理, 選系的 兄弟繼承原理에 의하여 행하여지는 것이었다
고 한다. 그리고 '신라 하대의 왕위계승을 전기와 후기로 나누어,
전기의 처음에는 武烈王系와 같은 直系原理에 의한 왕위계승이
있었으나, 뒤에는 前王을 살해하거나 자살 등으로 왕위쟁탈전이
계속되었으므로 친족체계상 계승원리로 설명할 수 없고, 한편 후
기에는 選系出系的(ambilineal descent) 계승의 부활, 선계적 형제계
승 즉 직계계승의 원리도 있었지만 선계적 계승이 부활한 것이다'
고[25] 하였다. 즉 하대는 부계계승을 원칙으로 하면서도 선계적 계
승도 있었던 것으로 보았다.

또 이인철은 "신라 상고시대에는 兩系的 繼承에서 중고시대 이

---

21) 申東河, 1979,「新羅骨品制의 形成過程」『韓國史論』5, 서울대학교
    국사학과, 24~29쪽.
22) 한편 姜鳳龍은 신라 하대 원성왕 직계 내에서 왕위계승자를 선정하는
    데 있어서 모계와 처계 '宗黨'이 강하게 작용한 것으로 추측하였다
    (1995.「6~8세기 新羅의 王位繼承과 王權」, 한국역사연구회 제45회 연
    구발표회 발표문).
23) 李光奎의 입장이 ambilineal인지 bilateral인지 구분하기에 어려움이 있
    지만, 崔在錫의 구분에 따라(崔在錫, 앞의 책, 115~116쪽) 後者로 분
    류한다.
24) 李光奎, 1981,「韓國古代社會와 親族制度」『韓國古代文化와 隣接文化
    와의 관계』, 韓國精神文化研究院, 367쪽.
25) 李光奎, 1977,『韓國家族의 史的研究』, 一志社, 122~144쪽.

후 父系繼承으로 변화하였고 친족구조도 兩系(bilateral descent)에서 父系(patrilineal descent)로 변화되었으며, 다만 신라 말에 이르러 양계적 형태의 왕위계승이 나타났으나 이는 전체적인 친족구조가 다시 양계로 변화된 것이라고는 할 수 없으며 단지 왕위계승에 한정된 현상이었다."고 하였다.26)

한편 ⑤의 범주에 속하는 연구자로는 李純根을 들 수 있다. 그는 '신라사회는 選擇的 兩系出自體系(ambilineal cognatic descent system)에 속하는데, 성원권의 취득이 兩系 중에서 선택할 수 있거나 변경할 수 있는 융통성이 있었으나 중국으로부터 姓氏를 취득함으로써 父系로 전환하였다.'고 하였다.27) 즉 신라 하대는 부계계승으로 보았다.

마지막 ⑥의 범주에 속하는 연구자로는 崔在錫이 있다. 그는 '신라시대에는 父系의 혈연집단이 존재하지 않았다. 즉, 조직이나 집단으로서의 부계친은 존재하지 않았다.'28) 또 "신라의 왕위계승은 姓과는 관계가 없고 王의 子·孫·壻·外孫이면 그가 異姓이라도 왕위계승을 할 수 있었다."고29) 하면서, 아울러 '신라시대의 왕위계승은 원칙적으로 父에서 子로 왕위가 계승되었고 子가 없을 경우에만 壻·女·親孫·外孫이 왕위를 계승하였으므로 父系(부자계승) 우위의 非單系的 계승이었다. 그리고 왕위에 오를 자의 친족관계는 반드시 바로 전의 先王과의 관계로 계산되는 것이 아니라 어느 왕을 기준으로 하든 그 왕과는 자·서·여·친손·외손

---

26) 李仁哲, 1989,「新羅 骨品制社會의 親族構造」『정신문화연구』36, 147～170쪽.
27) 李純根, 1980,「新羅時代 姓氏取得과 그 意味」『韓國史論』6, 서울대학교 국사학과.
28) 崔在錫, 앞의 책, 204～206쪽.
29) 崔在錫, 앞의 책, 141쪽과 161쪽.

의 신분관계에 속한 인물로 함으로써, 부자계승·형제계승으로 설명할 수 없다.'고 하였다. 그러므로 그는 신라 하대 역시 비단계적 계승으로30) 보고 있다.

이상은 신라 全時期의 왕위계승에 대한 연구 가운데서, 이들이 하대의 왕위계승에 대해서는 어떻게 보았는가를 정리한 것이다. 앞에서 살펴보았듯이 신라시대 왕위계승에 대한 기존의 학설은 다양하다. 비록 크게 여섯 범주로 나누었지만 같은 범주 내에서도 엄밀하게는 서로간에 조금씩 차이가 있다. 그러나 여기서는 이 정도는 간과하도록 한다.

결국 이들은 하대의 왕위계승에 대해 ⓐ부자계승원칙의 붕괴, ⓑ부자계승, ⓒ부계계승, ⓓ모계계승의 존속, ⓔ비단계적 계승, ⓕ 선계적 계승, ⓖ양계계승 등으로 각각 다르게 이해하고 있음을 알 수 있다.

이에도 불구하고, 金昌謙은 신라 하대의 왕위계승을 太子制, 叛逆, 上大等, 왕의 骨品的 身分 등과 연계한 다각적인 천착과 집중적인 연구를31) 통하여, 하대의 왕위계승은 비록 그 양상이 혼란하

---

30) 여기서 非單系라 함은 單系(父系·母系·二重出系) 이외의 出系를 말한다(Davenport, W., 1959, 「Nonunilinear Descent and Descent Groups」 『*American Anthropologist*』 61, 557~572쪽). 그러나 분류자에 따라 명칭과 그에 포함되는 구체적인 出系規則에 많은 차이를 보이고 있다(崔在錫, 1987, 『韓國古代社會史方法論』, 一志社, 281~301쪽에서 재인용).

31) 金昌謙, 1993, 「新羅時代 太子制度의 性格」『韓國上古史學報』 13.
金昌謙, 1994, 「新羅 下代 王位簒奪型 叛逆에 대한 一考察」『韓國上古史學報』 17.
金昌謙, 1995, 「新羅 元聖王의 卽位와 金周元系의 動向」『埠村申延澈教授停年退任紀念 史學論叢』.
金昌謙, 1997, 「新羅 '溟州郡王'考」『成大史林』 12·13합집.
金昌謙, 1999, 「新羅 元聖王系 王의 皇帝·皇族의 地位와 骨品超越化」『白山學報』 52.

였지만 부자계승을 원칙으로 하였고, 이것이 어려우면 부계친에
의해 약간의 변형된 계승이 있을 뿐이라고 하였다. 특히 정당한 왕
위계승자가 없는 경우라도 상대등직의 보유가 왕위계승과 직접적
인 관계는 없었고, 또 하대 후반기에는 일반 진골신분에서 超越化
된 王族이라는 혈연적 요인이 왕위계승의 우선적 요건이었으며,
여기에 정치적 요건이 부차적으로 작용한 것으로 보았다.[32]

그리고 여러 연구자들이 하대의 정치사적 변화와 왕위계승을 관
련시켜 분석하였는데, 하대 150여년에 재위한 20명의 왕 중에서 상
당히 긴 시기의 많은 왕을 연구대상으로 한 것도 있지만, 특정 시
기의 한두 명의 왕만을 대상으로 한 글들이 상당수를 차지한다.

먼저 李基白은 신라 하대의 왕위계승전은 원성왕의 諸孫을 시
조로 하는 여러 가계의 연립과 대항 속에서 진행되었다는 高見을
제시하였다.[33] 이후 그의 학설로부터 영향을 받고 또 계승 발전시
킨 많은 연구가 있었다.

金昌謙, 1999, 「新羅 下代 孝恭王의 卽位와 非眞骨王의 王位繼承」
『史學硏究』 58·59합집.
金昌謙, 2001, 「新羅 下代의 王位繼承과 遺詔」『白山學報』 56.
金昌謙, 2001, 「新羅 下代 王位繼承의 性格」『慶州文化硏究』 4, 慶州
大學校.
金昌謙, 2002, 「新羅 下代 推戴에 의한 王位繼承의 性格」『淸溪史學』
16·17합집.
金昌謙, 2002, 「新羅 下代의 王位繼承과 上大等」『白山學報』 63.
위의 글들은 이 책 내용의 일부로 다루어졌음을 미리 밝혀둔다.
32) 최근에 權永五도 원성왕의 즉위과정(1995, 「新羅 元聖王의 즉위과정」
『釜大史學』 19)과, 원성왕 이후부터 민애왕까지의 왕위분쟁과정(2000,
「新羅下代 왕위계승분쟁과 민애왕」『韓國古代史硏究』 19)을 정치사적
관점에서 파악하였고, 아울러 하대 상대등이 정당한 왕위계승자가 없
을 경우 그 제1후보자는 아니라 하여(2002, 「신라 하대 왕위계승과 상
대등」『지역과 역사』 10), 金昌謙과 같은 견해를 보였다
33) 李基白, 1974, 「新羅 下代의 執事省」『新羅政治社會史硏究』, 181쪽.

또 李基東은 하대의 왕위계승을 통하여 정치과정을 파악하는 글
에서 신라의 五廟制가 확립된 하대에는 무엇보다도 직계상속이 존
중된 결과 直系와 傍系의 차이가 점점 강화되었다고 보고, 830년
대 후반의 왕위계승쟁탈전은 왕실혈족집단 내부의 分枝化에 기인
한 것으로 설명하였다. 그러면서 그는 하대의 왕위계승과정에서
골품제의 특질이 어떠한 것이었던가를 살피었는데, 특히 金氏 孝
恭王에서 朴氏 神德王으로의 왕통의 변화를 신라 골품제 국가의
실질적인 종말로 보았다.[34]

崔柄憲 역시 하대 사회의 동요는 중앙에서 金氏王族간의 왕위
계승을 둘러싼 각 대가계와 소가계 사이의 대립이 주된 원인이었
으며, 이 과정에서 친족공동체의 해체가 골품제의 붕괴를 낳았다
고 하였다.[35]

한편 吳星은 원성왕계의 왕위교체(계승)에 대한 분석을 통하여
신라 하대의 정치적 성격을 파악하려고 하였다. 그 범위는 하대의
왕 모두에 대한 것은 아니고 제38대 元聖王을 中始祖로 한 후손들
의 왕위계승만을 대상으로 하였지만, 그 또한 원성왕 후손간의 分
枝化에 의한 소가계간의 대립과 연합으로 보았다.[36]

아울러 尹炳喜는 하대의 元聖王系 내에서 여러 가계간의 왕위

---

34) 李基東, 1980,「新羅下代의 王位繼承과 政治過程」『歷史學報』85 ; 앞
   의 책, 144~183쪽.
   李基東, 1991,「新羅 興德王代 政治와 社會」『國史館論叢』21 ; 1997,
   『신라사회사연구』, 일조각.
   李基東, 1996,「귀족사회의 분열과 왕위쟁탈전」『한국사』11, 국사편찬
   위원회.
35) 崔柄憲, 1978,「新羅 下代社會의 動搖」『한국사』3, 국사편찬위원회,
   427~509쪽.
36) 吳星, 1979,「新羅 元聖王系의 王位交替」『全海宗博士華甲紀念 史學
   論叢』.

쟁탈전이 끝나고 왕통을 형성한 均貞系의 왕위계승과정을 검토하면서, 원성왕계 내에서 부계를 범주로 하는 소가계간의 분열·대립·연합관계에 의한 정치사적 측면에서 파악하였다.[37]

金壽泰는 중대가 끝나고 하대의 원성왕계 정권이 형성되는 시기의 정치사적 변화를 고찰하는 과정에서 하대 초기의 宣德王·元聖王 전후의 왕위계승에 대하여 살펴보았다. 이에서 그는 부계혈족집단의 존재를 인정하면서 선덕왕과 원성왕은 모두 上大等으로서 前王과는 형제상속의 경향을 가지고 귀족세력의 추대를 받아서 즉위한 것이라 하였다.[38]

그리고 李培鎔은 하대 왕위계승에서 眞聖女王의 왕위계승은 골품제적인 요소에 의해 景文王系를 이어가려는 과도기적인 의미와 위기를 구하려는 호국의 상징으로써 여왕을 추대하였다는 불교사상적인 면으로 파악할 수 있다고 보았다.[39]

全基雄은 신라말 景文王家期의 왕위계승과정과 왕실고착화가 이루어져 가는 양상을 살피면서, 그 과정에서 드러나는 정치·사상의 특징적 현상들과 王家의 보수적 성격을 왕실 내부의 한계와 모순을 제시하여 신라 말기의 정치 사회적 변화와 몰락의 원인을 이해하려고 하였다.[40]

曺凡煥은 신라말 박씨왕의 등장은 신덕왕의 김씨왕실과 혈연관

---

37) 尹炳喜, 1982, 「新羅 下代 均貞系의 王位繼承과 金陽」『歷史學報』96.
38) 金壽泰, 1985, 「新羅 宣德王·元聖王의 王位繼承」『東亞研究』6 ;
   1996,『新羅中代政治史研究』, 一潮閣, 148쪽의 주75. 또 선덕왕의 즉위
   와 관련해서는 朴海鉉(1997,「惠恭王代 貴族勢力과 中代 王權」『全南
   史學』11)과 申政勳,(2001,「新羅 宣德王代의 政治的 推移와 그 性格」
   『大丘史學』65)의 글도 참고가 된다.
39) 李培鎔, 1985,「新羅下代 王位繼承과 眞聖女王」『千寬宇先生還曆紀念
   韓國史學論叢』, 359쪽.
40) 全基雄, 1989,「新羅 下代末의 政治社會와 景文王家」『釜山史學』16.

계도 있지만 그의 정치적 경력과 군사적·경제적 배경이 크게 작용한 것이고, 朴氏王家의 단절과 敬順王에 의한 김씨왕의 재등장은 당시 신라·후백제·고려의 외교적 관계에 의한 결과였으며, 또 경순왕의 즉위는 그가 왕위계승을 하기 위하여 골품제를 벗어난 집단과 결탁하고 그들의 힘을 빌려 박씨왕들에게 넘어간 왕위를 김씨에게 가져오려는, 즉 김씨들만의 왕위계승을 바라는 것에서 취하여진 정치적 사건이었지만, 결국 골품제를 깨뜨리는 이율배반적인 것이었다고 보았다.[41)]

李明植은 하대 원성왕계의 왕위계승을 원성왕 후손간에 의한 왕실세력의 연합과 대립으로 보았는데, 그것은 원성왕의 직계세력이 골품제의 운용에 있어서 진골귀족 중에서도 국왕과 상대등을 독점한 특수한 진골집단을 형성하였고, 그들의 분지화된 각 가계에서는 권력독점을 위한 대립과 갈등을 계속함으로써 왕위계승전이 발발하였다고 하였다.[42)]

그러나 이상에서 언급한 글들은 왕위계승을 검토하면서 당시의 정치사적 변화를 고찰함에 중심을 두었기 때문에 왕위계승원칙이 어떠한 것이었던가 하는 그 자체를 밝히고자 한 것은 아니다. 게다가 하대의 20명 왕을 모두 다룬 것도 아니다. 더구나 이러한 연구들은 지배층의 권력구조나 중앙정치세력의 쇠퇴과정을 왕실혈연집단 내부의 변화와 그에 따른 왕위계승방법의 변화를 통해 드러

---

41) 曺凡煥, 1991,「新羅末 朴氏王의 登場과 그 政治的 性格」『歷史學報』 129. 박씨왕대와 경순왕대의 정치적 변화에 대해서는 陰善赫의 글 (1997,「新羅 敬順王의 卽位와 高麗 歸附의 政治的 性格」『全南史學』 11)도 있다.

42) 李明植, 1992,「新羅 元聖王系의 分枝化와 王權崩壞」『中齋張忠植博士 華甲紀念論叢』 역사편 ; 1992,『新羅政治史硏究』, 螢雪出版社, 151~ 197쪽.

내고자 하여 진골귀족간의 분열과 대립, 왕위계승쟁탈전의 구체적인 양상은 밝혀졌지만, 정치세력을 혈족중심으로 파악한다던가 그러한 세력의 이합과 집산을 정치과정으로 인식함에 따른 정치사의 矮小化가능성도 있다는 지적이 있다.[43]

설령 그런 면이 있을지라도, 이 연구들은 신라 하대의 왕위계승을 이해하는 데 좋은 참고가 된다. 이들 글에서 다루어진 신라 하대 왕위계승상에서 혈족의 존재형태와 또 골품제의 운용에 대한 논의들을 정리하면, 이들은 혈족원리에서는 모두 부계의 존재와 그에 따른 계승을 인정하고 있다. 즉, 왕위계승은 부계친의 범주에서 이루어졌고 그 범위는 중대에 비하여 훨씬 협소화된, 다시 말하면 분지화된 소가계간의 대립과 갈등 내지는 연합에 의하여 이루어진 것으로 보아, 왕위계승에는 혈연관계도 중요하지만 그보다는 더 크게 정치적 관계가 작용되었던 것으로 보았다.[44] 그리고 이 과정에서 골품제에 대해서도 직접 간접으로 언급하였다. 하지만 그 내용은 골품제적 규정이 신라 멸망시까지 존재한 것으로 보는 견해, 하대에는 붕괴되고 있었다는 견해, 어느 시기에는 소멸되었다는 견해 등 불일치한 상황이다.[45]

---

43) 徐毅植, 1989,「古代・中代初 支配勢力研究의 動向과 國史教科書의 敍述」『歷史教育』45, 55~56쪽.
44) 한편 李鍾旭은 골품제의 구조를 논하면서 원성왕계의 왕들은 원성왕을 시조로 하는 3~5세손들이, 상대등・병부령・재상을 지내면서 정치적・군사적 실력을 쌓았던 사람이 왕위를 이었다고 하였다(1999,『新羅骨品制研究』, 一潮閣).
45) 골품제 연구에 대해서는 다음과 같은 연구사적 정리가 있다.
   李基東, 1977,「新羅 骨品制 研究의 現況과 그 課題」『歷史學報』74.
   李基東, 1987,「骨品制度」『제2판 한국사연구입문』, 지식산업사.
   李鍾旭, 1985,「新羅 骨品制 研究의 動向」『韓國古代의 國家와 社會』, 一潮閣.
   李鍾旭, 1989,「신라 골품제 연구의 문제」『한국상고사』.

이는 앞에서 살펴본 신라 전시대의 왕위계승원칙이 어떠한 것이었고, 또 어떻게 변화해 갔는가를 추구한 연구자들과는 차이가 있다. 이들은 신라의 왕위계승이 어떠한 혈족·친족원리에 의하여 이루어진 것으로 봄으로써 혈연관계를 중시한 반면, 하대의 왕과 왕위계승에 대해 상대적으로 짧은 시기 또는 개별적인 검토를 한 연구자들은 그보다는 당시의 정치적 관계를 중시하였다.

그런데 신라의 왕위계승에는 혈연적 관계, 정치적 관계, 이와 아울러 신분제도인 골품제적 규정[46] 등이 모두 중요한 기본요건이었다. 그러므로 하대의 왕위계승에서는 각 시기와 개별 왕마다 이 세 가지 요건 중 어느 것이 보다 더 결정적으로 작용하였는지에 대한 종합적인 검토가 요구되고 있다. 그리고 그 과정에서 골품제 규정의 적용이 어떻게 변화하여 갔는가도 함께 고찰되어야 한다.

2. 연구목적과 연구방법

신라 하대의 왕위계승과[47] 그 성격을 살펴보는 것은 이 시기 왕

李鍾旭, 1999, 『新羅骨品制硏究』, 一潮閣.

崔在錫, 1986, 「新羅時代의 骨品制」 『東方學志』 53.

金基興, 2000, 「골품제 연구의 현황과 전망」 『한국고대사논총』 9.

46) 한편 '신라의 왕위상속법은 부자상속이 아니라 골품제도에 의한 상속법, 즉 진골이라면 누구라도 선택되어 왕위에 즉위할 수 있었다'는 견해가 제기된 적도 있다(申奭鎬, 1929, 「新羅王朝의 衰亡에 대하여」 ; 1996, 『申奭鎬全集』 上, 신서원, 53쪽). 심지어 최근에 발행된 교과서에서도 "혜공왕이 죽고 상대등 김양상이 선덕왕으로 즉위하면서 진골귀족들 사이에는 힘만 있으면 누구나 왕이 될 있다는 생각이 널리 퍼졌다. 이에 경제력과 군사력을 확보한 귀족들은 왕위쟁탈전을 벌렸다"고 서술하였다(2003, 고등학교 『국사』, 교육인적자원부, 65쪽).

47) 필자는 相續(inheritance)을 '財産의 讓渡過程', 繼承(succession)을 '地位의

실의 친족구조와 특성 및 이에 작용한 골품제 규정, 그리고 정치과
정을 밝힐 수 있다. 그리고 나아가서 이는 신라 멸망의 과정에 대
한 이해이며, 또 새로이 건국된 高麗의 왕위계승원칙과 비교를 통
해, 신라말 고려초의 전환기가 한국사의 발전과정에서 갖는 의미
를 파악하는 한 측면이므로 더욱 필요한 것이다.

신라사에서 일반적으로 왕위계승이 형제계승에서 부자계승으로
변화, 확립되면서 고대의 중앙집권적 귀족국가로 발전된 것으로
이해하고 있다. 신라 中古期에 확립된 부자계승제는, 물론 聖骨의
소멸과정에서 예외적인 계승이 있기는 하였으나, 잘 유지되었다.
특히 中代의 武烈王系 王統에서는 더욱 그러하였다. 그러나 하대
에는 이 원칙도 보이기는 하나 많은 예외적인 계승이 있었다. 새로
이 즉위한 왕은 前王의 子와 孫이 상당수이지만, 弟·女弟·叔
父·女壻·姪·妻男妹壻 등 매우 다양하였다. 그래서 신라 하대
에 왕위계승상 나타난 결과만을 가지고 보면 부자계승의 원칙은
무너진 것으로 보이고, 심지어 왕위계승의 원칙이 없었거나 혹은
있었다 하더라도 시기마다 달랐던 것처럼 보이기도 한다.

신라의 왕위계승은 이에 작용하였던 혈연적 요인, 정치적 요인,
골품제 규정 등 3대 요인을 동시에 고려하여야 올바른 이해를 할
수 있다. 그러므로 하대 왕위계승의 특징을 구명하기 위해서는 그
기본적 작용요건인 각 왕의 전왕과의 혈연관계를 비롯하여, 고위
관직과 군사력의 행사 등 정치적 관계에 대한 이해가 요구되고, 또
眞骨이 아닌 庶子 출신 김씨왕의 즉위와 박씨왕의 등장은 왕위계
승에서 또 하나의 요건인 골품제 규정이 어떻게 작용, 변화하였는

양도', 出系(descent)는 '集團構成權의 傳達方式'으로 정의한 견해에 따
른다(W.H.R.Rivers, 1924, *Social Organization*, Kegan Paul, London, 87쪽 ;
1987, 崔在錫, 『韓國古代社會史方法論』, 一志社, 281쪽에서 재인용).

지에 대한 검토가 요구된다.

　필자는 신라 하대의 왕위계승이 혼란했음에도 불구하고 거기에 는 나름대로 일정한 원칙이 존속하였고, 그 원칙은 상당기간에 걸 쳐 왕실의 친족원리에 의해 유지되었다고 본다. 결론적으로 말하 면 하대의 왕위계승원칙은 부계친 내의 부자계승제가 기본이었다.

　그러면 왜 전왕의 子와 孫이 아닌 弟・女弟・叔父・女壻・ 姪・妻男妹壻 등이 왕위를 계승한 예외적인 현상이 나타났을까? 이는 하대의 정치적 혼란과 이 혼란을 야기시킨 소가계 중심의 친 족원리에 의하여 왕위를 차지한 王家가 왕통을 독점적으로 유지, 보존하기 위하여 왕위를 계승시키다보니, 여기에 정치적 요인이 작용하여 부자계승을 벗어난 예외적 계승이 발생하였다고 보겠다. 그리고 예외적인 왕위계승의 양상이 잦았던 까닭에 결국 크게 보 면 부자계승을 추구하면서 그보다는 큰 친족범위인[48] 부계친에 의 한 계승이 이루어졌던 것으로 이해된다.

　한편 왕위를 독점적으로 계승시켜 왕통유지를 추구하는 과정에 서 推戴나 簒奪 또는 遺詔(顧命)를 통한 왕위계승으로 새로운 왕 실이 탄생하였다. 더구나 왕실이 된 소가계가 神聖化를 위하여 여 타 진골귀족과의 差別化를 꾀하였다. 그리하여 종래 신라의 왕위

---

48) 앞으로 사용할 친족의 종류와 그 범주는 다음과 같이 규정한다. 우선 친족을 크게 同姓親과 異姓親으로 나누는데, 동성친은 父系親, 이성친 에는 母系親과 妻系親을 포함한다. 그리고 父系親은 父・母・祖父・ 祖母・子・女・子婦・壻・孫子・孫女・兄・弟・姉・妹 등, 母系親 은 外祖父・外祖母・外叔・外叔母・姨母・姨母夫・外從兄弟姉妹・ 姨從兄弟姉妹 등, 妻系親은 丈人・丈母・妻祖父・妻祖母・妻男・妻 男宅・妻兄・妻弟・同壻・妻姪・妻姪女 등이 이에 속한다. 그러나 별도로 夫系親을 구분한다면 夫・媤父・媤母・媤祖父・媤祖母・ 子・女・子婦・壻・孫・孫女 등을 말한다. 한편 男系親과 女系親으 로도 구분하겠다.

계승자 결정에 가장 중요하게 작용하였던 요건 중의 하나인 왕은 진골신분이라야 했던 골품제 규정이 점차 그 기능을 상실해 가다가 마침내 완전히 소멸되었다.

이러한 신라 하대 왕위계승의 혼란상에 따른 왕실의 약화와 더불어 이에 편승한 중앙관료들의 동요와 분열, 지방유력자층의 반정부적 태도 및 독자적 행위, 그리고 하층 일반민의 조세 거부와 유망 현상[49] 등은 국가체제의 토대를 흔들어 결국 後三國時代라는 새로운 국면을 낳았다. 하지만 신라 말의 혼란을 틈타 건국된 後百濟와 泰封도 왕위계승권을 둘러싼 내부의 갈등으로 멸망하였고, 새로이 등장한 高麗의 王建에 의하여 후삼국이 통일되었다.

고려의 太祖는 신라 하대 및 후백제·태봉에서 왕위계승원칙의 혼란과 미확립에 따른 국력의 분열이 마침내 왕조의 멸망을 초래함을 직접 간접으로 경험하였다. 그리하여 태조는 자신이 죽은 뒤 고려에서 이와 유사한 상황이 발생하는 것을 미리 예방하기 위하여 이른바「訓要十條」의 제3조에 왕위계승원칙을 제시하였다. 여기에 제시된 왕위계승원칙은 장자계승을 원칙으로 하되, 만약에 어려운 경우에는 次子, 또는 여러 아들 중에서 선택하라는 것이니, 곧 장자계승을 원칙으로 하고 비상조치의 경우라도 子에게만 계승을 시키라는 내용이다. 이는 신라 하대부터 시작된 왕위계승의 혼란을 일단락 짓고 부자계승의 원칙을 확립하려는 의미를 갖는 것이다.

필자는 이상과 같은 논지에 의하여 신라 하대 왕위계승의 특징과 변화를 밝히도록 하겠다.

이 연구목적을 달성하기 위해 다음과 같은 방법을 취한다. 먼저

---

49) 신라말과 고려초의 流移民에 대해서는 金昌謙, 2000,「高麗 建國期 流移民의 樣相」『李樹健敎授停年退任紀念 韓國中世史論叢』참고 바람.

연구의 대상범위는 시기적으로는 신라 하대를 중심으로 한다. 즉
『삼국사기』의 구분에 따라 제37대 선덕왕에서 제56대 경순왕까지
의 20명 왕을 중심으로 살펴보고, 그 다음에는 동시대에 존속하였
던 後百濟 甄萱政權과 泰封 弓裔政權의 왕위계승 및 고려 태조의
왕위계승원칙 재확립까지를 검토범위로 한다. 또 사회 신분적으로
는 당시 최고지배층인 왕과 그를 정점으로 연결된 王室勢力을 검
토대상으로 한다. 아울러 연구방법에서는 사료 분석적 태도의 견
지를 기본으로 하여, 人類學 이론의 적용에 집착하거나 또는 지나
친 정치사 중심의 해석을 가급적 피하도록 하겠다.

　그리고 고찰의 순서는 다음과 같다.

　제2장에서는 이러한 연구를 위한 기초작업으로 하대 각 왕의 혈
연관계를 검토하겠다. 이를 위한 자료의 이용은 『三國史記』와 『三
國遺事』를 중심으로 한다. 그리고 중국의 『舊唐書』·『新唐書』·
『舊五代史』·『新五代史』·『册府元龜』·『資治通鑑』·『唐會要』
등의 문헌과, 그 밖의 현존하는 당시에 작성된 여러 金石文과 이에
대한 譯註[50] 및 비록 후대에 간행되었으나 관련된 내용을 수록하
고 있는 文集의[51] 여러 詩文 등을 이용하겠다. 이들 자료에서 신라
하대 왕위계승의 관련 기록들을 추출한 뒤, 각 왕에 대한 내용을
비교 검증하여 왕들의 가계를 재구성하고, 또 이를 바탕으로 하대

---

50) 주로 『朝鮮金石總覽』(朝鮮總督府, 1919), 『韓國金石文追補』(李蘭暎 編,
　　1976, 亞細亞文化社), 『韓國金石遺文』(黃壽永 編, 1976, 一志社), 『韓國
　　金石全文』(許興植 編, 1984, 亞細亞文化社), 『韓國金石文大系』(趙東元
　　編, 1979~1996, 圓光大學校 出版局)와 『註解四山碑銘』(崔英成, 1987,
　　亞細亞文化社), 『譯註韓國古代金石文』(韓國古代社會研究所, 1992, 駕洛
　　國史蹟開發研究院), 『譯註歷代高僧碑文 -新羅篇-』(李智冠, 1993, 伽山
　　文庫), 『韓國古代金石文資料集 Ⅱ』(國史編纂委員會, 1995), 『新羅四山碑
　　銘』(李佑成, 1995, 亞細亞文化社) 등 金石文集類이다.
51) 주로 『東文選』·『崔文昌侯全集』과 『梅溪集』 등을 이용하겠다.

의 王室系譜圖를 복원하겠다.

제3장에서는 신라 하대의 왕위계승을 그 양상에 따라 ①太子冊封에 의한 계승, ②遺詔(顧命)에 의한 계승, ③簒奪에 의한 계승, ④推戴에 의한 계승 등으로 유형을 구분하고, 각각의 경우에서 혈연적 요인, 정치적 요인, 골품제 규정의 상호 작용도를 비교 검토하여 당시 왕위계승의 특징을 살펴보기로 한다. 특히 여기서는 왕위계승에 작용한 가장 중요한 요인 중의 하나인 혈연적 요인이 어떻게 작용하고 있었는지를 살펴보겠다.

제4장에서는 당시 왕과 태자를 제외하고는 정치적으로 최고실력자에 속하였던 上大等·兵部令·侍中 등의 고위관직은 왕위계승에서 어떠한 역할을 하였는지를 검토하여, 왕위계승과 이에 작용된 혈연적·정치적 관계와의 상관성에 대하여 살펴봄으로써 하대 왕위계승의 특징을 밝히겠다.

제5장에서는 하대에 있었던 왕위찬탈형 반역에 대한 분석을 통하여 왕위에 도전하였던 자들의 신분을 살펴봄으로써 이들이 비정상적 왕위계승에 참여할 수 있었던 근거가 무엇이었는가를 규명하도록 한다. 즉, 제4장과 제5장에서는 왕위계승에 정치적 요인이 어떻게 작용하였던가를 살피는 데 목적이 있다.

한편 제6장에서는 제2장에서 재구성한 하대의 왕실세계도를 이용하여 왕실세력의 변천과정을 살펴보고, 또 이를 바탕으로 신라 하대를 다시 작은 단위의 시기구분을 하겠다. 또 나아가서는 각 왕의 혈연적 신분을 이용하여 왕의 혈연관계와 왕위계승에 작용하였던 골품제적 규정이 어떻게 기능을 상실해 나갔던가를 살펴봄으로써 왕위계승상에서 골품제의 소멸과정을 밝힐 것이다. 이는 골품제 소멸의 한 단면을 규명하는 작업이 될 것이다.

제7장에서는 이러한 일련의 연구과정을 통하여 신라 하대 왕위

계승의 성격을 밝힌 뒤, 이것이 후대에 미친 영향에 대한 검토로써 고려 태조의 왕위계승원칙의 재확립 과정과 그 의미에 대해서 살펴보겠다. 즉, 고려 태조가 「訓要十條」 제3조에서 부자계승원칙을 제시한 것은 왕권강화의 한 단면이었지만, 크게는 왕위계승의 혈연적 범위를 直系孫으로 협소화시킴으로써 왕위계승상 분쟁의 소지를 줄인 것이고, 이것이 후대에 준수되었음을 살펴보겠다.

이상과 같은 연구는 신라에서 고려로 교체되는 과정에서 최고지배층인 왕과 왕족을 중심으로 한 왕위계승의 과정과 방법의 실체를 파악하여 당시 정치적·사회적 변동과 변화의 한 측면을 밝히는 것이기에 대단히 의미있는 것이라 하겠다.

제2장

王室系譜의 再構成

Ⅰ. 家系 검토와 系譜 작성의 기준

　신라 하대 왕위계승의 성격을 이해하기 위해서는 각 왕들의 가계를 정확하게 재구성해야 할 필요가 있다. 그것이 충족된 뒤에 왕위계승에 작용한 혈연적 요건과 골품제적 신분을 파악할 수 있고, 또 정치적 요인에 대해서도 밝힐 수 있기 때문이다.

　신라 하대에 재위하였던 각 왕의 가계 검토와 계보의 작성에 이용할 수 있는 자료는 여러 가지가 있다. 그 중에서 국내자료로는 『三國史記』와 『三國遺事』, 여러 가지의 金石文과 詩文集에 수록된 내용들을 참고할 수 있다. 그리고 중국과 일본의 문헌자료에도 신라 하대 왕실의 혈연관계와 왕위계승 관련 기록의 편린이 남아있어 좋은 보조자료로 이용할 수 있다.

　그러나 이들 자료에 수록된 하대 왕실 및 왕위계승 관련기록은 각 자료간에 수록 대상과 양 및 내용에서 많은 상이점을 갖고 있다. 더구나 간혹 동일자료 내에서도 각각의 기록간에 일치하지 않는 경우가 있어 하대의 王室家系를 확인함에 혼란이 생긴다.

　그러므로 이러한 문제점을 해결하기 위해서는 각 자료의 이용에 대한 방법상의 기준을 미리 정할 필요가 있다. 먼저 왕실가계의 검토에 이용할 기본사료로는 『삼국사기』 本紀에 실린 하대 왕들의 卽位條 기록과 『삼국유사』 권1, 「王曆」의 기록을 우선적으로 택하도록 한다. 하지만 이들 사료라고 하여 모든 하대 왕의 왕실에 대한 것을 수록하고 있는 것은 아니다. 그리고 수록된 것이라도 더러는 내용상 다른 경우도 있다. 그러나 그것이 다르다고 하여 어느 한쪽을 전적으로 믿거나 혹은 부정할 수는 없다. 그 異說 가운데서도 엄정한 검증을 통하여 가능한 사료적인 의미를 찾아볼 필요가 있다. 결국『삼국사기』의 각 왕들 즉위조와『삼국유사』「왕력」의 기록을 기본사료로 하지만, 양 사료간에 내용의 차이가 있을 경우에는 각각의 사료가 갖는 타당성을 검토한 뒤에 취하도록 한다. 그리고『삼국사기』에는 기록이 없고,『삼국유사』에만 있는 경우에는 이것을 따르도록 한다.

그러나『삼국사기』와『삼국유사』에 신라 하대 20명 왕의 父系・母系・妃系 그 모두에 대하여 자세히 기재되어 있는 것이 아니므로, 양 사료에 전혀 언급되지 않은 부분은 金石文資料와 詩文集資料에서 보완토록 한다. 그렇지만 이 경우에서조차 언급되지 않았거나 이들 자료만으로는 불충분한 경우에는 중국사서와 일본사서의 기록에서 도움을 받을 것이다.

신라 하대 왕위계승자료가 실려 있는 문헌자료로는 중국의 정사인『舊唐書』・『新唐書』・『新五代史』를 비롯하여『唐會要』・『册府元龜』등이 있다. 이 경우에도 각 자료간에 불일치한 경우가 있지만, 이는 국내자료를 기본으로 하여 검증한 뒤에 이용토록 하겠다. 그리고 때로는 일본자료의 도움을 받도록 한다.

한편 신라 하대 왕위계승과 관련한 내용을 포함하고 있는 금석문자료에는「葛項寺石塔記」,「昌林寺無垢淨塔願記」・「敏哀大王石塔記」,「開仙寺石燈記」,「皇龍寺九層木塔刹柱本記」를 비롯하여, 비록 조선시대에 만들어지기는 했지만 이용가치가 크다고 할 수 있는「新羅敬順王殿碑」등이 있어 도움이 된다.

위와 같은 자료 이용의 기본 방법에 의하여 王室家系의 기본사료가 채집되면 이것을 이용하여 왕실세계를 재구성하도록 하겠다. 왕실세계의 작성 범위는 먼저 각 왕의 父系는 추적이 가능한 先代

모두를, 母系는 王母의 父·母는 물론 祖父·祖母와 王母의 兄弟
를 비롯하여 추적이 가능한 王母의 父系와 母系를, 妃系는 王妃의
父·母·祖父·祖母와 王妃의 外家 ── 즉 王妃의 父系와 母系를
검토하도록 한다.

이러한 과정을 거쳐 각 왕들의 가계가 검토되면 그 결과를 토대
로 하여 왕실세계도를 재구성하고 복원하겠다. 그러나 사료의 미
비로 인하여 가계의 검토가 어려운 부분은 유보하면서, 추후에 새
로운 자료의 발견과 연구에 의하여 보완될 수 있을 것이라는 바램
을 가진다.

Ⅱ. 각 왕의 가계 검토와 왕실세계도

1. 각 왕의 가계 검토

1) 제37대 宣德王의 가계

선덕왕의 가계 검토에 이용할 수 있는 자료는 다음과 같은 것들
이 있다.[1]

ⓐ-① 宣德王이 즉위하였다. 姓은 金氏이고 이름은 良相이며 奈勿王의
　　　10世孫이다. 아버지는 海飡 孝芳이고, 어머니는 金氏 四炤夫人
　　　으로 聖德王의 딸이다. 妃는 具足夫人으로 角干 良品의 딸이다
　　　[혹은 義恭 阿飡의 딸이라 한다]. 죄수를 大赦하고, 아버지를 추

---

1) 이후의 국역된 인용문에서 [　] 안의 것은 원사료의 세주이고, (　)
　안의 것은 필자의 주석이다.

봉하여 開聖大王으로 삼고, 어머니 金氏를 추존하여 貞懿太后
로 삼고, 妻를 王妃로 삼았다(『삼국사기』권9, 선덕왕 즉위조).

② 제37대 宣德王은 金氏이고 이름은 亮相이다. 아버지는 孝方 海
干인데 開聖大王으로 추봉된 곧 元訓 角干의 아들이다. 어머니
는 四召夫人으로 諡號는 貞懿太后로서 聖德王의 딸이다. 왕비
는 具足王后로 狼品 角干의 딸이다(『삼국유사』권1, 왕력).

먼저 선덕왕의 父系를 살펴보도록 한다. 선덕왕은 奈勿王의 10
世孫으로, 姓은 金氏이고 이름은 良相이다.[2] 또 선덕왕의 아버지
는 孝芳 海飡(波珍飡의 이칭)이다. 金孝芳은『삼국사기』권8, 성덕
왕 33년(734) 정월조에 실린 金忠信의 上表文에 의하면 734년에 在
唐宿衛 金忠信과 교대할 예정으로 있다가 赴任 직전에 갑자기 죽
었다.[3] 그리고 선덕왕의 할아버지는 元訓 角干(伊伐飡의 이칭)인
데, 그는 702년(성덕왕 1) 9월 阿飡으로 執事部 中侍에 임명되어
성덕왕 2년 7월까지 약 10개월간 재임하였다.[4]

이처럼 선덕왕의 父系는 신라 상대에는 왕위를 계승하였던 奈勿
王의 후손으로서, 비록 中代에는 직접 왕위를 계승하던 가계는 아

---

2) 『삼국사기』와 중국사서에는 良相(Ⓐ-①·③·④·⑤),『삼국유사』
   에는 亮相(Ⓐ-②)이라 하였으나 그 음이 동일하고, 또 당시 금석문에
   도 金良相으로 표기되어 있는 만큼(「聖德大王神鐘銘」), 良相으로 표기
   하겠다.
3) 다만 金孝方으로 표기되어 있으나 이는 同一人이다(李基東, 1984,「新
   羅 下代의 王位繼承과 政治過程」『新羅骨品制社會와 花郞徒』, 一潮
   閣, 147쪽).
4) 동일인으로 추측한 李基東의 견해에 따른다(앞의 글, 147쪽). 한편 최근
   에 공개된 필사본『화랑세기』에 의하면 제19대 풍월주 金欽純의 아홉
   째 아들이 元訓이라는 기록이 있다. 김흠순은 신라 통일전쟁의 명장 金
   庾信의 아들이다. 만약 양자가 동일인이라면 선덕왕은 내물왕이 후손
   이 아니라 금관가야 왕족의 후손이 된다(金台植, 2002,『화랑세기, 또
   하나의 신라』, 김영사, 173~179쪽).

니었다. 그러나 선덕왕의 할아버지는 성덕왕 초기에 中侍를 역임
하였고, 아버지는 흔히 假王子로서 唐에 파견되는 宿衛學生團의
首席에 선발되는 경력을 가졌으며 또 성덕왕의 딸과 혼인하여 女
壻가 되는 등, 즉 선덕왕의 선대는 신라 중대 말에 정치적·사회적
으로 유력한 진골가문 가운데 하나였다.

선덕왕의 母系를 살펴보면 다음과 같다. 먼저 어머니는 四炤夫
人(Ⓐ-①)인데,[5] 그녀는 제33대 聖德王의 딸이다. 그러므로 선덕
왕 어머니의 父系는 중대 왕실인 武烈王系의 정통후손 가계이다.
즉 사소부인은 제34대 孝昭王의 누이이다. 그러나 선덕왕 어머니
의 母系를 밝히는 데에는 문제점이 있다. 성덕왕에게는 2명의 王
妃가 있었다. 먼저 『삼국사기』에 의하면 先妃는 成貞(嚴貞)王后인
데, 乘府令 蘇判 金元泰의 딸로서 704년(성덕왕 3) 5월에 王妃로
맞아졌다가[6] 716년(성덕왕 15) 3월에 廢出되었다.[7] 그로부터 4년
뒤인 720년(성덕왕 19) 3월에 後妃를 맞이하였는데, 그녀는 伊飡
順元의 딸이다.[8] 이러한 『삼국사기』의 기록에 의하면 성덕왕의 선
비와 후비 중 누가 사소부인의 어머니인지 알 수가 없다.[9] 다만 선

---

5) 『삼국유사』에는 四召夫人(Ⓐ-②)으로 달리 표기되어 있지만, 이 또한
   同一人에 대한 표기상의 차이에 불과하므로 여기서는 『삼국사기』의
   표기에 따른다.
6) 夏五月 納乘府令蘇判金元泰之女爲妃(『삼국사기』 권8, 성덕왕 3년).
7) 三月 遣使入唐獻方物 出成貞一云嚴貞王后 賜彩五百匹 田二百結 租
   一萬石 宅一區 宅買康申公舊居 賜之(『삼국사기』 권8, 성덕왕 15년).
8) 三月 納伊飡順元之女爲王妃(『삼국사기』 권8, 성덕왕 19년).
9) 『삼국유사』 권1, 王曆에는 이보다 자세한 기록이 있다(第三十三 聖德
   王 名興光 本名隆基 孝昭之母弟也 先妃陪昭夫人 諡嚴貞 元大阿干之
   女也 後妃占勿王后 諡炤德 順元角干之女). 이에 의하면 聖德王의 先
   妃는 陪昭王后로서 元大의 딸이고, 後妃는 占勿王后로서 順元의 딸이
   다. 이는 『삼국사기』의 元泰가 바로 여기의 元大와 同一人이므로 諡號
   가 成貞 또는 嚴貞王后인 妃가 곧 陪昭王后와 동일인임을 알 수 있다.
   그러므로 『삼국사기』에 이름이 기재되지 않은 次妃 順元의 딸이 여기

비와 후비가 각각 성덕왕과 혼인한 시기와 선덕왕의 관직생활, 즉위, 사망시 나이 등으로 미루어 보면 어느 정도 추측은 가능한데,[10] 아무래도 사소부인은 선비의 출생으로 보는 것이 일반적으로 타당성을 갖는 듯하다.[11]

이러한 추측을 인정한다면 사소부인은 성덕왕의 선비 成貞王后의 딸이다. 그리고 성정왕후의 母系는 성덕왕 초기에 乘府令을 보임한 소판 金元泰의 가계로서, 김원태는 자신의 딸이 성덕왕과 혼인을 맺을 정도의 유력한 중대의 진골귀족이었는데, 뒤에 어떠한 이유로 성덕왕과 國舅의 직접적인 관계가 단절된 인물이다.

한편 선덕왕의 妃系를 살펴보면, 왕비는 具足夫人(王后)인데, 그녀의 아버지는 良品이다.[12] 그러나 양품이 어떠한 정치 사회적 역.

의 占勿王后와 동일인이며 시호는 炤德王后인 것을 알 수 있다.
10) 신라 통일기의 지배층에서 혼인 연령은 대체로 20세 전후였으므로(『삼국사기』권45, 强首傳 참조), 이를 기준으로 계산한다. 다만 왕실의 혼인은 조금 빨랐을 수도 있다. 宣德王의 어머니 四炤夫人은 약 20세 이전에 孝芳과 혼인하였을 것이고, 또 이 무렵 이후에 선덕왕을 출산하였을 것이다. 그렇다면 먼저 先妃의 경우 성덕왕과 함께 생활한 것이 704~716년이므로, 이 시기에 四炤夫人이 태어나 약 20년 뒤인 724~736년 사이에 효방과 혼인하여 곧 선덕왕을 출산하였다고 가정하면, 선덕왕은 774년(혜공왕 10) 51~39세에 상대등이 되어, 780년 57~45세에 즉위하였고, 785년 사망시 나이는 62~50세에 해당한다. 이와 반대로 次妃의 경우는 720~737년 사이에 사소부인이 출생하여 20년 뒤인 740~757년에 출가 혼인하여 선덕왕을 출산하였다고 가정하면, 선덕왕은 774년 35~18세에 상대등이 되어 780년 41~24세에 즉위하였고, 785년 사망시 나이가 46~29세에 해당한다.
11) 그리고 선덕왕이 말년에 여러 차례 병 등을 이유로 禪位하고자 한 것 등에서도 그가 상당히 高齡이었을 것으로 보아도 좋을 듯하다.
12) 『삼국사기』에는 角干 良品 혹은 義恭 阿飡이라고(Ⓐ－①) 한 반면에, 『삼국유사』에는 狼品 角干(Ⓐ－②)이라고 하였다. 하지만 良品과 狼品은 동일인에 대한 표기상의 차이에 불과한 것이므로 『삼국사기』에 따라 良品으로 표기토록 한다.

할을 하였는지는 현재로서는 사료가 없어 알 수 없다. 다만 그의
관등이 角干이라고 하였으니, 아마도 당시 신라 사회 내에서 최고
신분층에 속한 가계였기에 그의 딸과 성덕왕의 외손자인 김양상
(선덕왕)의 혼인이 성립될 수 있었을 것이다.

2) 제38대 元聖王의 가계

원성왕의 가계 검토에 이용할 수 있는 자료는 다음과 같은 것들
이 있다.

Ⓑ-① 元聖王이 즉위하였다. 이름은 敬信이며 奈勿王의 12世孫이다.
어머니는 朴氏 繼烏夫人이고 왕비는 金氏로 神述 角干의 딸이
다. … 누군가 말하기를 "임금의 큰 지위는 본디 사람이 도모할
수 없는 것이다. 오늘의 폭우는 하늘이 혹시 周元을 왕으로 세우
려 하지 않는 것이 아닐까? 지금의 上大等 敬信은 前王의 아우
로 덕망이 본디 높아 人君의 體를 가졌다."고 하였다. 이때 여러
사람들의 논의가 단번에 일치되어 그를 세워 왕위를 계승케 하
였다. 얼마 뒤에 비가 그침에 國人이 모두 만세를 불렀다. 2월 왕
의 高祖 大阿飡 法宣을 추봉하여 玄聖大王, 曾祖 伊飡 義寬을
神英大王, 할아버지 伊飡 魏文을 興平大王, 아버지 一吉飡 孝讓
을 明德大王, 어머니 朴氏를 昭文太后라 하고, 아들 仁謙을 세
워 太子로 삼았다(『삼국사기』 권10, 원성왕 즉위조).

② 제38대 元聖王은 金氏이고, 이름은 敬愼 혹은 敬信이며 『唐書』
에는 敬則이라 하였다. 아버지는 孝讓 大阿干인데 明德大王으
로 추봉하였고, 어머니는 仁○이니 일명 知烏夫人인데 諡號는
昭文王后이고 昌近伊己의 딸이다. 왕비는 淑貞夫人으로 神述
角干의 딸이다(『삼국유사』 권1, 왕력).

③ 이가 元聖大王이 되었다. 이름은 敬信이고 성은 金氏(원전의 武
는 氏의 誤字)이다. 대개 좋은 꿈을 꾼 것이 들어맞은 것이다. 周
元은 溟州로 물러나 있게 되었다. … 王의 자손으로는 다섯 명이
있었는데, 惠忠太子·憲平太子·禮英迊干·大龍夫人·小龍夫人
등이다. … 왕의 아버지 大角干 孝讓이 선조로부터 전해오던 萬

波息笛을 왕에게 전하였다. … 왕의 할아버지 訓入 匝干을 興平大王으로, 曾祖 義官迊干를 神英大王으로, 高祖 法宣 大阿干을 玄聖大王으로 추봉하였는데, 玄聖의 아버지는 즉 摩叱次 匝干이다(『삼국유사』 권2, 원성대왕).

④ 京城의 東北 20리쯤 되는 곳인 暗谷村의 북쪽에 鍪藏寺가 있는데, 제38대 元聖大王의 아버지 大阿干 孝讓 즉 추봉된 明德大王이 그의 叔父인 波珍飡을 추모하여 받들기 위해 세운 것이다(『삼국유사』 권3, 鍪藏寺彌陀殿).

⑤ 貞元 元年 … 그 해에 良相이 죽음에 上相 敬信을 세워 왕으로 삼고 그 官爵을 승습케 하였다. 敬信은 곧 (전왕 宣德王의) 從兄弟이다(『구당서』 권199, 동이전 신라조).

⑥ 貞元 元年에 戶部郞中 蓋塤에게 符節을 주어 보내어 良相을 책봉하였다. 이 해에 죽음에 良相의 從父弟인 敬信을 세워 왕위를 잇게 하였다(『신당서』 권220, 동이전 신라조).

⑦ 이 해에 新羅王 金良相이 죽음에, 그 나라의 上相 金敬信을 왕으로 삼고 詔書를 보내어 그 官爵을 승습케 하였다. 敬信은 곧 (金良相의) 從兄弟이다(『책부원구』 권965, 외신부 봉책3).

⑧ 두 塔은 天寶 17년 戊戌에 세우시니라. 남자형제와 여자형제 모두 3인이 業으로 이루시니라. 남자형제는 零妙寺의 言寂法師이며, 큰누이는 照文皇太后님이시며, 작은누이는 敬信大王의 姨母이시다(「葛項寺石塔記」『조선금석총람』 상, 43~44쪽).

⑨ 옛날 波珍飡 金元良은 炤文王后의 元舅(外叔)이며 肅貞王后의 외할아버지이다(「崇福寺碑」, 『조선금석총람』 상, 120쪽).

원성왕의 姓氏는 金氏이고 이름은 敬信이다.[13] 그런데 사료 ⑧-①에서는 원성왕을 '前王(선덕왕)의 弟'라고 하여, 원성왕의 父系를 이해하는데 많은 혼란을 야기하고 있다. 즉 원성왕이 奈勿王의 12世孫이라고 하면서(⑧-①), 또 한편으로는 내물왕의 10世孫으

---

13) 혹은 敬愼·敬則이라고 하였지만 이는 同音異寫에 불과하며, 특히 당시 금석문(인용문⑧-⑧)에 敬信으로 되어 있는 만큼 그에 따른다.

로 표기되어(Ⓐ-①) 있는 선덕왕의 弟라고 한 것은 모순이다. 여기의 세대수가 옳다면 원성왕은 선덕왕의 孫子行列이라야 한다.[14] 그런데『구당서』와『신당서』및『책부원구』에는 선덕왕의 '從父弟'와 '從兄弟'로 표기되어 있다. 이에 의하면 선덕왕과 원성왕의 관계는『삼국사기』에서 말하듯이 형제이기는 하나 친형제가 아니라 4촌의 관계가 된다.[15] 그러나 내물왕을 기준으로 선덕왕은 10세손이고, 원성왕은 12세손이기 때문에 中國史書의 從兄弟라는 기록에도 문제점을 갖고 있다.[16] 그래서 이 형제간이라는 것이 혹시 母系에 의한 것일지도 모른다는 추측도 있는데,[17] 이는 충분히 가능성이 있는 것으로 사료된다.

원성왕의 아버지는 孝讓 一吉湌(Ⓑ-①)으로,[18] 昌近 伊干의 딸과 혼인하였고, 효양에게는 波珍湌의 관등을 가졌던 숙부가 있었다(Ⓑ-④). 그리고 원성왕의 할아버지 魏文은[19] 712년(성덕왕 11)

14) 이에 대하여 최근에 발견된「興德王陵碑」의 검토를 통하여 元聖王을 奈勿王의 12代孫이라 한 것은 잘못이며, 奈勿王의 17代孫으로 수정되어야 한다는 견해도 있다(李基東, 1978,「新羅 太祖星漢의 問題와 興德王碑의 發見」『大丘史學』15·16합집 ; 앞의 책, 374쪽).

15) 한편 李丙燾는 "新王(敬信)을 前王(良相)의 弟라 함은 잘못인 듯하다. 이름으로 보아 혹 孝芳과 孝讓이 兄弟間으로 신왕과 전왕은 從兄弟間인지도 알 수 없다"고 하였으나(1977,『國譯三國史記』, 乙酉文化社, 163쪽 주1), 선덕왕의 할아버지는 元訓이고, 원성왕의 할아버지는 魏文(訓入)이므로 두 사람은 부계에 의한 同行列의 從兄弟가 아니다.

16) 이에 대해 중국사료의 기록은 원성왕이 즉위한 뒤 唐에 책봉요청시 '從兄弟(從父弟)'라고 한 것에 원인이 있고,『삼국사기』의 '弟'는 중국사료로부터 2차적인 파생이라는 견해가 있다(濱田耕策, 2002,「下代初期における王權의 確立過程과 그 性格」『新羅國史의 研究』, 吉川弘文館, 244~245쪽).

17) 李基白, 1974,「上大等考」『新羅政治社會史研究』, 一潮閣, 114쪽 주38.

18)『삼국유사』에는 大阿干(Ⓑ-②·④) 또는 大角干(Ⓑ-③)이었다고 하였으나 어느 것이 옳은 지 알 수 없다.

19) 이름이『삼국사기』에는 魏文(Ⓑ-①),『삼국유사』에는 訓入으로 되어

3月에 執事部 中侍에 임명되어 713년(성덕왕 12) 10월에 늙음을 이
유로 스스로 물러났다.[20] 그리고 원성왕의 曾祖 義寬은[21] 삼국통
일 전쟁 중에 將軍으로 활약하였고, 특히 670년(문무왕 10) 7월 백
제 舊領에 진격해 들어갔다가 퇴각하여 면직된 일이 있다. 그 뒤
680년에는 그의 딸을 신라에 귀부한 報德王 安勝의 妻로 삼게 한
바 있다.[22] 더욱이 그녀가 문무왕의 妹이므로 義寬이 바로 태종무
열왕의 女壻이고, 또 문무왕의 妹壻임을 알 수 있다. 다만 그의 관
등을 『삼국사기』에는 伊湌, 『삼국유사』에는 迊干이라 하였는데,
어느 것이 옳은지 모르겠다. 한편 원성왕의 高祖는 法宣 大阿湌이
고, 法宣의 아버지는 摩叱次 迊干이다.

　　이상에서 살펴본 바에 의하면, 원성왕의 선대는 신라 중대에 伊
湌・迊干・一吉湌・大阿湌 등의 관등과 中侍・將軍 등의 관직을
역임하는 등 眞骨貴族家로서 당시 중앙 정치계에서 상당한 지위
를 가진 유력한 가계였다.[23]

　　　있으나 이는 魏文을 따른다. 당시 初名을 뒤에 고친 사례가 더러 있는
　　　데, 이도 그 경우에 해당하는지 아니면 기록자의 착오인지 알 수 없다.
20) 李基東,「新羅 下代의 王位繼承과 政治過程」, 앞의 책, 151쪽. 그런데
　　　그의 관등을 『삼국사기』에는 伊湌(⑧-①), 『삼국유사』에는 迊干(⑧-
　　　③)으로 되어 있으며, 그에게는 波珍湌의 관등을 가졌던 형제가 있었다
　　　(⑧-④).
21) 『삼국유사』에는 義官으로 되어 있는데, 이는 동일인에 대한 同音異寫
　　　이므로 전자에 따른다.
22) 『삼국사기』 권7, 문무왕 20년 3월조 細注.
　　　李基東, 앞의 책, 151쪽.
23) 중대에는 원성왕의 가계가 별로 두드러지지 않았을 것이라는 추측도
　　　있다(崔柄憲, 1978,「新羅 下代 社會의 動搖」『한국사』3, 국사편찬위
　　　원회, 431쪽). 그러나 중대에는 왕위계승에 직접적인 관련을 갖지 못하
　　　여 武烈王系 王族에 비하면 차이가 있었을지언정 중대 진골귀족사회
　　　에서 일정한 위치를 차지하고 있었던 것으로 짐작된다(李基東, 앞의
　　　글, 151쪽).

　다음엔 원성왕의 母系에 대해 살펴보도록 한다. 원성왕의 어머
니는 繼烏夫人(Ⓑ－①)인데,[24] 추증된 諡號는 昭文太后이며,[25] 姓
은 朴氏이고, 그녀의 아버지는 昌近 伊干이다.[26] 그러므로 원성왕
의 어머니의 아버지는 朴昌近 伊湌임을 알 수 있다. 그리고 昭文
太后에게는 남자형제인 零妙寺의 言寂法師와 여자형제인 敬信大
王의 姨母가 있었다(Ⓑ－⑧).[27] 또 그녀의 母系를 살펴보면, 소문
태후의 어머니(즉 昌近의 妻)의 이름은 알 수 없지만 소문태후의
元舅는 波珍湌 金元良으로 鵠寺를 창건하였다. 元舅는 임금 또는
왕비의 外叔을 칭하는 것이다.[28] 그러므로 소문태후의 어머니의
남자형제(즉 소문태후의 외숙)는 金元良이고, 그의 관등은 波珍湌
이었다. 이상을 통해서 볼 때 원성왕의 어머니의 父系는 朴氏家였
고, 母系는 金氏로서 중대 무열왕계의 왕가와 가까운 사이에 있었

---

24) 『삼국사기』에서는 繼烏夫人(Ⓑ－①), 『삼국유사』에서는 仁○인데, 일
　　명 知烏夫人이라고도 한다고(Ⓑ－②) 하였다. 여기서 繼烏와 知烏는
　　동일인에 대한 표기상의 차이 내지는 오류일 것이기에 크게 문제가 되
　　지 않으므로, 일단 『삼국사기』에 따라 繼烏夫人으로 본다.
25) 『삼국사기』에는 昭文太后(Ⓑ－①), 『삼국유사』에는 昭文王后(Ⓑ－②),
　　「갈항사석탑기」에는 照文皇太后(Ⓑ－⑧), 「崇福寺碑」에는 炤文王后
　　(Ⓑ－⑨)로 달리 표기되어 있지만, 이 모두가 동일인에 대한 표기상의
　　차이에 불과하므로, 여기서는 『삼국사기』의 昭文太后에 따른다.
26) 昌近伊己에서 伊己는 伊干(湌)의 誤記인 듯하다.
27) 「葛項寺石塔記」의 이 文句에 대해서는 원성왕의 姨母로 보는 견해(文
　　明大, 1981, 「金泉 葛項寺石佛坐像의 考察」 『東國史學』 15·16합집, 55
　　쪽 및 南豊鉉, 1993, 「新羅時代 吏讀文의 解讀」 『書誌學報』 9, 22～23
　　쪽)와 친어머니로 보는 견해(高裕燮, 1975, 『韓國塔婆의 硏究』, 同和出
　　版公社, 201쪽)가 있으나, 前者의 견해가 옳은 듯하여 이에 따른다.
28) 崔英成, 1987, 『註解四山碑銘』, 亞細亞文化社, 131쪽 주12 참조. 한편
　　金元良은 원성왕의 外叔이고(文暻鉉, 1990, 「新羅 朴氏의 骨品에 대하
　　여」 『歷史敎育論集』 13·14합집, 224쪽의 주36), 金元良과 言寂法師는
　　형제라는(韓基汶, 1990, 「高麗時代 官人의 願堂(上)」 『大丘史學』 39, 71
　　쪽)는 해석도 있다.

던 가계인 듯하다.

한편 원성왕의 왕비는 淑貞夫人(ⓑ-②)인데,[29] 姓은 金氏이고
(ⓑ-①), 그녀의 아버지는 神述 角干이다(ⓑ-①·②). 그러므로
원성왕비의 父系는 각간의 관등을 가졌을 정도로 상당한 정치 사
회적 지위를 가졌던 金氏家系의 하나였다. 그리고 원성왕비의 母
系는 이미 원성왕의 어머니의 가계와 인척으로 맺어져 있던 金元
良을 外家로 하는 가계였다. 다시 말하면 김원량은 바로 淑貞夫人
의 外祖였다(ⓑ-⑨). 그러므로 원성왕비의 母系는 곧 김원량의
가계이다. 결국 김원량의 가계는 원성왕의 어머니 昭文王后의 母
系인 동시에 왕비 淑貞王后의 母系였다. 즉 원성왕과 김원량은 母
와 妃를 통하여 이중으로 맺어진 인척관계에 있었다. 이상에서 살
펴보았듯이, 원성왕의 妃系는 왕비의 父系는 물론 母系도 당시 신
라에서 정치 사회적으로 매우 높은 위치에 있었던 가계였다.

그리고 원성왕의 자녀로는 惠忠太子(仁謙)·憲平太子(義英)·
禮英·大龍夫人·小龍夫人이 있었다(ⓑ-③).

3) 제39대 昭聖王의 가계

소성왕의 가계 검토에 이용할 수 있는 자료는 다음과 같은 것들
이 있다.

ⓒ-① 昭聖[혹은 昭成]王이 즉위하였다. 이름은 俊邕이며, 元聖王의 太
子 仁謙의 아들이다. 어머니는 金氏이고, 왕비는 金氏 桂花夫人
인데 大阿飡 叔明의 딸이다. 元聖大王이 元年에 아들 仁謙을 봉
하여 태자로 삼았으나 7년에 이르러 죽었다. 원성이 그의 아들을
궁중에서 길렀다. 5년에 사신으로 唐에 갔으며, 大阿飡을 받았

---

29) 「숭복사비」에는 肅貞夫人(ⓑ-⑨)이라 하였으나 이 또한 동일인에 대
한 同音異寫한 것이다.

다. 6년에 波珍湌으로 宰相이 되었고, 7년에 侍中이 되었고, 8년에 兵府令이 되었고, 11년에 태자가 되었다가 원성왕이 죽음에 이어 즉위하였다(『삼국사기』 권10, 소성왕 즉위조).

② 여름 5월 아버지인 惠忠太子를 추봉하여 惠忠大王이라 하였다. … 8월 어머니 金氏를 추봉하여 聖穆太后라 하였다(『삼국사기』 권10, 소성왕 원년).

③ 제39대 昭聖王은 혹은 昭成王이라고도 하는데, 金氏이고 이름은 俊邕이다. 아버지는 惠忠太子이고, 어머니는 聖穆太后이며, 왕비는 桂花王后인데 夙明公의 딸이다(『삼국유사』 권1, 왕력).

④ 鍪藏寺 … 절의 위쪽에 彌陀를 모신 옛 殿이 있는데 곧 昭成[혹은 聖]大王의 妃인 桂花王后가 大王이 먼저 세상을 떠났으므로 … (『삼국유사』 권4, 鍪藏寺彌陀殿).

⑤ (貞元) 14년 敬信이 죽었다. 그의 아들이 敬信보다 먼저 죽었으므로 國人이 敬信의 嫡孫인 俊邕을 세워 왕으로 삼았다. … (元和) 3년 7월에 力奇가 "貞元 16년에 臣의 故主 金俊邕을 新羅王으로 삼고, 어머니 申氏를 太妃로 삼았으며, 妻 叔氏를 王妃로 삼는다는 詔册을 받들었다. 그러나 册使 韋丹이 中路에서 俊邕의 죽음을 알고 그 册命을 도로 가지고 돌아가서 中書省에 두었다. … "고 上言하였다(『구당서』 권199, 동이전 신라조).

⑥ 敬信이 왕위를 이었다. (貞元) 14년 죽었다. 아들이 없어 嫡孫 俊邕을 세웠다. … (永貞 3년) 使者 金力奇가 와서 사례하고, 또 말하기를 "몇 년 전에 故主 俊邕을 王으로 삼고, 어머니 申氏를 太妃를 삼고, 妻 叔氏를 妃로 삼아 주었으나, 俊邕이 죽어 册文이 지금 省 안에 있다. 신이 청컨대 다시 주어 가지고 돌아가게 해 달라."고 하였다(『신당서』 권220, 동이전 신라조).

⑦ 4월에 新羅王 敬則이 죽었다. 庚寅에 册命을 내려 그의 嫡孫 俊邕을 新羅王으로 삼았다(『자치통감』 권235, 唐紀5 德宗10).

⑧ 16년 4월에 故 開府儀同三司 簡較太尉 使持節 充寧海軍使 上柱國 新羅國王 金敬信의 嫡孫인 權知國事 俊邕이 할아버지를 승습하였다(『책부원구』 권965, 외신부 봉책3).

소성왕의 성은 金氏(ⓒ-③)이고, 이름은 俊邕이며, 前王 원성

왕의 嫡孫(ⓒ-⑤·⑥·⑧)이다. 아버지 仁謙은 원성왕의 長子로
서 일찍이 王太子에 책봉되었지만,[30] 791년(원성왕 7) 정월에 父王
인 원성왕보다 먼저 죽음으로 인하여[31] 왕위를 계승치 못하였다.
그리하여 뒤에 仁謙(惠忠)의 아들 俊邕이 王太子에 책봉되었다
가[32] 원성왕이 죽으므로 왕위를 계승한 것이다.[33] 소성왕의 이보
다 더 윗대는 원성왕의 父系와 동일하다.[34]

한편 소성왕의 어머니는 聖穆太后(ⓒ-③)인데, 그녀의 성은 金
氏(ⓒ-①·②) 또는 申氏(ⓒ-⑤·⑥)라고 한다. 하지만『삼국
사기』撰者의 細注에서 보듯이, 그녀의 아버지가 金神述이므로 성
을 申氏라 한 것은 잘못된[35] 것이다. 즉 성목태후는 본래 金氏로서
김신술의 딸이다.[36] 그런데 唐에 책봉을 받는 과정에서 同姓婚姻
의 사실을 감추기 위하여 일부러 그렇게 알렸던 것이[37] 중국 史書
에 그대로 기록되어진 것이라 하겠다.

그러므로 소성왕의 어머니 성목태후가 김신술의 딸이라는 사실
에서 다음과 같은 것을 확인할 수 있다. 앞에서 원성왕의 가계를
검토하면서 神述 角干은 원성왕비인 淑貞夫人 金氏의 아버지(즉
원성왕의 丈人)였음을 상기할 때, 그는 원성왕의 嫡子 仁謙(소성왕

---

30) 立子仁謙爲王太子(『삼국사기』권10, 원성왕 1년 2월).
31) 春正月 王太子卒 諡曰惠忠(『삼국사기』권10, 원성왕 7년).
32) 春正月 封惠忠太子之子俊邕爲太子(『삼국사기』권10, 원성왕 11년).
33) 이보다 먼저 원성왕 8년 8월 王子 義英이 太子로 책봉되었지만 그 또
    한 원성왕보다 먼저인 원성왕 10년 2월에 죽었다(『삼국사기』권10, 원
    성왕 10년 2월조).
34) 그러므로 이에 대해서는 제38대 원성왕의 가계를 참조하도록 한다.
35) 申氏 金神述之女 以神字同韻申爲氏 誤也(『삼국사기』권10, 애장왕 9
    년).
36) 聖穆太后는 802년(애장왕 3) 海印寺의 창건을 후원하였다(「新羅迦耶山
    海印寺善安住院壁記」『東文選』권64).
37) 李丙燾, 앞의 책, 171쪽 주3 참고.

의 아버지)의 外祖父이다. 또 여기에서 소성왕의 어머니인 성목태후의 아버지가 김신술이라고 하니, 김신술은 원성왕의 丈人인 동시에 원성왕의 아들 인겸의 丈人이 된다. 이는 김신술에게 여러 명의 딸이 있어, 한 명은 원성왕과 혼인한 숙정부인이고, 또 한 명은 숙정부인의 아들 인겸과 혼인한 성목태후임을 알 수 있다.[38] 그러므로 소성왕의 母系는 원성왕의 妃系와 동일하다.[39]

한편 소성왕의 왕비는 桂花夫人 또는 桂花王后인데(ⓒ-①·③·④), 성은 金氏(ⓒ-①) 또는 叔氏(ⓒ-⑤·⑥)로서 叔明의 딸이라(ⓒ-①·③)[40] 하였다. 이처럼 王妃의 성을 『삼국사기』에는 金氏, 『신당서』와 『구당서』에는 叔氏라고 하여 달리 표기되어 있다. 그렇지만 그녀 아버지의 이름이 叔明이므로 叔氏라 한 것은 당시 唐과의 외교상 同姓간 혼인의 사실을 감추기 위한 것에 불과하고,[41] 본래의 姓은 金氏였음을 알 수 있다. 또 叔明은 奈勿王의 13世孫이다[42]. 그러므로 소성왕의 妃系 역시 소성왕과 같은 내물왕

---

38) 그러나 문제가 전혀 없는 것은 아니다. 먼저 淑貞夫人이 혼인하여 惠忠을 낳고, 또 혜충이 혼인하려면, 최소한 숙정부인의 출생으로부터 30~40년은 경과되어야 한다. 그렇다면 혜충과 혼인한 聖穆太后의 연령 또한 혜충과 비슷하였을 것이니, 결국 숙정부인과 성목태후는 30~40살의 차이가 있어야 한다. 사실 이렇게 나이 차이가 있는 여동생의 사실 여부, 그리고 혹은 異腹兄弟로서 사실이라 하더라도 어머니의 여동생(姨母)과 혼인을 해야 할 필요성이 있었던가 등 좀더 고려해야 할 여지가 있는 문제이다. 그러나 본고에서는 사료의 기록을 일단 인정하여 따르도록 한다.

39) 그리므로 이에 대해서는 앞에서 살펴본 '2) 제38대 원성왕의 가계'를 참조하도록 하고, 개별적인 검토는 생략한다.

40) 叔明은 凤明으로도 표기되어 있으나 이는 동일인에 대한 同音異寫에 불과한 것으로, 여기서는 『삼국사기』의 叔明에 따르도록 한다.

41) 李丙燾, 앞의 책, 196쪽 주3 참조.

42) 王母父叔明 奈勿王十三世孫 則母姓金氏 以父名爲叔氏(『삼국사기』 권10, 애장왕 6년).

의 후손임을 알 수 있다.

결국 소성왕의 가계는 父系와 妃系가 모두 내물왕의 후손가이며, 母系는 祖母系와 同一家에 결합되어져 있다.

4) 제40대 哀莊王의 가계

애장왕의 가계 검토에 이용할 수 있는 자료는 다음과 같은 것들이 있다.

Ⓓ-① 哀莊王이 즉위하였다. 이름은 淸明이고 昭聖王의 太子이다. 어머니는 金氏 桂花夫人이다. 즉위할 때 나이가 13歲여서 阿飡 兵部令인 彦昇이 攝政하였다. … 가을 7月 王이 이름을 重熙로 고쳤다(『삼국사기』 권10, 애장왕 즉위년).

② 2月 왕이 始祖廟에 배알하였다. 따로 太宗大王과 文武大王의 2廟를 세우고 始祖大王 및 왕의 高祖 明德大王, 曾祖 元聖大王, 皇祖 惠忠大王, 皇考 昭聖大王을 5廟로 삼았다(『삼국사기』 권10, 애장왕 2년).

③ 4月 왕이 阿飡 金宙碧의 딸을 後宮으로 들이었다(『삼국사기』 권10, 애장왕 3년).

④ 정월 왕의 어머니 金氏를 大王后로 봉하고 王妃 朴氏를 王后로 봉하였다. 이 해에 唐 德宗이 죽으매 順宗이 兵部郎中 兼 御史大夫 元季方을 보내어 부고를 전하고 또 왕을 책봉하여 開府儀同三司 檢校太尉 使持節 大都督 鷄林州諸軍事 鷄林州刺史 兼持節 充寧海軍使 上柱國 新羅王을 삼고, 그 어머니 叔氏를 大妃로 삼고[왕 어머니의 아버지인 叔明은 奈勿王 13세손이다. 즉 어머니의 姓은 金氏인데 아버지의 이름으로 叔氏라 한 것은 잘못이다], 妻 朴氏를 왕비로 삼았다(『삼국사기』 권10, 애장왕 6년).

⑤ 金力奇를 唐에 보내 朝貢하였다. 力奇가 "貞元 16년 臣의 故主 金俊邕을 책봉하여 新羅王으로 삼고, 어머니 申氏를 大妃로 삼고, 妻 叔氏를 王妃로 삼았다. …" 하였다. 唐主가 … 이어 왕의 숙부 彦昇과 그 아우 仲恭 등에게 門戟을 주되 본국의 例에 준하

여 주도록 하였다[申氏는 金神述의 딸이다. 神자가 韻이 같아 申을 姓氏한 것은 잘못이다](『삼국사기』 권10, 애장왕 9년 2월).

⑥ 왕의 叔父 彦昇과 그의 아우 伊飡 悌邕이 군사를 이끌고 대궐로 들어가 반란을 일으켜 왕을 죽이었다. 왕의 아우 體明이 왕을 시위하다가 함께 살해되었다(『삼국사기』 권10, 애장왕 10년 7월).

⑦ 제40대 哀莊王은 金氏이고 이름은 重熙 혹은 淸明이다. 아버지는 昭聖王이고, 어머니는 桂花王后이다. 辛卯에 즉위하여 10년 동안 다스리다가 元和 4년 己丑 7월 19일 왕의 叔父 憲德·興德 두 伊干에게 살해되어 죽었다(『삼국유사』 권1, 왕력).

⑧ (貞元) 16년 俊邕에게 開府儀同三司 檢校太尉 新羅王을 주었다. 司封郞中 兼 御史中丞 韋丹에게 符節과 册命을 주어 보내었다. 丹이 鄆州에 이르러 俊邕이 죽고 그의 아들 重興이 즉위하였음을 듣고 丹을 돌아오게 하였다. … (元和) 3년 사신 金力奇를 보내어 朝貢하였다. 이해 7월에 力奇가 "貞元 16년에 臣의 故主 金俊邕을 新羅王으로 삼고, 어머니 申氏를 太妃로 삼았으며 妻 叔氏를 王妃로 삼는다는 詔册을 받들었다. 그러나 册使 韋丹이 가던 도중에 俊邕의 죽음을 알고 그 册命을 도로 가지고 돌아가서 中書省에 두었다. …"고 上言하였다. "… 이어서 그의 숙부 彦昇에게 門戟을 주어 본국의 예에 준하여 주라."고 하였다(『구당서』 권199, 동이전 신라조).

⑨ 이듬해에 司封郞中 韋丹에게 책명을 주어 보냈는데 도착하기 전에 俊邕이 죽자 丹이 돌아갔다. 아들 重興이 즉위하였다. … 3년 뒤에 使者 金力奇가 와서 사례를 하고, 또 말하기를 "몇 년 전에 故主 俊邕으로 王을 삼고, 어머니 申氏를 太妃로 삼고, 妻 叔氏를 妃로 삼아 주었으나 俊邕이 죽어 册文이 지금 省 안에 있다. 신이 청컨대 주어서 가지고 돌아가게 하라"고 하였다. 또 그 宰相 金彦昇과 金仲恭 및 왕의 동생 蘇(判자가 누락된 듯?) 金添明의 門戟을 청함에 모두 허가하였다(『신당서』 권220, 동이전 신라조).

⑩ 顯宗이 貞元 20년 정월 즉위하였다. 3월 新羅의 즉위한 왕 金重熙를 開府儀同三司 簡較太尉 使持節 大都督鷄林州諸軍事 鷄林州刺史 兼 持節 充寧海軍使 上柱國을 삼고, 그 어머니 和氏를 太妃로 삼고, 그 妻 朴氏를 王妃로 삼았다(『책부원구』 권965, 외신부 봉책3).

애장왕의 이름은 본래 淸明이었으나 즉위한 해 7월에 重熙라고
고쳤다(Ⓓ-①).[43] 그는 소성왕의 태자였으므로, 즉 성은 金氏이
고, 그의 父系는 소성왕을 포함한 그 선대이다.[44] 그리고 애장왕에
게는 彦昇·仲恭(忠恭)·悌邕 등 여러 명의 숙부가 있었으며(Ⓓ-
⑤·⑥·⑦), 또 體明(添明)이라는 아우가 있었다(Ⓓ-⑥·⑨).

그리고 애장왕의 어머니는 桂花夫人인데, 그녀는 奈勿王 13世
孫인 叔明의 딸이다. 비록 그녀의 성을 金氏(Ⓓ-①·④) 또는 叔
氏(Ⓓ-④·⑤·⑧·⑨)·和氏(Ⓓ-⑩)라고 하여 각각 달리 표
기되어 있지만, 桂花夫人에 대해서는 앞에서 昭聖王의 妃系를 살
피면서 검토되었듯이 金叔明의 딸이므로 성은 金氏가 옳다. 다만
叔氏라고 한 것은 당시 唐과의 대외관계에서 책봉에 편리를 위해
金叔明의 이름에서 叔을 취하여 姓氏로 대신 사용한 것에 불과한
것이다. 또 『册府元龜』의 和氏는 叔氏의 誤字인 것으로 보인다.[45]

한편 애장왕은 즉위할 당시 나이가 13세로 어렸음에도 불구하고
이미 혼인하여 왕비가 있었던 모양이다. 그가 즉위 전에 혼인하였
음은 802년(애장왕 3) 4월에 阿湌 金宙碧의 딸을 後宮으로 삼았다
는(Ⓓ-③) 기록에서도 추측된다. 그러면 王妃는 누구였을까? 하
지만 애장왕의 왕비에 대해서는 다만 성이 朴氏였다는(Ⓓ-④·
⑩) 것만 기록되어 있을 뿐[46] 이름이 무엇이고 아버지가 누구인지

---

43) 중국사서에는 重興과 重熙가 혼용되었지만 『삼국사기』에 重熙로 改名
    하였다는 기사가 있으므로 『구당서』와 『신당서』의 重興은 重熙의 잘
    못된 표기라 하겠다.
44) 이에 대해서는 앞에서 살펴본 제39대 소성왕의 父系를 참조하도록 하
    고 생략한다.
45) 文暻鉉, 1990, 「新羅 朴氏의 骨品에 대하여」 『歷史教育論集』 13·14합
    집, 231쪽.
46) 그러나 여기서 朴氏도 신라 하대의 王母와 王妃의 姓을 실제는 金氏
    이면서도 朴氏라 가칭한 경우가 많았듯이, 그 진위여부는 확정하기 어

는 언급이 없어, 애장왕의 妃系를 정확히 알 수는 없다.

5) 제41대 憲德王의 가계

헌덕왕의 가계 검토에 이용할 수 있는 자료는 다음과 같은 것들이 있다.

ⓔ-① 憲德王이 즉위하였다. 이름은 彦昇이고 昭聖王의 同母弟이다. … 왕비는 貴勝夫人인데 禮英 角干의 딸이다. … 伊湌 金昌南 등을 唐에 보내어 부고를 전하니 憲宗이 … 왕을 책립하여 開府儀同三司 檢校大尉 持節 大都督 鷄林州諸軍事 兼 持節 充寧海軍使 上柱國 新羅王을 삼고, 妻 貞氏를 王妃로 삼고, 大宰相 金崇斌 등 3인에게 門戟을 주었다[살펴 보건대 王妃는 禮英 角干의 딸이다. 지금 貞氏라고 한 것은 모르겠다](『삼국사기』 권10, 헌덕왕 즉위조).

② 제41대 憲德王은 金氏이고 이름은 彦昇이며 昭聖의 母弟이다. 妃는 貴勝娘인데 諡號는 皇娥王后이며 忠恭 角干의 딸이다(『삼국유사』 권1, 왕력).

③ (元和) 7년 重興이 죽었다. 그 나라의 相 金彦昇을 세워 王으로 삼고 사신 金昌南 등을 보내와 부고를 알리었다. 이해 7월 彦昇에게 開府儀同三司 檢校太尉 持節 大都督 鷄林州諸軍事 兼 持節 充寧海軍使 上柱國 新羅國王을 제수하고, 彦昇의 妻 貞氏를 왕비로 책봉하였다(『구당서』 권199, 동이전 신라조).

④ (元和) 7년.(重興이) 죽고 彦昇이 즉위하여 喪을 알려왔다. 職方員外郎 崔廷을 보내어 弔問하고 또 새 왕을 책봉하고 妻 貞氏를 妃로 삼았다(『신당서』 권220, 동이전 신라조).

⑤ (元和) 7년 7월 新羅王 金重熙가 죽고, 그 相 金彦昇이 즉위하였음을 사신을 보내와 알림에, 彦昇을 開府儀同三司 節較太尉 使

렵다. 그리고 신라 하대에 朴氏王妃와 王母가 대부분 金氏라는 것은 일찍이 井上秀雄에 의하여 밝혀진 바 있다(井上秀雄, 1974, 「新羅朴氏王系の成立」『新羅史基礎研究』, 東出版, 346~350쪽).

持節 大都督 鷄林州諸軍事 兼 持節 充寧海軍使 上柱國 新羅國 王을 삼고, 妻 眞氏를 王妃로 책봉하였다(『책부원구』 권965, 외 신부 봉책3).

⑥ 彦昇을 … 제수하고, 新羅王의 妻 正氏를 왕비로 삼았다(『당회 요』 권95, 신라조).

헌덕왕은 소성왕의 同母弟(Ⓔ-①·②)라 하므로, 소성왕의 아 버지 仁謙이 곧 헌덕왕의 아버지이다.[47] 그러므로 헌덕왕의 父系 는 소성왕의 父系와 동일하다. 그리고 헌덕왕에게는 秀宗(秀升)· 忠恭(仲恭)·悌邕·金崇斌[48] 등 여러 명의 남자 형제가 있었다. 또 太子에 책봉한 아들과[49] 心地라는 아들이[50] 있었다.[51]

그리고 헌덕왕은 소성왕의 同母弟이므로 서로 모계도 동일하다. 즉 어머니는 聖穆太后 金氏로서 金神述의 딸이다.[52]

한편 헌덕왕의 妃系는 자세한 검토를 요한다. 헌덕왕의 왕비는 貴勝夫人(Ⓔ-①)·貴勝娘(Ⓔ-②)이라고 하는데, 그녀의 성은 貞氏(Ⓔ-①·②·④)·眞氏(Ⓔ-⑤)·正氏(Ⓔ-⑥)이며, 그녀 의 아버지는 禮英(Ⓔ-①) 또는 忠恭(Ⓔ-②)이라고 하였다.

먼저 왕비의 이름에서 夫人과 娘은 동일한 의미의 호칭에 불과

---

47) 앞에서 살펴보았듯이, 소성왕의 아버지는 원성왕의 맏아들로 太子로 책봉되었지만 왕위를 계승치 못하고 일찍 죽은 惠忠(仁謙)이다.
48) 二月 金崇斌卒 以弟秀宗爲上大等(『東史綱目』 第5上, 己亥).
49) 『삼국사기』 권10, 헌덕왕 14년 정월.
50) 『삼국유사』 권4, 心地繼祖.
51) 이외에도 金憲章(『삼국사기』 권10, 헌덕왕 2년)·金張廉(『삼국사기』 권 10, 헌덕왕 9년)·金昕(『삼국사기』 권10, 헌덕왕 17년 5월) 등이 王子로 기록되어 있으나, 金昕이 金周元의 曾孫으로 武烈王系 인물이듯이(『삼 국사기』 권44, 金陽傳附金昕傳) 이들도 헌덕왕의 실제 아들이 아닌 듯 하므로(李基東, 앞의 글, 158~159쪽), 따르지 않는다.
52) 그러므로 이에 대해서는 앞에서 살펴본 제39대 소성왕의 모계를 참조 하도록 하고 생략한다.

하므로, 여기서는『삼국사기』에 따라 貴勝夫人으로 칭하도록 한
다. 한편 그녀의 성을 貞氏·眞氏·正氏라고 하였지만, 이는『삼
국사기』의 細注에서도 지적하였듯이 문제가 있다. 그녀의 아버지
가 禮英이든 忠恭이든 그들은 모두 원성왕의 후손이다. 그러므로
父의 성씨를 취한다면 당연히 金氏라야 한다. 그럼에도 불구하고
다른 글자로 姓氏를 표기한 것은, 이미 앞에서 여러 차례 실례가
있었듯이 唐과의 대외관계, 즉 책봉 문제상 가칭한 것에 불과하다
고 보겠다.[53] 이 중에서 貞氏가 바른 것이고, 眞과 正은 誤記인 듯
하다.[54]

그러면 그녀의 아버지가 누구인가에 대하여 살펴보자. 먼저『삼
국사기』의 기록에 의하면 그녀의 아버지는 禮英 角干이다. 이에
의하여 家系圖를 그리면 다음의 <그림 1>과 같다.

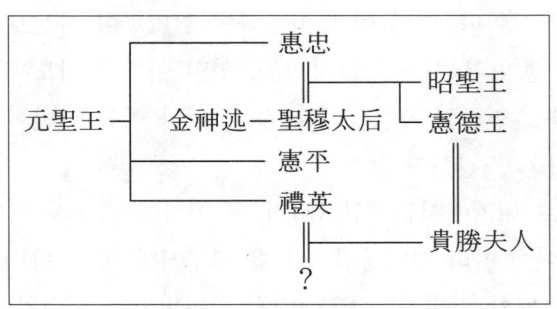

〈그림 1〉『삼국사기』에 따른 헌덕왕의 가계도

이에 의하면 헌덕왕은 숙부인 禮英의 딸로서 자신과는 4촌 남매
인 貴勝夫人과 近親婚을 하였다.

---

53) 李丙燾, 앞의 책, 171쪽 주6 참조.
54) 그러나 이와는 달리 신라왕족의 성씨가 金氏이므로 이를 진짜 姓氏라
하여 眞氏, 혹은 眞骨의 姓氏이라 하여 眞氏라 한 것인지도 모르겠다.

한편『삼국유사』의 기록에 의거하여 가계도를 그려보면 다음의
<그림 2>와 같다.

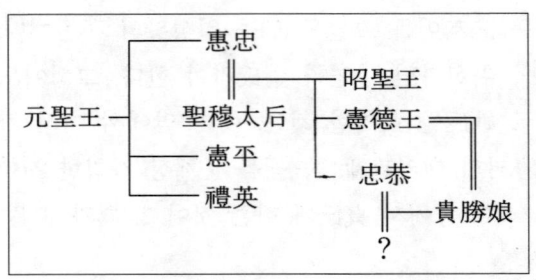

〈그림 2〉『삼국유사』에 따른 헌덕왕의 가계도

이에 의하면 헌덕왕은 아우인 忠恭의 딸이며, 동시에 자신에게
는 姪女인 貴勝娘과 근친혼을 한 것이 된다. 결국 이들은 叔姪간
에 혼인한 것이다. 만약 이에 따른다면 헌덕왕이 자신보다 나이가
아래인 동생이 혼인하여, 그의 딸이 성인 여자가 되도록 기다렸다
가 그녀와 혼인하였다는 것이 된다. 그러나 이는 일반적으로 이해
하기 어려운 조건이다.[55]

그러므로 여기에서는『삼국사기』의 기록이 타당성이 있는 것으
로 보고, 이에 따라 헌덕왕의 妃系를 재구성한다. 즉 왕비의 성씨는
金이고, 그녀의 아버지는 禮英이며, 할아버지는 원성왕이다. 결국
헌덕왕은 원성왕계 내의 4촌간에 근친혼으로 연결되었다. 그래서
이를 唐에 감추기 위하여 책봉상 貞氏를 가칭한 것이라 하겠다.[56]

---

55) 동생이 태어나 혼인하려면 약 20년, 또 그에게서 출생한 딸이 혼인적령
   기가 되려면 약 20년 쯤의 기간이 필요하므로, 헌덕왕의 나이가 적어도
   30~40세 전후가 되도록 未婚으로 있었든지 아니면 그 나이에 다시 질
   녀를 취한 것이 되므로, 일반적으로 납득키 어려운 경우가 된다.
56) 그녀는 예영의 아들인 김균정·김헌정과는 남매간이다. 또 忠恭의 딸

6) 제42대 興德王의 가계

홍덕왕의 가계 검토에 이용할 수 있는 사료는 다음과 같은 것들
이 있다.

F-① 興德王이 즉위하였다. 이름은 秀宗인데 뒤에 景徽로 고쳤다. 憲
德王의 同母弟이다. 겨울 12월 王妃 章和夫人이 죽음에 追封하
여 定穆王后라 하였다. … 章和의 성은 金氏이고 昭聖王의 딸이
다(『삼국사기』 권10, 홍덕왕 즉위조).

② 정월 친히 神宮에 제사하였다. 唐의 文宗이 (헌덕)왕의 죽음을
듣고 조회를 폐하고 太子左諭德 兼 御使丞 源寂을 명하여 符節
을 가지고 와서 조문하고 이어 뒤를 이을 왕을 책봉하여 開府儀
同三司 檢校太尉 使持節 大都督鷄林州諸軍事 兼 持節 充寧海
軍使 新羅王을 삼고, 어머니 朴氏를 大妃로 삼고, 妻 朴氏를 王
妃로 삼았다(『삼국사기』 권10, 홍덕왕 2년).

③ 제42대 興德王은 金氏로 이름은 景暉이며 憲德王의 母弟이다.
비는 昌花夫人으로 諡號는 定穆王后인데 昭聖王의 딸이다(『삼
국유사』 권1, 왕력).

④ (大和) 5년 金彦昇이 죽음에 왕위를 이은 아들 金景徽를 開府儀
同三司 檢校太尉 使持節 大都督鷄林州諸軍事 兼 持節 充寧海
軍事 新羅王을 삼고, 景徽의 어머니 朴氏를 太妃로 삼고, 妻 朴
氏를 王妃로 삼았다(『구당서』 권199, 동이전 신라조).

⑤ 長慶(821~824)과 寶曆(825~826)年間에 … 彦昇이 죽고 아들 景
徽가 즉위하였다(『신당서』 권220, 동이전 신라조).

⑥ 新羅王 金彦昇이 죽었다. 그의 아들 景徽을 … 봉하여 新羅王으
로 삼고, 다시 그의 어머니 朴氏를 봉하여 新羅太妃로 삼고, 妻
眞氏를 王妃로 삼았다(『책부원구』 권965, 외신부 봉책3).

⑦ 新羅王 金景徽 … 景徽의 어머니 朴氏를 책봉하여 太妃로 삼고,
妻 朴氏를 책봉하여 妃로 삼았다(『당회요』 권95, 신라조).

역시 헌덕왕비인 것이 사실이라면, 이는 뒤에 충공의 딸을 재취하여 후
비로 삼은 것이라 하겠다.

⑧ 2월 新羅王 彦昇이 죽고 아들 景徽가 즉위하였다(『資治通鑑』권 244 唐紀60, 文宗 上之下).

⑨ 昭成 於秘 戸葬○○臣○○ 壽六十是日也 … 太祖星漢品物 大 命在於俟 卄四代孫○粹業(「신라흥덕왕릉비단석」,『한국금석전 문』고대편, 167~168쪽).

   흥덕왕의 이름은 秀宗(秀升)이었는데 景徽로 改名하였으며, 太 祖 星漢의 24代孫이다.[57] 그리고 전왕 헌덕왕과의 혈연적 관계는 同母弟(F-①)·母弟(F-②)라고도 하고, 반면에 중국사서에는 子(F-④·⑤·⑥·⑦)라고도 기록되어 있다. 하지만 이미『삼 국사기』권10, 애장왕 10년조에 '애장왕의 숙부 彦昇과 그 아우 伊 飡 悌邕'이라는 기록과 더불어『삼국유사』권1,「왕력」의 제40대 哀莊王조에 "元和 4년 己丑 7월 19일에 왕의 숙부 憲德·興德 두 伊干에게 弑害되었다."는 기록이 있음을 참고하면, 헌덕왕과 흥덕 왕이 모두 애장왕의 숙부로서 서로 형제간임을 알 수 있다.[58]

   그러면 弟임에도 불구하고 왜 중국사서에는 子라고 기록되어 있 을까? 이는 唐과의 외교상 책봉을 받는 과정에서 어려움 때문이었 다고 하겠다. 즉 헌덕왕이 826년 10월에 죽은 뒤 곧바로 흥덕왕이 즉위하였음에도[59] 4년 반이라는 오랜 기간이 지난 831년 4월에야 당에서 冊封使 源寂이 와서 흥덕왕을 신라왕으로 책봉한 사실은[60]

---

57) 李基東,「新羅 太祖星漢의 問題와 興德王陵碑의 發見」, 앞의 책, 366~ 377쪽 참조.
58) 양 기록에서『삼국유사』는 왕의 廟號를,『삼국사기』는 왕의 諱를 기록 하여 놓아 憲德王이 彦昇이고, 興德王이 悌邕이라는 등식관계가 성립 되는지는 약간의 의문이다. 그래서 李基東은 혹 悌邕은 흥덕왕의 初名 일 가능성이 있다고 보았는데(李基東,「新羅 下代의 王位繼承과 政治 過程」, 앞의 책, 155쪽 주30), 적절한 지적이라 생각되어 이에 따른다.
59)『삼국사기』권10, 헌덕왕 18년 10월조.
  『삼국유사』권1,「왕력」과 권2, 興德王鸚鵡.

그 당시 신라 조정 내부에는 전왕의 죽음과 신왕의 즉위는 물론,
신왕이 전왕의 동생인 사실을 아들이라고 속여야만 했던 어려운
사정이 있었던 모양이다.[61] 결국 흥덕왕이 헌덕왕의 同母弟라는
사실을 염두에 두면 흥덕왕의 父系는 당연히 헌덕왕의 父系와 동
일하다. 그리고 헌덕왕은 소성왕의 동모제로서, 소성왕·헌덕왕·
흥덕왕은 모두 부계가 동일하다.[62]

한편 흥덕왕의 어머니의 이름은 알 수 없지만 성은 朴氏(Ⓔ-
②·④·⑥·⑦)라고 한다. 그러나 이들은 모두 중국사서에 기록
되어 있는 것이어서 재고해 볼 필요가 있다. 이미 『삼국사기』와
『삼국유사』에서는 흥덕왕을 헌덕왕의 同母弟·母弟라고 하여 그
타당성이 인정되는 바이므로, 이에 따르면 흥덕왕의 어머니는 물
론 母系가 헌덕왕 및 소성왕과 동일해야 한다.

비록 앞의 인용문에는 헌덕왕의 母에 대한 직접적인 언급은 없
다. 그러나 헌덕왕의 형인 소성왕의 어머니는 聖穆太后 金氏로서
간혹 중국사서에 申氏라고도 하였는데, 이는 그녀의 아버지가 金
神述이기에 중국과의 책봉상 申氏를 가칭하였음이 밝혀졌다. 이러
한 사실에서 소성왕과 그의 동모제인 헌덕왕·흥덕왕의 어머니는
김신술의 딸 聖穆太后 金氏임을 알 수 있다. 그런데도 불구하고
중국사서들이 흥덕왕의 어머니를 朴氏라 한 것은 — 흥덕왕을 헌

---

60) 『삼국사기』 권10, 흥덕왕 2년조.
61) 당시 이러한 문제에 대한 검토로는 다음의 글들이 참고가 된다.
　　 末松保和, 1954, 「新羅下古諸王薨年存疑」 『新羅史の諸問題』, 東洋文
　　 庫, 425～428쪽.
　　 李基東, 1984, 「新羅 下代 賓貢及第者의 出現과 羅唐文人의 交驩」, 앞
　　 의 책, 293쪽.
　　 李基東, 1984, 「新羅 下代 王位繼承과 政治過程」, 앞의 책, 157～158쪽.
62) 그러므로 이에 대해서는 앞에서 살펴본 제39대 昭聖王의 父系를 참고
　　 하도록 하고 생략한다.

덕왕의 子라고 한 것처럼 ― 책봉을 받는 과정에서 변통한 허구의
성씨에 불과한 것이고 사실은 김씨이다.[63] 그리고 홍덕왕의 모계
는 소성왕·헌덕왕의 모계와 동일하다.[64]

그러면 홍덕왕의 妃系에 대해서 살펴보도록 하자. 홍덕왕비의
이름은 章和夫人(F-①) 또는 昌花夫人으로 표기되며, 소성왕의
女이다(F-①·③). 그러므로 그녀의 어머니는 소성왕비인 桂花
夫人 金氏로서 叔明의 딸이다. 그렇다면 章和夫人의 성은 父系를
따라도 金氏이고, 母系를 따라도 김씨이다. 그렇지만 앞에서 살펴
본 다른 왕의 어머니와 왕비의 경우가 그러했듯이, 홍덕왕의 왕비
인 章和夫人 또한 성씨를 중국사서에서는 朴氏(F-②·④)·眞
氏(F-⑥)라고 기록되어 있다. 그러나 여기서 朴氏라고 한 것은
假姓이며, 眞氏 또한 헌덕왕 왕비의 경우처럼 金氏간의 근친혼을
숨기기 위한 가칭한 姓의 표기에 불과한 것이고, 사실은 金氏이고
(F-①) 소성왕의 딸이다. 그러므로 홍덕왕은 同母兄인 소성왕의
딸, 즉 자신의 질녀와 근친혼하였음을 알 수 있다.

---

63) 李丙燾는 신라에서 血族婚姻의 사실을 숨기기 위하여 朴氏라고 보고
한 것이라고 하였다(李丙燾, 앞의 책, 177쪽 주6 참고). 한편 文暻鉉도
홍덕왕의 어머니가 朴氏가 아님을 지적하였다. 그러나 그 고찰과정에
서 착각을 범하여 "王母 朴氏는 父王인 昭聖의 妃 桂花夫人으로 그녀
는 大阿飡 金叔明의 딸이다."고 하였는데(文暻鉉, 앞의 글, 232쪽), 홍
덕왕의 어머니의 성이 朴氏가 아님은 옳으나 홍덕왕의 同母兄인 소성
왕을 아버지로 보고, 홍덕왕의 어머니를 桂花夫人으로 본 것은 잘못이
다. 홍덕왕의 아버지는 惠忠太子(仁謙)이므로, 어머니는 仁謙의 부인
聖穆太后이고, 그녀의 아버지는 金神述이다.
64) 그러므로 이에 대해서는 앞에서 살펴본 제39대 소성왕의 母系를 참조
하도록 하고 생략한다.

7) 제43대 僖康王의 가계

희강왕의 가계 검토에 이용할 수 있는 자료는 다음과 같은 것들이 있다.

ⓖ－① 僖康王이 즉위하였다. 이름은 悌隆[또는 悌顒]인데, 元聖大王의 손자인 伊飡 憲貞[또는 草奴]의 아들이다. 어머니는 包道夫人이고, 王妃는 文穆夫人인데 葛文王 忠恭의 딸이다. 처음에 흥덕왕이 죽음에 그의 堂弟 均貞과 堂弟의 아들 제륭이 모두 임금이 되려하여 … 균정이 살해를 당했으므로 뒤에 제륭이 곧 즉위하였다(『삼국사기』 권10, 희강왕 즉위조).

② 정월 사형죄 이하의 죄수들을 大赦하고 왕의 아버지를 翌成大王으로 추봉하고, 어머니 朴氏를 順成太后로 삼았다(『삼국사기』 권10, 애장왕 2년).

③ 제43대 僖康王은 金氏로, 이름은 愷隆인데 혹은 悌顒이라고도 한다. 아버지는 憲貞 角干인데, 謚號는 興聖大王 혹은 翌成이라고도 하며 禮英 迊干의 아들이다. 어머니는 美道夫人인데 혹은 深乃夫人 또는 巴利夫人이라고도 하고, 謚號는 順成太后이고 忠衍 大阿干의 딸이다. 왕비는 文穆王后인데 忠孝 角干의 딸이다. 혹은 仲恭 角干이라고도 한다(『삼국유사』 권1, 왕력).

희강왕의 이름은 悌隆인데,[65] 성은 金氏이며, 전왕 흥덕왕과는 혈연적으로 '堂弟之子'(ⓖ－①), 곧 堂姪(5촌 조카)의 관계이다.

희강왕의 아버지는 憲貞(또는 草奴)이다(ⓖ－①·②·③).[66] 헌정은 원성왕의 셋째 아들인 禮英의 아들로서, 807년(애장왕 8) 1월에 侍中이 되어 810년(헌덕왕 2) 1월까지 3년간 역임하였으

---

65) 悌顒·愷隆이라고 하나 모두 同音異寫이므로 여기는 悌隆으로 사용키로 한다.

66) 金憲貞은 憲章·憲正으로도 표기되었다(李基東, 「新羅 下代 王位繼承과 政治過程」, 앞의 책, 156~166쪽).

50 新羅 下代 王位繼承 硏究

며, 또 810년 遣唐使로 파견되어 불상과 불경 등을 가지고 가서 唐 順宗의 명복을 빌기도 하였다. 그리고 그는 813년경 「斷俗寺 神行禪師碑」를 撰할 때에는 國相 兵部令 兼 修城府令의 관직과 伊干의 관등을 가지고 있었다. 그 뒤 819년(헌덕왕 11) 정월에는 병으로 보행이 불가능하자 왕으로부터 机杖을 하사 받기도 하였다. 한편 김헌정의 아버지(즉 희강왕의 할아버지)는 禮英인데, 그는 원성왕의 셋째 아들로서 관등이 이찬에 이르렀다. 또 예영의 아버지(즉 희강왕의 증조부)는 원성왕이다. 그러므로 희강왕의 父系는 원성왕계의 直系가 아닌 傍系 후손으로 이미 직계인 仁謙系와는 혈통이 멀어져 왕위계승의 범주에서 벗어난 가계이다.

그리고 희강왕의 母系를 살펴보면, 희강왕의 어머니는 包道夫人(ⓖ-①)인데,[67] 朴氏이고(ⓖ-②),[68] 그녀의 아버지는 忠衍이다.

한편 희강왕의 妃系를 살펴보면 원성왕계 내의 근친혼이었음을 알 수 있다. 비록 왕비인 文穆夫人(또는 文穆王后)의 성씨는 기록되어 있지 않지만, 그녀의 아버지는 忠恭이다.[69] 앞에서도 여러 차례 언급하였듯이 충공은 헌덕왕·흥덕왕과 형제이다. 또 희강왕과 충공은 원성왕계 내의 從叔과 從姪의 관계이다. 그리고 충공의 아버지는 惠忠大王으로 추봉된 仁謙이고, 인겸의 아버지는 원성왕이다. 그러므로 희강왕의 비계는 원성왕계 내에서 인겸계이고, 희강

---

67) 혹은 美道夫人·深乃夫人·巴利夫人(ⓖ-③)이라고 한다. 그러나 이들은 『삼국사기』나(ⓖ-②) 『삼국유사』에서(ⓖ-③) 모두 順成太后로 諡號가 追封되었다고 함으로 同一人에 대한 이칭들이다.

68) 다만 이 경우도 신라 하대의 王母와 王妃의 실제 성이 金氏이면서도 중국과의 책봉문제상 朴氏나 다른 그녀의 아버지 이름에서 한 字를 성씨로 가칭하는 경우가 많아서 실제 진위여부는 의문점이 남으나, 여기서는 또다른 자료가 없으므로 朴氏를 따른다.

69) 또는 忠孝·仲恭이라고 하였으나, 이는 동일인물의 이름에 대한 同音異寫에 불과하다.

왕의 부계는 원성왕계 내에서 예영계의 후손이므로, 결국 희강왕
과 文穆夫人의 혼인은 인겸계와 예영계의 결합을 의미한다.

8) 제44대 閔哀王의 가계

민애왕의 가계를 검토하는데 이용할 수 있는 사료는 다음과 같
은 것들이 있다.

㉺-① 閔哀王이 즉위하였다. 姓은 金氏이고 이름은 明이다. 元聖大王
의 曾孫이며, 大阿湌 忠恭의 아들이다. 여러 벼슬을 거쳐 上大等
이 되어서 侍中 利弘과 함께 왕을 핍박하여 죽이고 스스로 왕이
되었다. 아버지를 추봉하여 시호를 宣康大王이라 하고, 어머니
朴氏 貴寶夫人를 宣懿太后로 하고, 妻 金氏를 允容王后로 하였
다(『삼국사기』 권10, 민애왕 즉위조).

② 제44대 閔[혹은 敏]哀王은 金氏로 이름은 明이다. 아버지는 忠恭
角干인데 宣康大王으로 추봉하였으며, 어머니는 추봉된 惠忠王
의 딸 貴巴夫人으로 諡號는 宣懿王后이다. 王妃는 无容皇后인
데 永公 角干의 딸이다(『삼국유사』 권1, 왕력).

③ 敏哀大王의 이름은 明이며 宣康大王의 長子로 今上(경문왕)의
老舅이다. 開成 己未(839) 太簇 下旬하고 3일에(23일) 세상을 버
리니, 나이 23세였다(「민애대왕석탑기」 『한국금석전문』, 178~
179쪽).

민애왕의 이름은 明이고, 성은 金氏이며, 원성왕의 曾孫이므로
(㉺-①), 신라 하대 정통왕가인 원성왕계의 후손이다.

민애왕의 아버지는 忠恭(宣康大王으로 追封)이다. 이미 앞에서
희강왕의 비계에 대한 검토를 하면서 살펴보았듯이, 忠恭은 원성
왕의 장자로서 태자에 책봉된 바 있는 仁謙(惠忠太子)의 넷째 아들
이다. 그의 형은 소성왕·헌덕왕·흥덕왕 등으로 모두 왕위에 올

랐다. 이런 혈연적·정치적 배경을 가졌던 충공도 마땅히 왕위에
오를 자격과 능력이 있었지만,[70] 아마 형인 흥덕왕보다 먼저 죽었
기 때문에 실제 즉위하지는 못하였다. 그러나 그는 희강왕의 丈人
이므로 희강왕이 왕위에 오르자 葛文王으로 追封되었고, 뒤에 아
들 金明이 즉위하자 大王으로 또다시 추봉된 듯하다. 그리고 충공
의 아버지, 즉 민애왕의 할아버지는 仁謙이다. 인겸 또한 원성왕에
의하여 태자로 책봉되어 왕위계승권을 가졌으나 일찍 죽었기에 즉
위하지 못하였다. 이처럼 민애왕의 父系는 원성왕계 내의 인겸계
에 속하여 왕위계승권을 가졌던 가계였으나 흥덕왕이 죽은 뒤 예
영계의 희강왕에게 왕위를 빼앗긴 가문이다.

　민애왕의 어머니는 貴寶夫人(㉥-①)인데[71] 뒤에 宣懿太后로
追封되었다. 그리고 그녀의 아버지는 惠忠王으로 추봉된(㉥-②)
金仁謙이다. 그렇다면 그녀는 원성왕계의 金氏인데도『삼국사기』
에 그녀를 朴氏라고 한 기록이 있어(㉥-①) 혼란이 생긴다. 그러
나 이는 앞에서 여러 왕의 어머니와 왕비가 그러했듯이, 본래 성인
金氏를 사용하기 어려운 사정이 있어 朴氏를 가칭한 것 같다.[72] 결

---

70) 崔致遠이 지은「지증대사적조탑비문」에 의하면 "及興德大王纂戎 宣康
　　太子監撫 去邪醫國 樂善肥家"라는 文句가 있어, 金忠恭이 흥덕왕대에
　　태자에 책봉되어 개혁정치를 주도하였음을 알 수 있다.
71) 또는 貴巴夫人(㉥-②)으로 표기되어 있으나 이는 同音異寫이다.
72) 일반적으로 신라 하대의 姓氏表記法에는 ①아버지의 성을 따르거나,
　　②아버지의 이름자의 한 字를 취하여 姓으로 사용하거나, ③또는 朴氏
　　라는 假姓을 사용하기도 하고, ④고려시대에는 어머니의 姓을 따르기
　　도 하였다. 그러나 貴寶夫人의 경우 朴氏라 한 것은 아버지 金仁謙을
　　따른 것도 아니고, 이름자의 한 자를 취한 것도 아니다. 그러므로 결국
　　③의 경우로써 朴氏를 假稱한 것이 옳다고 하겠다. 즉 그녀의 어머니
　　가 중국으로부터 朴氏로써 책봉받았듯이(興德王의 母系에 대한 검토
　　참조), 아마 이를 본따 朴氏를 假姓한 것 같다. 그리고 閔哀王의 어머
　　니가 金氏王家의 딸이면서 本姓 金氏를 칭하지 않고 朴氏를 칭한 사

국 민애왕의 어머니 귀보부인 역시 아버지가 인겸이고, 할아버지
가 원성왕이므로, 귀보부인은 남매간인 충공과 근친혼을 하였음을
알 수 있다.[73]

한편 민애왕비의 이름은 允容夫人(Ⓗ－①)이며,[74] 성은 金氏(Ⓗ
－①)이고, 그녀의 아버지는 永公(Ⓗ－②)이라고 한다. 永公이란
『삼국사기』에 永恭이라 표기된 자와 동일인으로 추측된다. 만약
이것이 옳다면 그는 821년(헌덕왕 13) 4월에 侍中이 되어 827년(흥
덕왕 2) 8월에 天變災異를 이유로 물러날 때까지 6년 4개월간 재임
하면서 헌덕왕・흥덕왕대의 개혁정치를 이끌어간 인물이다. 특히
전임자가 민애왕의 아버지 충공이었던 사실에서 미루어 볼 때 아
마 충공과 영공은 각별한 관계를 가졌으며, 서로의 아들과 딸을 혼
인시켜 맺어져 있었던 것같다.

9) 제45대 神武王의 가계

신무왕의 가계 검토에 이용할 수 있는 자료는 다음과 같은 것들
이 있다.

　①－① 神武王이 즉위하였다. 이름은 祐徵이고, 元聖大王의 손자인 均
　　　貞 上大等의 아들이며 僖康王의 從弟이다. 禮徵 등이 이미 궁중
　　　을 청소하고 예절을 갖추어 맞이하여 왕위에 오르게 하였다. 왕
　　　의 할아버지 伊湌 禮英[혹은 孝眞이라고도 한다]을 추존하여 惠
　　　康大王이라 하고, 아버지를 成德大王이라 하고, 어머니 朴氏 眞
　　　矯夫人을 憲穆太后라 하였다(『삼국사기』 권10, 신무왕 즉위조)

　　실은 文暻鉉도 지적한 바 있다(文暻鉉, 1990,「新羅 朴氏의 骨品에 대
　　하여」『歷史敎育論集』 13・14합집, 225쪽).
73) 다만 이들이 親男妹인지 아니면 異腹男妹인지는 좀더 검토해야 할 여
　　지가 있다. 그리고 이러한 사정 때문에 더욱 朴氏라 표기된 것 같다.
74) 또는 无容皇后(Ⓗ－②)라 되어 있지만 이는 표기상의 誤記일 것이다.

② 제45대 神虎(武의 避諱)王은 金氏이며, 이름은 祐徵이다. 아버지
는 均貞 角干인데 成德大王으로 추봉하였고, 어머니는 貞矯夫
人이다. 할아버지 禮英을 추봉하여 憲康大王이라 하였다. 王妃
는 貞從[혹은 繼]太后라고도 하며 ○明海○의 딸이다(『삼국유
사』 권1, 왕력)

신무왕의 성은 金氏이고 아버지는 均貞이다. 金均貞은 835년 2
월 金忠恭의 후임으로 上大等이 되었으나, 이듬해 12월 흥덕왕이
아들이 없이 죽자 從姪 悌隆을 상대로 하여 왕위쟁탈전을 벌였지
만 패배하여 살해되었다. 김균정은 먼저 眞矯夫人(貞矯夫人)과 혼
인하고, 뒤에 從兄 金忠恭의 딸 照明夫人(昕明夫人)과 혼인하였다.

김균정의 아버지, 즉 신무왕의 할아버지는 원성왕의 셋째 아들
禮英이다. 다시 말해 신무왕은 원성왕의 증손자이다. 그리고 신무
왕은 희강왕의 從弟라고 한다(① - ①). 그렇다면 신무왕의 아버지
均貞과 희강왕의 아버지 憲貞은 형제간으로 신무왕과 희강왕은 모
두 예영의 손자들이다. 그러므로 신무왕의 父系는 원성왕계 내에
서 예영계에 속한다.

한편 신무왕의 어머니는 眞矯夫人(① - ①)이다.[75] 하지만 사료
에는 그녀의 성이 朴氏라고만 기록되어 있고 그 이상의 언급은 없
다.[76] 그래서 신무왕의 母系에 대해서 자세한 것은 알 수 없다.

그리고 신무왕비는 貞從太后이다.[77] 그런데 현존하는 壬申本
『삼국유사』에는 그녀의 아버지는 ○明海○이라 하여 결락된 상태

---

75) 혹은 貞矯夫人(① - ②)이라고도 한다. 즉 壬申本『삼국유사』의 글자를
    '貞'으로 읽을 수도 있으나, 바로 앞의 '均貞'의 '貞'자와 字體를 비교
    하면 貞보다는 오히려 眞이 정확함을 알 수 있다.
76) 여기의 朴氏 또한 그 眞僞가 의심스러우나 일단 기록대로 따른다.
77) 한편『삼국사기』문성왕 즉위조에는 貞繼太后·定宗太后,『삼국유사』
    「왕력」의 제46 문성왕조에는 貞從太后라고 되어 있으나, 이는 同一人
    에 대한 同音異寫 내지는 오류에 불과하므로 貞從太后에 따른다.

라 정확한 이름을 알 수는 없다. 그렇지만『삼국유사』권1,「왕력」
에서의 가족관계 기록이 대체로 人名＋官等으로 표기함을 기본으
로 하였음을 염두에 두면, 明海가 하나의 인명이 아니고 ○明은
이름이고 海○은 관등인 것 같다. 이러한 추측이 가능하다면 이름
은 ○明이고 관등은 海飡 또는 海干(波珍飡의 이칭)으로 볼 수 있
다.[78] 한편 그의 성씨는 기록은 없으나 아버지의 이름이 ○明이라
면 원성왕계의 金氏가 아닐까 추측해 보지만,[79] 단정할 수는 없다.

10) 제 46대 文聖王의 가계

문성왕의 가계 검토에 이용할 수 있는 사료는 다음과 같은 것들
이 있다.

　Ⓙ－① 文聖王이 즉위하였다. 이름은 慶膺이며 神武王의 太子이다. 어
　　　머니는 貞繼夫人이다[혹은 定宗太后라고 한다](『삼국사기』권
　　　11, 문성왕 즉위조).

　　② 7월 唐 武宗이 … 왕을 開府儀同三司 檢校太尉 使持節 大都督
　　　鷄林州諸軍事 兼 持節 充寧海諸軍使 上柱國 新羅王으로, 妻 朴

---

78) 이와 달리 현상태에서 결락자가 없이 明海라는 것이 이름만을 기록한
　　것으로 볼 수도 있지만, 같은 책의 僖康王조에 王의 父를 憲貞 角干,
　　祖를 禮英 迊干, 어머니의 父를 忠衍 大阿干, 王妃의 父를 忠孝 角干
　　이라고 표기하고 있음에서 볼 때 人名＋官等이 가장 보편적인 기록방
　　법이었고, 또 관등명도 일반적으로 伊伐飡・迊飡보다는 角干・迊干을
　　사용하고 있음을 알 수 있다.
79) 앞에서 살펴보았듯이 대부분 王의 어머니와 王妃의 실제 姓氏가 金氏
　　인 경우가 많았음에도 그러하다. 그리고 만약 ○明이 이름이 분명하다
　　면 사료상 나오는 같은 시기의 인물로는 哀莊王 金淸明과 그 동생 金
　　體明이 있다. 하지만 淸明은 이름이지만 哀莊王이란 諡號가 있으니 이
　　름으로 기록치 않았을 것이고, 좀더 고려되어야 할 문제이지만 體明이
　　아마 ○明과 같은 인물이 아닐까 하고 생각된다.

氏를 王妃로 책봉하였다(『삼국사기』 권11, 문성왕 3년).

③ 3월 伊飡 魏昕의 딸을 妃로 들이었다(『삼국사기』 권11, 문성왕 4년).

④ 제46대 文聖王은 金氏이며 이름은 慶膺이다. 아버지는 神虎(武의 避諱)王이고, 어머니는 貞從太后이며, 왕비는 炤明王后이다 (『삼국유사』 권1, 왕력).

⑤ 국왕 慶膺(문성왕)이 무구정탑을 만들고 바램을 기록한 글. … 왕명을 받은 修造塔使는 (국왕의) 從弟이며 舍知로써 熊州 祁梁 縣令인 金銳, 都監 修造 大德은 判政法事인 啓玄, 檢校 修造 僧은 前奉德寺 上座인 淸玄, 專知 修造 僧은 康州 咸安郡의 郡統 인 敎章. 同 監修造使는 (국왕의) 從叔이며 武州長史인 金繼宗, 同 監修造使는 (국왕의) 從叔이며 새로 康州 泗水縣令에 제수된 金勳榮이다(「昌林寺無垢淨塔願記」 『譯註韓國古代金石文』 3, 한국고대사회연구소편, 330～331쪽).

문성왕의 父系는 신무왕 부계의 연장이다. 다시 말하면 문성왕 은 신무왕의 太子(ⓙ-①)이므로, 그의 어머니는 신무왕비인 貞從 夫人이다.[80]

그리고 문성왕에게는 從弟인 金銳와 從叔인 金繼宗과 金勳榮이 있었다(ⓙ-⑤). 김예는 문성왕의 從弟(4촌)라고 하므로, 김예의 아 버지는 그 이름을 알 수 없지만 문성왕의 아버지인 신무왕과 형제 간임을 알 수 있다. 즉 김균정에게는 아들로 신무왕(祐徵), 이름을 알 수 없는 아들(김예의 아버지), 그리고 헌안왕(誼靖) 등 3형제가 있었던 것이다. 또 김계종과 김훈영은 문성왕의 從叔(5촌)이라고 하니, 이들은 문성왕의 할아버지인 균정의 형제인 헌정의 아들임 을 알 수 있다. 그러므로 헌정의 아들로는 희강왕(悌隆)과 더불어 김계종과 김훈영이라는 3형제가 있었던 것을 확인할 수 있다.

---

80) 그러므로 문성왕의 부계와 모계에 대해서는 제45대 신무왕의 父系와 妃系를 참조하도록 하고 생략한다.

한편 문성왕의 妃系를 살펴보면 다음과 같다. 먼저 문성왕의 왕비는 炤明夫人과(ⓙ-④) 또 이름은 알 수 없으나 843년(문성왕 4) 3월에 맞이한 妃가 있었다(ⓙ-③). 그러므로 문성왕의 王妃는 2명이었다.[81] 첫째 왕비부터 살펴보면 그녀의 이름이 炤明夫人인지는 모르겠으나 성은 朴氏라고 한다(ⓙ-②).[82] 하지만 그녀의 아버지나 어머니의 성과 이름은 자료가 없어 알 수 없다.

반면 둘째 왕비는 이름이 炤明夫人일 수도 있으나,[83] 그녀의 아버지는 魏昕이라고(ⓙ-③) 한다. 魏昕은 金陽의 字이다. 그는 태종무열왕의 9代孫으로 曾祖는 金周元이고, 할아버지는 金宗基이며, 아버지는 金貞茹이다. 김양의 선대는, 822년(헌덕왕 14) 할아버지 김종기와 같은 行列인 金憲昌이 반란을 일으켰다가 실패하여 그 일당이 모두 살해되었음에도 불구하고, 다행히 金宗基의 가계는 피해를 입지 않고 政界에서 활약하였다.[84] 특히 金陽은 여러 外官職을 두루 거쳤으며, 836년 12월 均貞과 悌隆 사이의 왕위쟁탈전시 균정을 지지하였으나 실패하였다. 그 뒤 838년(희강왕 3) 3월에 병사를 모집하여 淸海鎭大使 張保皐에게 의탁, 839년에는 閔哀王을 죽이고 4월에 신무왕을 추대하였다. 그리고 7월에 신무왕이 죽고 문성왕이 즉위하자 김양은 蘇判 兼 兵部令이 되어 정치적 영

---

81) 炤明夫人과 새로 맞이한 妃가 同一人인지는 알 수 없으나 즉위 직후 7월에 唐으로부터 책봉된 왕비가 있으므로 2명임에는 틀림없다.

82) 여기의 朴氏 또한 앞에서 살펴본 다른 王의 母와 妃의 경우처럼 眞僞에는 문제점이 있을 수 있으나, 그냥 따르도록 한다.

83) 申瀅植은 炤明夫人이 文聖王의 次妃이며 伊飡 魏昕의 딸로서 842년 3월에 문성왕에게 出嫁하였다고 보고 있지만(1991,「소명왕후」『한국민족문화대백과사전』12, 한국정신문화연구원, 701쪽), 再考를 요한다.

84) 崔柄憲, 앞의 글, 460~468쪽.
金貞淑, 1984,「金周元世系의 成立과 變遷」『白山學報』28.
金昌謙, 1995,「新羅 元聖王의 卽位와 金周元系의 動向」『阜村申延澈教授停年退任紀念 史學論叢』.

향력을 행사하는 과정에서 딸을 문성왕과 혼인시켰다. 그러므로 문성왕의 次妃의 가계는 중대 무열왕계의 傍系이다.

그리고 문성왕에게는 어느 왕비의 소생인지는 알 수 없으나 아들이 있어 847년(문성왕 9) 8월에 태자에 봉해지기도 하였다.[85]

11) 제47대 憲安王의 가계

헌안왕의 가계 검토에 이용할 수 있는 자료는 다음과 같은 것들이 있다.

Ⓚ-① 憲安王이 즉위하였다. 이름은 誼靖[또는 祐靖]이고, 神武王의 異母弟이다. 어머니는 照明夫人으로 宣康王의 딸이다. 문성왕의 顧命으로 즉위하였다(『삼국사기』 권11, 헌안왕 즉위조).

② 9월 왕의 병환이 편치 못하여 遺詔를 내리기를 " … 생각하건대 舒弗邯 誼靖은 先皇의 令孫이요 寡人의 叔父인데, 효성과 우애가 있고 명민하고 관후하고 인자하여 오랫동안 古衡(台衡의 誤記)에 처하여 왕정을 挾贊하였으니, 위로는 가히 宗廟를 받들 만하고 아래로는 가히 창생을 어루만질 만하다. … " 하였다(『삼국사기』 권11, 문성왕 19년).

③ 제47대 憲安王은 金氏로, 이름은 誼靖이며, 神虎(武의 避諱)王의 동생이다. 어머니는 昕明夫人이다(『삼국유사』 권1, 왕력).

④ 9월 왕이 臨海殿에서 여러 신하들과 연회를 함에, 王族 膺廉이 나이 15세로 참석하였다. … 왕이 이 말을 듣고 가만히 있다가 王后에게 귓속말로 "朕이 여러 사람을 보았지만 응렴만한 사람은 없었다."고 하였다. … 조용히 말하기를 "나에게 두 딸이 있는데, 형은 20세이고 아우는 19세이니, 郞이 마음대로 娶하라." 하였다(『삼국사기』 권11, 헌안왕 4년).

---

85) 『삼국사기』 권11, 문성왕 9년 및 14년. 다만 당시에 魏昕이 크게 활약하고 있었음에서 추측컨대 그의 딸인 次妃의 소생이었을 것 같다.

헌안왕은 전왕인 문성왕의 숙부이지만(Ⓚ-②), 문성왕의 아버지인 신무왕의 異母弟라고 하니(Ⓚ-①) 친숙부는 아니다.

이러한 문성왕과의 혈연관계를 전제로 하여 헌안왕의 父系를 살펴보면, 헌안왕과 신무왕은 異母兄弟이므로 서로 어머니는 달라도 아버지는 동일인 均貞임을 확인할 수 있다.[86]

憲安王의 어머니는 照明夫人(Ⓚ-①)인데,[87] 宣康王의 딸이라고 한다(Ⓚ-①). 宣康王이란 宣康大王으로 추봉된 金忠恭을 말한다. 충공은 민애왕의 아버지인 동시에, 희강왕비인 文穆夫人의 아버지이고, 또 헌안왕의 어머니의 아버지이기도 한 인물이다.[88] 그런데 이미 앞에서 살펴보았듯이, 헌안왕의 아버지 金均貞에게는 신무왕의 어머니로서 眞矯夫人(또는 貞矯夫人)으로 불리는 朴氏의 夫人이 있었다(Ⓘ-①·②). 그럼에도 여기서 照明夫人으로 불리는 忠恭의 딸이 또 均貞의 夫人이라고 하니, 그에게 2명의 부인이 있었음을 알 수 있다. 결국 2명의 부인 가운데 照明夫人이 헌안왕의 어머니이고, 그녀의 아버지는 忠恭이며, 또 할아버지는 惠忠太子 仁謙이며, 曾祖는 원성왕이다. 그러므로 헌안왕의 아버지 均貞과 어머니 照明夫人은 堂叔과 堂姪女 사이의 원성왕계 내에서 이루어진 近親婚이다.[89]

한편 위의 사료에는 헌안왕비가 누구인지 이름도 姓도 전하지 않아 妃系에 대해서는 검토하기가 어렵다. 다만 왕비가 있었음은

---

86) 그러므로 헌안왕의 父系에 대해서는 앞에서 살펴본 제45대 신무왕의 父系를 참조토록 하고 생략한다.

87) 또는 昕明夫人(Ⓚ-③)이라고 표기되어 있지만, 이는 표기상의 차이에 불과하므로 前者를 따른다.

88) 이에 대해서는 제43대 희강왕 妃系와 제44대 민애왕 父系를 참조 바란다.

89) 한편 인용문 Ⓗ-③에 의하면 충공의 아들인 민애왕은 헌안왕의 외숙임을 알 수 있다.

분명하고, 그녀는 아들은 낳지 못하고 2명의 딸만 출산하였다(Ⓚ-
④). 그리고 정식 왕비는 아니지만 아들 弓裔를 낳은 嬪이 있었으
나 그녀 역시 姓은 물론 이름조차 알 수 없다.[90]

12) 제48대 景文王의 가계

경문왕의 가계 검토에 이용할 수 있는 자료는 다음과 같은 것들
이 있다.

Ⓛ-① 정월 王은 병이 침중하여 左右에게 말하기를 "寡人은 불행히 아
들이 없고 딸만 있으니 … 사위 膺廉은 나이 비록 어리나 노성
한 덕이 있으니, 卿 등은 그를 세워 섬기면 반드시 祖宗의 훌륭
한 후계를 잃지 않을 것이다. 그러면 과인은 죽어도 썩지 않을
것이다."고 하였다(『삼국사기』 권11, 헌안왕 5년).

② 景文王이 즉위하였다. 이름은 膺廉[膺은 또는 疑]이며, 僖康王의
아들인 啓明 阿飡의 아들이다. 어머니는 光和[또는 光義라 함]
夫人이다. 王妃는 金氏 寧花夫人이다(『삼국사기』 권11, 경문왕
즉위조).

③ 寧花夫人의 아우를 들이어 次妃로 삼았다(『삼국사기』 권11, 경
문왕 3년).

④ 정월 왕의 아버지를 봉하여 懿恭大王이라 하고, 어머니인 朴氏
光和夫人을 光懿王太后라 하고, 夫人 金氏를 文懿王妃라 하고,
王子 晸을 王太子로 삼았다(『삼국사기』 권11, 경문왕 6년).

⑤ 제48대 景文王은 金氏이며 이름은 膺廉이다. 아버지는 啓明 角
干인데 추봉한 義[혹은 懿]恭大王, 즉 僖康王의 아들이다. 어머

---

90) 『삼국사기』 권50, 궁예전. 한편 弓裔의 父에 대하여는 『삼국사기』에서
조차 제47대 헌안왕설과 제48대 경문왕설로 나누어져 있으나, 이는 아
마 그의 실제 아버지는 헌안왕이지만 그의 末年 내지는 경문왕에게 왕
위계승의 확정 이후에 弓裔가 태어났기 때문에 경문왕이 그를 죽이려
한 데서 생긴 後代의 錯誤인 듯하다.

니는 神虎王의 딸인 光和夫人이고, 妃는 文資皇后인데 憲安王
의 딸이다(『삼국유사』권1, 왕력).

⑥ 지금 임금(경문왕)이 즉위하여 11년인 咸通 辛卯에 탑이 기울어
짐을 애석히 여겨, 곧 명하여 親弟인 上宰相 伊干 魏弘을 ○臣
으로 삼았다(「황룡사구층목탑찰주본기」,『한국금석유문』, 160
쪽).

⑦ 先大王(경문왕)께서 冕服차림으로 절을 하여 스승으로 삼았고,
君夫人과 世子 그리고 太弟인 相國[追封하여 높인 諡號는 惠成
大王]과 여러 王子와 왕손들이 둘러싸고 … (「聖住寺朗慧和尙
白月保光塔碑文」,『조선금석총람』상, 77쪽).

⑧ 景文大王과 文懿皇后님 그리고 大娘님이 불을 밝힐 석등을 세
우기를 바라셨다. 唐의 咸通 9년 戊子 中春(2월) 저녁에 … (「開
仙寺石燈記」,『조선금석총람』상, 87쪽).

⑨ 咸通 5년 겨울 端儀長翁主가 未亡人을 자칭하여 當來佛에 귀의
하였다(「鳳巖寺智證大師寂照塔碑」,『조선금석총람』상, 92쪽).

⑩ 太師를 추증받은 先大王이[景文王이다. 성은 金이고 이름은 膺
廉이며, 僖康王의 孫子이며 阿飡 殷明(啓明의 誤記)의 아들이다.
憲安王이 아들이 없어서 후사가 되어 즉위하였다] 즉위하였다
(「無染和尙碑銘」,『최문창후전집』, 106쪽).

⑪ 先朝[景文王]가 王位에 오른 첫해에 烈祖 元聖大王[敬信 즉 景
文王의 9世祖의 책봉 칭호]의 능을 모시고 명복을 빌기 위하여
세운 것이다. …… 세 가지의 이익이 되는 뛰어난 인연이 기다리고
[憲安王이 아들이 없어 膺廉을 사위로 삼고자 하였다. 膺廉이
맏딸이 못생겼고 작은딸이 아름답다는 것을 듣고 작은딸에게 장
가들고자 함에, 範喬가 말하기를 "맏딸에게 세 가지 이익이 있으
니, 첫째 왕이 아들이 없으니 사위가 태자가 됨이요. 둘째는 작
은딸은 자연히 서로 좋아짐이요. 셋째는 마침내 왕위를 얻음이
다."고 하였다. 이가 景文王이 되었다] 천년의 寶運이 이지러짐
이 없게 되었다. 엎드려 생각하건대 先大王[景文王이다. 僖康王
의 曾孫이다]은 무지개 같은 별이 虹渚에 빛을 떨치듯이 … 이
에 당에 사신을 보내어 돌아감을 고하고 왕위를 이음을[憲安王
이 죽고 景文王이 즉위함] 알렸다. … 드디어 太弟인 相國에게
제사 드리게 하고, … 크게 축하하여 말하기를 "귀하신 介弟(왕

의 아우)의 이번 행차로 거룩한 천자의 은광이 드러나고 우리 임
금의 효성이 이루어졌도다.”라고 하였다(「大嵩福寺碑銘」『최문
창후전집』, 143~153쪽).

⑫ 咸通 5년 겨울 端儀長翁主[景文王의 누이이다]가 未亡人(寡婦의
스스로 칭호)으로 … (「智證和尙碑銘」『최문창후전집』, 184~
185쪽).

경문왕은 전왕 헌안왕과는 같은 원성왕계내 예영계의 왕족으로
서 헌안왕이 臨海殿에서 베푼 宴會에 참석을 계기로 하여 사위가
되었다(Ⓚ-④). 그리하여 헌안왕이 죽고 아들이 없음에 顧命을 받
아 왕위를 계승하였다(Ⓛ-①·⑩·⑫). 즉 그의 즉위는 신라 하
대에는 처음 있는 女壻繼承이라는 점에서 특이하다.

경문왕의 아버지는 啓明인데, 그는 848년(문성왕 10) 여름에 波
珍飡으로서 侍中이 되었다. 그리고 계명의 아버지는 희강왕이다.
또 희강왕의 아버지는 憲貞이고, 헌정의 아버지는 원성왕의 셋째
아들 禮英이다. 그러므로 경문왕은 원성왕계 내의 예영계, 그 중에
서도 헌정계에 속한다. 그리고 경문왕에게는 남동생으로『三代目』
의 편찬으로 유명한 魏弘이 있었고(Ⓛ-⑥·⑦·⑪), 여동생으로
端儀長翁主가 있었다(Ⓛ-⑨·⑫).

한편 경문왕의 어머니는 光和夫人(또는 光義夫人)인데, 그녀는
신무왕의 딸이다. 앞에서 살펴보았듯이, 신무왕은 원성왕의 손자로
서 곧 均貞의 아들이다. 즉 광화부인은 균정의 두 부인 가운데 眞
矯夫人을 어머니로 하는 신무왕의 아들인 문성왕과는 남매간이므
로, 그녀의 어머니는 貞從夫人이다. 그러므로 경문왕의 어머니의
어머니는 정종부인으로 ○明의 딸이다. 결국 경문왕의 어머니는
원성왕계 내의 예영계 중에서 균정계에 속한다. 그럼에도 불구하
고 그녀의 성을 朴氏라고 하여(Ⓛ-④) 다소 혼란이 있으나, 이는

이미 앞에서도 여러 차례 언급하였듯이 왕모와 왕비를 唐으로부터 책봉받는 과정에서 외교관계상 박씨를 가칭한 것에 불과하고 실제로는 김씨가 옳다. 결국 계명과 광화부인은 같은 원성왕계 내의 예영계로서 할아버지를 헌정과 균정의 친형제로 하는 6촌 남매간의 근친혼으로 맺어졌다.

그리고 경문왕에게는 정식 王妃가 2명 있었다. 첫째 왕비는 寧花夫人(文懿王后)이고, 둘째 왕비는 정확한 이름은 알 수 없지만 次妃(ㄴ-③) 또는 大娘主로 표기되어 있다(ㄴ-⑧). 이들은『삼국유사』의 경문왕설화에 전해오듯이 모두 전왕 헌안왕의 딸로서,[91] 영화부인이 헌안왕의 큰딸이고 차비가 작은딸이다. 경문왕은 영화부인과는 즉위전에 혼인하였고(ㄴ-①), 차비와는 즉위 후인 863년(경문왕 3)에 혼인하였다(ㄴ-③). 그러므로 경문왕은 원성왕계 내의 예영계 중에서 균정의 후손인 7촌 姑母들과 근친혼을 한 것이다.[92]

13) 제49대 憲康王의 가계

헌강왕의 가계 검토에 이용할 수 있는 자료는 다음과 같은 것들이 있다.

> ⓜ-① 憲康王이 즉위하였다. 이름은 晸이고 景文王의 太子이다. 어머니는 文懿王后이고, 妃는 懿明夫人이다(『삼국사기』권11, 헌강왕 즉위조).

---

91) 한편 인용문 ㅂ-③에서 보듯이 민애왕은 경문왕의 老舅, 좀더 자세히 말하자면 민애왕은 경문왕의 장인인 헌안왕의 외숙이므로 헌안왕의 사위인 경문왕에게는 처의 외숙할아버지이다.
92) 결국 경문왕의 妃系에 대해서는 앞에서 살펴본 '11) 제47대 헌안왕의 가계'를 참고하도록 하고 여기서는 생략한다.

② 제49대 憲康王은 金氏로 이름은 晸이다. 아버지는 景文王이고, 어머니는 文資皇后이고, 妃는 懿明夫人 혹은 義明王后라고 한다(『삼국유사』권1, 왕력).

③ 乾符帝(唐 僖宗)가 (헌강왕에 대한 책봉) 명을 내린 해(878, 헌강왕 4)에 … 太傅王(헌강왕)께서 보시고 아우 南宮相(禮部卿)에게 말하기를 … (「聖住寺朗慧和尙白月保光塔碑」『조선금석총람』상, 78～79쪽).

④ 法諱는 讓景이고 俗姓은 金氏이며 字는 擧國이다. … 할아버지인 藹는 元聖王의 表來孫이며 憲康王의 外庶舅이다. … 내직으로는 執事侍郎을 맡았고 외직으로는 浿江都護를 부임하였으며, 아버지인 詢禮는 … 내직으로는 執事含香에 이르고 외직으로는 朔州長史를 부임하였다(「太子寺朗空大師碑後記」『조선금석총람』상, 187쪽).

⑤ 佛國寺 光學藏[媛妃權氏가 머리를 깎고 중이 되었는데 法號는 秀圓 또는 光學이다]의 왼쪽 벽에 모신 화상은 太傅로 추증된 憲康大王[景文王의 元子이며, 太傅로 추증되었고, 이름은 晸이다. 唐 乾符 乙未에 즉위하였고 在位는 12년이다]인데, 法號를 秀圓이라 한 脩媛權氏가 받들고 명복을 빌기 위하여 건립한 것이다(「大華嚴宗佛國寺毘盧遮那文殊普賢像讚幷序」『최문창후전집』, 213～214쪽).

⑥ 옛 全州大都督 金公[蘇判公 順憲은 大城의 아들이다]은 少昊의 후예로 大常[金文亮]의 令孫이다. … 唐 僖宗 中和 6년 丙午 5월 10일 경건하게 수놓은 釋迦牟尼佛像幡 一幀을 蘇判을 위하여 봉안하고 장엄하게 마쳤음을 알린다(「王妃金氏[金大城三世孫女也]爲考繡釋迦如來像幡讚幷序」『최문창후전집』, 219쪽).

⑦ 唐曆 壬寅 相(7)월 5일 獻康大王이 죽음에 고위관리와 학자들 그리고 宗室과 懿親이 서로 더불어 받들고 명복을 빌기 위하여 華嚴經의 약간 부분을 만들고, … 聖上[定康大王]이 좋은 징험을 입어 임금자리에 올랐다. … 上宰인 舒發韓 金林甫와 國戚重臣인 蘇判 順憲과 金一 등이다(「上宰國戚大臣等奉爲憲康大王結華嚴經社願文」『최문창후전집』, 221～224쪽).

⑧ 지금 죽은 아버지 夷粲과 죽은 兄을 받들어, 함께 京城 동쪽 산에 벼 3000섬을 희사하여 복을 빈다(「王妃金氏爲先考及亡兄追

福施穀願文」『최문창후전집』, 227쪽).

⑨ 드디어 죽은 아우의 복을 華嚴寺 光學藏에서 빌었다(「王妃金氏
爲亡弟追福施穀願文」『최문창후전집』, 229～230쪽).

⑩ 獻康大王[景文王의 太子]은 젊은 나이에 이미 덕이 높으셨고 정
신이 맑고 몸이 건강하였다(「大嵩福寺碑銘」『최문창후전집』,
159쪽).

헌강왕은 가끔 獻康(大)王이라고도 표기되어 있는데, 위의 사료
에93) 의하여 그의 가계를 검토하면 다음과 같다.

먼저 헌강왕은 전왕인 경문왕의 아들이다(ⓜ-①·⑤·⑩). 즉
헌강왕의 부계는 경문왕의 부계의 연장이다.94) 그리고 헌강왕에게
는 介弟(ⓜ-③)·정강왕(ⓜ-⑦)·진성여왕(ⓞ-②) 등 여러 명
의 형제자매가 있었다.

그리고 헌강왕의 어머니는 文懿王后(ⓜ-①)인데,95) 그녀는 경
문왕 6년 정월에 文懿王妃로 봉해진96) 寧花夫人 金氏이다. 그리고
영화부인은 헌안왕의 첫째 딸로서 경문왕의 첫째 왕비가 된 인물
이므로, 그녀의 가계는 곧 헌안왕의 가계이다.97)

---

93) 다만 사료 ⓜ-⑤·⑥·⑦은 崔致遠의 진작여부에 대해 논란이 있었
으나, 眞作으로 보아도 되겠다(閔泳珪, 1965, 「佛國寺古今歷代記解題」
『考古美術資料 7-佛國寺華嚴寺事蹟-』과 金相鉉, 1986, 「古佛寺 및
佛國寺의 硏究」『佛敎硏究』2와 曹庚時, 1989, 「新羅 下代 華嚴宗의
構造와 傾向」『釜大史學』13). 그리고 이들은 『圓宗文類』와 『東文選』
에도 각각 부분적으로 수록되어 있다.
94) 이에 대한 검토는 제48대 景文王의 父系를 참조하도록 하고 생략한다.
95) 한편 文資皇后(ⓜ-②)라고 하였으나 文懿王后와 文資皇后는 동일인
물의 표기상 차이에 불과하다. 혹은 文資皇后란 孝恭王의 어머니인 懿
明王太后 金氏가 文資王后인 것에 대한 『삼국유사』의 오류에 의한 것
일 수도 있다.
96) 『삼국사기』 권11, 경문왕 6년 정월.
97) 헌강왕의 母系는 제48대 경문왕의 妃系 및 제47대 헌안왕의 父系와 동
일하므로, 이를 참조하도록 하고 여기서는 생략한다.

한편 헌강왕에게는 여러 명의 妃嬪이 있었다. 우선 正妃로는 懿明夫人(M−①・②)이 있다.[98] 그런데 『崔文昌侯全集』에 전하는 최치원의 讚文에 의하면 王妃의 성은 金氏로서 아버지는 蘇判 金順憲이라고 한다. 그러므로 헌강왕의 왕비는 金氏이고 이름은 懿明夫人이며, 또 그녀의 아버지 김순헌은 金大城의 아들이고 金文亮의 令孫이다(M−⑥). 특히 아버지 김순헌은 정강왕의 즉위 직후에 蘇判과 國戚重臣으로서 上宰 舒發韓 金林甫 및 金一 등과 함께 헌강왕을 위한 華嚴經社를 결성하였다. 결국 의명부인의 할아버지는 시중을 역임하고(경덕왕 4∼9), 경덕왕대에 부모와 왕실을 위하여 佛國寺와 石窟庵을 조영하는 등 중대의 무열왕계 왕권과 밀접한 관계를 가졌던 金大城이고, 증조부는 侍中을 역임(성덕왕 5∼10)하였던 金文亮(金文良)이라는 사실을 알 수 있다. 한편 그녀에게는 먼저 타계한 형(M−⑧)과 제(M−⑨)가 있었다.

여기서 새로운 점은 왕비 金氏 역시 원성왕계라는 것이다. 「낭공대사비」의 裏面 기록을 보면 승려 讓景의 할아버지인 金藹는 원성왕의 表來孫이며 헌강왕의 外庶舅라고 한다.[99] 外庶舅는 丈人, 즉 妻의 父를 지칭하거나[100] 또는 외삼촌을 지칭하는데, 이 경우는 전자가 타당하다.[101] 그렇다면 헌강왕비의 아버지(丈人)인 金順憲과 金藹는 형제간임을 추측할 수 있다. 그리고 김애가 원성왕의 表來

---

98) 또는 義明王后(M−②)라고 표기되어 있으나 이는 同音異寫이다.
99) 法諱讓景 俗姓金氏 … 王父藹 元聖王之表來孫 憲康王之外庶舅(『조선금석총람』 상, 187쪽).
100) 庶가 만약에 여럿(衆)을 의미한다면 아버지의 兄弟를, 이와는 달리 혹은 嫡庶의 庶를 의미한다면 繼父란 뜻이 된다.
101) 만약 후자를 따르면 헌강왕의 外三寸으로 보아야 하는데, 그러면 헌강왕의 어머니는 헌안왕(원성왕의 3代孫)의 딸이므로 헌강왕과 男妹間이면 원성왕의 4代孫(玄孫)이 된다. 그렇다면 원성왕의 表來孫이라는 文句와는 1代의 차이가 생기므로 부적당하다.

孫이라 하니 원성왕에게 딸이 있었고, 그녀가 헌강왕비의 선대인 어느 남자와 혼인하였음을 짐작할 수 있다.

한편 헌강왕에게는 정비 외에 媛妃 또는 脩媛의 嬪이 있었다(M-⑤).102) 그녀의 성은 權氏라고 하며, 헌강왕이 죽은 뒤에는 比丘尼가 되어 法號를 脩媛 또는 光學이라 하였다는 기록만 있어, 정확한 가계는 알 수 없다. 그리고 孝恭王을 낳은 김씨도 있었다.103)

14) 제50대 定康王의 가계

정강왕의 가계 검토에 이용할 수 있는 자료는 다음과 같은 것들이 있다.

Ⓝ-① 定康王이 즉위하였다. 이름은 晃이며 景文王의 둘째 아들이다 (『삼국사기』 권11, 정강왕 즉위조).

② 제51대 定康王은 金氏이고 이름은 晃이며 閔哀王의 母弟이다 (『삼국유사』 권1, 왕력).

③ 憲康大王이 지극한 덕화를 넓히고 불교를 숭앙하여 … 임금(헌강왕)이 갑자기 승하하고 지금의 임금(정강왕)이 이어 즉위하니, 질나발과 저가 서로 화답하듯이 뜻이 잘 맞아 좋은 것은 따랐다 (「雙磎寺眞鑑禪師大空塔碑」『조선금석총람』상, 71쪽).

④ 憲康大王이 젊은 나이에 이미 덕이 높고 정신이 맑고 몸이 건강하였다. … 누가 달이 떨어지고 산이 무너져 별안간 긴 한탄만이 일게 될 줄을 알았겠는가! 뒤미처 定康大王이 남긴 숫돌에 공을 이루니 불던 질나발과 저가 운율이 맞았다. 이미 왕위를 이어 이루려고 그 지위에서 편안한 날이 없어 그 글을 마치지 못하였다.

---

102) 아마 헌강왕의 後妃인 듯하다(文明大, 1976, 「佛國寺金銅如來坐像二軀와 그 造像讚文(碑銘)의 研究」『美術資料』 19, 2쪽). 한편 脩媛權氏에서 신라 하대에 이미 內命府制度가 있었음과 權氏의 유래가 고려초 權幸의 賜姓보다 오래됨을 알 수 있다.

103) 자세한 것은 제51대 孝恭王의 母系에 대한 검토를 참조하기 바란다.

그러나 멀리 해 같은 형을 쫓다가 갑자기 서산에 그림자를 만나
니, 높은 달 같은 누이에게 의지하여 길이 동해에 빛을 전하였다
(「崇福寺碑」『조선금석총람』상, 123～124쪽).

⑤ 聖上[定康大王]이 좋은 징험을 입어 임금자리에 올랐다. … 北
宮長公主가 이를 듣고 이어 淨財를 희사하여 … 누이의 은혜가
돋보인다(「上宰國戚大臣等奉爲憲康大王結華嚴經社願文」『최
문창후전집』, 223～224쪽).

⑥ 좋은 일도 끝이 있고 한창 때도 끝나[獻康王의 죽음] 定康大王
[獻康王의 아우]이 즉위하였다(「無染和尙碑銘」『최문창후전
집』, 114쪽).

⑦ 귀부가 비석을 이기도 전에 임금이 승하하고[憲康王의 죽음] 지
금 임금이[定康王이다] 이어 즉위하니 질나발과 저가 서로 화답
하듯이[『소아편』에 맏이가 나발을 불면 둘째가 저를 분다는 말
이 있다] 뜻이 잘 맞아 좋은 것은 그대로 따랐다(「眞鑒和尙碑銘」
『최문창후전집』, 137쪽).

⑧ 누가 달이 떨어지고 산이 무너져[憲康王의 죽음은 달이 떨어지
고 산이 무너짐과 같다] 별안간 긴 한탄만이 일게 될 줄 알았겠
는가! 뒤 미쳐 定康大王이 남긴 숫돌에 공을 이루니 불던 질나
발과 저가 운율이 맞았다. 이미 왕위를 이어 이루려고 그 지위
에서 편안한 날이 없어 그 글을 마치지 못하였다. 그러나 멀리
해 같은 형을 쫓다가 갑자기 서산에 그림자를 만나니 높은 달
같은 누이에게 의지하여 길이 동해에 빛을 전하였다(「大嵩福寺
碑銘」『최문창후전집』, 163쪽).

정강왕은 이름이 晃이며, 경문왕의 둘째 아들이다(Ⅳ-①). 그렇
다면 앞에서 살펴본 헌강왕이 경문왕의 맏아들이므로 정강왕은 헌
강왕의 동생이다. 그럼에도 불구하고 정강왕은 閔哀王의 母弟라는
기록이 있어(Ⅳ-②) 혼란을 초래하나 이는 잘못된 기록이다.[104]

---

104) 아무런 정치적 이유도 없이 5代가 지난 뒤에야 왕위가 敏哀王이 속한
仁謙系로 넘어갔다는 것도 문제이지만, 또 정강왕이 민애왕의 동생이
라면 원성왕의 장자인 仁謙의 손자로서 원성왕의 셋째아들 禮英의 5
代孫인 헌강왕이 죽을 때까지 생존해 있다가 왕위를 계승하였다는 것

이러한 사실은 당대의 인물인 崔致遠이 쓴 글에서 헌강왕이 죽고 今上(정강왕)이 형제로서 계승하였다고 한 것과(Ⅳ-③·④), 헌강왕과 정강왕의 죽음을 '逐日弟兄'이 '西山之影'이라 표기한 문장에서도(Ⅳ-④·⑤) 형제간임을 확인할 수 있다. 이처럼 정강왕을 민애왕의 母弟라 한 것은 잘못이고, 사실은 헌강왕의 아우이다. 그러므로 정강왕이 경문왕의 둘째 아들임을 염두에 두면, 정강왕의 父系는 헌강왕의 父系와 동일하므로, 경문왕의 가계의 연장이다.[105]

그리고 정강왕의 母系 또한 어머니에 대한 다른 기록이 없는 것으로 보아 同母兄인 헌강왕과 동일한 듯하다.[106]

한편 정강왕에게도 왕비는 분명히 있었을 것이지만, 현재로서는 전혀 관련자료를 찾을 수 없어 妃系를 밝히기는 어렵다. 그리고 정강왕과 왕비 사이에는 왕위를 이를 아들이 없었다(◎-①).

15) 제51대 眞聖女王의 가계

진성여왕의 가계 검토에 이용할 수 있는 자료는 다음과 같은 것들이 있다.

◎-① 5월 왕이 병이 깊어 侍中 俊興에게 말하기를 "나의 병은 위급하여 일어나지 못할 것이다. 불행히 嗣子가 없다. 그러나 나의 누이 曼은 천성이 명민하고 骨法이 丈夫와 같으니, 卿 등은 善德과 眞德의 옛일을 모방하여 세우는 것이 좋을 것이다."라 하였다 (『삼국사기』 권11, 정강왕 2년).

② 眞聖女王이 즉위하였다. 이름은 曼이고 憲康王의 女弟이다.

은 논리상 성립되지 않는다.
105) 그러므로 정강왕의 부계는 앞에서 살펴본 제48대 경문왕의 父系를 참고하도록 하고 생략한다.
106) 그러므로 이는 제49대 헌강왕의 母系를 참고하도록 하고 생략한다.

[『崔致遠文集』제2권「謝追贈表」에는 "臣 坦(진성여왕)은 上言
하기를, 황제의 뜻을 받들어 亡父 凝(경문왕)을 추증하여 太師로
삼고 죽은 형 晸(희강왕)을 太傅를 삼았다."라 하고, 『納旌節表』
에는 臣의 맏형 晸(정강왕)이 지난 光啓 3년 7월 5일에 갑자기
聖代를 버리매 臣의 姪男 嶢(효공왕)가 태어나 아직 돌도 되지
못하여 臣의 둘째 형 晃(정강왕)이 임시로 나라를 다스리던 바
또 일년을 넘지 못하여 멀리 세상을 떠났다."고 하였다. …](『삼
국사기』 권11, 진성여왕 즉위조).

③ 제51대 眞聖女王은 金氏로 이름은 曼憲이니, 즉 定康王('이름은
曼이고, 憲·定康王'의 誤記인 듯?)의 同母妹이다. 王의 배필은
魏弘 大角干으로 추봉된 惠成大王이다(『삼국유사』 권1, 왕력).

④ 이 왕 때에 阿湌 良貝는 王의 막내아들이다(『삼국유사』 권2, 眞
聖女王居陀知).

⑤ 그러나 멀리 해 같은 형을 쫓다가 갑자기 서산에 그림자를 만나
니, 높은 달 같은 누이에게 의지하여 길이 동해에 빛을 전하였다.
엎드려 생각하건대 大王殿下께서는 아름다운 꽃받침이 꽃을 이
은 듯하고, 왕가의 계통이 매우 밝으며 빼어난 坤德(女王의 德)을
체득하고 아름다운 天倫을 계승하였다(「崇福寺碑」『조선금석총
람』 상, 124쪽).

⑥ 이러므로 바로 臣의 형인 太傅로 추증된 晸에게 이르러서는 멀
리 황제의 은택을 입어 공경히 유시하신 조목을 선양하고 …, 가
만히 보면 신의 姪男 嶢는 바로 신의 죽은 형 晸의 아들이다(「讓
位表」『동문선』 권43).

⑦ 돌아보건대 경문왕이 그대(崔致遠)를 國子로 뽑아[先生은 일찍
이 國子監學士가 되었다] 공부하게 하였고, 헌강왕은 國士로서
대우하였다(「無染和尙碑銘」『최문창후집』, 91쪽).

⑧ 그러나 멀리 해 같은 형을 쫓다가 갑자기 서산에 그림자를 만나
니, 높은 달 같은 누이에게 의지하여 길이 동해에 빛을 전하였다
[『說文東王』에 日로써 兄弟를 삼고 月로써 姉妹를 삼았다. 또
『春秋感精符』에 말하기를 '人主는 父이고, 天母는 地이며, 兄은
日이고, 妹는 月이다.'고 하였다. 지금 定康王이 멀리 떠나 獻康
兄의 해와 함께 서산에 그림자를 만들었음은 죽음을 말한다. 죽
었으나 아들이 없어 眞聖 妹에게 전하였다. 즉 이를 달에 빗대어

빛을 흘렸다고 하였다] 엎드려 생각하건대 大王殿下[眞聖女王]
께서 … 또 文考(경문왕)가 절을 이룩하시고, 憲康王이 스님들의
공양을 베풀어 이미 불교계를 높이었지만 아직 비문을 새기지
못하였다(「大嵩福寺碑」『최문창후집』, 163~164쪽).

⑨ 庚戌 이후 처음 惠成大王의 願堂이라 불렀다. 角干 魏弘이 戊申
2월에 죽으니, 실로 眞聖女主의 2년이다. 여왕이 魏弘의 사사로
이 모신 총애를 생각하여 추봉하여 惠成大王이라 하였으니, 여
기서 말하는 惠成은 魏弘임을 의심할 바 없다. 그리고 康和夫人
은 또한 반드시 魏弘의 처이다(「書海印寺田券後」『梅溪集』권4).

진성여왕은 신라 하대에 유일한 여자 왕이다. 그녀는 바로 직전
에 재위한 정강왕과 남매간으로(◎-①·③·⑤·⑧), 형제라는
표현도 있다(◎-⑧). 그러므로 진성여왕은 정강왕은 물론 헌강왕
과도 남매·형제이고(◎-②·⑤·⑥), 그녀의 아버지 역시 경문
왕이다(◎-②·⑦). 결국 진성여왕의 父系는 헌강왕·정강왕과
동일할 뿐만 아니라[107] 母系 또한 이들과 동일하다.[108]

한편 앞에서 살펴본 다른 왕들과는 달리 진성여왕은 여자이므로
남편(夫) ― 즉 夫系에 대한 검토를 필요로 한다. 진성여왕의 남편
은 惠成大王이다(◎-③). 惠成大王이란 魏弘에 대한 追封 諡號
이다.[109] 비록『삼국유사』에서는 위홍이 여왕의 匹이라고 하였지
만 본래부터 그녀의 남편이었던 것은 아닌 듯하다.[110]

---

107) 이에 대해서는 제48대 경문왕의 父系를 참고하도록 하고 생략한다.
108) 이에 대해서도 경문왕의 妃系를 참고하도록 하고 생략한다.
109) 二月 沙梁里石自行 王素與角干魏弘通 … 及魏弘卒 追諡爲惠成大王
   (『삼국사기』권11, 진성왕 2년). 그러므로『삼국유사』의 결락 ○○大
   角干은 바로 魏弘 大角干임을 알 수 있다.
110)『삼국유사』권2, 眞聖女王居陀知條에 의하면 魏弘 迊干은 진성여왕
   의 乳母인 鳧好夫人의 夫라고 한 점과(한편 이를 진성여왕의 夫로 본
   해석도 있으나 이는 잘못이다. 姜仁求 외, 2002,『譯註三國遺事』, 以
   會文化社, 117쪽 주 20), 왕이 전부터 魏弘과 좋아지내다가 즉위한 뒤
   에는 入內하여 用事하게 하였다는 점, 또『梅溪集』에서 康和夫人을

그러면 魏弘이 누구인지를 알아보자. 우선 872년(경문왕 12)에
만들어진 「皇龍寺九層木塔刹柱本記」의 제2판 內面에는 그를 경
문왕의 親弟라고 하였고,[111] 제3판 外面에서는 '金魏弘'이라 표기
되어 있다. 그렇다면 위홍은 金氏이고 경문왕의 친동생임을 알 수
있다. 이러한 새로운 사실에 의하면, 위홍의 아버지는 金啓明이고,
어머니는 신무왕의 딸인 光和夫人이다. 즉 진성여왕의 夫系는 경
문왕의 父系와 동일하다.[112] 다시 말해 진성여왕과 위홍은 숙부와
질녀간에 근친혼으로 맺어졌다.

한편 진성여왕에게는 아들이 몇 명 있었던 듯하다. 그녀에게 막
내아들 良貝가 있었다고 하므로(◎-④), 위로 아들이 더 있었음을
짐작할 수 있다. 더구나 양패가 唐에 사신으로 가고 있음을 볼 때,
당시 그의 나이가 적어도 15~20세는 넘었을 것으로 추측된다.

16) 제52대 孝恭王의 가계

효공왕의 가계 검토에 이용할 수 있는 자료는 다음과 같은 것들
이 있다.

ⓟ-① 孝恭王이 즉위하였다. 이름은 嶢이며 憲康王의 庶子이다. 어머
　　　니는 金氏이다(『삼국사기』 권12, 효공왕 즉위조).

　　② 10월 헌강왕의 庶子 嶢를 태자로 삼았다. 처음 헌강왕이 觀獵을

　　　그의 妻라고 한 것 등에서 추측컨대, 본래는 정식 남편이 아니고 私通
　　　한 情夫였다가 즉위 뒤에 남편이 된 듯하다.
111) 今上卽位十一年 咸通辛卯歲 恨其○傾 乃命親弟上宰相伊干魏弘爲○
　　　臣(「皇龍寺九層木塔刹柱本記」『韓國金石全文』-古代-, 亞細亞文
　　　化社, 193쪽).
112) 그러므로 이에 대한 자세한 것은 앞에서 살펴본 제48대 경문왕의 가
　　　계를 참고토록 하고 생략한다.

하다가 길가에서 자태가 아름다운 한 여자를 보고 마음으로 사
랑하여 後車에 명하여 태워 가지고 행재소에 와서 야합하여 곧
임신을 하여 아들을 낳으니, 그 아이가 장성함에 따라 체모가 영
특하고 이름을 嶢라 하였다(『삼국사기』 권11, 진성여왕 9년).

③ 6월 왕이 좌우에게 말하기를 "최근 연간에 백성들이 곤궁하여지
고 도적들이 벌떼처럼 일어나니, 이는 내가 덕이 없기 때문이다.
어진 자에게 자리를 물려줄 나의 뜻이 결정되었노라." 하고 왕위
를 太子 嶢에게 선위하였다. 이에 唐에 사신을 보내어 표문을 올
려 말하기를 " … 臣의 姪男 嶢는 바로 臣의 죽은 형 晸의 아들
이다. 나이가 志學(15세)이 되었고 그릇이 가히 종실을 부흥시킬
수 있겠기에 밖에서 구하지 않고 안에서 천거하여 근래에 이미
나라 일을 임시로 맡겨서 국가의 재난을 안정시키게 하고 있다."
고 하였다(『삼국사기』 권11, 진성여왕 11년).

④ 정월 어머니 金氏를 높여 義明王太后라 하였다(『삼국사기』 권
12, 효공왕 2년).

⑤ 3월 伊湌 乂謙의 딸을 들이어 妃로 삼았다(『삼국사기』 권12, 효
공왕 3년).

⑥ 제51대 眞聖女王은 … 丁未에 즉위하여 10년간 재위하고, 丁巳
에 왕위를 小子 孝恭王에게 물려주고 12월에 죽었다(『삼국유사』
권1, 왕력).

⑦ 제52대 孝恭王은 金氏로 이름은 嶢이다. 아버지는 憲康王이고,
어머니는 文資王后이다(『삼국유사』 권1, 왕력).

⑧ 가만히 보면 신의 姪男 嶢는 바로 신의 죽은 형 晸의 아들이다.
나이 志學(15세)에 이르고 그릇이 가히 종실을 부흥시킬 수 있겠
다(「讓位表」『동문선』 권43).

⑨ 그러므로 臣의 죽은 아버지인 太傅로 추증된 晸이 陪臣 試殿中
監 金僅을 慶賀副使로 充任시켜 … (「奏請宿衛學生還蕃狀」
『동문선』 권47).

효공왕은 진성여왕의 姪男이다(ℙ-③·⑨).[113] 이러한 진성여

---

113) 혹은 小子라고 하였는데(ℙ-⑥), 이것은 조카를 일컫는 姪·姪兒·

왕과 효공왕의 혈연관계를 염두에 두고 효공왕의 父系를 살펴보도
록 한다. 효공왕의 아버지는 헌강왕이다(Ⓟ-①·②·③·⑦·
⑩). 또 헌강왕은 진성여왕의 남자형제이므로, 앞에서 말했듯이 진
성여왕과 효공왕은 고모와 조카의 사이가 분명하다.[114]

한편 효공왕은 헌강왕의 庶子이므로(Ⓟ-①·②), 효공왕의 어
머니는 헌강왕의 正妃가 아니었다. 그러면 그녀는 누구일까? 이를
살피는 과정에서 자연스럽게 효공왕의 母系를 검토하도록 한다.

우선 그녀의 성은 金氏이다(Ⓟ-①·④). 그리고 이름은 懿明王
太后(Ⓟ-③) 또는 文資王后(Ⓟ-⑦)라고 하였지만, 후자는『삼국
유사』에서 孝恭王에게는 할머니가 되는 헌강왕의 어머니, 즉 경문
왕의 첫째 왕비인 寧花夫人의 追謚이므로, 잘못된 것이라 따를 수
없다. 하지만 전자의 懿明王太后란 칭호도『삼국사기』와『삼국유
사』에서 헌강왕비를 懿明夫人이라 하면서 특히『삼국유사』에서는
懿明王后라고도 한다고 한 기록이 있어서 좀더 검토를 요한다. 만
약 헌강왕의 正妃의 이름이 懿明王后라면 효공왕의 어머니의 이름
은 다른 것일 것이고, 효공왕의 어머니의 이름이 정녕 懿明王太后
라면 앞에서 검토한 헌강왕의 정비의 이름은 다른 것일 것이며, 현
재로서는 逸名된 것으로 보아야 한다. 여기서는『삼국사기』의 기
록에 의거하여 효공왕의 어머니를 의명왕태후로 보겠다.

그러면 懿明王太后의 가계는 어떠한가? 그녀는 헌강왕이 사냥

舍姪·咸氏·姪子·幼子 중 그 어느 것과도 다른 의미인 것 같다. 혹
시 孝恭王의 나이가 막 志學(15세) 정도로 成禮를 치르기 전의 남자이
므로 아이·童子라는 뜻으로 여기서는 사용한 것 같다. 아울러 고려
시대 법에는 宮人이 낳은 왕의 아들을 중으로 삼고 小君이라 하였음
을(『고려사』권26, 원종 6년 4월) 참조할 만하다.
114) 효공왕의 父系에 대해서는 앞에서 살펴본 ‘13) 제49대 헌강왕의 가계’
를 참고하도록 하고 생략한다.

을 나갔다가 야합을 하여 효공왕을 낳았지만, 효공왕은 처음에는 밖에서 성장하다가 진성여왕이 그 아이의 소식을 듣고 궐내로 불러들여 태자로 책봉하였다고 하므로, 아마 헌강왕이 말년에 그녀와 관계를 맺었고 그녀가 태기가 있음조차 모르고 죽었거나, 혹은 懿明王太后가 헌강왕이 죽기 전에 효공왕을 출산하였음에도 왕에게 알리지 못할 정도로 당시 정치적 사정이 복잡했거나 그녀의 집안이 미미했음을 짐작케 한다. 아마 懿明王太后의 집안이 비록 金氏라고는 하나 미미한 가계였을 것이다. 그러나 그녀의 아버지·어머니에 대한 자료가 없어 더 이상의 가계를 알 수 없다.

한편 효공왕의 妃系에 대해서는 좀더 자세히 알 수 있다. 비록 왕비의 이름은 나타나 있지 않으나, 그녀는 효공왕이 즉위 2년 뒤인 898년(효공왕 3) 3월에 王妃로 맞아들여졌다. 그녀의 아버지는 당시 정치계에 막강한 실력을 행사하던 乂兼(銳謙)이다. 예겸은 곧바로 '17) 제53대 신덕왕의 가계'에서도 살펴보겠지만, 侍中을 역임하는 등 당시 정계의 실력자로서 그의 딸을 효공왕에게 출가시켰고, 또 헌강왕의 딸을 자신의 아들인 신덕왕과 혼인시켰다.

17) 제53대 神德王의 가계

신덕왕의 가계 검토에 이용할 수 있는 자료는 다음과 같은 것들이 있다.

Ⓠ-① 神德王이 즉위하였다. 성은 朴氏이고 이름은 景暉이며, 阿達羅王의 遠孫이다. 아버지는 乂兼[또는 銳謙]인데, 定康大王(사실은 憲康王)을 섬기어 大阿飡이 되었고, 어머니는 貞和夫人이고, 왕비는 金氏로 憲康大王의 딸이다. 孝恭王이 죽고 아들이 없음에 國人에게 추대되어 즉위하였다(『삼국사기』권12, 신덕왕 즉위조).

② 5월 아버지(예겸)를 추존하여 宣聖大王이라 하고, 어머니를 貞和
太后, 妃를 義成王后라 하고, 아들 昇英을 王太子로 삼았다(『삼
국사기』권12, 신덕왕 원년).

③ 제53대 神德王은 朴氏이고 이름은 景徽인데 本名은 秀宗이다.
어머니는 貞和夫人이고, 夫人의 아버지는 順弘 角干으로 추증
한 諡號는 成虎大王이고, (부인의) 할아버지는 元弘 角干으로 곧
阿達羅王의 遠孫이다. 아버지는 文元 伊干으로 추봉한 興廉大
王이며, 할아버지는 文官 海干이다. 義父는 銳謙 角干으로 추봉
한 宣成大王이다. 妃는 資成王后 또는 懿成 혹은 孝資이다(『삼
국유사』권1, 왕력).

신덕왕의 이름은 景暉이고,[115] 성은 朴氏로서[116] 阿達羅王의 遠
孫이라고 한다(⑩-①). 이는 지금까지 살펴본 신라하대 왕들의 가
계와는 완전히 다른 것이다. 종래의 원성왕계 金氏와는 달리 朴氏
가 왕위를 계승한 것이 된다. 그리고 그의 아버지는 銳謙 또는 父
兼이라는 기록(⑩-①)과 文元이라는 기록이(⑩-③) 있어 많은
검토를 요하고 있다. 특히 예겸은 신덕왕의 義父라는 기록도 있다
(⑩-②).

신덕왕의 아버지는 누구일까? 위의 기록을 그대로 받아들이면
친부는 문원이고, 의부는 예겸으로 보아 아버지가 2명임을 알 수
있다. 그리고 이미 875년(헌강왕 1) 大阿飡의 관등으로 시중에 임

---

115) 또는 景徽로서 본래 이름은 秀宗이라고 한다(⑩-③)고 하였으나 이
는 잘못된 것이다. 景徽란 興德王의 개명한 이름이고, 그의 본래 이름
이 秀宗이다. 결국 神德王의 이름 景暉와 興德王의 이름 景徽가 음이
같음에 『삼국유사』의 撰者가 興德王의 본래 이름 秀宗을 神德王의
본래 이름으로 誤記하였다.

116) 신덕왕이 朴氏가 아니고 金氏에서 朴氏로 改姓하였다고 보려는 주장
도 있지만(井上秀雄, 1968,「新羅朴氏王系の成立」『朝鮮學報』 47 ;
1974,『新羅史基礎硏究』, 東出版), 이는 잘못이다(李鍾恒, 1975,「新羅
의 下代에 있어서의 王種의 絶滅에 대하여」『法史學硏究』2).

명된 적이 있는 예겸이 朴氏라는 것은 납득키 어려운 것이다. 신라
하대 경문왕계에 의하여 중요 관직이 독점되어 권력집중을 통하여
왕권강화를 도모하던 경문왕·헌강왕대에 박씨성을 가진 인물이
시중에 임명되었고, 또 정치적 영향력을 계속 행사하였다는 것은
당시 사정상 어려웠을 것이다.117) 그러므로 예겸은 박씨가 아니었
다. 다시 말하면 신덕왕의 친부가 아니라 의부라는 기록은 사실로
받아들여도 될 것 같다. 그렇게 볼 때 姓이 기재되지 않은 인물, 즉
『삼국사기』에서 특별히 성을 표기할 필요가 없는 인물은 관례상
대체로 왕족인 김씨이므로 예겸도 김씨로 보아야 하겠다.

　신덕왕의 친부는 누구이며 그의 가계는 어떠한가? 친부는 文元
伊干으로 신덕왕 즉위후 興廉大王에 추봉되었으며, 그의 아버지는
文官 海干이다. 그러나 이들에 대한 구체적인 자료가 없어 친부계

---

117) 신라 하대 金氏王의 시조격인 원성왕이 金周元의 세력을 물리치고 등
　　장한 것은 朴氏勢力의 지지에 힘입은 바 컸으며, 그리하여 원성왕의
　　즉위는 朴氏族이 당시 중앙정계에서 정치적으로 세력을 확대해 나가
　　는 계기가 되었다고 보기도 하지만(金壽泰, 1985,「新羅 宣德王·元
　　聖王의 王位繼承」『東亞研究』6, 307～308쪽), 아무리 그렇더라도 신
　　라 전시대에 유례가 없는 朴氏를 侍中에 임명하지는 않았을 것이다.
　　그리고 신라 하대 왕들, 특히 禮英系 왕들의 母와 妃의 성이 朴氏로
　　기록된 것을 사실로 받아들여 禮英系가 金氏族 혹은 자신들의 가계
　　내의 여자와 혼인하기보다는 朴氏族과 혼인을 통한 세력동맹을 유지
　　함으로써 왕위계승권에서 유리한 위치를 차지하고자 한 결과, 신라
　　하대의 朴氏勢力은 奈勿王系의 후손과 혼인관계를 맺음으로써 원성
　　왕 이후 중앙정계에 재등장하여 禮英系의 혼인집단으로 이어졌으며,
　　또한 왕의 측근에서 활약함으로써 신라 하대에 상당한 정치력을 견지
　　하였다고 보는 입장도 있으나(曺凡煥, 1991,「新羅末 朴氏王의 登場
　　과 그 政治的 性格」『歷史學報』129), 앞에서도 여러 차례 언급하였
　　듯이, 王母와 王妃의 朴氏라는 표기는 가칭에 불과하고, 사실은 金氏
　　였기에 하대 박씨족의 등장을 그렇게 크게 볼 수 없다. 또 신덕왕 이
　　전에는 신라시대 최고관직인 上大等 및 侍中·兵部令 등에 朴氏族의
　　인물이 보임된 사례는 찾을 수 없다.

에 대한 더 이상의 것은 알 수 없다. 다만 당시 그들의 가계가 혈연
적으로 朴氏姓을 사용하고 있었던 점은 분명하였던 것 같다. 결국
신덕왕의 부계는 친부계와 의부계로 나누어 생각할 수 있으며, 친
부계는 박씨계였고, 의부계는 김씨계였다.

　그러면 신덕왕은 어떻게 의부계를 갖게 되었을까 하는 문제와
함께 그의 母系에 대해서 검토하도록 한다. 신덕왕의 어머니는 貞
和夫人(Ｑ-①)인데,[118] 그녀의 아버지는 順弘 角干이고, 할아버
지는 元弘 角干이며, 그는 阿達羅王의 遠孫이라고 한다(Ｑ-③).
그렇다면 신덕왕의 어머니의 가계는 朴氏族이라야 한다.[119] 그리
고 그녀의 아버지와 할아버지가 각각 角干으로 표기되어 있으나
이는 신덕왕이 즉위한 까닭에 그녀의 先代를 追贈하였거나 혹은
『삼국유사』의 撰者가 「王曆」을 비롯하여 여러 곳에서 상당수의
인물을 角干 등으로 표기하였듯이 첨가하였거나, 아니면 자칭하였
을 가능성이 있으며, 실제 中央官은 아니었던 것 같다.[120]

　이러한 朴氏家의 貞和夫人이 처음에는 朴氏家의 文元과 혼인하

---

118) 貞花夫人(Ｑ-②)이라고도 표기되어 있으나, 이는 同音異寫이다.
119) 그러나 『삼국사기』에 의하면 阿達羅尼師今에게는 아들이 없다고(阿
　　達羅薨 無子 國人立之 『삼국사기』 권2, 벌휴이사금 즉위조) 하여 그
　　후손여부는 문제점이 있다. 이에 대해 神德王이 朴赫居世를 시조로
　　하는 박씨세력 집단의 후손 중 한 사람으로 일단 왕위에 오른 뒤 그의
　　계통을 찾다보니 朴氏王으로 마지막에 재위하였던 阿達羅王에게 연
　　결시킨 것이라는 추측도 있다(李鍾旭, 1980, 『新羅上代王位繼承研
　　究』, 영남대학교 출판부, 127쪽). 혹은 神德王의 어머니가 朴氏系인
　　관계로 神德王이 母系에 따라 朴氏를 사용한 것으로 보는 설도 있으
　　나(末松保和, 1954,「新羅三代考」『新羅史の諸問題』, 東洋文庫, 33～
　　35쪽 및 李鍾恒, 앞의 글), 타당성에 문제가 있어 따르지 않는다.
120) 혜공왕대의 96角干이 族長을 뜻하듯이(金哲埈, 1962,「新羅 貴族勢力
　　의 基盤」『人文科學』 7 ; 1975, 『韓國古代社會研究』, 知識産業社,
　　246쪽), 실제 京位를 의미하는 것은 아니다.

였던 것 같다. 이는 乂兼이 신덕왕의 '義父'라는 기록에서 더욱 그
러하다. 義父란 의붓아버지, 수양아버지, 義로써 맺어진 아버지 등
의 뜻을 가지고 있는데, 이 모두가 친아버지는 아님을 나타낸다.
그러면서도『삼국사기』에서는 乂兼을 父라고 한 것과(Q-①) 또
그를 '宣聖大王'으로 추봉까지 한 것에서(Q-②) 보면, 신덕왕이
그를 실제 아버지로 모셨음을 의미하며, 가족관계를 형성하였던
것으로 보이므로 의붓아버지(繼父)로 보아야 하겠다. 그렇다면 신
덕왕의 어머니 貞和夫人은 신덕왕을 낳은 뒤 예겸에게 改嫁하여
신덕왕은 예겸의 아들로 받아들여지고, 아울러 金氏家 혈족의 일
원으로 신분이 변경되었던 것이라 하겠다.[121] 그리하여 예겸의 정
치적 영향력으로 헌강왕의 딸과 혼인하여 효공왕의 妻男인 동시에
妹壻의 관계로 맺어져 왕위를 계승하게 되었다.

한편 신덕왕비는 義成王后(Q-①)인데,[122] 성은 金氏이고(Q-
②), 그녀의 아버지는 헌강왕이다(Q-①). 즉 신덕왕의 妃系는 곧
헌강왕의 가계이다.[123] 그러나 그녀의 母系에는 문제가 있다. 앞에
서 살펴본 효공왕 역시 헌강왕의 아들이므로 효공왕과 義成王后는
남매간이다. 그러나 효공왕이 헌강왕의 庶子이므로 親男妹는 아니
다. 아마 의성왕후는 헌강왕의 正妃의 소생일 것 같다.[124]

---

121) 李鍾旭의 '김춘추는 아버지 龍樹와 천명부인 사이에서 태어났으나,
   용수가 죽으면서 이들을 龍春에게 주었기에 김춘추는 용춘의 아들이
   되었다'는 주장은(2002,『신라의 역사 2』, 김영사, 69쪽) 필자의 이러한
   견해를 재확인해 준 것이라 하겠다.
122) 혹은 資成王后 또는 懿成王后·孝資王后라고도 하였으나, 이는 동일
   인명에 대한 표기상의 誤記와 同音異寫에 불과한 것이므로 여기서는
   『삼국사기』에 따라 義成王后로 지칭키로 한다.
123) 그러므로 신덕왕 왕비의 父系에 대해서는 앞에서 살펴본 제49대 헌강
   왕의 가계를 참고하도록 하고 생략한다.
124) 그녀가 神德王에게 出嫁한 것은 아마 憲康王의 생존시, 즉 어쩌면 아
   버지 乂兼의 侍中 在任時(헌강왕 1~5년)일 것이다. 그런데 憲康王이

18) 제54대 景明王의 가계

경명왕의 가계 검토에 이용할 수 있는 자료는 다음과 같은 것들이 있다.

ℝ-① 景明王이 즉위하였다. 이름은 昇英이며, 神德王의 太子이다. 어머니는 義成王后이다(『삼국사기』 권12, 경명왕 즉위조).

② 원년 8월 왕의 아우 伊湌 魏膺으로 上大等을 삼았다(『삼국사기』 권12, 경명왕 1년).

③ 제54대 景明王은 朴氏이며 이름은 昇英이다. 아버지는 神德王이고, 어머니는 資成이며, 妃는 長沙宅인데 大尊 角干 즉 追封된 聖僖大王의 딸이다. 大尊은 곧 水宗 伊干의 아들이다(『삼국유사』 권1, 왕력).

④ 同光 원년(923) 新羅國王 金朴英이 사신을 보내와 朝貢하였다. 長興 4년(933) 權知國使 金溥가 사신을 보내왔다. 朴英과 溥의 世次와 죽은 해와 즉위한 해 등은 史官이 모두 기록을 빠뜨렸다(『신오대사』 권74, 신라전).

경명왕의 성은 朴氏(ℝ-③)·金氏(ℝ-④)라고 하며, 전왕 신덕왕의 太子라고 한다. 그러나 앞에서 살펴본 바에 의하면 신덕왕은 朴氏이므로 그의 아들인 景明王 역시 朴氏가 옳다고 하겠다. 그럼에도 불구하고 중국 사서인 『신오대사』에서 그를 金朴英이라[125] 하여 金氏로 표기한 이유는 무엇일까? 이는 추측컨대 본래 朴氏로써 즉위한 뒤 중국으로부터 책봉을 받는 과정에서 신라 정통왕가인 金氏姓을 詐稱하였거나, 아니면 그가 비록 본래는 朴氏

孝恭王의 어머니 金氏를 만난 것은 헌강왕 말년의 일이므로 義成王后가 孝恭王의 어머니 金氏의 소생이라기에는 시차상 무리가 있다.
125) 그의 실제 이름이 昇英이었는데 金氏姓이 첨가되면서 金朴英이라는 세 자 이름으로 불려지고 표기된 것이다.

이지만 아버지 신덕왕이 金銳謙의 義子가 되었기에 그 당시의 신라에서는 물론 중국에서도 신덕왕과 그를 金氏의 인물로 인정하고 있었음을 보여주는 것이라 하겠다. 하지만 경명왕은 金氏라고 표기되고 金氏族의 일원으로 인정되었지만 실제는 朴氏였다.

그리고 경명왕의 어머니는 義成王后(資成王后)이다. 이는 경명왕의 아버지가 신덕왕임을 알려주는 것이다. 그런데 앞에서도 살펴보았듯이, 義成王后는 헌강왕의 딸이며, 그녀의 어머니는 효공왕의 어머니인 金氏가 아니라 正妃이다.[126)]

한편 경명왕비의 이름은 長沙宅이고, 성은 김씨였다. 그녀의 아버지는 大尊 角干이고, 또 大尊은 水宗 伊干의 아들이라고 한다(Ⓡ-③). 이를 보면 왕비의 정식 명칭은 알 수 없지만 長沙宅이란 신라의 35개 金入宅의 하나였음으로 미루어 大尊은 단순한 長沙宅의 宅主로서 富豪일 뿐만 아니라 왕권에 비견될만한 유력한 귀족이었다.[127)] 그리고 그녀의 할아버지 金水宗(金邃宗·金鐩宗)은 858년(헌안왕 2)에 武州 長沙縣의 副官을 지냈다.[128)] 그러므로 경명왕의 妃系는 무주 장사현에 사회경제적 기반을 가진 유력한 김씨였다고 보겠다.

또 경명왕에게는 魏膺이라는 아우가 있었으며, 그를 상대등에 임명하여 자신을 보좌케 하였다(Ⓡ-②). 이는 사료상 보이는 朴氏姓을 가진 자가 상대등에 임명된 유일한 사례이다.

---

126) 자세한 것은 제52대 孝恭王의 母系를 참조 바란다.
127) 李基東,「新羅金入宅考」『震檀學報』45, 1978 ; 앞의 책, 187~188쪽.
128) 大中 十二年 戊寅 七月 十七日 武州長沙副官金鐩宗聞奏(「寶林寺毘盧舍那佛造像記」). 그리고 長沙宅의 宅號도 長沙縣의 地名에서 연유한 듯하다(李基東, 앞의 글, 190쪽).

19) 제55대 景哀王의 가계

경애왕의 가계 검토에 이용할 수 있는 자료는 다음과 같은 것들이 있다.

Ⓢ-① 景哀王이 즉위하였다. 이름은 魏膺이고 景明王의 同母弟이다
(『삼국사기』권12, 경애왕 즉위조).

② 원년 8월 왕의 아우 伊飡 魏膺을 上大等으로.삼았다(『삼국사기』
권12, 경명왕 원년).

③ 제55대 景哀王은 朴氏이고 이름은 魏膺이며 景明王의 母弟이다.
어머니는 資成이다(『삼국유사』권1, 왕력).

④ (견훤이) 겨울 11월에 王京을 습격하였다. (경애)왕이 妃와 嬪과
宗戚들은 데리고 鮑石亭에서 잔치를 베풀어 즐겁게 놀았다. …
王은 妃와 妾 몇 명을 데리고 後宮에 있다가 군영 속에 붙잡혀
왔다. 왕을 협박하여 자살하게 하고 왕비를 강간하고 그의 부하
들을 풀어놓아 妃妾들을 욕보이게 하고, 이어 왕의 族弟를 세워
임시로 國事를 맡게 하였는데, 이가 敬順王이다(『삼국사기』권
12, 경애왕 4년).

⑤ 이가 敬順王이다. 왕은 景哀王 朴氏를 이어 이 해 丁亥에 즉위
하였다(「新羅敬順王殿碑」『조선금석총람』下, 1265쪽).

경애왕은 바로 직전에 재위하였던 경명왕의 同母弟이고(Ⓢ-
①·②·③), 그의 성은 朴氏이다(Ⓢ-③·⑤). 이러한 사실에 의
하면 경애왕의 父系는 곧 경명왕과 동일하다.[129]

또한 경애왕은 경명왕의 동모제이므로 母系도 그와 동일하다.
즉 경애왕의 어머니는 資成王后로 표기되었듯이(Ⓢ-③), 경명왕
의 어머니 義成王后이다.[130]

---

129) 이에 대한 검토는 제54대 경명왕의 父系를 참조하도록 한다.
130) 경애왕의 母系 또한 제54대 경명왕의 母系를 참조토록 한다.

한편 경애왕비에 대한 기록은 甄萱의 침공을 받아 강제로 욕을 당했다는 기록 외에는(⑤-④) 없다. 그래서 그녀의 이름이 무엇이고 성이 무엇인지 알 수 없다.[131]

20) 제56대 敬順王의 가계

경순왕의 가계 검토에 이용할 수 있는 자료는 다음과 같은 것들이 있다.

ⓣ-① 敬順王이 즉위하였다. 이름은 傅이고 文聖大王의 후손이며, 孝宗 伊飱의 아들이다. 어머니는 桂娥太后이다. 甄萱의 추대에 의하여 즉위하였다(『삼국사기』 권12, 경순왕 즉위조).

② 11월 아버지를 추존하여 神興大王이라 하고, 어머니를 王太后라 하였다(『삼국사기』 권12, 경순왕 원년).

③ 뜻밖에 奸臣이 도망가고 임금이 죽는 변을 당하였으므로 마침내 景明王의 表弟이며 獻康王의 外孫(金傅)을 받들어 왕위에 오르도록 권하고 위태로운 나라를 재건하고 임금을 잃었으나 새임금이 섰다(『삼국사기』 권50, 견훤전 천성 2년 12월 및 『삼국유사』 권2, 후백제견훤).

④ 제56대 경순왕은 金氏로 이름은 傅이다. 아버지는 孝宗 伊干으로 추봉된 神興大王이고 할아버지는 官○ 角干으로 추봉된 懿興大王이다. 어머니는 桂娥인데 憲康王의 딸이다(『삼국유사』 권1, 왕력).

⑤ 여름 5월 丁丑에 왕(고려 태조)이 新羅王과 太后와 竹房夫人 및 相國 裕廉 … 등에게 물품을 차등있게 보내주었다(『고려사』 권2, 태조 14년).

⑥ 長興 4년 權知國事 金溥가 사신을 보내왔다. 朴英과 溥의 世次와 죽은 해와 즉위한 해 등은 史官이 모두 기록을 빠뜨렸다(『신

---

131) 어쩌면 후대의 사가들이 경애왕비가 견훤에게 욕을 당한 것을 수치로 여겨 성과 이름을 고의적으로 누락시킨 듯하다.

오대사』권74, 신라전).

⑦ 왕의 이름은 傅이고 新羅人이다. 그 始祖는 閼智이고, … 11세는
智證王, … 12세는 眞宗, 13세는 欽運, 14세는 摩次, 15세는 法宣
으로 추봉된 玄聖王, 16세는 義寬으로 추봉된 神英王, 17세는 魏
文으로 興平王, 18세는 孝讓으로 추봉된 明德王, 19세는 元聖王
으로 처음 讀書出身科를 설치 하였고, 20세는 禮英, 21세는 均貞
으로 추봉된 成德王, 22세는 神武王, 23세는 文聖王, 24세는 安,
25세는 敏恭, 26세는 實虹으로 추봉된 懿興王, 27세는 孝宗으로
추봉된 神興王, 28세는 敬順王이 그이다. 왕은 景哀王 朴氏를
이어 즉위하였다. … 王의 前妃 朴氏는 3남 1녀를 낳았고, 後妃
王氏는 5남 2녀를 낳았다(「新羅敬順王殿碑」『조선금석총람』
하, 1264~1265쪽).

경순왕은 전왕 경애왕의 族弟라고 한다(⑤-④ 및 『삼국유사』
권2, 後百濟甄萱). 그러나 여기서의 '族弟'란 父系親과 母系親의
구별없이 사용된 것으로, 실제는 外從弟이다. 이는 그를 '경명왕의
表弟이며 헌강왕의 外孫'이라고 한 것에서도 알 수 있다(①-③).
이로써 추측컨대 경애왕과 경순왕은 表親, 즉 어머니로써 맺어진
인척관계이다. 이는 서로 성이 朴氏와 金氏라고 한데서 확인되는
것이다. 이러한 사실을 고려하면서 경순왕의 가계를 살펴보자.

경순왕의 아버지는 神興大王으로 追封된 金孝宗이다(①-①・
④・⑦). 孝宗은 兒名이 花達이며, 일찍이 花郎으로서 진성여왕대
에는 많은 門客을 거느리고 있었는데, 효녀 知恩을 도와준 소식이
왕에게 전해져 헌강왕의 딸과 혼인을 하였고,[132] 902년(효공왕 6) 3
월에는 侍中에 임명되었다. 또 그의 아버지는 官○(①-④)・實虹
(①-⑦)이라고 하나, 이와는 달리 제3재상 舒發翰 仁慶이라는 기

---

[132] 그 시기와 왕을 정강왕으로 보기도 하나(李丙燾, 1977, 『國譯三國史
記』, 705쪽과 鄭求福 외, 1997, 『譯註三國史記』4, 한국정신문화연구
원, 804쪽) 이는 잘못이고, 『삼국유사』권9, 貧女養母條에 진성여왕
때의 일로 기록되어 있듯이, 이때의 대왕은 진성여왕으로 봄이 옳다.

록도 있다.133) 비록 문헌기록에는 없지만, 그 이상의 선대 — 즉 문
성왕까지는 후대의 「新羅敬順王殿碑」에 의하면 문성왕→金安→
金敏恭→金實虹→金孝宗→경순왕으로 기록되어 있다. 이처럼 경
순왕의 父系는 어느 왕보다도 자세히 알 수 있다.134)

경순왕의 할아버지는 이름이 여러 가지로 표기되어 있지만, 그
는 헌강왕대에 제3재상의 위치에 있었다. 그리고 그의 아버지, 즉
경순왕의 曾祖는 金敏恭이라 한다. 敏恭은 880년(헌강왕 6) 2월에
侍中이 되어 헌강왕으로부터 크게 신임을 받고 있었다.135) 또 敏恭
의 아버지, 즉 경순왕의 高祖는 金安인데, 그는 문성왕의 아들이라
고 한다. 그리하여 857년 9월에 문성왕이 죽으면서 숙부 誼靖(憲康
王)에게 왕위를 물려주었다. 하지만 문성왕의 후손들은 계속적으
로 정치권에서 활동하여 아들 가운데 한 명인 金安은 857년 9월 헌
강왕의 즉위와 동시에 伊湌으로 上大等이 되었다.136)

결국 경순왕의 父系는 문성왕으로 이어짐을 참고하면, 원성왕계
내의 禮英系 중 均貞系에 속함을 알 수 있다. 한편 경순왕에게 伯
父 億廉이 있었다고 하니,137) 경순왕의 아버지 孝宗은 억렴의 아
우이다. 또 경순왕에게는 堂弟 金裕廉도 있었다.138)

---

133) 『삼국사기』 권48, 孝女知恩傳. 사실 현재로서는 어느 이름이 정확한
    지 알 수 없지만 편의상 『삼국사기』의 仁慶을 사용키로 한다.
134) 이 碑文에 대한 긍정적인 입장에서 검토한 견해가 제시된 적이 있다
    (李基東, 「新羅 奈勿王系의 血緣意識」, 앞의 책, 75∼76쪽).
135) 『삼국사기』 권11, 헌강왕 6년 9월.
136) 『삼국사기』 권11, 헌강왕 즉위조. 한편 「新羅敬順王殿碑」의 金安과
    上大等 金安을 同名異人으로 볼 수도 있으나(李基東, 「新羅 下代 王
    位繼承과 政治過程」, 앞의 책, 169쪽 주85 참고) 사실은 同一人이고,
    다만 그가 왕위에 오르지 못한 것은 어쩌면 골품제 규정상 진골로서
    의 신분에 하자가 있거나 또는 당시 정치적 상황에 의한 것 같다.
137) 我伯父億廉迊干知大耶郡事(『삼국사기』 권12, 경순왕 9년 12월조).
138) 辛亥 王如新羅 … 羅王命百官 迎于郊 堂弟相國金裕廉等 迎于城門外

그리고 경순왕의 어머니는 桂娥太后(桂娥夫人)이고(㉠-①·
②·④), 그녀는 헌강왕의 딸이다(㉠-④). 그러므로 계아태후의
父系는 곧 헌강왕의 父系이다. 그러나 그녀의 어머니가 누구이며,
어머니의 가계는 어떠한지는 좀더 살펴보아야 한다. 즉 헌강왕에
게는 正妃, 脩媛權氏, 효공왕의 어머니 金氏 등 여러 명의 后妃가
있었는데, 누가 계아태후의 어머니인가는 고려해 볼 문제이다.

우선 효공왕의 어머니 金氏의 존재는 진성여왕대에 이르러서야
왕실에 알려졌으므로, 그녀에게 딸이 있어 왕의 주선으로 혼인하
였다는 것은 순리상 어렵다. 그리고 수원권씨도 그 소생이 있었다
고 보기는 어렵다. 마지막으로 正妃, 즉 金大城의 아들인 金順憲의
딸에게는 여러 명의 소생이 있었던 듯하다. 신덕왕비인 義成王后
가 있어 신덕왕의 아버지 乂兼이 侍中에 재임할 시기쯤(헌강왕
1~6년)에 出嫁하였다. 또 이에 비해 계아태후는 훨씬 뒤인 진성여
왕대에 효종랑과 혼인하였다. 그러므로, 의성왕후가 손위의 姊이
고, 계아태후는 妹임을 추측할 수 있다.[139] 즉 경순왕은 母系에 의
하여 경애왕과 姨從兄弟간이다.

한편 경순왕의 왕비는[140] 竹房夫人(㉠-⑤) 朴氏이라고(㉠-⑦)
하나, 그녀의 가계에 대해서는 알 수 없다.[141] 그녀의 소생으로는
속세를 등진 麻衣太子와 승려가 된 梵空 등 여러 명이 있었다.[142]

(『고려사』 권2, 태조 14년 2월조).
139) 그래서 왕위계승상 神德王이 보다 더 유리한 조건을 가졌던 것 같다.
140) 경순왕이 고려에 귀부한 뒤 태조의 딸 樂浪公主를 부인으로 맞았지
　　만, 이는 신라시대 王室의 사항이 아니므로 여기서는 논외로 한다.
141) 한편 『慶州金氏世譜』에는 竹房夫人 朴氏를 景哀王의 妹라고 하였다.
　　이에 따르면 景哀王과 敬順王은 妻男과 妹壻간이지만, 이들 사이를
　　族弟·表弟라는 기록이 있어 사실여부는 문제가 많아 취하지 않는다.
142) 『삼국사기』 권12, 경순왕 9년 10월조.
　　『삼국유사』 권2, 김부대왕조.

2. 왕실세계도의 복원

지금까지 살펴본 바에 의하면, 신라 하대 왕들의 가계에 관한 여러 자료의 기록간에는 비록 차이점은 있지만, 이들을 비교 검토한 결과 몇 가지 새로운 사실을 확인할 수 있었다.

먼저 제37대 선덕왕의 어머니인 四炤夫人의 어머니는 성덕왕의 先妃인 金元泰의 딸 嚴貞王后이다.

제38대 원성왕은 내물왕의 12세손으로, 내물왕의 10세손인 선덕왕과는 母系에 의해 從兄弟이고, 그의 어머니는 繼烏夫人(昭文太后) 朴氏로서 昌近의 딸이며, 그녀에게는 남자형제 言寂法師와 이름을 알 수 없는 여자형제가 있었다. 그리고 그녀의 外叔은 金元良인데, 김원량은 원성왕비인 金神述의 딸 淑貞夫人의 外祖父이다. 즉 원성왕 어머니의 母系와 원성왕비의 모계는 동일한 가계이다.

제39대 소성왕의 어머니 聖穆太后는 金氏로서 신술의 딸이다. 그러므로 원성왕의 부인이며 仁謙의 어머니인 淑貞夫人과 인겸의 부인인 성목태후는 모두 김신술의 딸로서 자매간이다.

제41대 헌덕왕은 소성왕의 同母弟로서 秀宗(興德王)·忠恭·悌邕·崇斌 등의 형제가 있었으며, 無子라는 기록과는 달리 태자로 책봉되었던 아들과 승려가 된 心地가 있었다. 또 왕비 貴勝夫人 金氏가 동생인 忠恭의 딸이라는 기록도 있으나 사실은 숙부인 禮英의 딸이므로, 결국 헌덕왕은 4촌 누이와 근친혼을 하였다.

제42대 흥덕왕은 헌덕왕의 子라는 기록도 있으나 이는 잘못이고, 사실은 同母弟이다. 그러므로 그의 어머니는 박씨가 아니라 김씨로서 김신술의 딸 聖穆太后이다. 그리고 왕비 역시 박씨가 아니고 김씨이며, 소성왕의 딸이다. 결국 흥덕왕은 姪女와 근친혼을 하였다.

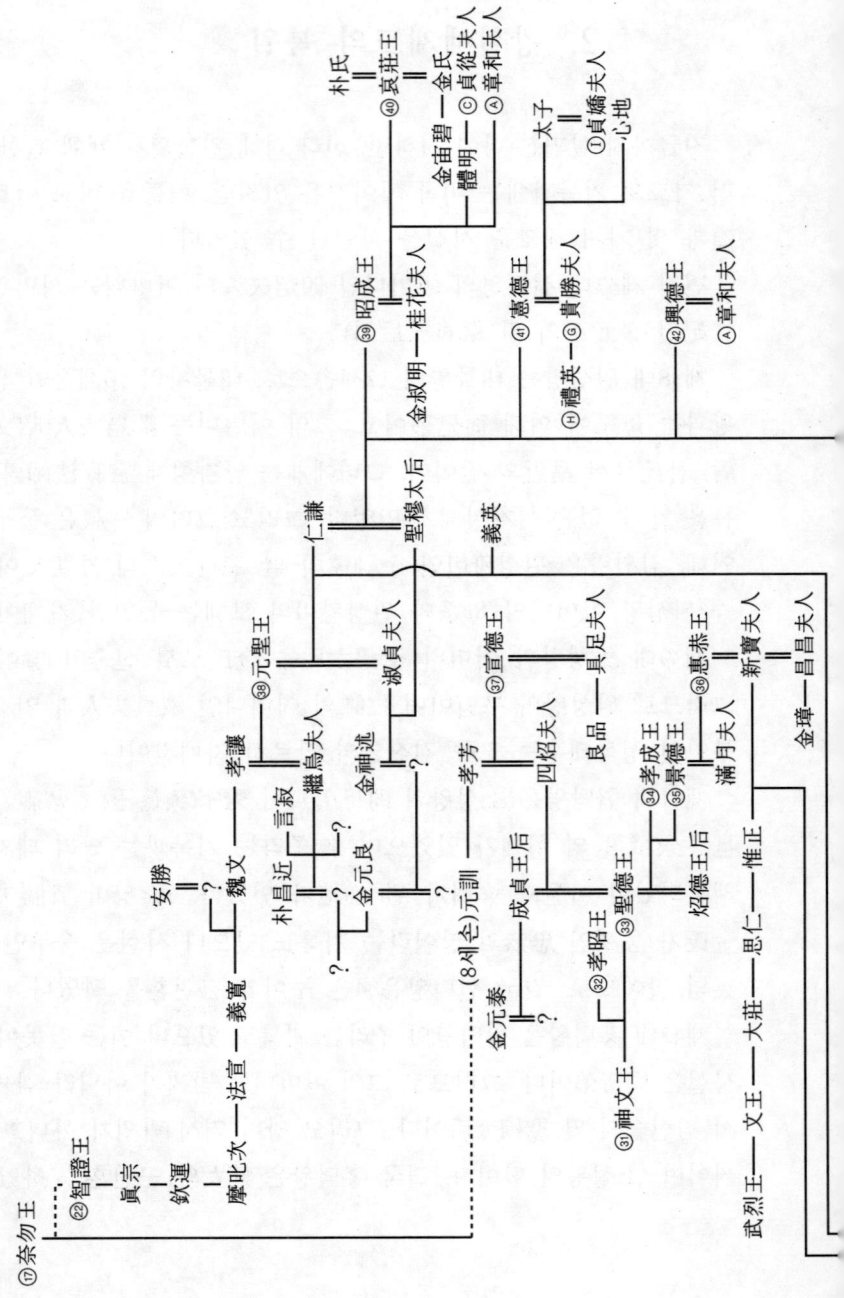

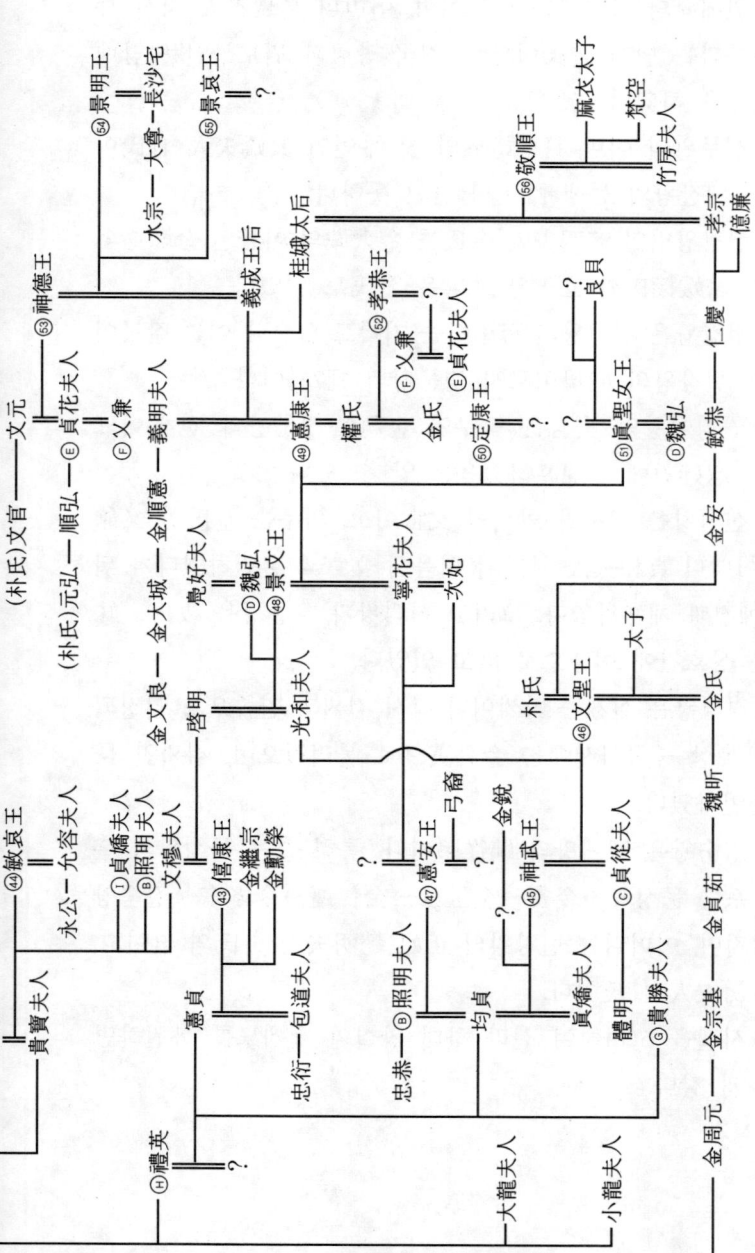

〈그림 3〉 신라 하대 왕실세계도

제44대 민애왕의 아버지는 忠恭이며, 어머니 貴寶夫人 역시 朴氏라는 기록과는 달리 金氏이므로, 결국 충공과 귀보부인은 남매 간에 근친혼을 하였다.

제45대 신무왕의 어머니는 禮英의 첫 부인인 眞嬌夫人 朴氏이고, 왕비는 애장왕의 동생 體明의 딸인 듯하다.

제49대 헌강왕비인 懿明夫人 金氏는 金大城의 아들인 金順憲의 딸이며, 또 脩媛權氏와 효공왕을 낳은 金氏도 있었다.

제50대 정강왕은 민애왕의 母弟라는 기록도 있으나 이는 잘못이고, 사실은 헌강왕의 同母弟로서 경문왕의 제2자이다.

제51대 진성여왕의 夫君은 숙부인 金魏弘(경문왕의 친제)이므로, 이들은 叔姪간에 근친혼하였음을 알 수 있다.

제53대 신덕왕은 친부가 박씨인 文官이고, 의부는 金氏인 乂兼이다. 즉 어머니 貞和夫人 朴氏가 처음에 文官과 혼인하였다가 뒤에 다시 예겸과 재혼하였다. 그리고 신덕왕과 효공왕은 妻男·妹壻 관계를 상호간에 이중으로 맺고 있었다.

제54대 경명왕은 실제는 박씨이나 당시 김씨의 친족으로 인정되어졌고, 책봉상 중국사서에는 金朴英으로 불리었으며, 김씨인 長沙宅과 혼인하였다.

제56대 경순왕은 경애왕의 姨從弟이다. 특히 그는 문성왕의 후손으로 父系는 문성왕→金安→金敏恭→金仁慶→金孝宗→경순왕으로 이어지며, 어머니는 헌강왕의 正妃 懿明夫人 金氏의 딸이고, 왕비는 竹房夫人 朴氏이다.

이러한 사실을 고려하여 신라 하대 왕실의 세계도를 복원하면 <그림 3>과 같다.

제3장

王位繼承의 樣相과 특징

前近代 王朝國家에서 왕위를 계승하는 방법에는 여러 가지가 있다.[1] 그러나 비록 그 방법이 다양하지만 東洋에서는 대체로 기존의 왕조와는 다른 새로운 왕조를 개창하는 경우에는 天命思想에 입각하여 放伐과 禪讓이라는 易姓革命으로 나눈다. 그리고 이와는 달리 기존의 동일왕조 내에서 帝王만 바뀌는 경우에는 太子册封과 遺詔(顧命)를 통한 禪位·繼位라는 평화적인 계승과 前王의 의사가 반영되지 못하고 새로이 즉위하는 측의 의사결정으로 이루어지는 推戴와 簒奪에 의한 비평화적인 계승으로 나눌 수 있다.

물론 여기에서 살펴보고자 하는 신라 하대의 왕위계승은 신라라는 동일왕조 내에서 이루어진 것이므로 역성혁명으로는 볼 수 없고, 다만 왕의 교체로만 이해되어져야 한다. 그러면서도 여기에는 정상적인 왕위계승과 비정상적인 왕위계승 그 모두에 의하여 이루어졌고, 또 비평화적인 계승도 가끔 있었다. 이는 신라 중대의 왕위계승이 대체로 정상적인 계승만이 있었던 것에 비하면 상당히 혼란하였음을 나타내는 證參이다.

지금부터는 하대의 왕위계승을 위의 기본적인 형태분류에 따라 太子册封에 의한 계승, 遺詔(顧命)에 의한 계승, 簒奪에 의한 계승, 推戴에 의한 계승 등으로 구분하고,[2] 동시에 前王과 新王이 혈연

---

1) 왕위의 교체와 계승방법 및 원인 등에 관련하여서는 全海宗이 王朝交替의 원인에 대하여 다룬 글이 있어 많은 참고가 된다(1970,「中國과 韓國의 王朝交替에 대하여」『白山學報』8 ; 1976,『東亞文化의 比較史的 研究』, 一潮閣).
2) 金昌謙, 2001,「新羅 下代 王位繼承의 性格」『慶州文化研究』4, 경주대학교.

적으로 어떠한 관계에 있었는지를 살펴보겠다. 그리고 왕위계승에
가장 중요하게 작용하는 혈연적 요인과 정치적 요인이 어느 형태
의 왕위계승에 어떻게 작용하였던가를 분석하고, 또 이 과정에서
왕위계승의 혈연적 범위가 확대되는 과정을 밝히겠다. 즉, 왕위계
승자의 혈연적·정치적 관계 등을 통하여 신라 하대 왕위계승의
특징을 살펴보도록 한다.

Ⅰ. 왕의 혈연관계와 계승방법

먼저 제2장에서 검토한 하대 왕들의 가계를 참고로 하여 하대
각 왕의 前王과의 혈연관계와,3) 또 이와 관련한 여러 기록을 통하
여 이들의 계승방법을 정리하면 다음과 같다.

Ⓐ 제37대 宣德王 : 제33대 聖德王의 外孫으로서, 제36대 惠恭王
　의 姑從兄弟이다. 金志貞의 반란이 일어나 혼란한 와중에 혜공
　왕과 왕비가 弑害당하자, 추대를 받아 즉위하였다.4)

---

3) 신라시대 왕위계승자의 혈연관계에 대해서는 기존의 연구자에 따라 그
　친족구조를 파악하는 과정에서 차이가 있지만, 前王에 기준을 두고 그
　범위가 어떠한 것인지 정리할 필요가 있다(李鍾旭, 1987,「回顧와 展望
　－古代－」『歷史學報』116, 218쪽).
4) 이와는 달리 반란을 틈타 선덕왕이 직접 혜공왕을 살해하고 왕위를 찬
　탈하였다고 보는 견해도 있으나(『삼국유사』권2, 경덕왕충담사표훈대
　덕조 및 李基白, 1974,「新羅 惠恭王代의 政治的 變革」『新羅政治社
　會史硏究』, 一潮閣, 237쪽), 선덕왕 자신이 말년에 유조에서 언급하였
　듯이 추대를 통하여 즉위하였다(『삼국사기』권9, 선덕왕 6년 5월). 그리

Ⓑ 제38대 元聖王 : 제37대 선덕왕의 母系에 의한 從弟이다. 선덕왕이 아들이 없이 죽자, 홍수라는 자연재해를 틈타 왕위계승 예정자인 金周元보다 먼저 群臣의 추대를 받아 즉위하였다.5)

Ⓒ 제39대 昭聖王 : 제38대 원성왕의 嫡孫이다. 태자에 책봉되었던 아버지 仁謙과 叔父 義英이 일찍 죽었기 때문에, 손자로서 태자에 책봉되었다가 할아버지 원성왕이 죽으매 繼位하였다.

Ⓓ 제40대 哀莊王 : 제39대 소성왕의 太子로서, 아버지 소성왕이 죽자 계위하였다.

Ⓔ 제41대 憲德王 : 제39대 소성왕의 同母弟인 동시에 제40대 애장왕의 숙부로서, 애장왕의 즉위와 함께 정치적 실권을 장악하고 있다가 애장왕을 弑害하고 스스로 왕이 되었다.

Ⓕ 제42대 興德王 : 제41대 헌덕왕의 同母弟로서, 헌덕왕이 애장왕을 弑害하고 즉위하는 데 협력하여 태자(副君·儲貳)에 책봉되었다가 헌덕왕이 죽자 계위하였다.6)

Ⓖ 제43대 僖康王 : 제38대 원성왕의 손자인 憲貞의 아들로서, 제42대 흥덕왕이 죽은 뒤 숙부 均貞과의 무력대결에서 승리하여 왕위를 차지하였다.

Ⓗ 제44대 閔哀王 : 제38대 원성왕의 손자 忠恭의 아들로서, 제43

고 『구당서』·『신당서』·『책부원구』에도 國人이 선덕왕을 세웠다고 기록되어 있다. 특히 선덕왕의 즉위는 李泳鎬의 글(1990,「新羅 惠恭王代 政變의 새로운 解釋」『歷史敎育論集』13·14합집)을 참조 바람.
5) 『삼국사기』 권10, 원성왕 즉위조 및 『삼국유사』 권2, 원성대왕 참고.
6) 흥덕왕의 왕위계승 이유를 『삼국사기』 권45, 祿眞傳에서 "十四年 國王無嗣子 以母弟秀宗爲儲貳 入月池宮"이라 하였다. 이에 의하면 헌덕왕에게 아들이 없었던 것으로 보이지만, 사실은 승려 心地라는 아들이 있었다(『삼국유사』 권4, 心地繼祖). 그럼에도 '無嗣子'라 한 것은 심지가 불교에 귀의하여 왕위계승권을 포기, 상실하였거나 또는 골품제 규정 때문에 왕위계승자가 될 수 없었기 때문인 듯하다. 이에 더하여 당시 정치적 상황이 이유가 되어 부득이 형제계승을 택하였던 것 같다.

대 희강왕을 弑害하고 즉위하였다.

Ⓘ 제45대 神武王 : 제38대 원성왕의 손자인 均貞의 아들로서, 제
44대 민애왕을 시해하고 왕위에 올랐다.

Ⓙ 제46대 文聖王 : 제45대 신무왕의 태자로서, 신무왕이 죽으매
계위하였다.

Ⓚ 제47대 憲安王 : 제45대 신무왕의 異母弟인 동시에 제46대 문
성왕의 숙부로서, 문성왕의 顧命에 의하여 계위하였다.

Ⓛ 제48대 景文王 : 제43대 희강왕의 손자로서(禮英의 高孫), 제47대
헌안왕(禮英의 손자)의 父系로 再從孫이면서 또다시 혼인에 의
해 그의 女壻가 되었다가, 헌안왕의 遺詔에 의하여 계위하였다.

Ⓜ 제49대 憲康王 : 제48대 경문왕의 太子로서, 경문왕이 죽자 계
위하였다.

Ⓝ 제50대 定康王 : 제48대 경문왕의 제2자인 동시에 제49대 헌강
왕의 同母弟로서, 헌강왕이 죽으매 계위하였다.

Ⓞ 제51대 眞聖女王 : 제48대 경문왕의 女인 동시에 제49대 헌강
왕과 제50대 정강왕의 女弟로서, 정강왕의 유조에 의하여 계위
한 듯하다.

Ⓟ 제52대 孝恭王 : 제49대 헌강왕의 庶子로서 동시에 제51대 진
성여왕의 姪男으로, 진성여왕에 의해 태자로 책봉되었다가 뒤
에 禪位의 유조를 받아 계위하였다.

Ⓠ 제53대 神德王 : 본래는 제8대 阿達羅王의 遠孫(朴氏)인데, 銳謙
의 義子가 되어 제49대 헌강왕의 女壻인 동시에 제52대 효공왕
의 妹壻이면서 또 妻男이 되는 중첩혼인관계로 연결된 뒤, 효
공왕이 아들이 없이 죽으매 國人에게 추대되어 즉위하였다.[7]

---

7) 신덕왕의 즉위에 대해서는 여러 가지 추론이 있다(曺凡煥, 앞의 글 참
고 바람).

Ⓡ 제54대 景明王 : 제53대 신덕왕의 太子로서, 신덕왕이 죽자 계위하였다.

Ⓢ 제55대 景哀王 : 제54대 경명왕의 同母弟로서, 경명왕이 죽자 계위하였다.

Ⓣ 제56대 敬順王 : 제46대 문성왕의 후손으로, 제49대 헌강왕의 女壻의 子(外孫)이면서 제55대 경애왕의 姨從弟이다. 後百濟 甄萱이 침공하여 경애왕을 살해한 뒤, 견훤에 의하여 추대되어져 즉위하였다.

위의 내용을 정리하면 다음 <표 1>과 같다.

〈표 1〉 신라 하대 왕위계승 일람표

왕 명	혈연관계	계승방법	왕 명	혈연관계	계승방법
㊲선덕왕	姑從兄弟	推戴	㊼헌안왕	叔父	遺詔(繼位)
㊳원성왕	(母系從)弟	奪取, 推戴	㊽경문왕	女壻, 再從孫	遺詔(繼位)
㊴소성왕	孫子	太子(繼位)	㊾헌강왕	子	太子(繼位)
㊵애장왕	子	太子(繼位)	㊿정강왕	弟	遺詔(繼位)
㊶헌덕왕	叔父	簒奪	(51)진성여왕	妹	遺詔(繼位)
㊷흥덕왕	弟	副君(繼位)	(52)효공왕	姪	太子, 遺詔(禪位)
㊸희강왕	堂姪	簒奪	(53)신덕왕	妹壻, 妻男	推戴
㊹민애왕	再從	簒奪	(54)경명왕	子	太子(繼位)
㊺신무왕	再從	簒奪	(55)경애왕	弟	遺詔(繼位)
㊻문성왕	子	太子(繼位)	(56)경순왕	姨從弟, 表弟	推戴(擁立)

<표 1>의 작성에는 『삼국사기』·『삼국유사』·『구당서』·『신당서』 등 4종류의 문헌자료를 이용하였다. 그러나 이들 자료에 기록된 내용간에는 상이점이 많다. 특히 중국사서에는 전체 왕 가운데 약 1/3에 대해서만 기록을 갖고 있어서 약 2/3의 왕에 대해서는 국내자료만으로 검토할 수밖에 없었다. 이와 같이 기록이 零星함

을 무릅쓰고 지금까지 先學들의 연구성과와 필자의 究明으로 각 왕의 前王과의 혈연관계와 즉위방법을 나름대로 종합 추정하였다.

그 결과, 하대 왕들의 즉위방법을 분류해 보면 전체 20명 가운데서 정상적인 계승은 태자책봉과 유조에 의한 계위 11차례와 선위 1차례로 모두 12차례이고, 비정상적인 계승은 찬탈 5차례와 추대 3차례로 모두 8차례 있었음을 알 수 있다.

한편 각 왕들의 前王과의 혈연관계를 살펴보면 전체 20명 가운데 子 4명, 弟(妹 포함) 4명, 孫子 1명, 叔父 2명, 姪 1명 등 3촌 이내의 부계친이 12차례 계승하였고, 또 堂姪 1명, 再從兄弟 2명 등 6촌 이내의 부계친이 3차례 계승하였다. 그리고 女壻 1명, 妹壻 1명 등 혼인으로 맺어진 부계친이 2차례 계승하였다. 반면에 姑從兄弟 1명, (母系從)弟 1명, 姨從弟(外從弟·異姓族弟·表弟) 1명 등 3차례는 母系親이 계승하였다. 결국 전체 20차례의 왕위계승 중에서 17차례는 부계친, 3차례는 모계친에 의해 이루어졌다. 그러면서도 15차례는 남계친의 계승이고, 5차례는 여계친의 계승이었다.

그리고 이를 다시 왕위계승의 외형적 방법과 혈연관계를 연결시켜 살펴보면 하대 왕위계승의 특성을 좀더 자세히 파악할 수 있다. 먼저 11차례의 계위와 1차례의 선위 중 태자책봉의 형식을 밟은 경우는 子 4, 弟 1, 孫子 1, 姪 1 등 7차례와 유조는 弟 2, 叔父 1, 妹 1, 女壻 1 등 5차례로서 모두 12차례의 정상적인 계승이 이루어졌다. 이와는 달리 찬탈은 (모계종)제 1, 叔父 1, 堂姪 1, 再從兄弟 2 등 5차례였고, 추대는 姑從兄弟 1, 妹壻 1, 姨從弟(異姓族弟) 1 등 3차례로서, 비정상적인 계승은 8차례 이루어졌다.8)

---

8) 한편 비정상적인 왕위계승에는 찬탈과 추대가 있었지만, 그 구분이 애매한 경우도 있다. 高麗의 건국자 王建이나 朝鮮의 건국자 李成桂의

이상에서 살펴본 바에 의하면, 신라 하대의 20차례 왕위계승 가운데 비정상적인 경우가 8번(40%)이나 있어 왕위계승이 상당히 혼란했음은 분명하지만, 진정한 의미의 찬탈과 탈취는 5차례에 불과하므로, 이 경우를 제외한 15차례(75%) 왕위계승에는 어떠한 왕위계승의 원칙이 있었을 것으로 추측할 수 있다.[9] 그러므로 그 원칙이 무엇이었으며, 어떻게 변화해 갔는지를 왕위계승의 형태별로 나누어 살펴보도록 한다.

Ⅱ. 太子册封에 의한 왕위계승

전통왕조 국가에서의 왕위계승은 일반적으로 왕이 재위중에 후계자를 미리 정해두는 방법을 취한다. 이는 太子册封이란 절차를 통하여 이루어지는데, 太子에[10] 책봉된 자는 즉위전에 帝王으로서

경우에는 前王을 살해 또는 追放을 통한 찬탈임에도 자신들의 즉위를 정당화하기 위하여 형식상 前者는 추대의 형식을, 後者는 선양과 추대의 형식을 동시에 취하였다. 이에 비하여 신라 하대의 왕위계승에서 보이는 추대는 그 성격상 前王에 대하여 직접적인 압박이나 살해를 취한 것이 아니라, 前王이 이미 죽은 뒤에 정당한 요건을 갖춘 최우선 순위의 왕위계승자가 아닌 자가 자신을 지지하는 세력의 추대를 받아 즉위한 것이므로 그 성격을 달리한다.

9) 비록 추대가 비정상적인 왕위계승이기는 하지만 왕조자체를 바꾸었던 왕위계승은 아니었으므로 추대된 자들은 추대될 수 있는 최소한의 어떠한 혈연적·정치적 요건을 갖춘 자들이었다. 때로는 혈연적 요건이, 때로는 정치적 요건이 결정적으로 작용되었겠지만, 여기에도 나름대로 왕위계승원칙이 작용되었을 것이다.

10) 太子란 大子와 같은 말로 中國에서는 天子·諸侯의 長男을 일컬었다.

의 소양과 능력을 갖추기 위하여 교육을 받고 정치실무를 경험하기도 한다. 신라에서 태자제가 확립된 것은 566년(진흥왕 27) 2월에 왕자 銅輪을 王太子로 삼은 것에서부터라고 보겠다.[11] 그리고 신라의 太子册封은 三國倂合으로 中代의 강력한 專制國家體制가 확립되면서 거의 定例化되었다.[12] 중대의 태자제는 왕의 子 특히 長子를 책봉하는 것을 원칙으로 하였다. 그러므로 이에서 부자계승제, 나아가 적장자계승제가 확립되어 행해졌음을 알 수 있다.

그러면 지금부터 신라 하대에 시행된 太子制의 성격과, 또 이를 통한 왕위계승의 특징을 살펴보도록 한다.

먼저 신라 하대의 태자책봉에 대한 기록은 문헌자료인 『삼국사기』에서 11명과 『삼국유사』에서 1명 등 모두 12명의 기록을 찾을 수 있고, 금석문자료인 「지증대사적조탑비」에 1명의 기록이 있어 모두 13명의 태자를 찾을 수 있다. 그러나 이들 모두가 왕위를 계승하였던 것은 아니다. 실제 즉위한 태자는 7명(54%)이고, 나머지 6명(46%)은 즉위하지 못하였다. 하지만 비록 실제 왕위를 계승하지는 못하였다고 하더라도 태자책봉 그 자체가 왕위계승자를 미리

周의 武王이 太子를 칭한 것에서 시작되었다. 그러나 太子의 성격은 시대에 따라 달랐다. ① 周代에는 天子 및 諸侯의 嫡子를 혹은 太子, 혹은 世子라고 하였으나, ② 漢에 이르러서는 天子의 嫡子를 皇太子, 諸王의 아들을 太子라고 하였다. ③ 金·元代에는 天子의 모든 아들(庶子)도 역시 太子라 하였고, ④ 明 이후에는 天子의 嫡子를 皇太子, 親王의 嫡子를 世子라 칭하였다(『事物紀原』·『綠雪亭雜言』, 『大漢和辭典』 권3에서 재인용).

11) 아마 신라가 上代에는 三姓이 交立하였던 까닭에 완전한 太子制의 성립은 金氏王朝의 기반이 확고해진 뒤에 金氏王族意識의 발생과 함께 가능해졌다고 보겠다. 그리고 이는 신라의 中央集權國家로의 발전과도 그 궤를 같이하는 것이라 하겠다.

12) 신라시대 태자제도의 특성에 대해서는 金昌謙, 1993, 「新羅時代 太子制度의 性格」『韓國上古史學報』 13 참고 바람.

정하였다는 점에서 신라 하대 태자의 성격과 왕위계승의 특징을
올바르게 파악하기 위하여 이들을 함께 검토하도록 한다.

그러면 이렇게 된 원인과 과정을 태자책봉의 사례를 하나하나
검토하여 좀더 명확히 살피면서 태자책봉에 의한 계승이 하대 왕
위계승상에서 갖는 특성을 밝혀보도록 한다

1. 태자책봉의 사례

1) 仁謙(惠忠太子)의 태자책봉과 卒去

신라 하대의 시작은 宣德王의 즉위를 분기점으로 하지만, 실질
적으로 하대의 王系가 성립된 것은 제38대 元聖王에 의해서였다.
원성왕은 즉위하자마자 先代의 追封과 더불어 五廟를 새로 정하
고 태자를 책봉하였다.

> Ⓐ 2월 왕이 高祖 大阿湌 法宣을 추봉하여 玄聖大王, 曾祖 伊湌 義
> 寬을 神英大王, 祖 阿湌 魏文을 興平大王, 考 一吉湌 孝讓을 明
> 德大王, 母 朴氏를 昭文太后로 추봉하고, 子 仁謙을 세워 王太子
> 로 삼았다. 聖德大王·開成大王의 2廟를 철훼하고, 始祖大王·
> 太祖大王·文武大王과 祖 興平大王, 考 明德大王을 五廟로 하였
> 다(『삼국사기』 권10, 원성왕 1년).

원성왕은 선덕왕이 785년 1월 13일에 죽자 당시 왕위계승상 유
리한 조건에 있던 金周元으로부터 탈취하여 推戴의 형식으로 즉
위한 뒤, 곧바로 先代를 추봉하고 五廟로 정하면서 동시에 아들을
태자로 책봉하여 새로운 王家로서의 외형을 갖추었다.

이는 정통 왕가의 출신이 아니면서 정치적 세력을 이용하여 추

대의 형식을 통하여 즉위한 원성왕으로서는 자신의 지위를 확고히
하기 위한 왕권확립의 한 방편으로서 미리 태자를 책봉한 것이라
하겠다. 다시 말해 원성왕은 즉위와 동시에 중대 전제왕권 하에서
가장 이상적인 왕위계승으로 행하였던 장자계승제를 통하여 왕통
을 확고히 하기 위하여 태자를 책봉한 것이다. 원성왕은 비록 비정
상적인 방법에 의하여 즉위하였지만, 중대의 전통적인 왕위계승법
을 답습하여 장자 仁謙을 태자로 책봉하여 장자계승원칙을 지키고
자 노력한 것이다. 이는 인겸이 원성왕의 아들이라는 것 외에는 별
다른 경력이 기록되어 있지 않음에서 알 수 있다.

그러나 원성왕의 이러한 의도와는 달리, 태자에 책봉된 인겸은
791년(원성왕 7) 1월에 卒去하였다.[13] 그리하여 하대에 처음으로
태자에 책봉된 인겸의 왕위계승은 이루어지지 못하였다.

2) 義英(憲平太子)의 태자책봉과 卒去

원성왕은 태자로 책봉되었던 맏아들 인겸이 일찍 죽자, 그 이듬
해 제2자 義英을 다시 태자로 책봉하였다.

> ⑧ 8월 王子 義英을 봉하여 태자로 삼았다(『삼국사기』 권10, 원성왕
> 8년).

사실 의영의 태자책봉은 일반적인 경우가 아니다. 물론 형 인겸
이 왕위를 계승하지 못하고 죽었기 때문에 다시 의영이 태자로 책
봉된 것이기는 하지만, 이미 인겸에게는 장성한 아들 俊邕이 있었
다. 준옹은 인겸이 죽고 9개월 뒤인 791년(원성왕 7) 10월에 大阿飡
의 관등으로 侍中이 되어 國政에 참여할 정도로 成年이 되어 있었

---

13) 죽은 뒤 諡號를 惠忠이라 하였다(『삼국사기』 권10, 원성왕 7년 정월).

다. 그럼에도 불구하고 태자 인겸이 죽은 뒤 그의 아들 준옹을 太孫으로 책봉하지 않고 오히려 원성왕 자신의 제2자 의영을 태자에 책봉하였다. 이것은 원성왕은 武烈王系를 비롯한 다른 세력들의 도전에 좀더 강력하게 대처하기 위한 방법으로 부자계승원칙의 확립을 위하여 자신의 아들로써 왕위를 계승케 하고자 하는 강한 의지의 표현이었다. 그리하여 嫡孫子 俊邕보다는 제2자 義英을 태자로 책봉한 것이라 보겠다.

하지만 이러한 원성왕의 의지와는 달리 의영 또한 왕위를 계승하지 못하고 794년(원성왕 10년) 2월에 卒去하였다.[14]

3) 俊邕(소성왕)의 태자책봉과 繼位

의영마저 왕위를 계승하지 못하고 일찍 죽으매 원성왕은 또 다시 태자를 책봉하였다.[15] 그러나 이번에는 자신의 아들이 아니라 嫡孫을 太子로 임명하였다. 그가 곧 원성왕의 장자인 仁謙의 아들 俊邕이다.[16]

ⓒ 정월 惠忠太子의 아들 俊邕을 태자로 삼았다(『삼국사기』 권10, 원성왕 11년).

이때에도 원성왕에게는 제3자 禮英이 생존하였다. 그런데 그를 태자로 책봉하지 않고 차세대인 준옹을 태자로 책봉하였다.

14) 죽은 뒤 諡號를 憲平이라 하였다(『삼국사기』 권10, 원성왕 10년 2월).
15) 이러한 원성왕의 집요한 태자책봉은 왕권의 專制化를 추구한 것이었다(李基白, 1974, 「上大等考」『新羅政治社會史硏究』, 一潮閣, 121쪽).
16) 실질적으로는 太孫이라 하여야 함에도 太子라 칭한 것이 특징이다. 이렇듯 신라시대의 태자는 아들 이외의 血族도 왕위계승자로 예정되면 親族呼稱과 관계없이 모두를 太子라 칭하였던 것이 다른 시대와 차이점이다(金昌謙, 앞의 글, 170쪽).

준옹은 인겸의 아들로서 어머니는 金氏이다. 앞에서 살펴보았듯이, 준옹의 아버지 인겸은 원성왕의 즉위 직후에 태자에 책봉되었으나 즉위치 못하고 791년(원성왕 7)에 죽었다. 그리하여 준옹은 할아버지 원성왕에 의하여 宮中에서 길러졌다. 준옹은 인겸의 생존시부터 官界에 나아가 789년(원성왕 5)에 唐에 奉使하여 大阿湌의 관등을 받고, 790년에는 波珍湌으로 宰相이 되고, 791년 정월 인겸이 죽은 뒤 10월에는 侍中에 임명되었다가, 792년 8월에 숙부 의영이 태자에 책봉되자, 곧 병으로 사면하였다. 그리고 다시 兵部令에 임명되어[17] 병권을 장악한 뒤에 태자였던 의영이 794년(원성왕 10) 2월에 卒去하자, 다음해 정월에 태자에 책봉되어 798년(원성왕 14) 12월 29일 원성왕이 죽을 때까지 4년 10개월간 정치적 실무를 경험하면서 자신의 지위를 확고히 하였다가 즉위하였다.

이상에서 볼 때 준옹은 원성왕의 嫡孫으로 여러 가지 정치적 영향력이 큰 관직들을 실제 두루 역임한 뒤에 태자에 책봉되었다. 그러나 태자에 책봉된 뒤에는 다른 특별한 관직을 補任하지 않았다. 이로써 생각하건대 태자의 지위는 이미 그가 재위중인 왕과 어떠한 혈연적 관계에 있거나 책봉만 되면 어떤 관직보다도 우위의 위치를 갖게 되었으며, 모든 왕실이나 귀족들이 그를 왕위계승예정자로서의 지위를 인정하고 있었음을 알 수 있다.[18]

---

17) 俊邕이 兵部令이 된 것은 원성왕 1년에 伊湌으로 兵部令에 있으면서 上大等으로 임명되었던 忠廉이 792년(원성왕 8) 8월 俊邕이 병으로 시중을 사면하기 직전에 죽은 뒤에 새로운 병부령이 임명되지 않았다가, 이때에 俊邕이 임명된 듯하다. 그리고 이로써 볼 때 하대의 兵部令은 複數制가 아니고 분명히 1人이었다고 하겠다(申瀅植, 1974,「新羅兵部令考」『歷史學報』61, 89쪽).

18) 이상에서 살펴본 ① 仁謙, ② 義英, ③ 俊邕은 모두 元聖王에 의하여 이루어진 태자책봉이다. 이처럼 원성왕이 집요하게 자신의 直系로써 태자를 책봉한 것은 비정상적인 방법으로 왕위에 오른 원성왕으로서는

4) 淸明(애장왕)의 태자책봉과 繼位

원성왕을 이어 왕위에 오른 昭成王은 즉위 직후인 799년(소성왕 1) 5월에 考 惠忠太子를 惠忠大王으로, 8월에는 母 金氏를 聖穆太后로 추봉하였다.[19] 이처럼 소성왕은 考와 母를 추봉하면서도 태자책봉을 하지 않았다가 죽기 직전에야 책봉하였다.

Ⓓ 6월 王子를 봉하여 太子를 삼았다(『삼국사기』 권10, 소성왕 2년).

이 경우, 직후에 소성왕이 죽은 것으로 보아, 이때의 태자책봉은 실질적으로는 遺詔와 같은 성격을 포함하고 있는 것이다.

그러면 왜 이렇게 늦게까지 태자를 책봉하지 않았던가? 이는 태자로 책봉된 淸明이 즉위시 나이가 겨우 13세에 불과하여 숙부로서 兵部令에 있던 彦昇이 攝政하였던 사실에서도 짐작할 수 있듯이, 청명의 나이가 너무 어려 원성왕대의 아들에 대한 태자책봉이 행해졌음에도 일찍 죽어 실제로는 손자인 자신이 왕위를 계승하였던 사실을 염두에 두어 청명의 성장을 기다렸던 것 같다. 그러나 소성왕은 건강상 이유로 부득이 후계자를 정해두어야 할 상황에 이르자 일종의 유조를 내려 청명을 태자로 책봉한 것이라 하겠다.

그리고 청명은 소성왕의 嫡長子로서 13세의 어린 나이에 태자에 책봉되어 소성왕이 죽은 뒤 실제 왕위를 계승하였다.

자신의 왕권을 확고히 하고자 先代를 追封하여 五廟를 새로 정하고, 讀書三品科를 제정하기도 하면서, 특히 下代의 권력구조를 특징짓는 王과 王子를 頂點으로 하여 극히 좁은 범위의 近親王族을 중심으로 하여 王室親族集團員에 의한 권력장악, 권력집중의 한 전형을 확립하기 위한 노력의 한가지 표현이었다(李基東, 「新羅 下代 王位繼承과 政治過程」, 앞의 책, 152~153쪽).

19) 『삼국사기』 권10, 소성왕 1년 5월 및 8월.

5) ? (憲德王의 子)의 태자책봉

소성왕에 의하여 태자로 책봉되어 즉위한 哀莊王은 재위 10년반 동안 실질적인 政事를 맡지 못하고 왕위만을 지키다가 攝政하던 숙부 彥昇과 悌邕 형제에게 살해되었다. 그리고 언승이 즉위하니, 그가 憲德王이다. 헌덕왕은 즉위 직후에서 822년(헌덕왕 14) 3월 이전 그 어느의 시기에 아들을 태자로 책봉하였다.

> Ⓔ 3월 角干 忠恭의 딸 貞嬌를 취하여 太子妃로 삼았다(『삼국사기』 권10, 헌덕왕 14년).

이 기록에 의하면 정확한 이름은 알 수 없지만 헌덕왕에게는 태 자가 있었다.[20] 그런데 현재로서는 이 태자의 이름과 생애에 대해 서는 전혀 알 수가 없다. 다만 그가 822년(헌덕왕 14) 3월에 충공의 딸 貞嬌를 태자비로 삼았다는 것만을 알 수 있다. 특히 이때의 忠 恭은 헌덕왕의 동생으로서, 동시에 다음왕인 興德王이 즉위한 뒤 에는 또한 그의 아우로서 上大等으로 임명되어 흥덕왕의 개혁정치 를 주도하였고,[21] 또 太子로 책봉되어[22] 당시 신라의 王室과 정치

---

20) 최근에 '헌덕왕에게는 친아들이 없었으므로 이 태자의 실체는 부인되 고, 이때의 태자비는 헌덕왕이 再娶한 것을 말한다'는 견해도 있다(文 暻鉉, 1992,「神武王의 登極과 金昕」『趙恒來教授華甲紀念 韓國史學 論叢』, 70~71쪽). 그러나 헌덕왕에게는 心地라는 아들이 있었다. 또 『삼국유사』「왕력」에 '헌덕왕의 비는 貴勝娘인데 시호는 皇娥王后이 며 忠恭 角干의 딸이다.'라는 기록이 있어 이것이 사실이라면 헌덕왕 이 재취했을 가능성은 있지만, 이때의 貴勝娘이 여기서의 貞嬌와 꼭 동일인이라는 확증이 없는 까닭에, 이러한 추정은 그 타당성의 판단이 극히 조심스러워 따르지 않는다.
21) 李基東, 1984,「新羅 下代의 王位繼承과 政治過程」, 앞의 책, 162쪽.
22) 「봉암사지증대사적조탑비」『조선금석총람』상, 90쪽.

계에서 막강한 실력을 행사하던 인물이다. 그런 만큼 그의 딸을 太子妃로 삼았다는 것은 이 기록의 신빙성을 더욱 크게 해준다.

그러나 여기에서의 태자가 헌덕왕의 어떤 아들인지는 알 수 없다. 비록『삼국사기』권10, 헌덕왕본기에는 810년(헌덕왕 2) 10월 唐에 入朝使로 파견된 金憲章, 817년(흥덕왕 9) 10월에 唐에 간 金張廉, 825년(헌덕왕 17) 5월에 唐에 간 金昕 등은 모두 왕자로 기록되어 있지만, 이들이 모두 헌덕왕의 親王子일 가능성은 희박하고, 오히려 金昕이 太宗武烈王의 9대손으로 假王子였듯이,[23] 이들은 모두 외교상 파견된 假王子일 것이다. 한편 헌덕왕에게도 心地를 비롯한 王子가 있었지만,[24] 그는 불교에 귀의하여 왕위계승과는 관계를 끊었던 듯하다.[25]

결국 헌덕왕의 태자가 있었음에도 불구하고 다시 母弟 秀宗을 副君에 책봉하여 그에게 왕위가 전해져 太子는 즉위치 못하였다.

6) 秀宗(흥덕왕)의 副君 册封과 繼位

앞에서 살펴보았듯이 헌덕왕에게는 태자가 있었다. 그럼에도 822년(헌덕왕 14) 헌덕왕은 아우 秀宗을 또 副君에 임명하였다.

> Ⓕ-① 정월 왕의 同母弟 秀宗으로 副君을 삼아 月池宮에 들어가 살게 하였다(『삼국사기』권10, 헌덕왕 14년).
>
> ② 祿眞이 23세에 비로소 벼슬하여 여러 차례 內外의 관직을 역임하다가 헌덕대왕 10년 戊戌에는 執事侍郞이 되었다. 14년에 王이 嗣子가 없으므로 母弟 秀宗으로써 儲貳를 삼아 月池宮에 들

---

23)『삼국사기』권44, 金陽傳附金昕傳.

24)『삼국유사』권4, 心地繼祖.

25) 고려시대에 왕의 서자를 승려가 되게 하여 小君으로 삼아(『고려사』권 26, 원종 6년 4월조) 왕위계승에서 배제시켰던 것을 참고할 만하다.

이었다. 이때 忠恭 角干이 上大等이 되어 政事堂에 앉아서 안팎
관리들을 銓衡하였는데, 퇴근 후에 병이 생기매 國醫를 불러 진
맥하였다(『삼국사기』 권45, 祿眞傳).

　이 경우는 특수한 사례이다. 바로 앞의 '5) ? (헌덕왕의 자)의 태
자책봉'에서 보았듯이, 822년(헌덕왕 14) 3월에 태자비를 맞이하였
다고 하면서, 이보다 2개월 먼저인 정월에는 자신의 同母弟 秀宗
을 副君・儲貳로 삼아 月池宮에 들어가 살게 하였다. 비록 직접
太子로 표기하지 않고 副君・儲貳라 하였지만, 副君은 副后라고
도 하는데 이는 태자의 古稱이고, 儲貳 역시 태자의 다른 칭호이
다.26) 그리고 그가 거처하게 된 월지궁이란 신라시대 태자궁이
다.27) 이러한 표현에서 볼 때 직접 태자로 표현되지는 않았지만,
수종이 태자에 책봉된 사실을 알 수 있다.

　헌덕왕이 아우 수종을 왜 태자에 책봉하였을까? 그 이유를 『삼
국사기』 권45, 祿眞傳에는 '國王無嗣子'라고 하였다. 그러나 과연
이것이 사실인지 의문스럽다. 아들이 없다는 기록에도 불구하고
헌덕왕에게는 心地라는 아들이 있었다.28)

---

26) 副君은 國君의 상속자로 太子・副貳와 같다. 또 副后는 太子의 異稱으
　　로 后는 君이며 副君과 같다(『大漢和辭典』 권2, 297쪽). 실제 渤海에서
　　왕의 맏아들을 副王이라고 불렀는데(『新唐書』 권219, 열전144 발해전),
　　이 또한 太子와 같은 의미이다. 그리고 儲貳는 副君・副后이다(『晉書』
　　권21, 志11 禮志 下 및 권59, 列傳29 成都王穎傳 참조).
27) 『삼국사기』 권39, 職官 中 東宮官條 참조.
28) 그리고 헌덕왕의 歿年에 대한 異傳이 있고 그에게 몇명의 王子가 있었
　　다는 것을 토대로 하여 秀宗의 즉위에는 무력적 대립이 있었다고 추측
　　한 견해도 있다(井上秀雄, 1969,「三國事記にあらわれた新羅の中央行
　　政官制」『朝鮮學報』 51 ; 1974,『新羅史基礎研究』, 東出版, 246쪽 및
　　崔柄憲, 1978,「新羅 下代 社會의 動搖」『한국사』 3, 국사편찬위원회,
　　452쪽의 주12). 한편 이와는 달리 헌덕왕 14년 3월의 太子妃를 삼았다
　　는 기록은 이해하기 곤란한 것이며, 또 『삼국사기』에 몇몇 王子로 기

더구나 이보다 2개월 후인 822년 3월에 각간 忠恭의 딸 貞嬌를 태자비를 맞이한[29] 기록이 있다. 그러면 이것을 어떻게 해석해야 될 것인가? 이를 헌덕왕의 太子와 副君에 대한『삼국사기』의 기사를 동일인물에 대한 것으로 보려는 견해도 있다. 즉 副君과 太子를 동일어로 보아 秀宗을 副君・太子에 책봉하고 2개월 뒤에 그의 妃를 맞아들인 것으로 이해하여 헌덕왕의 정당한 왕위계승자 즉 아들이 없었기에 상대등이 왕위계승권을 가졌던 것으로 해석하는 설도 제시되었으나,[30] 이는 잘못이다.[31]

그러면 秀宗은 어떤 존재인지 살펴보자. 그는 秀升으로도 표기되어 있으며, 仁謙太子의 아들로서 소성왕・헌덕왕의 同母弟이다. 804년(애장왕 5) 1월에 이찬으로 시중에 임명되었으며, 809년(애장왕 10) 7월 1일에는 형인 헌덕왕과 함께 애장왕을 살해하였다.[32] 그리고 헌덕왕이 즉위한 뒤 수승은 그의 정치를 도와주다가 819년

록된 것이 반드시 현실의 왕자를 가리키는 것만은 아니므로, 憲德王이 無嗣子인 것이 옳으며, 興德王의 즉위에는 무력적 대립이 없었다는 견해도 있다(李基東,「新羅 下代의 王位繼承과 政治過程」, 앞의 책, 158~159쪽). 하지만 필자는 무력적 대립이 없었다는 점에는 동의하나, 憲德王에게 아들이 있었음을 확인하였으므로 이에는 심지가 불교에 귀의한 것에서 추측컨대 어떠한 정치적 사정 또는 골품제 규정의 제한 등 여타의 배경이 있었을 것으로 여겨진다.

29)『삼국사기』권10, 헌덕왕 14년 3월.
30) 李基白, 1974,「上大等考」『新羅政治社會史研究』, 一潮閣, 122쪽.
31) 만약 이 說을 따른다면 秀宗(興德王)이 자신의 친아우 忠恭의 딸 貞嬌를 夫人으로 삼은 것이 되는데, 이는 연령상 再娶가 아니면 불가능한 것이다. 또『삼국사기』권10, 흥덕왕 즉위조와『삼국유사』권1,「왕력」에 의하면 興德王의 夫人은 章和夫人 혹은 昌花夫人이며, 諡號는 定穆王后이고 昭聖王의 딸이라고 한다. 그러므로 왕비의 이름이나 왕비의 아버지가 서로 貞嬌夫人과 章和夫人, 忠恭과 昭聖王으로 불일치하기 때문에 여기서의 태자와 副君 秀宗(흥덕왕)은 동일인이 아니다.
32)『삼국사기』권10, 애장왕 10년 7월 및『삼국유사』권1, 왕력 참조.

(헌덕왕 11) 2월에는 직접 上大等을 맡았다. 그후 822년 1월에 副君에 책봉되었다가[33] 헌덕왕의 사후에는 왕위를 계승하였다.[34]

수종이 태자에 책봉될 수 있었던 이유는 우선 그가 흥덕왕과 同母弟라는 혈연적 관계이다. 그렇지만 이미 태자가 있는 상황에서 그가 또 책봉되었던 것과 王弟가 태자로 책봉된 점이 특별하다. 이는 당시의 정치적 상황과 깊은 관계가 있는 문제인 듯하다.

즉 조카 애장왕으로부터 왕위를 빼앗은 헌덕왕으로서는 다른 왕족들의 반발과 도전으로부터 자신의 왕위를 유지하기 위해서 왕위 찬탈에 행동을 같이하였던 형제들의 계속적인 적극 협조가 필요하였다. 그리하여 형제들에게 정치적 실권을 주어 예우할 수밖에 없었으며, 또 만약에 자신의 나이 어린 아들에게 왕위를 물려줄 경우 애장왕측의 다른 왕족들, 또는 당시 막강한 정치적 세력을 소유하였던 王弟들로부터 자신의 사후에 가족은 물론 형제들의 신분지위상 모든 것을 보존할 수 있도록 미리 동모제 수종을 태자로 삼아 月池宮에서 政事를 관장하게 하였던 것이라 하겠다.[35] 그 결과 수종이 副君이 되어 월지궁으로 들어간 직후인 3월에 金憲昌이 난을 일으킨 것 또한 헌덕왕이 수종을 태자로 삼아 왕과 형제들을 중심으로 하는 왕권강화와 정치 권력의 집중이 직접적 계기가 되어 이에 대한 반발에서 난을 일으켰던 것이라 보겠다.

---

33) 그래서 여기서의 부군은 上大等이 副王的 성격으로 변한 것이라는 해석도 있으나(井上秀雄, 1974,「新羅政治體制の變遷過程」『新羅史基礎研究』, 東出版, 433쪽), 부군 책봉과 동시에 그의 아우 충공이 상대등에 임명되었으므로 이는 잘못된 견해이다.

34) 흥덕왕의 享年이 60歲였으므로(閔泳珪, 1962,「新羅興德王陵碑斷石記」『歷史學報』17·18합집, 26쪽), 50歲에 즉위하여 11년간 在位하였다.

35) 한편 閔泳珪는 副君이었던 수종이 825년(헌덕왕 17)에 다시 太子로 책봉받음으로써 왕위계승자로 확정되었다고 하였다(1962,「新羅興德王陵碑斷石記」『歷史學報』17·18합집, 625~628쪽).

결국 당시 정치적 상황 때문에 어쩔 수 없어 왕의 아들이 있음에
도 王弟가 태자에 책봉되었고, 그리하여 본래 태자가 갖는 의미와
는 다른 신라의 독특한 태자제의 양상이 나타났다.

7) 忠恭(宣康太子)의 태자책봉과 卒去

홍덕왕 역시 자신의 母弟 忠恭을 태자로 책봉하였다. 그 시기는
정확히 알 수 없으나 즉위 직후쯤이었던 것 같다.

924년(경명왕 8)에 崔致遠이 왕명을 받아서 지은 「봉암사지증대
사적조탑비문」에 다음과 같은 기록이 있다.

> ⓖ 홍덕왕이 왕위를 잇고 宣康太子가 監撫함에 이르러 사악한 것을
> 제거하여 나라를 병 고치고 착한 것을 즐기어 왕가를 기름지게 하
> 였다(「지증대사비」 『조선금석총람』 상, 90쪽).

홍덕왕이 즉위한 직후에 선강태자가 정치를 적극 협찬하였음을
말해 주고 있다. 宣康이란 諡號는 민애왕이 즉위하여 그의 아버지
忠恭을 宣康大王으로 추봉하였듯이, 여기서의 宣康太子란 생전의
충공을 지칭함이 분명하다. 그러므로 충공이 생전에 태자에 책봉
되었던 것을 알 수 있다.[36]

충공은 혈연적으로는 홍덕왕의 아우이다. 그는 817년(헌덕왕 9)
1월에 이찬으로 집사부 시중에 임명되어 재직하다가 821년 4월에
물러났다가,[37] 822년(헌덕왕 14) 정월 상대등으로 재직하던 母兄

---

[36] 이때의 태자를 혈연적 의미의 王子라고 볼 수도 있겠지만 撰者 崔致遠
은 경문왕의 아우 魏弘을 太弟라 칭하여(『조선금석총람』 상, 77쪽 「성
주사낭혜화상백월보광탑비」 및 122쪽 「숭복사비」), 太子와 太弟를 분
명히 구분하였다. 또 그가 監撫하였다는 것은 '監國撫軍'한 것을 말하
며, 이는 바로 太子의 직능이다.

수종이 부군이 됨에, 충공이 후임 상대등에 임명되어 김헌창의 난을 진압하는 데 큰공을 세웠다. 특히 상대등으로서 정사당에서 內外官의 銓注를 맡아 인사문제를 처리하는 등[38] 헌덕왕대의 개혁정치를 주도하여, 당시 최고의 정치적 실권자로 군림하였다. 그리고 826년 10월 헌덕왕이 죽고 당시 태자였던 수종이 즉위한 후 충공은 동모제로서 태자에 책봉되었던 것이다. 비록 그의 태자책봉시기에 대해서 정확히 알 수는 없지만 흥덕왕이 즉위한 직후, 즉 충공이 상대등에 임명되어 그리 오래되지 않은 때였던 것같다.

그러면 흥덕왕의 아우인 忠恭이 왜 태자에 책봉되었을까? 그 원인과 배경을 살펴보자. 물론 충공이 태자에 책봉된 것은 비록 그가 흥덕왕의 子는 아니지만 생존 혈족 중에서 가장 가깝다는 점이다. 하지만 이보다 우선적인 이유는 흥덕왕에게 왕위를 이을 정당한 아들이 없다는 점이다.[39] 그리고 또 다른 이유는 앞서 헌덕왕이 흥덕왕을 태자에 책봉하여 왕으로서의 신분보장과 혈족의 안전을 꾀하려 하였던 것처럼, 흥덕왕도 즉위한 뒤 母弟 충공을 태자에 책봉

---

37) 그러나『삼국사기』에 헌덕왕 13년에 충공이 죽었다는 기록이 있어, 여기의 忠恭을 同名異人으로 보는 설도 있고(李基東,「新羅 下代의 王位繼承과 政治過程」, 앞의 책, 162쪽 주59), 반대로 동일인으로 보는 견해도 있으나(李基白,「新羅 下代의 執事省」, 앞의 책, 183쪽 <표 라> 및 文暻鉉, 1992,「神武王의 登極과 金昕」『趙恒來教授華甲紀念 韓國史學論叢』, 68~70쪽), 필자는 후자에 따른다.

38)『삼국사기』권45, 녹진전.

39) 開成元年丙辰 興德王薨 無嫡嗣 王之堂弟均貞 堂弟之子悌隆 爭嗣位(『삼국사기』권44, 金陽傳 참고). 한편『삼국사기』권10, 흥덕왕 11년 정월조에 "遣王子金義琮 如唐謝恩兼宿衛"라 하였으나, 이것은 義琮이 흥덕왕의 아들이라는 말이 아니라 金氏王族 중의 한 사람이라는 의미이다(崔柄憲, 앞의 글, 460쪽의 주18). 여기서의 義琮은 憲安王(誼靖)과 동일인으로(李基東, 앞의 글, 171쪽의 주91) 均貞의 아들(禮英의 손자)이니, 仁謙의 아들인 興德王과는 從姪(5촌)관계이다.

하여 자신과 혈족을 다른 종전의 왕족들과 반대세력의 도전으로부
터 안전을 꾀하고자 사전에 대비한 정치적 목적이 함께 하였다.

하지만 충공은 836년 12월에 죽은 흥덕왕보다 먼저 죽어서[40] 실
제로 왕위를 계승하지는 못하였다. 그러나 충공의 태자책봉 또한
아들이 아닌 弟가 太弟가 아니라 太子로 책봉된 것은 신라의 태자
제가 가졌던 하나의 특성을 보여주는 것이며,[41] 이는 형제계승의
가능성을 보였던 좋은 하나의 예이다.

8) 慶膺(문성왕)의 태자책봉과 繼位

흥덕왕 때 모제 충공을 태자로 책봉한 일이 있은 뒤 상당 기간
동안 태자책봉의 기록은 보이지 않는다. 그러다가 神武王에 이르
러서 다시 접할 수 있다.

> ㊲ 왕은 祖 伊飡 禮英 또는 孝眞을 추존하여 惠康大王이라 하고, 考
> 를 成德大王, 母 朴氏 眞矯夫人을 憲穆太后라 하였다. 아들 慶膺
> 을 세워 太子를 삼고, 淸海鎭大使 弓福을 봉하여 感義軍使를 삼고
> 食邑 2,000戶를 봉하여 주었다(『삼국사기』 권10, 신무왕 즉위조).

이처럼 신무왕(金祐徵)은 張保皐(弓福)의 도움을 받아 즉위하자
先代를 추봉함과 동시에 아들 慶膺을 태자로 책봉하여 왕위계승권
자를 미리 정함으로써 王家로서 면모를 갖추었다. 또 지원세력인
장보고에 대하여 즉위과정에서의 공로에 대한 보상을 함과 동시에

---

40) 아마 835년(흥덕왕 10) 2월 직전에 죽은 듯하다(李基白,「新羅 下代의
執事省」, 앞의 책, 180쪽 및 李基東, 앞의 글, 163쪽 참고).

41) 이와는 달리 중국에서는 왕위계승자가 아우인 경우 "皇太弟"(『新唐書』
권8, 武王 즉위조), 숙부인 경우 "皇太叔"(『新唐書』 권8, 宣王 즉위조)
이라 칭하여 혈연적 관계를 동시에 표현하였다.

계속적인 지지를 약속 받아 왕권의 안정을 꾀하였다.[42]

신무왕에 의하여 慶膺이 태자에 책봉된 것은 일반적인 태자책봉인 왕의 아들이라는 혈연적 관계에 의해서였다. 조금 다른 점이라면 왕의 즉위 초에 이루어졌다는 것인데, 이는 신무왕이 찬탈에 의하여 즉위하였기에 王系의 변동이라는 점과 또 이에 따른 왕권강화를 추구하는 정치적 배경에서였다. 그리고 慶膺은 신무왕이 죽은 뒤에 실제로 왕위를 계승함으로써, 실로 오랜만에 왕의 子가 태자로 책봉되었다가 즉위한 정상적인 부자계승이 이루어졌다.

9) ? (문성왕의 子)의 태자책봉과 卒去

신무왕이 죽은 뒤에 태자 慶膺이 즉위하니, 이가 文聖王이다. 문성왕의 즉위 초에는 여러 가지 문제점이 있었다. 841년(문성왕 3) 봄에는 王京에 疫疾이 돌았고, 또 一吉飡 弘弼이 모반을 하였다. 특히 신무왕의 즉위과정에서 있었던 지원에 대한 보답으로 약속되었던 張保皐의 딸을 次妃로 삼으려는 문제가 朝臣들의 반발로 성립되지 못하자, 이에 대한 장보고의 반기와 그를 암살한 사건이 있었다.[43] 그리고 842년(문성왕 4) 3월 아버지 神武王의 즉위시 또다른 공로자인 魏昕의 딸을 왕비로 삼아 그의 협조를 받았다. 이듬해 5월에는 伊飡 良順과 波珍飡 興宗의 모반이 있었다.

---

42) 아울러 전왕인 민애왕을 지지하던 자들에게도 너그러운 태도를 취하는 등 왕권의 안정에 노력하였다(李基東, 앞의 글, 167~168쪽).

43) 張保皐의 사망연대에 대해서는 신무왕대(839년)설(『삼국유사』 권2, 신무왕염장궁파)과 846년(문성왕 8)설(『삼국사기』 권11, 문성왕 8년), 841년(문성왕 3)설(『속일본후기』 권11, 승화 9년 정월) 등이 있어서, 종래에는 846년설을 지지하였으나 최근에는 841년설을 따르고 있다(崔根泳, 앞의 책, 143쪽 주129. 鄭淸柱, 1993, 「장보고 관련사료 검토」『장보고 해양경영사연구』, 이진, 403쪽).

이러한 일련의 과정을 겪은 뒤 太子를 책봉하였다.

① 8월 왕자를 봉하여 태자를 삼았다(『삼국사기』 권11, 문성왕 9년).

이때 태자로 책봉된 문성왕의 아들이 누구인지? 그 이름은 알 수 없다. 다만 당시 상황으로 추측컨대 842년(문성왕 4) 3월에 혼인한 金魏昕의 딸과의 사이에서 출생한 아들이 아닐까 한다.

특히 장보고를 비롯한 많은 정치세력간의 갈등을 수습한 뒤 문성왕은 김위흔의 협조를 받아 정권을 이끌어가고 있었으며, 또 이때는 김위흔의 딸이 왕비가 된 지 5년여가 지났으므로 두 사람 사이가 정상적인 관계였다면 그 사이에 아들을 출산하였을 것이다. 이에 막강한 정치적 영향력을 행사하던 위흔은 자신의 위치를 더욱 확고히 하고자 외손자를 태자로 책봉하는데 적극적이었을 것은 당연하다. 그리고 蘇判 兼 倉部令이던 위흔은 侍中 兼 兵部令에 專任하였고, 이듬해 여름에는 侍中을 사임하고 대신 金啓明이 후임으로 補하여 병부령 위흔을 정점으로 하여 상대등 禮徵 ─ 뒤에는 義正(誼靖)과 시중 김계명이 연합한 문성왕 정권을 형성하였다.

그러나 위흔의 태자에 대한 비호에도 불구하고, 왕태자는 849년(문성왕 14) 11월 어떠한 이유로 죽고 말았다.[44] 이 왕태자의 죽음은 문성왕의 죽음보다 훨씬 앞선 것이다. 그래서 왕태자의 왕위계승은 이루어지지 못하였다. 이처럼 문성왕은 자신이 그러했듯이, 아들의 나이가 어렸음에도 불구하고 태자로 책봉하였다. 그리고 아마 妃系勢力의 지원을 받아 왕위의 부자계승을 이루려 하였으나 태자가 일찍 죽음으로써 이루지 못하였다.

---

44) 『삼국사기』 권11, 문성왕 14년 11월.

10) 晸(헌강왕)의 태자책봉과 繼位

문성왕의 유조를 받아 즉위한 憲安王 역시 유조를 내려 사위 金
膺廉에게 왕위를 계승케 하였다. 그리하여 왕위에 오른 자가 곧 景
文王이다. 경문왕의 왕위계승에도 약간의 문제는 있었으나 그의
아버지 金啓明의 후원으로 왕권을 강화시켜 나갔다. 경문왕은 즉
위과정에서부터 있었던 반대세력들의 반발을 무마해 가면서 자신
의 지위를 인정받고자 다른 왕족들을 회유, 연합하였다. 특히 元聖
王系 후손간의 族閥意識을 강화할 목적으로 前王들에 대한 추모
사업을 위한 願刹과 願塔을 건립하는 등의 修造役事를 통하여 왕
권강화를 꾀하였다.45) 그러나 어느 정도 왕권이 안정될 무렵 경문
왕의 후견인 노릇을 하던 啓明이 865년(경문왕 5) 말경에 죽자 그
를 追封하고, 또 아들을 태자로 책봉하였다.

> ⓙ 정월 왕의 考를 봉하여 懿恭大王, 母 朴氏 光和夫人을 봉하여 光
> 懿王太后, 夫人 金氏를 봉하여 文懿王后라 하고, 왕자 晸을 세워
> 왕태자를 삼았다(『삼국사기』 권11, 경문왕 6년).

이처럼 경문왕은 즉위 6년에야 태자를 책봉하였다. 이는 경문왕
스스로에 의한 왕권의 확립을 위하여 啓明에 대한 추봉과 아울러
왕자 晸을 태자로 책봉한46) 것이다.

결국 晸이 태자로 책봉된 것은 그가 경문왕의 嫡長子라는 혈연
적 관계에 의한 것이었으며, 그의 책봉이 경문왕 6년에야 이루어진

---

45) 金昌謙, 1988, 「新羅 景文王代 修造役事의 政治史的 考察」 『溪村閔丙
河敎授停年紀念 史學論叢』, 51~74쪽.

46) 이때의 太子를 世子라고 표기한 글도 있다(及見先大王 冕服拜爲師 君
夫人世子旣太弟相國群公子公孫 「聖住寺朗慧和尙白月保光塔碑」 『조
선금석총람』 상, 77쪽).

것은 여러 가지 정치적 문제도 있었겠지만 우선 그의 나이가 너무 어렸기 때문이었다.[47]

태자로 책봉된 뒤, 당시 경문왕의 近侍職과 文翰職의 등용을 통한 왕권강화책에서[48] 文翰官과 近侍官을 확보하기 위하여 '能官人' 登用政策을 시행하고, 또 國學에 대한 특별한 관심을 가졌던[49] 분위기에 영향을 받아, 그 또한 文士의 기질과 소양을 닦아서 상당한 경지에 이르렀다.[50] 그리고 중대 왕실과 밀접한 관계에 있었던 金大城의 後孫女와 혼인하여 그 가계세력의 협조를 받았다.[51] 결국 866년(경문왕 6)에 경문왕의 적장자라는 혈연관계에 의하여 태자로 책봉된 晸은 학문적·정치적 소양을 닦은 뒤, 875년(경문왕 15) 7월 8일 경문왕이 죽자 왕위를 계승하니, 이가 憲康王이다.

11) 嶢(효공왕)의 태자책봉과 禪位

憲康王은 즉위하여 숙부 魏弘의 보좌를 받으면서 경문왕의 정책을 이어받아 왕권의 신장을 위해 노력하였다. 그 결과 외형적으로는 태평성대를 구가하게 되었다.[52] 그러나 그 또한 886년 7월 5

---

47) 기록대로 따르면 景文王이 860년(헌안왕 4)에 寧花公主와 혼인하였다고 하므로, 아무리 빨라도 출생과 성장상 이때 晸의 나이는 5~6세 정도였을 것이다.

48) 李基東, 1984, 「羅末麗初 近侍機構와 文翰機構의 擴張」, 앞의 책, 239~241쪽.

49) 田美姬, 1989, 「新羅 景文王·憲康王代의 '能官人'登用政策과 國學」 『東亞研究』 17.

50) 『삼국사기』 권11, 헌강왕 즉위조 및 헌강왕 5년 2월 참조.

51) 제2장의 '13) 헌강왕의 가계' 검토를 참조 바란다.

52) 『삼국사기』 권11, 헌강왕 6년 9월 참조. 그러나 이것은 사실상 '병든 都市'를 상징하며, 이와 달리 '건강한 地方農村'에서는 새로운 세력들이 성장하고 있었다(李佑成, 1969, 「三國遺事所載 處容說話의 一分析」 『金載元博士回甲紀念論叢』, 123쪽).

일 재위 12년만에 죽고 同母弟 定康王이 즉위하였다. 하지만 정강
왕은 겨우 재위 1년반인 887년 7월 5일에 죽자, 이번에는 同母女弟
眞聖女王이 즉위하였다.

진성여왕은 즉위 초에는 숙부이자 夫君인 魏弘의 보좌를 받았
다. 그러나 888년(진성여왕 2) 2월에 위홍이 죽은 뒤로는 정치가 극
도로 문란해졌다. 그리하여 조세 독촉으로 인한 농민반란의 발생,
甄萱・弓裔・梁吉 등의 봉기와 이들의 영토 침탈 등으로 신라는
헤어날 수 없는 상황으로 변하였다. 이러한 어려운 상황에서 진성
여왕은 헌강왕의 庶子 嶢를 태자로 책봉하였다.

> ⓚ-① 10월 헌강왕의 庶子 嶢를 세워 태자를 삼았다. 처음에 憲康王이
> 田獵을 觀覽하다가 한길 가에 자태가 아름다운 한 여자가 있음
> 을 보고 마음으로 사랑하여 後車에 명하여 태워서 行在所에 와
> 서 野合하였던 바 곧 태기가 있어 아들을 낳으니, 그 아이가 장
> 성함에 따라 체모가 뛰어나므로 이름을 嶢라 하였다. 眞聖王이
> 듣고 그 아이를 闕內로 불러들여 손으로 그 등을 어루만지며 말
> 하기를 "나의 형제자매의 骨相은 남과 다른 점이 있다. 이 아이
> 도 등 뒤에 두 뼈가 솟았으니, 참으로 憲康王의 아들이다."라 하
> 고 이내 有司에 명하여 예를 갖추어 태자로 책봉하였다(『삼국사
> 기』 권11, 진성여왕 9년).

이에 의하면, 진성여왕은 거의 末年에 이르러 母兄 헌강왕의 庶
子를 찾아내어 태자에 책봉하였다.

嶢는 헌강왕의 아들이므로 진성여왕에게는 姪男의 혈연관계이
다. 그러므로 姪男인 嶢를 태자로 책봉한 것은 신라시대 기존의 태
자책봉과는 분명히 다른 모습이다. 지금까지는 태자란 일반적인
성격 그대로 왕 자신의 子가 원칙이었고, 특별한 경우에는 왕의 弟
가 책봉되던 것이 常例였다. 그런데 여기서는 姪男을 태자로 책봉
하는 변형적인 사례를 남기고 있다.

진성여왕에게는 아들이 있었다.[53] 더욱이 진성여왕의 막내아들 良貝가 唐에 使行을 갈 정도였으니, 그의 형들은 이미 장성한 상태였을 것이다. 그럼에도 불구하고 겨우 나이가 志學(15세)에 미치지 못한 嶢를 태자로 삼은 이유는 무엇일까? 이에 대해서는 여러 가지 추측이 있으나,[54] 아마 당시 경문왕계 남자의 絶滅로 인한 혈연적 특수사정과 경문왕계 왕통의 유지 연장을 위한 정치적 배려가 주된 원인이 되었던 것 같다.

결국 嶢는 진성여왕과 姪男이라는 특수한 혈연관계에 있으면서도 진성여왕대의 정치적 상황에 의하여 태자에 책봉되었다가, 그로부터 1년 8개월 뒤인 897년(진성여왕 11) 6월에 진성여왕으로부터 顧命을 통한 禪位를 받았다.[55] 이는 신라사에서 姪男이 태자에 책봉된 유일한 예이고, 또 하대의 선위를 통한 왕위계승이 이루어진 특수한 경우이다.

---

53) 그것도 한 명 이상이었던 것 같다(此王代 阿飡良貝 王之季子也.『삼국유사』권2, 진성여왕거타지).

54) 이에 대한 해석은 다양하게 제기되었다. 먼저 前王이 無子인 경우에 特定人을 지명하여 그의 능력을 밝히고, 그에게 繼位 또는 禪位하는 사례로 파악하기도 하였지만(崔在錫·安浩龍, 1990,「新羅 王位繼承의 系譜認識과 政治勢力」『한국의 사회조직과 종교사상』, 한국사회사연구회논문집 17, 47쪽), 이는 진성여왕에게 자식이 있음을 살피지 못한 데서 나온 잘못이다. 그리고 진성여왕이 헌강왕의 直系로써 왕위를 계승시키고자 하는 의도에서 골품제적 원리에 따른 의도였다는 설도 있으나(李培鎔, 1985,「新羅 下代의 王位繼承과 眞聖女王」『千寬宇先生還曆紀念 韓國史學論叢』, 354쪽), 효공왕이 진골이 되지 못하는 상황에서 골품제 원리에 따랐다는 것은 납득이 되지 않는다. 한편 여왕의 자식은 왕위를 계승할 자격이 없었다는 설도 있다(李鍾旭, 1980,『新羅上代王位繼承硏究』, 영남대학교 출판부, 157쪽). 또 당시 정치세력간의 대립과 타협의 결과로 보는 입장도 있다(全基雄, 1996,『羅末麗初의 政治社會와 文人知識層』, 혜안, 55~58쪽).

55) 뒤에서 살펴볼 '5) 진성여왕의 유조와 요의 즉위'를 참조 바란다.

12) 昇英(경명왕)의 태자책봉과 계위

孝恭王의 왕권은 매우 미약하였으며, 오히려 당시 정치적 실권
은 그의 장인인 乂兼이 장악하고 있었던 듯하다. 효공왕이 재위 16
년만에 죽고 아들이 없었다. 그리하여 왕위는 예겸의 義子로서 헌
강왕의 딸과 혼인하여 효공왕의 妻男인 동시에 妹壻인 景暉가 계
승하니, 이가 神德王이다.

신덕왕은 즉위한 직후에 태자책봉을 하였다.

> ㉡ 5월 考를 추존하여 宣聖大王이라 하고, 母를 貞和太后, 妃를 義成
> 王后라 하고, 아들 昇英을 세워 태자를 삼고, 伊飡 繼康을 배하여
> 上大等을 삼았다(『삼국사기』권12, 신덕왕 원년).

이러한 신덕왕의 조치는 이미 앞의 다른 왕의 경우에서도 보았
듯이, 왕위계승상 가계가 바뀌는 경우에 행하여지는 사항들이다.
먼저 先祖를 大王·太后 등으로 추봉하고 아들을 태자로 책봉
하는 등 새로운 왕가로서의 면모를 갖추고 있다. 특히 전대의 왕들
이 왕자가 없거나 있더라도 정치적 배경에 의해 왕의 弟나 姪을 태
자로 책봉했던 경우와는 달리, 다시금 신덕왕 자신의 아들을 태자
로 책봉하여 왕권강화를 추구하고 있다.[56] 즉 확실한 부자계승을
실행하고자 하는 의지를 나타내고 있다. 이는 신덕왕이 비록 金氏
王統을 압도하고 왕이 되었을지언정 그 스스로 부자계승의 규범을
수립하려고 노력하는 모습이다.[57]

---

56) 崔在錫은 경명왕은 始祖의 外孫의 外孫의 外孫이었기에 왕위에 올랐
　　다고 하였으나(崔在錫, 1983, 「新羅王室의 王位繼承」『韓國家族制度
　　史硏究』, 一志社, 134쪽), 이러한 原因的 요건은 성립되기 어려운 것이
　　다. 차라리 신덕왕의 아들로서 父子繼承을 한 것으로 본다.
57) 申瀅植, 1971, 「新羅王位繼承考」『柳洪烈博士華甲紀念論叢』, 90쪽.

이처럼 昇英은 신덕왕의 적장자로서, 신덕왕이 신라 말기의 새
로운 왕가로 등장하면서 자신의 지위를 신장시켜 王家의 면모를
갖추는 작업의 일환으로써 그의 즉위와 거의 동시에 태자로 책봉
되었다. 이렇게 태자로 책봉된 昇英은 이로부터 5년에 걸쳐 자신
의 정치적 지위를 확보한 뒤, 917년(신덕왕 6) 7월에 신덕왕이 죽으
매 즉위하니, 이가 바로 景明王이다.

13) 麻衣太子와 신라의 멸망

경명왕이 즉위할 무렵에는 이미 지방에는 弓裔와 甄萱의 정권
이 형성되어 세력을 다투다가, 918년(경명왕 2) 6월에는 王建이 弓
裔를 몰아내고 高麗를 건국하였다. 고려 건국 직후에는 甄萱과 王
建의 큰 대립이 없었다. 그러다가 경명왕이 왕건과 우호적인 관계
를 맺으려 하고, 또 경명왕의 뒤를 이어 즉위한 同母弟 경애왕이
더욱 친고려정책을 추진하자 견훤이 이를 견제하고자 신라를 침공
하였다. 이때 경애왕은 弑害되고 대신 견훤에 의하여 金傅가 옹립
되어 즉위하니, 이가 신라의 마지막 왕인 敬順王이다.

> ⓜ-① 淸泰 2년 을미 10월 四方의 땅이 모두 남의 손으로 들어가 국력
> 이 약화되고 형세는 고립되어 제대로 부지할 수가 없으므로 여
> 러 신하들과 함께 전국토를 가지고 太祖에게 항복할 것을 의논
> 하는데, 여러 신하들의 가부가 분분하여 끝날 줄을 몰랐다. 王太
> 子가 말하기를 … 太子는 통곡하면서 왕에게 하직하고 皆骨山
> 으로 들어가서 죽을 때까지 삼베옷에 나물을 먹으며 살다가 죽
> 었다(『삼국유사』권2, 김부대왕조).

위의 인용문에서 보듯이, 경순왕에게는 태자가 있었다. 그는 경
순왕이 고려로 투항하는 것을 강력히 반대하였으나 받아들여지지

않음에 皆骨山으로 들어가 麻衣를 입고 草食으로 일생을 마쳤고, 그래서 世稱 麻衣太子라고 불려졌다고 하였다.

그러면 그가 태자에 봉해진 때가 언제일까? 정확하게는 알 수 없으나, 물론 敬順王의 즉위에서부터 신라 전부를 고려에 바쳐 투항하기 전, 즉 경순왕 재위시 그 어느 때이다.

M - ② 11월 왕의 考를 추존하여 神興大王이라 하고, 母를 왕태후라 하였다(『삼국사기』 권12 경순왕 원년).

이 기사는 앞에서 살펴본 여느 왕에서처럼 王系를 달리하여 비정상적인 왕위계승한 경우와 마찬가지로, 경순왕도 즉위와 더불어 先代를 추봉하였음을 알려주는 기록이다.

그리고 이러한 경우에는 대개가 새로운 왕가로서의 모습을 갖추기 위하여 동시에 장성한 아들을 태자로 책봉하는 것이 일반적이었다. 그러므로 여기서 경순왕의 경우에는 비록 태자책봉을 한 직접적인 언급은 없지만 이것이 태자책봉을 행하지 않았음을 의미하는 것은 아닐 것이다. 오히려 신라의 멸망이라는 사실과 더불어 생각하면 왕위를 계승하지도 못하였고, 또 신라 왕조자체가 멸망하여 살아 생전에 고려로부터 태자의 지위가 인정되지 못한 사실 때문에 아마 『삼국사기』의 撰者가 의도적으로 누락하지 않았나 추측되어 진다.[58]

결국 마의태자는 경순왕의 맏아들이라는 혈연적 관계에 의하여 경순왕의 즉위 직후에 태자로 책봉되어 있었다. 그러나 이미 신라의 국운이 다하여 고려에 투항하자, 그는 왕위에 오르지 못하고 산속으로 들어가 신라의 遺民으로 일생을 마쳤다.

---

58) 『삼국사기』 권12, 경순왕 9년 10월조에 王子라고만 표기한 점에서 더욱 그럴 가능성이 있다.

2. 태자책봉에 의한 왕위계승의 특징

지금까지 살펴본 신라 하대에 있었던 가장 정상적인 왕위계승의 방법인 太子冊封을 통한 사례와 경우를 분석한 13명의 태자를 정리하면 <표 2>와 같다.

<표 2> 신라 하대 태자책봉과 왕위계승   [ ] 안은 필자 추정

순서	태자명	책봉 연월일	혈연관계	호 칭	즉위	비 고
1	仁謙 (惠忠)	원성왕 1년 2월	子 (長子)	王太子	×	원성왕 7년 정월 卒
2	義英 (憲平)	원성왕 8년 8월	王子 (次子)	太子	×	원성왕 10년 2월 卒
3	俊邕 (소성왕)	원성왕 11년 정월	孫 (仁謙 子)	太子	○	
4	淸明 (애장왕)	소성왕 2년 6월	王子 (長子)	太子	○	
5	?	[헌덕왕 14년 3월전]	? (長子)	太子	×	?
6	秀宗 (흥덕왕)	헌덕왕 14년 정월	同母弟	副君, 儲貳	○	
7	忠恭 (宣康)	흥덕왕 1년	弟	太子	×	卒[835년경]
8	慶膺 (문성왕)	신무왕 1년	子 (長子)	太子	○	
9	?	문성왕 9년 8월	王子 (長子)	王太子	×	문성왕 14년 11월 卒
10	晸 (헌강왕)	경문왕 6년 1월	王子 (長子)	王太子, 世子	○	
11	嶢 (효공왕)	진성여왕 9년 10월	姪	太子	○	
12	昇英 (경명왕)	신덕왕 1년 5월	子(長子)	王太子	○	
13	[麻衣]	[경순왕 1년 11월]	[王子, 長子]	太子	×	신라 멸망

<표 2>에 의하면 하대의 태자책봉은 우선 당시 재위중인 王과의 혈연적 관계에서 다음과 같은 특성을 보인다.

신라 하대에도 태자제는 시행되었으며, 태자책봉을 통하여 왕위를 계승하였다. 그리고 왕위계승자의 칭호는 王太子·太子·副君·儲貳·世子 등으로 표현되었으나, 이는 中古 이래 大王制 아래서 자주적인 王太子制가 지속되었음을 말해주는 것이다.[59]

현전하는 기록을 통하여 신라 하대에 책봉된 태자의 사례는 13명을 확인할 수 있다. 그리고 태자들을 당시 왕과의 혈연관계에 따라 분류하면, 왕의 子 9명(추정 1명 포함), 弟 2명, 孫 1명, 姪 1명 등 모두가 재위중인 왕의 부계친에 속한 인물이 책봉되었음을 알 수 있다. 결국 신라 하대에 정상적인 왕위계승방법 중 태자책봉에 의한 왕위계승은 당시 부계혈족집단이 있어 그 범주에 속하는 남자만이 태자로 책봉되었음을 알 수 있다.

좀더 자세히 살펴보면 하대 제1기[60] 전반에는 子와 孫으로 直系後孫이 책봉되었으나, 제1기 후반에는 子는 물론 弟도 태자로 책봉되었다. 한편 제2기에는 子만이 태자로 책봉되었다. 그러다가 제3기인 경문왕계에는 子와 姪이 책봉되었다. 그리고 제4기인 박씨왕계에서는 다시 1명의 子만 태자로 책봉되었으며, 김씨의 경순왕은 子를 태자로 책봉하였으나 왕조의 멸망으로 즉위하지 못하였다.

그런데 태자의 혈연적 신분이 재위중인 왕의 子는 물론 孫만이 아니라 심지어 弟와 姪까지도 태자로 책봉하였고, 그리고 이들이

---

59) 비록 副君·儲貳가 있으나 이는 중국식 용어를 빌려온 표현에 불과하며, 또 世子라고 표기된 것은(「聖住寺朗慧和尙白月葆光塔碑」『조선금석총람』상, 77쪽) 당시 崔致遠의 唐 中心 世界觀에서 나온 신라 말기의 특수한 사례에 지나지 않는다.

60) 여기서 사용하는 시기구분에 대해서는 제6장을 참조 바란다.

재위중인 왕과 어떠한 혈연적 관계이건 간에 왕위계승자란 의미로
써 모두 동일하게 태자라 칭하였다. 이처럼 하대의 초기에는 子와
孫으로 부자계승을 유지하려 하였으나 정치적 상황이 왕위계승에
크게 영향을 미치면서 子가 어리거나 없을 경우에는 子만이 아니
라 王弟도 책봉되었으며, 부득이한 경우 姪도 책봉되었다. 이러한
현상은 신라 중대와는 다른 태자제의 운용을 보여주는 것이다.

그리하여 신라 하대의 태자는 혈연적 의미의 태자와는 다른 법
제적·정치적 의미의 태자로서 지위를 가지게 되었다. 이는 중대
말에 孝成王의 同母弟 憲英(경덕왕)을 태자로 삼은 것을[61] 시작으
로 하여, 하대에 이르러서는 신라만의 독특한 개념의 태자, 즉 법
제적 의미만을 갖는 태자제가 시행되었음을 보여주고 있다. 그리
고 이처럼 왕의 子가 아닌 弟와 姪을 태자로 책봉한 것은 하대 왕
위계승의 혼란에 따른 결과이며, 동시에 왕위계승의 혼란을 예방
하고자 하는 의도에서 그리고 특정 소가계만이 독점적으로 왕통을
연장하려는 목적에서 비롯된 것이다.[62] 결국 신라 하대의 태자제
는 역대 중국에서의 그것과 다르고, 또 우리 역사상 고구려·백
제·고려의 태자 및 고려·조선의 世子와도 달랐다.

---

61) 『삼국사기』 권9, 효성왕 3년 및 경덕왕 즉위조.
62) 그러므로 이 시기의 태자는 적장자주의에 입각한 왕위계승자가 아니라
　　중국의 제도를 단지 모방한 것에 지나지 않는 것이고, 또 이는 태자제도
　　의 미정착이라고 보려는 견해도 있으나(崔在錫·安浩龍, 앞의 글, 50~
　　51쪽), 이러한 신라 하대의 태자제는 당시 왕위계승에 있어 혈연적 관
　　계와 정치적 관계 및 골품제 규정이라는 3요소의 적용상에서 파생된
　　결과이다. 이미 신라 중대에 중국적인 태자제가 시행되었다가 하대의
　　특수한 사정으로 인하여 그것이 변질되었다고 해서 단지 모방에 불과
　　한 것이고 미정착으로 볼 수는 없다. 그리고 비록 하대의 왕위계승이
　　적장자계승이 아닌 경우가 더러 있지만 이를 지키려고 끊임없이 노력
　　하고 있었다. 그러므로 이는 오히려 중국적인 태자제가 신라의 사정에
　　맞게 변화된 것으로 보아야 하겠다.

이들이 태자에 책봉된 시기는 6명은 당대 왕의 즉위 초에, 6명은 당대 왕이 즉위하여 약 6년 이상이 지난 뒤, 나머지 1명은 정확한 시점을 짐작할 수 없다. 즉위 초에 태자책봉이 행해진 것은 新王이 즉위하여 자신의 즉위로 인하여 새로운 왕가가 형성되었음을 드러내기 위하여 先代에 대한 추봉을 함과 동시에 왕위계승예정자를 미리 정해둠으로써 정치적 혼란을 예방하고 왕권의 강화를 꾀하기 위한 것이었다. 특히 비정상적인 방법에 의하여 즉위한 왕은 자신의 왕권강화와 왕실의 권위를 과시하기 위하여 선대를 추봉함과 아울러 태자책봉을 행하였기에 더욱 그러했다.

이와는 달리 즉위 몇 년이 지난 뒤에야 태자책봉을 하는 것은 아들이 없거나 있어도 너무 어려서 성장을 기다렸다가, 또는 정치적 상황에서 태자책봉을 미루어 오거나, 때로는 기존의 태자가 죽은 경우에는 특정 시기에 관계없이 상황의 변화에 맞추어 태자책봉을 하였다. 이 경우에는 정치적·혈연적 사정에 의하여 子가 아닌 孫·弟 심지어 姪까지 태자로 책봉되는 수도 있었다.

태자의 즉위전 경력을 살펴보면 13명 가운데 다만 3명만 정치적 경력을 알 수 있고, 1명은 혼인관계 사항만 알 수 있다. 그리고 왕제·왕질로서 태자로 책봉된 인물들은 당시 정치적 여건상 일찍부터 관직을 맡는 등 최고관직인 병부령·시중·상대등을 맡아 상당한 정치적 경험과 실권을 가진 자들로서 책봉되었다. 그러므로 정치적 경력이 있는 태자는 대체로 당대 왕이 즉위하여 몇 년이 지난 뒤에 책봉된 자로서 최고의 관직인 시중·병부령·상대등을 역임한 뒤에 권력구조상 이보다 상위인 태자에 책봉되었다. 그리고 이들은 왕의 子가 아니라 孫과 弟로서 왕과의 혈연적 관계도 밀접하지만 정치적 관계에 의하여 태자로 책봉되었으며, 책봉된 직후부터 실질적으로 왕에 버금가는 정치력을 소유하였다.[63]

한편 태자에 책봉되어 실제로 왕위계승을 한 경우는 13명 가운데 7명이다. 나머지 6명은 일찍 죽거나(4명), 왕조의 멸망(1명) 또는 다른 이유로(1명) 왕위를 계승하지 못하였다.

태자에 책봉된 자의 혈연적 신분이 모두 부계친이기는 하나 신라 하대 초기의 子·孫子가 책봉되던 것과는 달리 왕위쟁탈전이 심화된 뒤에는 弟가 책봉되고, 뒤에 다시 子가 책봉되고, 예외적으로 姪이 책봉되어 마치 부자계승→형제계승→부자계승으로 왕위계승원칙이 변화한 것처럼 보인다. 그러나 태자책봉을 통한 왕위계승의 시행은 곧 신라 하대에 사회적으로 부계친 집단이 존재하였음을 나타내는 것이며, 이는 이상적으로는 부자간의 왕위계승과 같이 세대간의 垂直相續의 원리가 있었고, 다만 그것을 지킬 수 없는 특수한 경우에만 비상적인 조치로 왕위계승의 한 방법으로 형제간의 계승과 같은 水平繼承이 있었을 뿐이다.[64]

Ⅲ. 遺詔(顧命)에 의한 왕위계승

군주국가에서 왕위계승의 형식적 방법에는 여러 가지가 있다. 그 중에서도 동일왕조 안에서 행한 가장 보편적인 왕위계승은 태자책봉을 통한 정상적인 방법이다. 그리고 이와 아울러 평화적 방

---

63) 宣康太子 忠恭은 감무를 담당하였고, 또 경문왕의 경우 태자로 책봉되었다는 직접적인 기록은 없으나 즉위하기 전부터 상당한 정치적 실권을 행사하였다(「崇福寺碑」『조선금석총람』상, 121~122쪽). 이로 볼 때 태자책봉된 다른 인물들은 상당수가 이 과정을 거쳤을 것이다.

64) 李鍾旭, 1989, 「新羅時代의 血族集團과 相續」『歷史學報』121, 74쪽.

법이면서도 왕이 죽기 전에 어느 특정인에게 왕위계승권을 지명해 주고 이에 따라 계승하는 방법도 있다. 이는 왕이 남기는 유언적 성격의 의사표시로서 遺詔 또는 顧命이라 한다. 그러므로 이러한 방법을 유조(고명)에 의한 왕위계승이라 할 수 있다.

신라 하대에 유조를 남긴 왕은 선덕왕, 문성왕, 헌안왕, 정강왕, 진성여왕 등이 있다. 이 중에서 선덕왕을 제외한 문성왕, 헌안왕, 정강왕, 진성여왕 등 4차례의 유조에는 자신의 뒤를 이어 즉위할 왕위계승자를 지명하는 내용이 들어 있다. 그리고 비록 현전하는 사료에는 기록이 전하지 않으나 헌강왕과 경명왕의 경우도, 뒤에서 자세히 언급하겠지만, 아마 왕위계승자를 지명한 유조가 있었을 것으로 추정할 수 있다. 그렇다면 신라 하대 유조에 의한 왕위계승은 6차례 있었다고 보겠다.

지금부터는 신라 하대에 유조가 있었던 왕위계승의 성격을 살펴보고자 한다. 그 고찰방법으로는 먼저 유조가 있었던 왕위계승의 사례를 찾아보겠다. 그리고 이들이 왕위를 계승하라는 유조를 받은 혈연적·정치적 원인과 배경을 살펴보겠다. 그리하여 하대의 왕위계승에서 유조의 의미와 그 특성을 구명해 보도록 한다.

물론 이는 가장 정상적인 방법인 태자책봉에 의한 왕위계승을 먼저 살펴본 다음에 행해져야 할 작업이다. 그래서 필자는 신라의 왕위계승은 적어도 태자제도의 시행 이후에는 부자계승을 가장 理想的인 원칙과 방법으로 하였음을 살펴본 적이 있다.[65] 그리고 지금부터는 하대에 유조가 있었던 왕위계승의 성격을 밝힘으로써 이러한 신라시대 왕위계승의 원칙과 특징을 保證하고자 한다.

---

65) 金昌謙, 1993,「新羅時代 太子制度의 性格」『韓國上古史學報』13. 아울러 신라 하대의 왕위계승과 관련이 있는 반역에 대한 검토를 통해서도 이를 밝혔다(1994,「新羅 下代 王位簒奪型 叛逆에 대한 一考察」『韓國上古史學報』17).

1. 유조에 의한 왕위계승의 사례

1) 문성왕의 유조와 叔父 誼靖(헌안왕)의 繼位

헌안왕의 즉위는 문성왕의 유조에 의하여 이루어진 왕위계승이다.

Ⓐ-① 9월 왕이 병환이 났으므로 遺詔를 내리기를, "과인이 미미한 자
    질로 높은 자리에 있어, 위로는 하늘에 죄를 지을까 두렵고 아래
    로는 사람들 마음으로부터 기대를 잃을까 염려하여, 아침부터
    저녁까지 긍긍함이 마치 깊은 연못과 얇은 얼음을 건너는 것과
    같다. 다행히 三事大夫와 百辟卿士가 좌우에서 도와준 데 힘입
    어 왕위를 떨어뜨리지 않았는데, 지금 갑자기 병이 들어 열흘이
    나 되었으니, 정신이 혼몽하여 아침이슬보다 먼저 사라질지 모
    르겠다. 생각하건대 祖宗의 大業에 임금이 없어서는 안되고, 군
    사와 정치의 중요한 일들은 잠시도 비워둘 수가 없다. 돌아보건
    대 舒弗邯 誼靖은 先皇의 令孫으로 나의 叔父이며, 효성과 우애
    가 있고, 총명하며 민첩하고 너그럽고 인자하다. 오랫동안 재상
    의 자리(古衡)에 있으면서 왕의 정치를 도와 위로는 가히 宗廟를
    받들만하고, 아래로는 가히 백성을 돌보고 기를 만하다. 이에 무
    거운 짐을 풀어 이 어질고 덕 있는 사람에게 맡기려 하는데, 부
    탁할 사람을 얻었으니, 또 무엇이 한스럽겠는가!" 하였다(『삼국
    사기』권11, 문성왕 19년).

이처럼 문성왕은 자신의 죽음을 예상하고 미리 왕위계승에 대한
유조를 하자, 이에 의하여 叔父 誼靖이 즉위하였다.

그러나 문성왕에게도 아들이 있었던 것으로 추측된다. 우선 이
름은 알 수 없지만 太子로 책봉되었던 아들이 있었다. 하지만 이
태자는 왕위를 계승하지 못하고 852년(문성왕 14) 11월에 죽었
다.66) 이외의 또다른 아들과 손자가 있었다. 즉 신라 마지막 왕인

---

66) 『삼국사기』권11, 문성왕 9년 8월 및 14년 11월.

敬順王의 아버지인 孝宗은 문성왕의 후손이다.[67] 그러므로 경순왕의 先代인 金安과 金敏恭은 각각 문성왕의 아들과 손자이다.[68] 그럼에도 불구하고 문성왕은 아들 김안이 아니라 숙부 의정에게 왕위계승의 유조를 내렸다. 그 이유는 골품제의 신분상 문제점,[69] 혹은 정치적 여건상 김안이 직접 즉위하기에는 어떠한 어려움이 있었던 것으로 추측할 수 있을 것 같다. 그리고 문성왕에게는 이때까지 생존한 형제가 없었던 듯하다. 이에 문성왕은 부득이 진골신분을 가진 인물로서 자신과 가장 가까운 혈족인 숙부 의정에게 왕위를 계승케 하였다.

한편 앞의 인용문(Ⓐ－①)을 보면 헌안왕이 위정에게 왕위를 물려주는 이유로 헌안왕의 숙부라는 혈연적 관계와 그가 오랫동안 재상자리에서 왕의 정치를 도운 정치적 경력이 있음을 들었다.

그러면 의정의 혈연적인 관계를 간단히 살펴보자.

의정은 문성왕의 숙부이니, 문성왕의 아버지인 神武王과는 형제이다. 그러므로 의정의 아버지는 均貞이다. 그러나 의정은 신무왕의 異母弟이므로 어머니를 신무왕과 달리하였다. 다시 말하면 신무왕의 어머니는 眞矯夫人으로 성은 朴氏인 반면에 誼靖의 어머니는 照明夫人으로 宣康大王의 딸 金氏이다. 그러므로 의정은 父系가 원성왕계 내에서 均貞系에 속하며, 신무왕과는 異母兄弟로서 당시 문성왕의 숙부에 해당한다.

그리고 의정의 어머니는 照明夫人이고, 그녀의 아버지는 宣康王으로 추봉된 忠恭이다. 충공은 閔哀王의 아버지로서, 그의 아버지

---

67) 『삼국사기』 권12, 경순왕 즉위조
68) 「新羅敬順王殿碑」에 의하면 文聖王→金安→金敏恭→金實虹→金孝宗→敬順王으로 이어진다.
69) 金昌謙, 1999, 「新羅 下代 孝恭王의 即位와 非眞骨王의 王位繼承」『史學硏究』 58·59합집, 427쪽.

는 仁謙이다. 그리고 인겸의 아버지는 원성왕이다.

　그러므로 의정의 부계는 元聖王→禮英→均貞→憲安王(誼靖)이
고, 母系는 元聖王→仁謙→忠恭→照明夫人으로 이어진다. 즉 의
정은 당시 원성왕계 내에서 최대가계인 仁謙系와 禮英系의 결합
으로 이루어진 혼인에서 태어난 자손이다. 결국 誼靖은 진골의 신
분이며, 당시 왕실 내에서 이러한 가계적 기반을 가졌을 뿐만 아니
라 또 문성왕과는 숙부라는 아주 밀접한 혈연관계에 있었다.[70]

　이와 더불어 의정의 정치적 경력을 살펴보면 다음과 같다.

　그는 836년(흥덕왕 11) 1월 假王子로 唐에 謝恩 兼 宿衛로 갔으
며,[71] 4년 뒤인 840년(문성왕 2) 1월 侍中이 되어[72] 재직하다가 843
년(문성왕 5) 1월 병으로 사임하였다. 그런데 문성왕의 유조 중에
의정의 경력을 "오랫동안 古衡(台衡의 誤記)에 있으면서 王政을
狹贊하였다."고 하였다. 여기서 台衡이란 台輔와 같은 말로 宰輔
를 말하는 것이다.[73] 그러므로 의정은 즉위 이전에 宰相을 역임한
바가 있었음을 알 수 있다.

　의정이 재상을 지냈음을 말해주는 또다른 기록이 있다. 「朗慧和
尚碑銘」에는 '헌안대왕은 즉위전에 셋째 舒發韓 魏昕과 더불어 南

---

70) 崔在錫은 誼靖이 문성왕의 叔父라기보다는 신무왕의 同母弟이기 때문
　　에 왕위를 계승하였고, 이는 평화적인 왕위계승에서 子(弟)·女·壻·
　　親孫·外孫 이외의 자로 왕위를 계승한 유일의 사례라고 보았다
　　(1983,「新羅王室의 王位繼承」『韓國家族制度史硏究』, 一志社, 131쪽).
　　그러나 誼靖은 신무왕의 異母弟이며, 또 그는 均貞의 아들로 문성왕의
　　父系親에 속하는 叔父였고, 아울러 그의 왕위계승은 당시 정치적 상황
　　이 고려된 것이었다.
71)『삼국사기』권10, 흥덕왕 11년 정월.
72) 正月 以禮徵爲上大等 義琮爲侍中(『삼국사기』권11, 문성왕 2년). 義琮
　　은 849년(문성왕 11) 1월 上大等이 된 義正과 동일인이다(李基白, 1974,
　　「新羅 下代의 執事省」『新羅政治社會史硏究』, 一潮閣, 182쪽).
73) 李丙燾, 1977,『國譯三國史記』, 乙酉文化社, 187쪽 주1 참조.

北相에 있었다.'고[74] 하였다. 이 비문의 撰者가 당시 중국 당에 유학하고 돌아온 崔致遠이므로 아마 많은 부분에서 唐制로 표현하였을 것이다. 唐代의 南北司는 宰相을 南司라 칭하고, 宦官이 병권을 맡았기에 北司라[75] 표현하였다. 이를 참고하면 당시 헌안왕과 위흔은 각각 행정권과 병권을 나누어 담당하면서 문성왕을 보필하였음을 짐작할 수 있다. 특히 위흔은 蘇判 兼 倉部令을 거쳐, 또 侍中 兼 兵部令을 역임하였다.[76] 그렇다면 헌안왕도 이에 대등한 관직을 가졌던 것으로 보이는데, 위흔이 시중·창부령·병부령을 역임하였다면 아마 誼靖 또한 신라 최고의 관등인 舒弗邯으로서 당시 최고실권의 하나인 병부령 내지는 宮內部와 같은 성격의 官衙로서 殿政의 일반서정 뿐만 아니라 왕실 고유의 지배영역까지를 담당하였던 內省(한때 殿中省으로 改稱)의 장관직인 私臣을 역임하였을 것으로 추측해 보겠다.

그리고 의정은 849년(문성왕 11) 1월 上大等에 임명되었다.[77] 이는 즉위 초기에 잦은 반란을 경험한 문성왕은 병이 침중해지자 의정을 상대등에 임명하여 국정의 대리 운영자로 삼았던 것에 이유가 있었던 것이라 하겠다. 그리고 문성왕은 자신의 사후 골품제의 신분상 진골이 아닌 아들로 왕위계승을 시킬 경우 여타 반대세력들이 문제로 삼을 것에 대비하여 신분상 하자가 없는 숙부 의정에

---

74) 「성주사낭혜화상탑비문」『조선금석총람』상, 77쪽.
75) 둘을 합쳐서 南北司라 하였다(『舊唐書』권290, 열전14 下, 劉貴傳).
76) 『삼국사기』권44, 金陽傳.
77) 春正月 上大等禮徵卒 伊飡義正爲上大等(『삼국사기』권11, 문성왕 11년). 義正은 憲安王(誼靖)과 동일인이다. 그러므로 의정은 홍덕왕 말년(836)에 唐에 使行하였고, 문성왕이 즉위한 직후에는 시중(840~843), 그 후 병부령을 거쳤다가, 849년에는 상대등에 임용되어 857년 문성왕의 顧命에 따라 즉위할 때까지 재임하였던 것으로 추측된다(李基東, 1984, 「新羅 下代 王位繼承과 政治過程」, 앞의 책, 170~171쪽).

게 왕위계승을 부탁하는 유조를 내렸을 것으로 짐작된다.

결국 誼靖의 신분과 혈연관계에 더하여 정치적 경력과 당시 정계에서 위치로 보아, 문성왕이 그를 왕위계승자로 지명한 것은 혈연적 관계에서나 정치적 관계에서 매우 당연한 것이라 하겠다.[78]

2) 헌안왕의 유조와 膺廉(경문왕)의 繼位

문성왕의 유조에 의하여 즉위한 憲安王은 재위 5년만에 죽었다. 그러나 그에게는 왕위를 물려줄 아들이 없고 딸만 2명 있었다. 그래서 헌안왕은 사위 膺廉에게 왕위를 이으라는 유조를 내렸다.

　　Ⓑ-① 정월 왕이 병으로 자리에 누워 오랫동안 낫지 않으므로 좌우의
　　　신하에게 말하기를 "과인은 불행히도 아들은 없고 딸만 있다. 우
　　　리나라의 故事에 비록 善德과 眞德 두 여왕의 예가 있었으나, 이
　　　는 암탉이 새벽을 알리는 것과(牝鷄之晨) 같으므로 가히 본받을
　　　일이 되지 못한다. 사위 膺廉은 나이 비록 적으나 노성한 덕이
　　　있으니, 卿들은 그를 세워 섬기면 반드시 선조(祖宗)로부터 이어
　　　온 훌륭한 왕업을 떨어뜨리지 않을 것이다. 그러면 과인은 죽어
　　　도 썩지 않을 것이다."고 하였다(『삼국사기』 권11, 헌안왕 5년).

　　② 3개월이 지나서 왕은 병이 위독함에 여러 신하들을 불러놓고 말
　　　하기를 "내게는 아들이 없으니, 죽은 뒤의 일은 마땅히 맏딸의 남
　　　편인 膺廉이 이어야 할 것이다."고 하였다. 이튿날 왕이 죽으니,
　　　郞이 遺言을 받들어 왕위에 올랐다(『삼국유사』 권2, 제48 경문대
　　　왕).

---

78) 한편 이에 대하여 문성왕비의 아버지이며 문성왕 왕권에 많은 도움을
　　주던 金周元系의 金陽이 죽자, 아마 당시 上大等 誼靖과 侍中 啓明이
　　서로 결합하여 왕을 핍박하여 왕으로 하여금 誼靖에게 왕위를 계승시
　　킨다는 遺詔를 내리게 한 듯하다는 추측도 있으나(尹炳喜, 1982,「新羅
　　下代 均貞系의 王位繼承과 金陽」『歷史學報』96, 74쪽), 이는 오직 정
　　치적 관계만을 강조한 것이다. 정치적 관계와 아울러 혈연적 관계 및
　　골품제 요인에 대한 고려가 동시에 필요하다.

위의 인용문에 의하면, 헌안왕이 사위 膺廉을 왕위계승자로 지
명하는 유조를 내린 이유는 자신에게 아들이 없고 딸만 있기에 어
쩔 수 없이 사위에게 왕위를 물려준다고 하였다.[79]

이러한 여서계승은 신라 上代에는 가끔 있었던 현상이다. 그러
나 中古期에 이르러 金氏王系가 확립된 뒤로는 여서계승보다는
남자후손이 없을 경우라도 자신의 가계로써 왕통을 고수하고자 하
였다. 헌안왕의 유조에서도 언급되었듯이 진평왕의 딸인 선덕여왕,
그리고 그녀의 사촌인 진덕여왕의 경우처럼 여자에게 직접 왕위를
계승시켰다. 그러면 중고기의 이러한 전통이 있었음에도 불구하고
오히려 상대에 가끔 있었던 여서계승을 재현하여, 이처럼 사위인
응렴에게 왕위계승을 시킨 이유는 무엇일까?

왕위계승에는 전왕과의 혈연적 관계가 우선적으로 중요하지만
당시의 정치적 관계도 함께 작용되었음으로, 여기서는 응렴의 혈
연관계와 정치적 배경을 함께 살펴보도록 한다.

응렴의 아버지는 啓明이고, 또 계명의 아버지는 희강왕이고, 희
강왕의 아버지는 憲貞이고, 헌정의 아버지는 禮英이며, 예영의 아
버지는 원성왕이다. 즉 경문왕은 원성왕계 내에서 禮英系의 憲貞
系에 속한다. 특히 경문왕의 아버지 金啓明은 희강왕의 아들로서,
그의 어머니는 忠恭 角干의 딸인 文穆王后이고, 그의 부인은 신무
왕의 딸 光和夫人이다. 이러한 혈연관계는 840년 전반에 憲貞系인

---

79) 사실은 嬪의 소생인 弓裔가 있었다. 그러나 그의 출생은 膺廉의 왕위
계승이 어느 정도 확정된 뒤의 일이어서 그의 출생을 알아차린 金啓明
등의 景文王派가 후환을 제거하기 위하여 죽이려 하였고, 혹은 그의
출생이 헌안왕 말년이어서 이 사실을 헌안왕이 몰랐을 수도 있다. 설령
알고 있었다 하더라도 왕위계승에 당시까지 전통적 결정요인의 하나로
작용하였던 골품제 규정에 의해 嫡子로 인정되지 않았기 때문인지는
몰라도, 아들이 없는 것으로 표현하고 있다.

啓明이 均貞系인 광화부인과 혼인함으로써 양계파의 타협과 연합이 이루어진 결과이다.[80]

한편 김계명은 金陽의 뒤를 이어 848년(문성왕 10) 波珍飡으로서 執事省 侍中이 되어 헌안왕 정권에서 최고실력자의 한 명으로 활약하였다. 그리하여 계명은 아들 응렴이 왕으로 즉위하는 데 아주 큰 영향력을 행사한 듯하다. 헌안왕은 다른 정치세력들의 도전을 물리치고 왕권을 유지하기 위해서는 계명의 도움이 절대적으로 필요하였을 것이다. 사실 계명은 당시 왕실 내에서 혈연적으로나 정치적으로 대단한 지위에 있었기에 헌안왕에게는 언제든지 가장 강력한 도전세력으로 변할 수도 있는 존재였을 것이다.

이러한 이유에서 헌안왕은 자신의 정권유지를 위하여 계명의 아들 응렴과 자신의 딸과의 혼인을 제의함으로써 상호 보험적인 관계를 형성한 듯하다. 즉 경문왕은 헌안왕의 부계친족상 再從孫으로서 혼인이 성사되어, 마침내 헌안왕의 사위가 되고 왕위계승예정자의 지위를 확보하였다.[81]

또 응렴의 어머니 광화부인은 신무왕의 딸이다. 그러므로 계명과 광화부인은 같은 원성왕계 내의 예영계로, 할아버지를 각각 친형제인 憲貞과 均貞으로 하는 6촌 남매간의 근친혼으로 맺어졌다.

한편 응렴은 헌안왕의 딸과 혼인함으로써 헌안왕의 맏사위라는 위치를 확보하였다. 그리고 맏사위라는 혈연적 관계가 응렴이 왕위계승자로 지명되는 데 형식상 큰 작용이 되었던 것이다.[82]

---

80) 李基東, 앞의 글, 173쪽.
81) 金昌謙, 1988,「新羅 景文王代 修造役事의 政治史的 考察」『溪村閔丙河教授停年紀念 史學論叢』, 55~56쪽.
82) 이 과정에 대해서는 『삼국사기』 권11, 헌강왕·경문왕본기와 『삼국유사』 권2, 四十八景文王條에 자세히 서술되어 있다. 이와 더불어 경문왕의 즉위에는 그의 화랑세력이 작용하였을 것이라는 추측도 있다(李基白, 1957,「新羅私兵考」『歷史學報』9 ; 앞의 책, 260쪽 및 全基雄,

이상에서 살펴보았듯이 헌안왕이 응렴을 왕위계승자로 지명한 유조는 외형적으로 그의 맏사위라는 혈연관계가 가장 크게 작용하였다. 하지만 이러한 헌안왕과의 관계는 응렴의 아버지 계명이 당시 왕실 내에서 가진 혈연적·정치적 지위가 헌안왕과 응렴의 관계를 성립시키도록 하였다. 또 응렴은 아버지의 지위에 걸맞게 어릴 적부터 화랑으로서는 물론 國學에서 명망을 떨쳤다. 그리하여 헌안왕의 사위가 된 뒤에는 즉위에 앞서 政事에 직접 참여하였고, 帝王의 권한인 八柄을 장악하였다고[83] 한다. 이러한 상태에서 헌안왕은 병이 침중하자 응렴으로 하여금 왕위를 계승토록 하라는 유조를 내렸다.[84]

결국 경문왕은 당시의 정치적 관계에서 맺어진 혼인을 까닭으로 하여 헌안왕의 女壻라는 혈연적 관계가 성립되었고, 또 헌안왕의 유조로 왕위를 계승하였다.

3) 헌강왕의 죽음과 晃(정강왕)의 계위

앞에서 살펴보았듯이, 헌안왕의 유조에 의하여 경문왕이 즉위하였다. 그리고 경문왕은 여러 가지 방법으로 왕권을 강화시켜 황제

1994,「新羅 下代의 花郎勢力」『新羅文化』10·11합집, 동국대학교 신라문화연구소와 曹凡煥, 1999,「新羅末 花郎勢力과 王位繼承」『史學硏究』57 참조).

83)「崇福寺碑」『조선금석총람』상, 122쪽.

84) 그러나 膺廉의 즉위시 나이가 16세에 불과 하였으므로 직접 집권하였던 것은 아닌 듯하다. 아버지 金啓明이 문성왕 10년부터 侍中으로 재직하고 있었음에서 추측컨대 경문왕 즉위 초에는 김계명이 실권을 장악하고 있었던 것 같다. 또 김계명이 문성왕 말년경부터 侍中이 되어 실권을 장악하고 있다가 헌안왕의 사망을 계기로 하여 실력으로 아들 膺廉을 즉위케 한 것이라는 추측도 있다(崔柄憲, 1978,「新羅 下代 社會의 動搖」『한국사』3, 국사편찬위원회, 491~492쪽).

적 지위를 확보하려고 노력하였으나[85] 875년 죽었다. 그리하여 아들 晸(헌강왕)이 太子로서 왕위를 계승하였으나, 그도 886년에 죽자, 이번에는 그의 아우인 제49대 정강왕(晃)이 즉위하였다.

현전하는 사료에는 정강왕의 왕위계승방법에 대한 직접적인 언급이 없다. 물론 晃이 형 헌강왕이 죽은 뒤에 왕위에 올랐으니, 평화적인 방법에 의하여 형제계승을 한 것은 분명하다. 하지만 그가 태자로 책봉되었다가 즉위하였는지? 아니면 유조를 받아 즉위하였는지? 그것을 알 수가 없다.

그런데 崔致遠이 撰한 碑文을 보면 다음과 같은 기록이 있다.

　ⓒ-① 龜趺가 碑石을 이기도 전에 憲康大王께서 갑자기 昇遐하셨다. 지금 임금(정강왕)께서 뒤를 이어 즉위하시니, 저와 질나발이 서로 화답하듯 뜻이 잘 맞아 좋은 것은 그대로 따르시었다(「雙磎寺眞鑒禪師大空塔碑」『조선금석총람』상, 71쪽).

이에 의하면, 今上(定康王)은 직접적인 왕위계승을 목적으로 한 정쟁을 통하여 즉위한 것은 아니었음을 알 수 있다. 아울러 정강왕은 헌강왕의 뒤를 이어 즉위한 다음에도 모든 좋은 것을 그대로 따랐다고 한다. 그렇다면 그의 통치정책은 헌강왕의 그것을 계승하였음을 알 수 있다. 또 이러한 정책의 계승은 정강왕의 즉위가 정상적인 형제계승이었기에 가능했을 것이다.

그리고 崔致遠의 代作인 「納旌節表」에 다음과 같은 기록이 있다.

　ⓒ-② 臣의 長兄 國王 晸(헌강왕)이 지난 光啓 3년 7월 5일에 갑자기 聖代를 버리매 臣의 姪男 嶢가 출생 후 아직 돌도 되지 못하여 臣의 仲兄 晃(정강왕)이 임시로 나라를 다스리던 바 또 1년을 넘지 못하여 멀리 세상을 떠났다(『삼국사기』권11, 진성여왕 즉위조).

───────────────

85) 金昌謙, 1999,「新羅 元聖王系 王의 皇帝・皇族的 地位와 骨品超越化」『白山學報』52, 851~854쪽.

여기에서도 晃(정강왕)이 자의로 왕위에 오른 것이 아님을 추측할 수 있다. 하지만 그가 태자로 책봉되어 즉위한 것은 더욱 아니다. 그렇다면 정강왕이 헌강왕으로부터 유조를 받고 왕위계승하였을 가능성을 다른 어떤 것보다 짙게 시사해 준다.

이러한 추측이 옳다면, 왜 晃이 왕위를 계승하라는 유조를 받았을까? 먼저 헌강왕에게 공인된 아들이 없었다. 비록 ⓒ-②에서 보듯이 그의 아들로 뒤에 효공왕이 된 嶢가 있었다고 하지만 그는 庶子였다. 더구나 嶢가 신라 왕실 내에서 헌강왕의 후손으로 알려져 인정된 것은 이보다 훨씬 뒤인 眞聖女王代의 일이다.[86] 그러므로 헌강왕이 죽을 때에는 헌강왕의 子로 인정된 인물은 없었다.

설령 요가 아들로 알려져 있었다고 하더라도 요는 어머니가 寒微한 출신이라 진골신분이 아니어서[87] 골품제 규정상 嫡嗣로 인정되지 못하였다. 이러한 상황에서 헌강왕은 죽기 직전 무렵에 자신과 혈연적으로 가장 가까운 인물인 동생 晃에게 왕위계승을 부탁하였을 것은 충분히 추측된다.

더구나 정강왕은 즉위전에 南宮相을 역임한 정치적 경력이 있다.

> ⓒ-③ 乾符帝(唐 僖宗)가 책봉의 명을 내리던 해에 … 太傅王(헌강왕)은 보시고 介弟인 南宮相에게 말하기를 … (「성주사낭혜화상백월보광탑비」『조선금석총람』상, 78~79쪽).

이 시점은 乾符를 연호로 사용한 唐 僖宗이 신라 헌강왕을 책봉한 878년(乾符 5)을 말한다. 그리고 당에서 南宮相은 禮部의 장관

---

86) 『삼국사기』 권11, 진성여왕 9년 10월 참조.
87) 金昌謙, 1999, 「新羅 下代 孝恭王의 卽位와 非眞骨王의 王位繼承」『史學研究』 58·59합집 참조. 한편 효공왕의 어머니의 신분을 6두품이라고 본 견해도 있으나(金基興, 2001, 「新羅 處容說話의 역사적 진실」『歷史敎育』 80, 123~148쪽) 확실치 않다.

인 禮部卿을 지칭한다.[88] 그러므로 당시 헌강왕의 아우인 晃(정강왕)이 예부경이었음을 알 수 있다.

결국 정강왕의 즉위는 추측컨대 헌강왕의 정당한 왕위계승자가 없는 상황에서 유조를 받아 이루어진 형제계승에 의한 繼位였다.

4) 정강왕의 유조와 妹 曼(진성여왕)의 계위

정강왕은 즉위한 지 1년도 채 못된 887년(정강왕 2) 5월 병에 걸려 더이상 왕위를 유지하기가 어렵게 되자, 女弟인 曼(진성여왕)으로 하여금 왕위를 계승케 하라는 내용의 유조를 내렸다.

> ⑩-① 5월 왕이 질병에 걸려 侍中 俊興에게 말하기를 "나의 병이 위급하여 다시 일어나지 못할 것이다. 그런데 불행하게도 嗣子가 없다. 그러나 나의 누이 曼은 천성이 총명하고 민첩하여 骨相이 丈夫와 같으니, 卿들은 善德과 眞德의 古事를 본받아 그를 세우는 것이 좋겠다." 하고, 7월 5일 죽었다(『삼국사기』 권11, 정강왕 2년).

위의 인용문에서 볼 수 있듯이, 정강왕은 질병에 걸려 侍中 俊興에게 자신의 누이 曼을 왕으로 삼으라는 유조를 내린 가장 큰 이유는 嗣子가 없다는 것이다.

정강왕으로서는 자신의 즉위과정이 그러했듯이 왕위계승할 아들이 없는 이상 가장 가까운 친족에게 왕위를 물려줄 수 밖에 없었다. 그리고 그 순서는 弟, 叔父, 姪이 되었을 것이며, 이에 따라 女弟 曼을 선택한 것이라 보겠다.

그런데 특이한 것은 이때 선택된 曼이 여자라는 점이다. 하대에는 중고기의 왕위계승과는 달리 왕위를 계승할 子가 없거나 남자

---

88) 唐開元中 謂尙書省爲南省 門下中書省爲北省 南宮禮部也(『書言故事』).

형제가 없는 경우라 하더라도 女나 女弟보다는 오히려 남자인 叔
父나 女壻가 계승하였다. 그런데 유독 정강왕에서 진성여왕의 왕
위계승만은 女弟에게로 이루어졌다. 이는 앞에서 살펴보았듯이,
헌안왕이 경문왕에게 왕위를 넘겨주면서 비록 善德・眞德의 두
女主가 있었으나 '牝鷄之晨'에 가까운 것이니 본받을 수 없다고
한 것과는 너무나 다른 입장을 보이고 있다. 마치 상대의 왕위계승
이 재현되는 듯하다.

그 원인에 대해서는 여러 견해가 있지만,[89] 가장 큰 이유는 당시

89) 기존 연구자들은 眞聖女王의 즉위에 대해서 ①世襲權의 확인과 母系
社會의 강한 痕迹(申瀅植, 1971, 「新羅王位繼承考」 『柳洪烈博士華甲
紀念論叢』, 82쪽), ②女王의 즉위를 直系와 傍系의 구별과 子女平等의
표현(李光奎, 1977, 『韓國家族의 史的研究』, 一志社, 288~289쪽), ③母
系制의 표현이기보다는 父系組織, 즉 男子가 없을 때 女子는 한 代에
한하여 남자와 동등한 자격을 갖게 되는 父系制社會의 성격에 기인한
것(李鍾旭, 1981, 『新羅上代王位繼承研究』, 嶺南大學校 出版部, 181~
183쪽), ④女에의 왕위계승은 母權의 遺制도, 直系 傍系의 구분의 표현
도 아니고, 또 父系制社會나 長子相續制 또한 그러한 것의 예외적・비
상적 계승도 아니고(崔在錫, 앞의 책, 144쪽), ⑤이러한 관념의 변화는
景文王家의 혈통의식의 소산이라 할 수 있을 것이며, 또 한편으로는
禮英系 왕실의 유지를 위한 고육책으로 나타난 것으로 그 결과 定康王
은 당시의 侍中 俊興에게 遺詔를 내리어 룡을 즉위케 하도록 당부하고
있고, 叔父인 魏弘이 女王의 夫君 역활을 하며 정치를 장악하였던 것
(全基雄, 1989, 「新羅 下代末의 政治社會와 景文王家」 『釜山史學』 16,
11~12쪽), ⑥眞聖女王의 즉위를 헌강왕계의 왕실을 유지하기 위해서
는 경문왕의 동생 魏弘의 즉위를 막고 아직 어린 헌강왕의 아들 嶢가
성장할 동안 眞聖女王을 내세워 왕위를 지키기 위한 것이라 하여 과도
기적인 임시방편(李培鎔, 1985, 「新羅下代 王位繼承과 眞聖女王」 『千
寬宇先生還曆紀念 韓國史學論叢』, 350쪽), ⑦정강왕과 진성여왕의 즉
위는 임시적인 것으로서 헌강왕의 유일한 嗣子인 嶢가 왕권을 행사할
수 있는 일정한 연령이 될 때까지 과도체제로 나라를 이끌어 나가겠다
는 유형・무형의 합의가 있어서 가능했을 것(崔英成, 1999, 『譯註崔致
遠全集』 2, 亞細亞文化社, 102쪽의 주88) 등으로 이해하기도 한다.

왕실 내에서 정강왕과 혈연적으로 가까운 존재가 曼이었기에 부자
계승이 어려운 경우 차선책으로 형제계승을 하는 원칙에 의하여
그녀를 왕위계승자로 선택한 것이라고 봄이 타당하겠다. 비록 당
시 정강왕은 물론 曼에게도 숙부가 되는 경문왕의 친동생인 魏弘
이 왕실 및 정치권의 실력자로 있었으나, 魏弘은 曼과 밀접한 관계
를 맺고 있었고, 또 그녀의 즉위를 인정하였을 것이다. 그리하여
그녀의 즉위후 위홍은 攝政者의 역할을 한 듯하다.[90]

이처럼 정강왕의 진성여왕에 대한 왕위계승의 유조는 당시의 정
치적 상황도 고려되었겠지만 혈연적인 관계가 더욱 우선적으로 작
용하여 이루어진 것이라 하겠다.

5) 진성여왕의 禪位 유조와 嶢(효공왕)의 계위

진성여왕은 즉위 초에는 魏弘의 보좌를 받으면서 국정을 운영하
였으나, 888년(진성여왕 2) 2월 위홍이 죽은 뒤로는 정치가 극도로
문란해졌다. 특히 租稅 독촉으로 인한 농민반란의 발생하고, 甄萱
·弓裔·梁吉 등의 봉기와 이들의 신라영토 침탈 등으로 정세는
헤어날 수 없는 상황으로 변하였다.

혼란한 정세 속에서 진성여왕은 895년(진성여왕 9) 10월 憲康王
의 庶子 嶢를 태자로 책봉하였다.[91] 그러나 嶢는 비록 헌강왕의 아
들이기는 하나 그의 어머니가 한미한 출신이라 진골신분이 아니었
고,[92] 더구나 진성여왕의 子가 아니라 姪男이라는 특수한 혈연관

---

90) 金昌謙, 앞의 글, 418쪽 주25.
91) 『삼국사기』권11, 진성여왕 9년 10월.
92) 그럼에도 요가 왕위계승을 할 수 있었던 것은 하대의 왕은 진골에서 초
   월하여 오로지 왕손이라는 혈연적 요인에 의해 왕위를 계승하였기에
   가능하였다(金昌謙, 1999, 「新羅 元聖王系 王의 皇帝·皇族的 地位와

계에 있었으며, 게다가 겨우 志學(15세)에도 미치지 못하는 어린 나이였다. 그럼에도 요는 진성여왕대의 정치적 상황에 의하여 예외적으로 태자에 책봉되었던 것이다.

그리고 이로부터 1년 8개월 뒤 897년(진성여왕 11) 6월에 진성여왕은 태자 요에게 선위하겠다는 顧命을 하였다.

> ⒠-① 6월 왕이 左右에게 말하기를 "최근에 백성들이 곤궁하여지고 도적들이 벌떼처럼 일어나니, 이는 내가 덕이 없기 때문이다. 어진자에게 자리를 사양할 나의 뜻이 결정되었다." 하고, 太子 嶢에게 禪位하였다(『삼국사기』 권11, 진성여왕 11년).
>
> ② 11년 丁巳 6월에 眞聖女王이 孝恭王에게 왕위를 물려주고 12월에 北宮에서 죽었다(「書海印寺田券後」『梅溪集』 권4).

그리하여 진성여왕은 왕위에서 물러나고 효공왕이 즉위하였다. 인용문 ⒠-①은 선위교서이지만 실질적으로는 유조의 성격을 함께 하는 것이다. 다시 말하면 왕위계승의 형태에 따라 분류하자면 태자책봉한 뒤 태자에게 선위한 것이다. 그러나 선위의 대상자가 왕위를 계승하기에는 하자가 너무나 크기 때문에 태자임에도 불구하고 특별히 유조로써 당시 정치세력들에게 부탁을 한 것이다.

결국 진성여왕이 비록 嶢에게 태자책봉이라는 정상적인 왕위계승절차를 통하여 禪位하였지만, 실제적으로는 자신의 失政에 대한 책임을 지고 강제적으로 퇴위한 성격을 가진 사건이었기에, 그녀의 아들에게 왕위를 물려줄 입장이 아니었고, 또 한편으로는 정치개혁의 의미에서 경문왕의 남자후손인 嶢를 내세운 것이다.[93] 이러한 효공왕(嶢)의 즉위는 신라사에서 姪男이 태자에 책봉된 유일

骨品超越化」『白山學報』 52, 871쪽).

93) 金昌謙, 1999, 「新羅 下代 孝恭王의 卽位와 非眞骨王의 王位繼承」『史學研究』 58·59합집.

한 예이고, 또 선위를 통한 왕위계승이 이루어진 특수한 경우이다.

6) 경명왕의 죽음과 魏膺(경애왕)의 계위

제54대 景明王이 죽은 뒤, 그의 同母弟 魏膺(경애왕)이 뒤를 이어 즉위하였다. 하지만 위응의 즉위에 대해서는 현전하는 사료에는 어떤 언급도 찾을 수 없어서, 그의 즉위방법과 배경에 대해 직접적으로는 알 수 없다. 다만 그가 경명왕의 同母弟라고 하니, 그의 아버지는 神德王이고, 어머니는 義成王后임을 알 수 있다.

여기서 추측할 수 있는 것은 직접적인 찬탈이나 추대라는 기록이 없는 것으로 보아, 더욱이 형제간의 왕위계승이므로 정상적인 방법에 의한 즉위였다고 볼 수 있을 것이다. 그리고 현재로서는 경명왕에게 아들이 있었다거나, 또는 어떤 아들이나 동생을 태자로 책봉하였다는 기록을 찾을 수 없다. 그럼에도 동생인 위응이 계위하였다는 것은 아마 유조에 의한 것으로 봄이 타당할 것 같다.

특히 위응은 일찍이 상대등에 임명되어 경명왕의 초기 왕권 확립을 위하여 중요한 역할을 하다가 얼마 뒤에 퇴직하였던 것 같다. 또 비록 퇴직은 하였지만 그의 정치적 영향력은 계속되었던 것으로 볼 수 있겠다. 게다가 경명왕에게는 아들이 없었거나, 혹은 있다고 하더라도 어렸던 것으로 보인다.

그리하여 경명왕은 박씨왕권에 대한 종래의 김씨왕족들의 도전이 존재하는 위기상황에서 혈연적으로 가장 가까운 관계에 있고, 또 정치적 경험과 실력이 있는 위응에게 자신이 죽은 뒤 왕위를 계승할 것을 당부하였으리라 짐작된다. 그 시기는 아무래도 경명왕이 죽은 924년(경명왕 8) 8월 직전이었을 것이다.

그러므로 위응이 왕위계승자로 지명된 원인은 혈연적으로 경명왕의 同母弟이므로 가장 가까운 혈족이라는 관계에 의한 것이다.[94] 비록 그가 상대등을 역임하는 등의 정치적 관계도 작용하였겠지만, 그것은 결정적인 요인은 되지 못하였고 부차적인 것이었다.

2. 왕위계승에서 유조의 성격

1) 왕위계승과 유조의 특성

신라 하대의 왕위계승 중에서 유조가 있었던 경우를 각 왕별로 나누어 정리하면 다음의 <표 3>과 같다.

<표 3>에서 보듯이 신라 하대에 재위한 20명의 왕 중에서 유조를 남긴 기록이 전하는 경우는 선덕왕, 문성왕, 헌안왕, 정강왕, 진성여왕 등 5명(25%)이다. 또 비록 기록은 전하지 않으나 헌강왕과 경명왕도 비슷한 형태가 있었던 것으로 추측된다.

이 중에서 선덕왕만 제외하고, 다른 왕들의 유조에는 모두 왕위계승자를 지명하는 내용이 들어 있다. 그리고 유조에 의하여 왕위계승자로 지명된 인물들은 모두 실제 즉위하였다. 그러므로 하대의 전체 20차례의 왕위계승 중에서 유조가 있었던 왕위계승은 헌안왕, 경문왕, 정강왕, 진성여왕, 효공왕, 경애왕 등 모두 6차례(30%)에 해당한다.

---

94) 崔在錫은 경애왕은 경명왕의 동모제로서 헌강왕의 外孫이기에 왕위계 승범주에 속한다고 하면서, 아울러 경명왕과 경애왕은 始祖의 외손의 외손의 외손이었기에 왕위계승한 外孫繼承으로 보았다(앞의 글, 132쪽 과 134쪽). 그러나 아달라이사금(154~184)으로부터 약 730여년이 지난 이때까지 朴氏에게 왕위계승권이 지속될 수도 없고, 또 경명왕은 부자 계승, 경애왕은 형제계승이므로, 결국 크게는 바로 전왕의 아들과 아우 라는 父系親에 의한 계승을 한 것이다.

〈표 3〉 신라 하대 유조가 있었던 왕위계승 사례　　　[　] 안은 필자 추정

왕 명	유조시기	전왕과 혈연관계	부 계	모 계	비 계	정치적 경력	유조 원인
㊼憲安王 (義靖)	문성왕 19년 9월	叔父 (신무왕 異母弟)	均貞 (예영계)	炤明夫人 (충공 女)	?	侍中, 上大等, 台衡, 南北相	[문성왕 子 非眞骨, 정치상황]
㊽景文王 (膺廉)	헌안왕 5년 정월	壻, 再從孫 (희강왕 孫子)	啓明 (헌정계)	光和夫人 (신무왕 女)	寧花夫人 (헌안왕 女)	花郎, 敎授官, 八柄 장악	헌안왕 無男子
㊾定康王 (晃)	[헌강왕 12년 7월]	弟	경문왕	영화부인 (헌안왕 女)	?	南宮相	[헌강왕 無子 인식]
㊿眞聖王 (曼)	정강왕 2년 5월	妹	경문왕	영화부인 (헌안왕 女)	魏弘 (경문왕 親弟)		정강왕 無嗣子
⓬孝恭王 (嶢)	진성왕 11년 6월	姪 (헌강왕 庶子)	헌강왕 (경문왕 계)	義明夫人	? (父兼 女)	太子	태자, 정국불안, 진성여왕 父系親
⓯景哀王 (魏膺)	[경명왕 8년 8월]	弟	신덕왕 (박씨계)	義成王后 (헌강왕)	?	上大等	[경명왕 無子]

　그러나 효공왕의 왕위계승은 유조가 있기는 하였으나, 이보다 먼저 효공왕은 진성여왕에 의하여 태자로 책봉되었다. 그리고 진성여왕이 선위를 하면서 유조의 성격을 가진 선위교서를 내린 것이다. 그러므로 효공왕의 왕위계승은 좀더 정확하게는 태자책봉에 의한 왕위계승이었다. 이처럼 하대에는 20명의 왕 가운데 6명이 유조에 의하여 왕위계승이 이루어진 것은 중대에 비하면 아주 빈번한 편이다. 더욱이 이는 대체로 하대 후반기에 이루어졌다.

　그리고 왕위계승자를 지명하는 유조가 내려진 시기는 遺詔 또는 顧命이라는 용어가 의미하듯이, 대체로 왕의 승하 또는 선위의 한두 달 전부터 바로 직전 사이에 있었다.

　유조를 통해 왕위계승자로 지명된 인물의 전왕과의 친족관계를 분류하면 叔父 1명, 弟(妹 포함) 3명, 女壻 1명, 姪 1명 등이었다. 그러므로 대체로 친족구조상 모두 전왕과는 3촌 이내 범주에 속하

는 父系親의 남자를 대상으로 하였다. 다만 예외로 女弟도 한 차례 선택되었다. 결국 신라 하대 왕위계승과 관련한 유조의 대상이 된 친족은 弟·妹·叔父·姪·女壻(再從孫) 등으로 크게는 부계친의 男系孫이었음을 알 수 있다. 다시 말하면 하대에 이르러 왕위쟁탈전과 잦은 왕통의 변화가 생기면서 찬탈과 추대에 의한 왕위계승이 가끔 있은 뒤로는 왕통의 보존을 위하여 왕위계승과 관련한 잦은 유조가 있었는데, 그 대상은 주로 弟였으며 예외적으로 叔父·姪·女壻의[95] 父系親도 있었다. 그러면서도 그 중에는 妹와 女壻라는 女系親도 있었다.

이들이 유조를 받아 즉위하기 전의 경력을 보면 당시 왕을 보좌하면서 ― 다만 女王은 제외 ― 이미 太子·侍中·上大等·宰相·南宮相(禮部卿)·花郎·敎授官 등을 역임하여 상당한 정치적 경륜과 세력을 갖추고 있었다. 그리고 여기에 더하여 경문왕처럼 아버지의 막강한 정치적 실력이 수반된 경우도 있었다.

한편 유조의 원인은 재위중인 왕이 병이나 고령 등의 이유로 더 이상 왕으로서의 기능과 역할을 수행할 수 없게 되었지만, 왕이 無男子·無子·無嗣子이거나, 아니면 당시 반대세력들의 도전을 감당할 수 없는 정치적 상황이 그 주된 원인으로 작용하였다.

그래서 대체로 유조의 내용은 작금의 자신의 처지와 입장을 말한 뒤 왕위는 막중하여 비워둘 수 없다는 당위성을 강조하고,[96] 특

---

95) 다만 하대의 경문왕의 유조 역시 女壻의 자격으로 이루어졌으나, 이는 유조시 헌안왕도 언급하였듯이 예외적인 조치에 불과하다. 더구나 경문왕은 헌안왕의 女壻이면서 동시에 再從孫이라는 父系親의 관계였다.

96) 특히 문무왕의 유조에서는 "宗廟社稷의 主는 잠시라도 비어서는 안되므로 태자는 곧 柩前에서 왕위를 계승하라."고 하였다(『삼국사기』 권7, 문무왕 21년 7월). 아울러 이러한 문무왕의 유조에 대하여 그 내용이 唐太宗의 유조와 유사함을 들어, 이는 그 영향을 받은 것이고 또 당의 卽位儀의 형식을 적용한 것이라는 견해도 있다(나희라, 2002,「新羅의

정인물을 지명하면서 그 인물과 자신과의 친족관계를 밝히고, 그 인물의 경력 내지는 개인적인 특수성을 거론한 뒤, 그를 세워 왕으로 받들 것과 자신의 사후 장례에 대하여[97] 특별히 당부하는 내용이다. 이는 당시 정치적 상황에 의한 경우도 있지만 대체로 왕위계승자가 혈연적으로 정상적인 子가 아니라 弟·再從孫·叔父·女婿·女弟(妹)·姪 등으로 모두 정상적인 왕위계승을 하기에는 혈연관계상 취약점이 있는 인물들이었기에, 왕위계승상 분쟁의 여지가 있는 계승자의 지위를 前王이 유조를 통하여 확고히 하여 주는 사전조치였다.

이처럼 하대에는 여러 차례 왕위쟁탈전을 거친 뒤에, 왕위를 차지한 특정가계가 왕통을 독점적으로 유지 보존하려는 의도에서 왕위를 계승할 수 있는 정당한 자격을 가진 아들이 없는 경우에는 혈연적으로 부계친이면서 진골의 신분을 가진 인물에게 왕위계승을 부탁한 유조를 내렸다. 그러나 마침내는 생물학·유전학적 이유로 진골신분의 남자가 단절되자 비상수단으로 여자에게 왕위를 계승케 하고, 나아서는 비진골의 인물까지도 태자로 책봉한 뒤 더하여 유조를 내렸다. 이러한 과정에서 신라시대 왕의 기본조건인 '진골 신분의 아들'이라는 혈연적, 골품제적 규정이 변질, 소멸되었다.[98]

결국 신라의 유조에 의한 왕위계승은 상대는 개인적인 능력과 정치적 상황이 고려된 것이었으나, 하대는 우선 부계친의 혈연조건을 기본으로 전제하고, 이에 더하여 정치적 상황이 반영되어 이루어 졌다.[99]

即位儀禮」『韓國史研究』116, 14쪽).
97) 선덕왕은 "死後에는 佛式에 의해 燒火하여 東海에 散骨하라."고 유조하였다(『삼국사기』 권9, 선덕왕 6년 정월).
98) 金昌謙, 앞의 글.
99) 그런데 여기서 주목되는 것은 신라 上古期에는 女系에 의한 친족관계

2) 왕위계승의 요건과 유조

신라시대 왕위계승에 가장 중요하게 작용한 요인으로는 혈연적 조건, 골품제적 신분, 그리고 당시의 정치적 상황 등을 들 수 있다. 유조가 있었던 왕위계승 역시 이러한 요인의 영향에 의하였다.

신라 왕위계승의 요건과 유조는 상호 어떤 관계성을 가지고 있을까? 먼저 無男子·無子·無嗣子라는 기록과 관련하여 살펴보도록 한다. 왕위계승과 관련하여 가장 중요한 것은 혈연적 원인 중에서 아들의 존재여부이다. 간혹 인간에게는 生物學的 또는 後天的 원인에 의하여 子孫이 단절되는 수가 있다. 신라시대에도 왕의 아들이 없는 경우가 있었다. 이러한 경우에 왕들은 아들을 얻기 위하여 다각적으로 노력하였다. 가장 일반적인 방법이 왕비를 한 명 더

에 있는 자가 왕위계승의 유조를 받기도 하였으나, 대체로 부자관계를 중심으로 한 父系親에 의한 왕위계승이었다. 특히 金氏王統이 확립된 이후에는 비록 傍系의 父系親에 의한 계승도 있었지만 대체로 直系親에 의한 父子繼承이 이루어졌음을 볼 수 있다. 이러한 유조에 의한 왕위계승에는 신라 초기에는 혈연관계도 중시되었지만, 그보다는 훨씬 정치적 관계(能力 등 人物 本位)가 크게 작용된 반면에, 김씨 왕통이 확립된 이후로는 直系孫이 없는 경우 혈연관계가 왕위계승의 次順位에 속하는 자 중에서 당시 정치적 관계를 고려하여 선택하는 유조를 내렸다. 이는 왕위계승이 정치적 상황을 중시하던 것에서 점차 혈연적 관계를 우선으로 하는 원칙이 확립되어감을 보여주는 것이라 하겠다. 그것은 父系의 男系親에 의한 왕위계승원칙의 확립를 의미하는 것이고, 왕위계승의 혈연범위를 구체화시켜 나가는 것이다. 아울러 이는 金氏에 의하여 왕위의 세습이 확립되어 가면서 신라의 국가체제가 정비되어 발전하고 있음을 반영한 것이다. 한편 중대에 유조를 동반한 왕위계승은 신문왕의 계위가 있었지만, 이 경우는 왕위계승권을 지명해 준 유조가 아니라 이미 태자책봉을 통하여 왕위계승권자로 정해진 신문왕의 즉위절차에 대한 언급에 불과하였다. 즉 문무왕의 사후 잠시라도 보위가 빌 경우에 반대세력들의 도전이 발생할 수 있으므로 절차를 당기라는 내용으로, 당시 정치적 상황을 고려한 유조였다.

취하는 방법이었다.

Ⓕ-① 신문왕이 즉위하였다. … 비는 金氏로 蘇判 欽突의 딸이다. 왕이 태자 때에 妃로 맞아들였던 바, 오래도록 아들이 없었고, 뒤에 그 아버지의 亂에 죄를 입어 宮에서 쫓겨났다(『삼국사기』 권8, 신문왕 즉위조).

② 3월 이찬 金順元의 딸 惠明을 왕비로 맞아들였다. 여름 5월 波珍飡 憲英(왕의 同母弟)을 봉하여 태자로 삼았다 (『삼국사기』 권9, 효성왕 3년).

③ 8월 波珍飡 永宗이 반역을 도모하다가 사형을 당하였다. 이보다 앞서 영종의 딸이 왕의 妾으로 들어와 왕이 그를 몹시 사랑하여 恩寵이 날로 더하였다. 王妃가 이를 질투하여 자기 친족과 함께 그를 죽이고자 공모하였던 바, 永宗이 왕비와 그 친족들에게 원한을 가졌으므로 반역을 한 것이다(『삼국사기』 권9, 효성왕 4년).

④-㉠ 경덕왕이 즉위하였다. … 왕비는 伊飡 順貞의 딸이다(『삼국사기』 권9, 경덕왕 즉위조).

④-㉡ 4월 舒弗邯 金義忠의 女를 왕비로 맞아들였다(『삼국사기』 권9, 경덕왕 3년).

④-㉢ 7월 23일 王子가 탄생하였다(『삼국사기』 권9, 경덕왕 17년).

④-㉣ 7월 王子 乾運을 봉하여 王太子를 삼았다(『삼국가기』 권9, 경덕왕 19년).

⑤ 왕의 玉莖이 길이가 8寸으로 아들이 없으므로 왕비를 폐하여 沙梁夫人으로 封하였다. 다음 왕비는 滿月夫人이니, 諡號는 景垂太后이고 義忠 角干의 딸이다. 왕이 하루는 表訓 大德에게 말하기를 "내가 복이 없어 後嗣를 얻지 못하니, 원컨대 대덕이 上帝에게 청하여 있게 하라."고 하였더니, 표훈이 하늘로 올라가 상제에게 고하고 돌아와서 아뢰기를 "帝의 말이 딸이면 곧 될 수 있으나 아들은 안 된다." 하였다고 하였다. 왕이 말하기를 "딸을 아들로 바꾸어 주기 바란다."고 하니, 표훈이 다시 하늘로 올라가 청하였다. 帝가 말하기를 "그렇게 될 수는 있으나 아들이 되면 나라가 위태롭다." 하였다. … 왕이 말하기를 "비록 나라가 위태롭더라도 아들을 얻어 後嗣를 이으면 족하다." 하였다. 이에

滿月夫人이 太子를 나으니, 왕이 기뻐하였다(『삼국유사』 권2,
景德王忠談師表訓大德).

이처럼 신라의 왕들은 아들을 얻기 위하여 노력하였다. 때로는
왕들의 왕위를 계승시킬 아들에 대한 집념은 대단하여 이것이 정
치적 문제로 확대되어 파란을 일으키기도 하였다.

신문왕·효성왕·경덕왕은 아들을 얻기 위하여 왕비를 다시 취
하였다.[100] 신문왕의 경우 아들을 낳지 못한 왕비는 드디어 그녀의
아버지 金欽突의 난을 이유로 궁궐에서 쫓겨남을 당하였다. 그리
고 효성왕은 왕비를 맞아들인 뒤 同母弟를 태자로 책봉하였으나
결국에는 後宮의 아버지 永宗의 모반이 있었다. 특히 경덕왕은 아
들을 얻으면 나라가 위태롭다는 예언에도 불구하고 기어이 아들을
낳아 후사를 잇겠다는 강렬한 욕구를 보이고 있다. 이는 왕들이 자
신의 아들로써 왕위를 계승시키고자 하는 의지와 노력인 것이
다.[101] 그리고 경덕왕의 아들인 혜공왕 역시 8세의 어린 나이에 왕
위에 올라 그 역시 아들을 얻기 위하여 두 명의 왕비를 두었다.[102]
사실 신라시대의 왕들은 문헌에 王后, 王妃, 元妃, 先妃, 前妃, 後

---

100) 眞平王 역시 『삼국유사』 권1, 王曆에 의하면 2명의 왕비(先妃 摩耶夫
    人, 後妃 僧滿夫人)가 있었던 것으로 보아 아들을 추구했던 것 같다.
    그리고 이는 그의 아들이 없어 딸 德曼(善德女王), 勝曼(眞德女王)이
    왕위를 계승하였던 것에서도 추측된다.
101) 아들에 대한 욕심은 신라왕실은 물론 고구려 山上王의 득남(『삼국사
    기』 권16, 산상왕본기)과 신라 지배층의 慈藏(『삼국유사』 권4, 慈藏定
    律)과 崔承老(『삼국유사』 권3, 三所觀音 衆生寺)의 탄생과정에서도
    잘 보인다. 특히 신라 하대에 이르러면 男兒를 존중하는 개념이 두드
    러지게 표현되었다(李光奎, 앞의 책, 287쪽).
102) 元妃新寶王后 伊飡維誠之女 次妃伊飡金璋之女 史失入宮歲月(『삼국사
    기』 권9, 혜공왕 16년). 혜공왕이 사망시 23세의 나이에 두 명의 왕비
    를 두었다는 것은 우선적으로는 아들을 얻으려는 의도였다고 보겠다.

妃, 次妃 등의 王妃와 後宮, 賤妾, 妾 등으로 표현된 많은 妻妾을
가졌다.

　이러한 왕들의 노력에도 불구하고 아들이 없는 경우가 있었다.
사실 사료에서 '無子' 또는 '無男子'란 표현은 말 그대로 아들이
없음을 의미한다.

ⓖ－① 伐休尼師今이 즉위하였다. … 阿達羅가 죽고 無子여서 國人이
　　　세웠다(『삼국사기』 권2, 벌휴이사금 즉위조).

　② 味鄒尼師今이 즉위하였다. … 占解가 無子여서 國人이 味鄒를
　　　세웠다(『삼국사기』 권2, 미추이사금 즉위조).

　③ 訖解尼師今이 즉위하였다. … 基臨이 죽고 無子여서 群臣이 의
　　　논하여 말하기를 "訖解가 어려도 老成한 덕이 있다." 하고, 곧
　　　받들어 세웠다(『삼국사기』 권2, 흘해이사금 즉위조).

　④ 訖解가 죽고 無子여서 奈勿이 이었다(『삼국사기』 권3, 내물마립
　　　간 즉위조).

　⑤ 智證麻立干이 즉위하였다. … 照知王의 再從弟이다. … 前王(소
　　　지)이 죽고 無子이므로 이어 즉위하니, 이때 나이 64세였다(『삼
　　　국사기』 권4, 지증마립간 즉위조).

　⑥ 善德王이 즉위하였다. 이름은 德曼이고, 眞平王의 長女이다. …
　　　(진평)王이 죽고 無子여서 國人이 德曼을 세웠다(『삼국사기』 권5,
　　　선덕왕 즉위조).

　⑦ 聖德王이 즉위하였다. … 孝昭王이 죽고 無子여서 國人이 세웠
　　　다(『삼국사기』 권8, 성덕왕 즉위조).

　⑧ 景德王이 즉위하였다. 이름은 憲英이고 孝成王의 同母弟이다.
　　　孝成이 無子이므로 憲英을 太子로 삼았기에 왕위를 계승하였다
　　　(『삼국사기』 권9, 경덕왕 즉위조).

　⑨ 宣德王이 즉위하였다. … 孝恭王이 죽고 無子여서 國人의 推戴
　　　로 卽位하였다(『삼국사기』 권12, 선덕왕 즉위조).

　⑩ 元聖王이 즉위하였다. 이름은 敬信이다. … 宣德이 卽位하자 곧
　　　上大等이 되었고, 宣德이 죽음에 無子였다. … 세워서 왕위를 이

었다 (『삼국사기』 권10, 원성왕 즉위조).

⑪ (헌안)王이 병으로 누워 위독함에 左右에게 말하기를 "寡人은 불
행이 無男子有女이다. … 甥 膺廉은 비록 나이는 어리지만 노성
한 덕이 있다. 卿들이 그를 왕으로 세워 모셔라. … " 하였다(『삼
국사기』 권11, 헌안왕 5년 정월).

이처럼 신라시대에는 왕의 아들이 없는(無子) 경우에는 비상조
치에 의하여 왕위가 계승되었다. 간혹 아들 외의 父系親이 태자로
책봉되어 계승하기도 하고(경덕왕), 群臣·國人의 추대를 받는 경
우도 있었고(벌휴왕, 미추왕, 흘해왕, 선덕왕, 원성왕, 신덕왕), 또
때로는 찬탈을 하였다(원성왕). 그리고 유조를 내려 왕위계승자를
정해주기도 하였다(헌안왕, 경문왕, 진성여왕, 효공왕). 한편 다른
특별한 언급이 기록되지 않은 경우도 있었다(내물왕, 지증왕, 진흥
왕, 정강왕, 경애왕). 이 경우에는 정치적 요인도 작용하였겠지만,
이 역시 유조에 의한 평화적인 계승이었던 것 같다.

또 골품제적 원인에 의한 경우도 있다. 이는 유조의 원인 중 비
진골이라는 신분상 하자와 관련해서 살펴볼 필요가 있다. 간혹 '無
嗣子'와 '無嫡嗣'라는 기록이 있는데, 이는 아들이 없다는 뜻도 있
지만 앞에서 살펴본 無(男)子와는 그 의미가 다른 것 같다.

㉻-① 憲德王 … 14년 國王이 無嗣子여서 母弟 秀宗을 儲貳로 삼아 月
池宮에 들였다(『삼국사기』 권45, 祿眞傳).

② 金陽의 字는 魏昕이다. … 開成元年 丙辰에 興德王이 죽고 無嫡
嗣여서 왕의 堂弟 均貞과 堂弟의 아들 悌隆이 왕위를 다투었다
(『삼국사기』 권44, 金陽傳).

③ 5월 王이 疾病이 있어 侍中 俊興에게 말하기를 "나의 병이 위독
하니 반드시 다시 일어날 수 없다. 불행이 無嗣子이나 누이 曼은
… "라 하였다(『삼국사기』 권11, 정강왕 2년).

이미 앞에서 설명한 無子의 기록들과는 달리, 여기서는 無嫡嗣 또는 無嗣子라 하였다. '嫡嗣'란 '嫡出의 嗣子, 本妻 소생으로서 代를 이을 아들'을 말한다. 또 '嫡子'란 맏아들을 말하지만 여기서는 '이을 아들, 代를 이을 자식'을 말한다. 그러므로 이는 王位(代)를 이을 자격을 갖춘 아들을 의미한다고 보겠다. 그러므로 여기서의 無嫡嗣·無嗣子는 왕위를 계승할 수 있는 자격을 갖춘 嫡統의 아들이 없다는 의미이다. 다시 말하면 無嫡嗣는 후사를 이을 적자가 없다는 말인데, 이는 아들이 없다는 뜻도 있지만 좀더 정확하게는 적자가 없다는 의미이다.

그러면 왜 왕위를 이을 아들이 없었을까? 먼저 아들이건 딸이건 전혀 소생이 없거나, 딸은 있으나 아들이 없는 경우가 대표적인 이유이다. 이는 앞에서 살펴본 無(男)子라는 표현과 같은 뜻이다. 다음에는 아들이 있으나 왕위계승의 자격이 없는 경우이다. 이 경우는 비록 無嫡嗣라고는 하였으나 아들이 없다는 의미는 아니다. 이는 아들은 있지만 왕위를 계승할 마땅한 자격을 가진 아들이 없다는 표현이다. 그러므로 여기서 無嫡嗣·無嗣子는 왕위를 계승할 수 있는 조건을 갖추지 못한 아들은 있었다는 뜻으로 해석할 수도 있다.

그러면 아들이면서도 왕위계승상에서 無嗣子로 취급되어진, 다시 말하면 왕위계승의 조건을 갖추지 못한 아들이란 어떤 아들인가? 우선 왕위계승권을 포기하고 국외로 나갔거나 佛家에 귀의하여 왕실과의 직접적인 관계를 끊은 아들이 있었을 것이다.

헌덕왕의 경우 인용문 ㉫-①에는 '無嗣子'라고 되어 있으나 실제는 아들이 있었다.

> ① 釋心地는 辰韓 제41主인 憲德大王 金氏의 아들이다. 나면서 효도와 우애하고 天性이 슬기로워 나이 志學에 중이 되어 스승을 따라 … (『삼국유사』 권4, 心地繼祖).

그러나 위의 인용문에서 보듯이 심지는 佛家에 귀의하여 승려가
되었다. 그러므로 심지는 왕위계승을 포기한 상태였다.[103]

그리고 또 다른 것은 신라의 왕위계승상 중요하게 작용한 조건
중의 하나인 골품제의 진골신분이 아닌 아들이 있을 수 있다. 왕과
진골신분의 정식 왕비 사이에서 태어난 아들이 아닌 경우가 그러
하다. 이들은 일반적으로는 庶子로 볼 수도 있다. 이러한 사실은
신라시대에 嫡庶의 개념이 있었음을 의미한다. 그러나 신라시대의
적서가 조선시대의 적서처럼 엄격한 신분적 제한을 가하는 요인은
아니었다. 그래서 서자라도 신분이 진골이면 진골로서 정치사회적
활동이 가능하였다.[104] 이는 이들이 비록 庶子라 하더라도 어머니
가 진골의 신분이므로 賤妾이나 妾이 아닌 王妃, 元妃, 先妃, 前妃,
後妃, 次妃 등의 王妃로 지칭된 여자들이었고, 그리하여 여기서 소
생한 아들들도 진골신분을 가졌던 것이다. 그러나 부모 중에 한 쪽
의 골품제 신분이 낮은 경우 그 사이에서 소생한 자식은 신분이 降
等되었다.[105]

그런데 신라 상대·중대와는 달리 하대 말에 이르면 嫡子가 없
는 상황에서는 효공왕의 경우에서 보듯이 진골이 아닌 庶子도 왕
위계승을 하였다. 그렇다면 이는 무엇을 의미하는가? 신라시대 왕
위계승에서 정상적 계승인 경우 가장 기본적 요건은 전왕과의 혈
연관계, 골품제 규정상의 신분이다. 그러므로 여기서는 왕의 아들

---

103) 淨神大王의 太子 寶川과 孝明 두 형제는 佛家에 귀의함으로써 일단
    은 스스로가 왕위계승권리를 포기하였고(『삼국유사』 권3, 臺山五萬眞
    身과 溟州五臺山寶叱徒太子傳記), 또 고려시대에는 왕의 서자는 출
    가하여 小君이 되게 하여 왕위계승에서 배제되었다.
104) 庶子들도 嫡子들과 비슷한 관등을 가졌고, 이에 상응하는 사회적 신
    분을 누렸다. 특히 태종무열왕의 서자인 車得令公을 塚宰로 삼고자까
    지 하였다(『삼국유사』 권2, 文虎王法敏).
105) 李鍾旭, 1985, 「新羅時代의 眞骨」『東亞研究』 6, 261쪽.

이라는 혈연관계는 충족됨에도 왕위를 계승하지 못했다는 것은 골품제에 의한 신분상의 하자가 있었음을 의미하는 것으로 보아야 하겠다. 그러므로 無嫡嗣란 표현은 그들의 신분이 眞骨이 아니었기에 왕위계승을 할 수 없다는 것을 나타낸 것이다.

지금까지 살펴보았듯이 헌덕왕·흥덕왕·정강왕의 경우는 일단 無嫡子라는 표현이 無子일 수도 있지만, 아울러 아들이 있어도 진골신분의 아들은 없다는 것을 뜻하는 것이다. 이 경우는 헌안왕, 경문왕, 정강왕처럼 嫡子가 아닌 父系親 내의 다른 인물이 왕위를 계승하였다.

한편 혈연적 문제나 골품제 규정상 문제가 아닌 경우, 다시 말하면 왕위계승상의 하자가 없는 아들이 있음에도 유조를 통하여 왕위계승이 이루어지는 경우가 있었다. 이는 당시의 정치적 상황이 유조의 중요한 원인이었다.[106] 특히 진성여왕이 효공왕에게 내린 유조는 이에 해당한다. 비록 이는 형식상으로는 효공왕이 진성여왕에 의하여 태자책봉이라는 정상적인 왕위계승의 절차와 형식을 거쳤지만, 그 이면에는 진성여왕이 정치적 혼란을 책임지고 물러나는 과정이다. 진성여왕은 물러나는 명분과 더불어 경문왕계의 왕통을 고수하려는 의도에서 골품제상 문제가 있는 효공왕을 헌강

---

106) 脫解는 남해차차웅의 사위로서 왕위를 계승하라는 유조를 받은 바 있었다. 이는 당시 왕실이었던 박씨족이 새로운 우수한 冶金技術을 소유한 昔氏族의 도움을 받고자 한 의도였다. 그러나 아직까지 신라사회 내에서 기반이 강력하지 못하였던 탈해는 나이가 적음을 들어 일단 남해의 아들 유리이사금에게 왕위를 양보하였다. 그리고 탈해는 점차 더 큰 세력가로 성장해 나갔다. 그러자 유리는 아들 阿道가 있었음에도 우수한 기술문화와 정치적 기반을 확보한 脫解의 도움을 받고자 그에게 왕위계승을 명하는 유조를 내려 즉위케 하였다. 그리고 문무왕이 신문왕에게 내린 유조는 당시 문무왕의 전제적 개혁정치에 불만을 품고 있던 세력이 闕位를 틈타 반란을 일으킬 것에 대비하라는 순수한 정치적 이유에 의한 왕위계승방법과 절차에 대한 유조였다.

왕의 아들이라는 혈통을 내세워 왕위를 계승시킨 것이다. 그러므로 진성여왕이 효공왕에게 내린 유조적 성격의 선위교서는 정치적 원인이 배경과 요인으로 크게 작용한 사건이다.

아울러 이보다 앞서 있었던 문성왕이 헌안왕에게 내린 유조는 그에게 아들이 있으나 왕위계승에 자격을 갖춘 진골신분이라는 것이 주된 요인으로 작용한 유조이지만, 아울러 祖父 均貞과 父 祐徵(신무왕)이 왕위쟁탈전을 거쳐 어렵게 쟁취한 均貞系의 왕통을 유지하려는 의도에서 취하여진 정치적 요인이 동시에 작용한 비상 조치적 성격이 강하다.

결국 신라의 왕위계승에서 아들이 없거나, 있더라도 골품제 규정상 진골신분이 아니기에, 또는 당시 정치적 상황이 불안하다고 판단될 경우에는 전왕이 죽기 전에 미리 유조를 내려 왕위계승자를 지명하거나 혹은 왕위계승자의 지위를 정당화·합법화시켜 주어 그의 신분을 확실하게 보장해 주는 것이었다. 그 결과 비록 유조는 있었지만 왕위계승자를 구체적으로 언급하지 않은 선덕왕의 사후에는 김주원과 김경신의 대립과 왕위탈취가 있었으나, 반면에 정상적인 부자계승 요건상에는 하자가 있었음에도 유조로 지명된 헌안왕, 경문왕, 정강왕, 진성여왕, 효공왕, 경애왕 등은 모두 성공적으로 즉위하였다. 결국 유조는 어떠한 법적 조치 이상으로 구속력을 가진 특별한 명령으로 계승자로 지명된 인물은 왕위계승을 실현하였다.

그러나 유조에 의한 왕위계승은 혈연적 관계와 아울러 정치적 관계가 작용된 왕위계승이었기 때문에 당시 왕과 혈연적으로 가까우면서도 정치적 배려를 부여받는 친족이 지명되었다. 그러다 보니 왕과 같은 부계친에 속하면서도 부자계승의 예외에 해당하는 제·숙부·질·매·여서 등이 지명을 받았다. 그리하여 신라 하

대의 왕위계승에는 형제계승의 양상이 중대의 단 2차례에[107] 비하
여 빈도수가 많았다.

결국 지금까지 살펴본 신라 하대의 유조가 있었던 왕위계승
의 특징은 다음과 같이 정리할 수 있다.

하대의 전체 20차례 왕위계승 중에서 유조가 있었거나 있었던
것으로 추정되는 계승은 모두 6차례(30%)였다. 그리고 유조의 시기
는 일반적으로 전왕의 사망 직전 내지는 선위시였다.

또 유조에 의하여 왕위계승자로 지명된 인물은 재위중인 왕과
비교적 밀접한 혈연관계를 가진 부계친 중에서 선택되었다. 대부
분 3촌 이내의 남자가 선택되었으나 때로는 女弟와 女壻도 선택되
었다.[108] 한편 유조를 받아 즉위한 왕의 경력을 보면, 대체로 당시
왕을 보좌하면서 이미 상당한 정치적 경험과 실력을 갖춘 자들로
서 왕과의 혈연적 관계가 먼저 중요한 요건이었지만 당사자들의
정치적 관계도 크게 작용하고 있었다.

---

107) 제32대 효소왕과 제33대 성덕왕, 제34대 효성왕과 제35대 경덕왕.
108) 崔在錫은 신라의 평화적 왕위계승은 왕의 子・女・壻・孫・外孫의
　　　5종의 親族員이 왕위계승권을 가졌던 것으로 보았는데, 이는 신라 역
　　　대 왕의 친족관계를 바로 前王과의 관계로 계산되는 것이 아닌 것으
　　　로 보았다(앞의 글, 137쪽). 그러나 이는 왕위계승의 결과상 나타난 현
　　　상의 가지고 파악한 것에 불과하다. 그리고 이에 대한 李鍾旭의 비판
　　　이 있었고(1987,「회고와 전망－고대－」『역사학보』116), 또 崔在錫
　　　의 반론도 있었지만(1988,「신라 골품제에 대하여」『한국 고・중세
　　　사회의 구조와 변동』, 한국사회사연구회), 그의 연구에 의하면 타당성
　　　이 있다고 보겠다. 그러므로 필자는 신라 父系血族集團存在說을 따르
　　　도록 한다. 특히 하대에는 女壻의 계승은 있었으나 外孫의 계승은 없
　　　었다. 결국 적어도 신라 하대 왕위계승은 子・孫에 의한 父子繼承을
　　　원칙으로 하면서 특수한 사정이 있을 경우에 한하여 弟(妹)・叔父・
　　　姪 등의 父系親이 계승하는 비상조치도 있었을 뿐이다.

유조한 원인은 왕의 직계자손이 없거나 혹은 있어도 신분상 하자가 있어 정상적인 왕위계승을 할 수 없거나, 반대세력들의 도전을 감당할 수 없는 정치적 상황에서였다. 유조의 내용은 특정인물을 왕위계승자로 지명하고, 그를 지명한 이유로써 왕과의 혈연적 관계와 그의 개인적 특수성 및 탁월한 능력을 들어 다음 왕으로 세울 것 등을 포함하였다.

한편 신라시대 왕위계승에 가장 기본적으로 작용하였던 요건과 연결시켜 보면, 먼저 혈연적 요건으로는 실제 아들이 없는 경우(無子・無男子)와, 비록 아들은 있지만 국외로 나갔거나 또는 출가하여 승려가 되어 왕위계승권을 포기한 경우와 혹은 진골의 왕비에게서 태어난 아들이 아니어서 골품제적 요건상 신분의 하자로 인하여 아들로 인정되지 못한(無嫡嗣・無嗣子) 경우와, 한편으로는 당시 정치적 상황이 불안하다고 판단될 경우이다. 이러한 경우에는 전왕이 죽기 전에 미리 유조를 내려 왕위계승자를 지명하였다.

그리고 왕위계승에서 유조는 왕위계승자의 지위를 정당화・합법화시켜 줌으로써 왕위계승상 발생할 수 있는 분쟁을 예방하고 아울러 왕위계승자로 지명된 인물이 가지고 있는 요건상의 취약점을 보완하여 왕위계승을 확정해 주는 기능을 하였다. 그리하여 비록 정상적인 부자계승에는 요건상 하자가 있었지만, 왕위계승자로 유조를 받은 자들의 왕위계승은 실현되었다.

사실 유조에 의한 왕위계승은 신라 중대에는 거의 보이지 않았지만, 하대에는 상당히 자주 나타나 오히려 상대의 왕위계승과 비슷한 모습을 보여준다. 그리고 이 경우의 왕위계승은 완전한 非父子繼承이며, 또 次世代로의 계승이라기보다는 형제계승의 同世代, 내지 숙부계승의 先世代로의 계승현상이다.

이처럼 유조가 있었던 왕위계승은 전왕에 의하여 계승자가 정해

지는 방법이므로, 계승자로 결정된 인물은 전왕과의 어떠한 정치
적 관계도 있지만, 그보다는 혈연관계에 의한 연결이 기본적으로
전제되어 있어야만 계승이 가능한 것이다. 그러므로 당시 정치적
인 복잡한 사정이 있다 하더라도 왕위계승은 혈연적인 요건과 원
리를 벗어나지 않는 친족의 범위 안에서 이루어졌다.

결국 신라 하대의 왕위계승은 부자계승을 가장 정상적 방법으로
원칙상 고수하려고 노력하였다. 그리하여 直系孫의 단절이라는 혈
연적 원인과 왕위쟁탈전 등에서 야기되는 정치적 원인에 의하여
특정 가계의 왕통을 보존, 유지하려는 노력의 결과 예외적인 비상
조치로 유조에 의한 왕위계승방법이 행하여 졌다. 그 결과 외형상
으로 형제계승 등 非父子繼承의 모습이 나타났다.

Ⅳ. 簒奪에 의한 왕위계승

신라 하대에는 찬탈에 의한 왕위계승이 다른 시기에 비하여 상
당히 여러 차례 있었다. 물론 신라 상대의 왕위계승에도 찬탈은 있
었다.[109] 그러나 중대의 무열왕계 왕위계승에서는 찬탈의 경우가
없었다. 그러던 것이 하대에 원성왕계 내부의 小家系간에 잦은 찬
탈이 이루어져 왕위계승상 유례없는 하극상의 현상을 표출하였다.
『삼국사기』권10, 신무왕 본기의 말미에 실린 論에는 "신라의
彦昇은 애장왕을 시해하고 즉위하였고, 김명은 희강왕을 시해하고

---

109) 訥祗麻立干은 實聖麻立干을 죽이고 自立하였다(『三國史記』권3, 눌
　　지마립간 즉위조).

즉위하였고, 祐徵은 민애왕을 죽이고 즉위하였으니, 지금 그 사실을 다 적어두는 것도 또한 春秋의 뜻이라 하겠다."고[110] 하여, 金富軾은 儒敎史觀의 입장에서 찬탈을 잘못이라고 밝혔다. 이 논에서는 김언승(헌덕왕), 김명(민애왕), 김우징(신무왕) 3명은 재위중인 왕으로부터 직접 왕위를 찬탈한 것으로 보았다.

하지만 왕위계승예정자로 인정되어 있던 金周元을 밀어내고 國人의 추대를 받아 즉위한 원성왕 또한 엄격한 의미에서는 김주원으로부터 왕위계승권을 탈취한 것이며, 또 金均貞과의 왕위쟁탈전에서 승리하여 즉위한 희강왕 역시 찬탈의 성격을 가진 것이다.

그러면 이러한 찬탈의 현상이 왜 발생하게 되었으며, 당시 찬탈자들의 혈연적 관계 및 범위는 어떠하였고, 아울러 그들의 정치적 기반은 무엇이었으며, 또 이러한 찬탈에 의한 왕위계승의 성격을 밝힘으로써, 신라 하대 왕위계승의 특징을 살펴보도록 한다.

1. 찬탈에 의한 왕위계승의 사례

1) 金敬信(원성왕)의 奪取와 金周元의 퇴거

선덕왕이 785년(선덕왕 6) 1월 13일에 아들이 없이 죽음에, 뒤를 이어 원성왕(金敬信)이 즉위하였다. 그러나 김경신의 즉위는 정상적인 왕위계승이 아니었다. 선덕왕이 죽은 뒤 群臣들이 처음에는 武烈王 후손인 金周元을 왕으로 추대하려는 상황에서 김경신이 자기 지지자들의 추대를 받아 먼저 즉위하였다.[111]

---

110) 論曰 … 羅之彦昇弑哀莊王而卽位 金明弑僖康而卽位 祐徵弑閔哀而 卽位 今皆書其實 亦春秋之志也(『삼국사기』 권10, 신무왕본기말 論).
111) 원성왕의 왕위계승에 대한 보다 자세한 것은 金昌謙, 1995, 「新羅 元

Ⓐ-① 앞서 惠恭王이 말년에 逆臣이 발호할 때에 前王 宣德이 上大等
의 직에 있어 君側의 惡漢을 숙청하기를 선창하매 敬信이 참여
하여 平亂의 공이 있고 宣德이 즉위함에 이르러 그는 곧 上大等
이 되었다. 宣德이 죽고 아들이 없으므로 群臣은 後嗣를 의논하
여 왕의 族子 周元을 세우려 하였다. 周元은 집이 왕경의 북쪽
20리에 있었는데, 그때 마침 큰비가 와서 閼川의 물이 불어 周元
이 건너오지 못하니, 혹자는 말하기를 "人君의 큰 자리는 人謀로
되는 것이 아니다. 오늘의 폭우는 하늘이 혹시 周元을 세우지 못
하게 하려함이 아닌가. 지금 上大等 敬信은 前王(선덕왕)의 아우
로서 덕망이 본래 높고 人君의 자격이 있다."고 하였다. 이에 衆
議는 만장일치하여 그를 세워 왕위를 계승하게 하니, 얼마 아니
하여 비가 그치어 國人은 모두 萬歲를 불렀다(『삼국사기』 권10,
원성왕 즉위조).

② 伊飡 金周元이 처음에 上宰가 되고 왕은 角干으로서 二宰에 있
었는데, 꿈에 복두를 벗고 흰 갓을 쓰고 열두 줄 거문고을 들고
天官寺 우물 속으로 들어갔다. … 阿飡 (餘三)에게 해몽하기를
청하니, 阿飡이 말하기를 "복두를 벗은 것은 면류관을 쓸 징조
요. 열두 줄 거문고를 든 것은 12代孫이 왕위를 이어 받을 조짐
이요. 天官寺 우물에 들어간 것은 궁궐로 들어갈 상서로운 조짐
입니다." 하였다. 이에 왕이 말하기를 "위에 周元이 있는데 어떻
게 상위에 있을 수 있는가?" 하니, 阿飡이 "비밀히 北川神에게
제사 지내면 좋을 것이다."고 하매 이에 따랐다. 얼마 안되어 宣
德王이 세상을 떠나자 나라 사람들은 金周元을 왕으로 삼아 장
차 궁중으로 맞아들이려 하였다. 그의 집이 北川 북쪽에 있었는
데 갑자기 냇물이 불어서 건널 수가 없었다. 이에 왕이 먼저 宮
에 들어가 왕위에 오르자, 上宰의 무리들도 모두 와서 붙어 새로
운 임금에게 축하를 드리니, 이가 元聖大王이다(『삼국유사』 권2,
원성대왕).

김경신은 당시 왕위계승서열상 자신보다 우위에 있던 김주원을
제치고 國人으로[112] 지칭된 지지자들의 추대를 받아 즉위하였다.

─────────────────

聖王이 即位와 金周元系의 動向』『皁村申延澈敎授停年退任紀念 史
學論叢』을 참조 바람.
112) 하대의 왕위계승과 관련한 國人에 대한 해석은 'Ⅴ. 推戴에 의한 왕위

이는 외형상으로는 추대에 의하였지만 실제로는 왕위계승예정자 김주원으로부터의 탈취였다.

그러면 김경신이 어떻게 김주원을 물리치고 즉위할 수 있었던가? 이를 알기 위하여 우선 김주원과 김경신 양자의 혈연적 기반과 정치적 기반을 살펴볼 필요가 있다.

먼저 김주원의 혈연적 기반을 살펴보면 다음과 같다. 최근의 연구에 의하면,113) 김주원은 태종무열왕의 제3남 文王의 후손, 즉 김주원의 아버지는 惟正, 할아버지는 思仁, 증조부는 大莊, 고조부는 文王이라고 한다.114)

계승'에서 자세히 살펴볼 것이니, 이를 참고하기 바란다.

113) 金貞淑, 1984, 「金周元世系의 成立과 그 變遷」『白山學報』 28.

114) 김주원 先代의 경력을 보면 다음과 같다. 먼저 文王(文汪, 文注)은 태종무열왕의 셋째 아들로, 일찍부터 무열왕을 도와 정치적 활동을 하였다. 648년(진덕여왕 2) 入唐하여 唐 太宗으로부터 左武衛將軍을 제수받았으며, 655년(무열왕 2) 3월 伊飡이 되고, 656년(무열왕 3) 7월 入唐하여 朝觀하였고, 658년(무열왕 5) 정월 시중이 되어 무열왕의 전제왕권화에 적극 참여하였다. 신라와 당이 연합하여 백제를 정벌한 뒤인 661년(무열왕 8) 2월 백제 殘敵이 泗沘城을 공격하므로 이를 격퇴하기 위해 출전하였다. 그리고 문무왕대에도 왕권강화에 큰 도움을 주었다. 그리하여 文王系는 중대 신라가 통일을 완수하고 왕권을 강화해 가는 과정에서 누대로 고위직을 가지고 크게 활약하는 가문이 되었다. 한편 文王의 아들 大莊(大將, 大忠)은 686년(신문왕 6) 정월에 伊飡으로 중시가 되어 688년(신문왕 8) 정월 죽을 때까지 재임하였다 (『삼국사기』 권8, 신문왕 6년 및 8년조). 또 김주원의 조부 思仁(仁品)은 732년(성덕왕 31) 12월 角干 思恭, 伊飡 貞宗・允忠 등과 함께 伊飡으로 將軍에 임명되었으며, 736년(성덕왕 35) 1월 伊飡 允忠・英述 등과 함께 왕명을 받들어 平壤과 牛頭州의 地勢를 檢察하였다. 741년(효성왕 5) 4월 大臣으로 貞宗과 함께 弩兵을 검열하였고, 755년(경덕왕 14) 정월에 상대등이 되었다. 재임중인 756년(경덕왕15) 2월에는 이 해에 災異가 여러번 나타남에 上疏를 올려 時政의 득실을 극론하기도 하였으며, 757년(경덕왕 16) 정월에 병으로 퇴임하였다. 그리고 김주원의 아버지 惟正(惟靖)은 744년(경덕왕 3) 정월 伊飡으로 중시가

이들은 무열왕부터 경덕왕까지 6朝에 걸쳐 4代가 차례로 시중과
상대등·장군 등의 정치 군사적 관직을 역임하였고, 특히 유정은
혜공왕대의 國舅였다. 이를 통하여 볼 때 김주원의 父系는 신라 중
대에 정치사회적으로 막강한 지위를 누렸던 왕실가계였다. 그리고
母系 또한 당시 사회적으로 유력한 가계였던 것 같다.[115] 이처럼
김주원의 혈연적 기반은 비록 母系와 妻系는 정확히 알 수 없지만,
父系만 살펴보아도 중대의 왕실인 武烈王系에 속한 진골귀족가문
으로서, 김주원의 先代는 정치권력구조상 최고의 관직인 상대등과
시중을 역임하였으며, 장군을 역임하고 弩兵을 검열하고, 北方의
國境을 視察하는 등 큰 활동을 하면서 왕실의 외척으로서 혜공왕
과는 아주 밀접한 관계에 있었다. 이는 혜공왕이 살해된 뒤 즉위한,
성덕왕의 외손자(혜공왕의 고종형제)인 선덕왕과 김주원의 관계를
族子라고(ⓐ-①) 한 것에서도 짐작할 수 있다.

김경신은 奈勿王 12世孫이다. 그리고 그의 아버지는 一吉湌 孝
讓, 할아버지는 伊湌 魏文(또는 訓入 迊干), 증조는 伊湌 義寬, 고
조는 大阿湌 法宣이며, 또 그의 아버지는 摩叱次 迊干이다. 이 중
에서 증조 義寬은 삼국통일 전쟁중에 장군으로 활약하였고, 특히
670년(문무왕 10) 7월 百濟 舊領에 진격해 들어갔다가 퇴각하여 면

되었는데, 745년(경덕왕 4) 정월 그의 아버지 思仁이 상대등에 임명된
직후인 4월 王京에 큰 우박, 5월 가뭄 등의 天災地異가 잇따르자 이를
책임지고 중시에서 퇴임하였다. 특히 惟正의 딸은 혜공왕의 원비 신
보왕후이니(元妃新寶王后 伊湌維誠之女『삼국사기』권9, 혜공왕 16
년 4월조) 김주원은 혜공왕의 처남이었다.
115)『江陵金氏世譜』에는 '金周元의 아버지 惟正이 溟州로 벼슬을 갔을
때 혼인을 하였는데, 그 부인의 이름이 蓮化夫人으로 朴氏이며 昌近
伊己의 女로서 元聖王의 어머니인 昭文太后의 同母兄弟'라고 하였
다. 그 사실여부는 알 수 없지만, 만약 이에 따르면 金周元의 外祖인
昌近 伊己는『삼국유사』에서 元聖王의 外祖라고 한 昌近 伊干과 동
일인이 되며, 김주원과 원성왕은 姨從兄弟간의 혈연관계가 성립된다.

직된 일이 있으며, 680년에는 그의 女를 신라에 귀복한 報德王 安勝의 妻로 삼게 한 적이 있다.[116] 또 할아버지 魏文은 712년(성덕왕 11) 3월 侍中이 되어 713년 10월까지 역임하였다. 이처럼 김경신의 선대는 신라 상대의 왕족인 奈勿王系 후손으로서, 중대에는 將軍과 侍中을 역임하는 등 진골귀족 신분에 있었다. 더구나 김경신이 선덕왕과는 從兄弟간이라고[117] 하니, 그와 가까운 편에 속하는 혈연관계에 있었다고 하겠다.

김경신의 어머니는 繼烏夫人(昭文太后) 朴氏이고, 그녀의 아버지는 昌近 伊干이다.[118] 「崇福寺碑」에 의하면 波珍飡 金元良은 召文太后의 元舅이며, 肅貞王后의 外祖父로서 鵠寺를 창건하였다. 이에 따르면 金元良은 원성왕의 어머니의 母系인 동시에 원성왕비의 母系이다. 그리고 김경신의 부인은 淑貞夫人(肅貞王后) 金氏이다. 그녀의 아버지인 角干 金神述은 金元良의 딸과 혼인하였다. 이러한 혈연적 기반을 가진 김경신은 더구나 선덕왕의 즉위로 신라왕실의 가계가 바뀐 만큼 선덕왕의 (母系從)弟였으므로, 하대 초에는 정치권 내에서 왕과 상당히 밀접한 혈연관계에 있었다.

한편 김주원과 김경신의 정치적 기반을 살펴보면 다음과 같다.

김주원은 태종무열왕의 후손과 혜공왕의 처남이라는 혈연적 기반으로써, 777년(혜공왕 13) 10월 伊飡으로 侍中이 되어 780년 4월 선덕왕이 즉위한 직후까지 재임한 듯하며, 785년(선덕왕 6) 1월 김경신이 上大等에 있을 당시 그보다 윗자리인 上宰에 있었다.[119]

---

116) 『삼국사기』 권7, 문무왕 20년 3월조 細注.
117) 사실은 모계에 의한 종형제이다(金昌謙, 앞의 글).
118) 원성왕의 외가는 758년(경덕왕 17)에 葛項寺를 크게 重創하고 3層石塔을 조성하는 등 중대 말에는 정치사회적으로 상당한 지위에 있었다.
119) 하지만 金周元이 역사상 주목받는 것에 비하여 정치적 경력에 대해서는 그다지 알려주는 자료가 없다. 비록 『江陵金氏世譜』에는 金周元이 혜공왕 14년 9월 迎飡으로 伊飡이 되고, 12년 10월 侍中에 임명되

반면에 김경신의 즉위전 정치적 경력에 대한 기록도 그리 많지
않다. 먼저 779년(혜공왕 15) 4월 金庾信墓에 異變이 발생하자 이
에 대한 사과로써 大臣이었던 김경신이 왕명으로 받들어 魂을 위
로한 적이 있었다.[120] 또 김경신은 780년 4월 伊飡으로서 金良相이
이른바 君側의 惡漢을 제거하기 위하여 군사를 일으켰을 때, 이에
참가하여 난의 진압에 공을 세우고 김양상을 추대하여 즉위하게
되자 곧 上大等에 임명되어 선덕왕 몰년까지 재임하면서 二宰(次
宰)의 지위에 있었다.

나아가 그의 혈연관계로 맺어진 母系의 박씨세력을 비롯하여 金
元良·金神述系의 친족세력과 이들을 따르는 귀족들, 그리고 지
역적으로는 王京에서 동북으로 20리 이내인 鍪藏寺까지의 지역에
거주하던 귀족, 또 餘三 및 김경신의 즉위후 讀書三品科를 시행할
때 적극적인 태도를 취하게 될 일부 6두품계층을 자신의 지지세력
으로 포섭하여 정치적 세력을 확대해 나갔던 것 같다.[121]

이상에서 보건대, 선덕왕 말년에 김주원과 김경신은 각각 上宰
와 二宰의 지위에 있어서 김주원이 김경신보다 상위에 있었고, 그
래서 김주원이 왕위계승을 할 수 있는 유리한 위치에 있음을 김경
신도 인정하고 있었다.[122] 그리고 김주원은 중대 왕실의 직계손이

고, 16년 2월 角干이 되었다가, 뒤에 兵部令·溟州都督·舒弗邯 등의
관직을 역임하였는데, 특히 선덕왕 3년 7월에는 兵部令으로서 12幢의
精兵 약 6만인을 관장하였다고 하여, 그의 경력에 대해서 자세히 기록
하고 있으나, 誤字도 있고 하여 그 사실여부는 알 수 없다.

120) 『삼국사기』 권43, 김유신전.
  『삼국유사』 권1, 기이 미추왕죽엽군.
121) 金昌謙, 앞의 글, 452쪽.
122) 上宰와 次宰(二宰)에 대해서는 여러 검토가 있다. 먼저 자료에 가끔
  보이는 上宰와 上相을 어쩌면 上大等·侍中 등의 上位에 있는 最高
  執政官의 호칭이 아닐까 하는 견해가 있고(鈴木靖民, 1967, 「金順
  貞·金邕論」『朝鮮學報』45 ; 1974,『古代の朝鮮』, 195쪽), 또 이를

끊어지고 난 다음에 남아 있는 무열왕계 가운데서 가장 강력한 친
족공동체의 세력을 이루어 무열왕 직계손 전체의 대표자적 위치를
가지고서[123] 선덕왕이 왕위에서 물러나거나 죽으면 왕위를 계승하
기 위해 기다리던 상황이었다.[124]

그러나 『삼국유사』의 기록에 의하면 김경신도 처음에는 김주원
이 왕위계승예정자임을 인정하였지만 餘三의 解夢이 있은 이후에
는 왕위에 대한 야심을 키워가고 있었던 것 같다. 그것은 784년(선
덕왕 5) 4월 禪位하려 하자 群臣이 재삼 上表하여 諫하므로 그만
두었다고 한 것에서도 추측할 수 있는데, 이 사실은 당시 상대등으
로 있던 김경신을 비롯한 그의 세력들이 선덕왕이 김주원에게 선
위하려는 것을 저지하고 있음을 말해주는 것이다. 즉 김주원에게
왕위가 넘어가는 것에 불만을 가지고 있던 김경신은 선덕왕의 조

옳은 추측이라고 동의하는 입장도 있다(李基東, 앞의 글, 150쪽 주18).
그리고 신라통일기에 있어서 소위 宰相制度라는 특수한 제도가 국가
기구의 테두리를 초월한 곳에 설치되었던 것을 짐작할 수 있다는 견
해도 있고(木村誠, 1977,「新羅の宰相制度」『人文學報』118, 東京都
立大學, 17~41쪽), 이와는 달리 上宰나 次宰라고 한 것은 上大等이나
侍中 등의 실제 재상직을 말하는 것이 아니고 왕위계승의 제1, 제2 후
보라는 의미를 가졌던 것으로 보기도 하고(崔柄憲, 앞의 글, 432쪽),
또 이때 金周元이 兵部令이었을 것이고, 그가 兵部令을 兼한 더 큰
세력이었기에 上宰라고 했을 것이라는 추측도 있다(申瀅植, 1977,「新
羅史의 時代區分」『한국사연구』18, 90쪽). 한편 『삼국사기』에 나오
지 않으면서 侍中이나 上大等보다 더 높은 새로운 관직이 있었다기보
다는 즉위 당시 金敬信의 관력이 별로 나타나지 않는 것으로 미루어
문벌이 고려되는 신라에서 기존세력을 갖고 있던 金周元勢力을 새로
등장하는 생소한 敬信系보다 우위로 간주한 國人들의 습관에 비친 타
당성에서 말미암은 것이라는 견해도 있다(金貞淑, 앞의 글, 166쪽).
123) 崔柄憲, 앞의 글, 432쪽.
124) 이를 선덕왕이 김주원으로 하여금 무열왕계를 계승케 하려는 의도라
고 본 견해도 있다(申瀅植, 1977,「武烈王系의 成立과 活動」『韓國史
論叢』2 ; 1984,『韓國古代史의 新研究』, 一潮閣, 132쪽).

기퇴위를 만류하면서 자신의 실력을 키워가고 있었다.

그리고 785년(선덕왕 6) 정월 13일 선덕왕이 죽자, 김경신은 왕위
계승자로 인정되어 있던 김주원을 따돌리고 지지자들의 추대를 받
아 먼저 즉위하였다.

『신증동국여지승람』에 의하면 다음과 같은 기록이 있어 그 상황
과 과정을 유추할 수 있다.

> Ⓐ-③ 처음에 선덕왕이 죽고 後嗣가 없음에 群臣이 貞懿太后의 敎旨를
> 받들어 周元을 왕으로 세우려 하였다. 族子 上大長等 敬信이 무
> 리를 위협하고 자립하여 먼저 궁궐에 들어가 왕이 되었다. 주원
> 은 禍를 두려워하여 溟州로 물러나고 조청하지 않았다(『신증동
> 국여지승람』 권44, 강릉대도호부 인물조).

선덕왕이 죽고, 그의 어머니인 정의태후가[125] 교지를 내려 김주
원을 왕위계승자로 정하자 군신들이 이에 따라 김주원을 추대하려
하였다. 이미 앞의 인용문(Ⓐ-① · ②)에서도 보았듯이 이때 폭우
가 내려 김주원의 즉위가 지체되는 틈을 타 김경신이 군신들을 위
협하여 國人의 추대를 받아 먼저 즉위하였다.[126]

이처럼 여러 면에서 김주원보다 열세한 입장에 있던 김경신은
모종의 암투와 억지에 의하여 즉위하였다.[127] 즉 당시 김경신이 가
졌던 上大等이 가지는 정치적인 힘과[128] 실력에 의한 비상수단으

---

125) 貞懿太后는 선덕왕의 어머니인 四炤夫人(성덕왕의 딸)이다.
126) 이와는 달리 김경신을 정치적 우위에 두는 입장(權英五, 1995, 「新羅
元聖王의 즉위과정」 『釜大史學』 19, 152~160쪽)과 또 김주원이 김경
신에게서 무력을 이용해 찬탈하려 한 것(金壽泰, 1985, 「新羅 宣德
王·元聖王의 王位繼承」 『東亞研究』 6 ; 1996, 『新羅中代政治史研
究』, 一潮閣, 140·143쪽)이라는 견해도 있다.
127) 李基東, 앞의 글, 150쪽.
128) 李基白, 「上大等考」, 앞의 책, 119~120쪽.

로 권력을 장악한 뒤 김주원을 축출하였다.[129] 그리고 외형상 國人의 추대를 받는 형식을 통하여 왕위계승을 기정화시킨 것이라 하겠다.

결국 원성왕의 즉위는 실질상으로는 權道로써 당시 자신보다 우월한 혈연적 기반을 가진 왕위계승예정자인 김주원으로부터의 찬탈이었다.[130] 그러면서도 형식적으로는 추대를 받아 즉위한 것은 上古期와 같은 추대로 자신의 계승을 미화시켰을 뿐, 분명히 정치력을 이용한 비정상적인 왕위계승이었다.

2) 金彦昇(헌덕왕)의 애장왕 弑害와 찬탈

김언승은 제40대 애장왕을 시해하고 스스로 왕위에 올랐다. 당시 사정은 그의 즉위과정에 대한 『삼국사기』와 『삼국유사』의 기록을 살펴보면 자세하게 알 수 있다.

> ⑧-① 왕의 숙부 彦昇이 그 아우 悌邕과 더불어 군사를 이끌고 대궐 안에 들어와 亂을 일으켜 왕을 弑害하였다. 왕의 아우 體明도 왕을 侍衛하다가 害를 입었다. 왕을 追諡하여 哀莊이라 하였다(『삼국사기』 권10, 애장왕 10년 7월).
>
> ② 元和 4년 己丑年 7월 19일 왕의 叔父 憲德・興德 두 伊干에게 弑害되었다(『삼국유사』 권1, 왕력 제40대 애장왕조).

위의 인용문에서 말하듯이 김언승은 아우 金悌邕(또는 흥덕왕)

---

129) 申瀅植, 1971, 「新羅王位繼承考」 『柳洪烈博士華甲紀念論叢』, 80쪽.
130) 왕위계승에서 실패한 김주원이 溟州로 退去하자 원성왕은 그를 溟州郡王으로 봉하고 주변의 지역을 食邑으로 주어 정치사회적으로 禮待와 신분보장을 해주면서 아울러 일본과 발해의 침공에 대한 신라 동북방과 동해안의 방비를 담당케 하였던 것같다(金昌謙, 1997, 「新羅 '溟州郡王'考」 『成大史林』 12・13합집, 41~44쪽).

과 함께 난을 일으켜 조카인 애장왕과 그 아우 體明을 시해하고 왕위에 올랐다.

그러면 김언승이 찬탈에 의하여 왕위에 오를 수 있었던 기반이 무엇이었는지를 살펴보도록 한다. 김언승은 애장왕의 親叔父로서 父系는 원성왕의 嫡長孫系이며, 母系 또한 할아버지인 원성왕의 처가와 동일하여 즉 金神述家이였으니, 당시 왕실의 외척으로서 정치 사회적으로 막강한 세력을 가진 가계였다. 그리고 妃系 역시 원성왕의 아들이면서 자신의 숙부인 禮英家였으니, 이들은 같은 원성왕의 후손으로 왕족간의 근친혼을 한 것이다. 이로써 볼 때 당시 언승의 혈연적 기반은, 형 소성왕의 아들인 애장왕의 형제와 소성왕의 손자들을 제외하고는, 누구보다도 우월한 위치에 있었다. 그러나 애장왕의 아들에 대한 직접적인 기록은 없지만,[131] 만약 있었다면 당연히 그의 아들에게 왕위가 계승되어야 하고, 비록 없었다 하더라도 애장왕의 아우 체명이 있었으므로 체명이 왕위를 계승하여야 할 것이다.[132] 그러므로 언승은 왕위계승의 그 다음 순위에 있었다. 이에 언승은 애장왕과 체명을 함께 살해하고 찬탈한 것이라 하겠다.

아울러 김언승의 정치적 경력을 살펴보면 다음과 같다.

원성왕의 손자라는 혈연적 기반을 가진 김언승은 아버지 仁謙太子가 살아 있던 790년(원성왕 6) 唐에 사신으로 다녀온 뒤 大阿湌의 관등을 받았고, 791년 1월 아버지가 죽은 직후에 반란을 일으킨

---

131) 물론 애장왕이 13세에 즉위하여 9년 재위하였으니, 죽을 때 나이가 22세에 불과하므로 아들이 있다고 하더라도 대단히 어렸을 것이다.

132) 비록 體明의 아들이 있다고 해도 이 또한 대단히 어렸을 것이다. 한편 체명은 애장왕측의 인물로 당시 어떤 정치적인 역할을 담당했던 인물로 생각한 견해도 있다(鄭善如, 1997,「新羅 中代末·下代初 北宗禪의 수용」『한국고대사연구』 12, 313쪽의 주66).

伊湌 悌恭을 주살한 공으로[133] 迊湌으로 승진하였다. 그리고 794
년 2월 侍中이 되었고, 형 준옹(소성왕)이 태자로 책봉되던 795년
(원성왕 11)에는 伊湌으로 宰相이 되었고, 곧이어 796년 4월에는
兵部令이 되었다. 그러던 중 소성왕이 재위 1년반 만인 800년(소성
왕 2) 6월에 죽고, 겨우 나이 13세에 불과한 조카 애장왕이 즉위하
자 숙부인 김언승은 병부령으로서 攝政이 되었다. 또 801년(애장왕
2) 2월에는 종전의 內省 一局에 불과하던 御龍省을 격상, 독립시켜
일종의 섭정부로 만들고[134] 그 장관인 私臣에 올랐다가 얼마 후에
상대등에 올라 실권을 완전히 장악함으로써 이를 발판으로 정치적
지위를 확고히 하였다.

그리고 김언승은 이러한 지위를 기반으로 애장왕대에 이루어진
일련의 개혁정치를 주도하였다. 805년(애장왕 6) 8월 公式20餘條의
반포와 관직의 개편, 그리고 806년(애장왕 7) 3월의 佛寺 新創 금지
와 사치 금지 조치, 808년(애장왕 9)의 12道에 使를 보내어 郡邑의
疆境을 정한 것 등은 모두 언승이 상대등으로 재임하고 있었던 기
간에 이루어진 것이므로, 이것들은 모두 언승과 그의 동생인 시중
秀宗에 의하여 이루어진 것이라고 보겠다.

특히 이때의 관제개혁은 일면 국왕의 권력집중을 꾀한 것이기는
하겠지만, 적어도 그 개혁의 주체가 당시 국왕인 애장왕이 아니라
상대등 김언승과 시중 김수종이므로 그 실제는 애장왕의 권력집중
을 꾀한 것이라기보다는 김언승 등 정치실력자를 위한 것이었다.
그리고 불사 신창의 금지조치는 귀족세력의 寺院勢力과 결합을 억
제하고자 하는 것이다. 그러는 한편 김언승은 애장왕대(800~808)
에 건립된 「高仙寺誓幢和上碑」에 적극적인 지원을 하는[135] 등 불

---

133) 李基東, 앞의 글, 152쪽.
134) 三池賢一, 1971, 「新羅內廷官制考(上)」『朝鮮學報』61, 30쪽.

교계와 밀접한 관련을 맺고 있었다.

결국 김언승은 아우 김수종과 더불어 애장왕대의 일련의 개혁을 행하여 행정체제의 재정비를 통한 지휘감독의 원활화를 기하고, 귀족세력의 사원세력과의 결합을 억제시킴으로써 정치적 불안을 제거하고자 하였던 것으로 애장왕의 왕권강화보다는 자기 세력의 强固化를 기한 것이다.136)

이러한 개혁을 추진함으로써 정권도출을 위한 기초를 마련한 김언승은 이윽고 809년(애장왕 10)에 아우들의 협력을 받아 애장왕을 살해하고 즉위하였다. 그 직접적인 계기가 된 것은 애장왕의 親政 問題였던 것 같다. 즉 김언승 등이 개혁정치를 추진하여 세력을 강고화 해나가는 과정에서 애장왕의 친정문제가 대두되었던 것이다. 그러나 김언승으로서는 섭정의 자리에서 물러날 경우에는 자기가 장악하고 있는 정치적 권력의 상당 부분을 포기하거나 박탈당할 것이고, 아울러 취약한 애장왕 왕권에 대하여 타가계가 도전할 것이라는 위험이 있을 것을 예상하였던 듯하다. 그리하여 친정문제를 계기로 불거진 양측의 갈등이 결국 원성왕계 왕권의 유지를 위하여 애장왕의 피살을 불러온 것 같다.

이상에서 살펴본 바에 의하면 김언승은 비록 애장왕의 숙부로서 父系와 母系·妃系가 당시 신라 왕실에서 막강한 실력을 행사하던 가계의 배경을 가졌지만, 왕위계승예정자의 순서로 첫 번째는 되지 못하였다. 그러나 김언승은 애장왕의 즉위 직전에 兵部令이 되었고, 그의 즉위와 동시에 섭정을 맡으면서 御龍省의 私臣과 아울러 상대등의 관직까지 兼하여 정치적 실권을 장악하자 당시 시

---

135) 金相鉉, 1988, 「新羅 誓幢和尙碑의 再檢討」 『黃壽永博士古稀紀念 美術史學論叢』, 481~482쪽.
136) 金東洙, 1982, 「新羅 憲德·興德王代의 改革政治」 『韓國史硏究』 39, 29~34쪽.

중으로 재임하던 아우 김수종과 더불어 정치개혁을 꾀하여 자기의
세력을 강고화한 다음, 애장왕을 살해하였다.[137] 그리고 이때 애장
왕 다음 왕위계승권을 가졌던 것으로 보이는 그의 아우 體明까지
함께 살해하고 스스로 즉위하였다.

결국 김언승의 찬탈은 당시 왕의 지근친이 정치적으로 지나치게
과대한 권력을 가져 왕을 능가하게 되자, 자신이 직접 즉위함으로
써 金周元系를 비롯한 타가계의 도전 위협에 보다 능동적으로 대
처할 수 있었을 것이므로, 애장왕의 친정문제를 계기로 하여 그마
저 살해하고 즉위한 것이라 하겠다. 그러므로 이 사건은 원성왕계
내부의 분열 대립에 의한 것만이 아니라 오히려 원성왕계 왕권의
유지 보존을 위하여 무력에 의한 찬탈로 즉위한 비정상적인 왕위
계승이었다.

3) 金悌隆(희강왕)의 均貞 除去와 즉위

金悌隆은 원성왕의 손자인 伊湌 憲貞의 아들이다. 김제륭의 즉
위 또한 권력투쟁의 결과로 이루어진 일종의 찬탈에 의하여 이루

---

137) 애장왕의 피살원인에 대해서는 애장왕이 彦昇勢力의 견제를 위하여
金周元系의 金憲昌을 侍中으로 삼았다가 도리어 피살당하였다 하여
애장왕측의 반발을 들기도 하나(申瀅植, 1974,「新羅兵部令考」『歷史
學報』61, 92쪽), 이때 시중에 임명된 인물은 金憲昌이 아니라 金憲貞
임이 밝혀졌다(李基白,「新羅 下代의 執事省」, 앞의 책, 177쪽). 그리
고 이는 上大等勢力의 왕위 부자상속제에 대한 반항의 일면이라고 보
기도 하고(李基白,「上大等考」, 앞의 책, 122쪽), 또 애장왕 말기에 김
언승 등의 개혁추진에 대한 반발이라고도 한다(金東洙, 앞의 글). 한편
애장왕의 친정시점을 805년(애장왕 6) 1월 王母와 王妃를 大王后와
王后로 封할 무렵으로 보려는 입장도 있으나(崔柄憲, 앞의 글, 444쪽)
이는 잘못이고, 곧이어 彦昇兄弟가 주도하는 개혁정치가 행해진 것으
로 보아 계속 섭정이 유지된 것이라 하겠다.

어졌다. 하지만 그는 일반적으로 재위중인 왕을 쫓아내고 찬탈하
는 경우와는 달리, 前王이 죽은 뒤 왕위계승예정자로서 가장 합당
한 조건을 갖춘 태자나 遺詔를 받은 자가 없는 상황에서 왕위계승
서열이 뒤지는 자가 앞서는 자를 쫓아내고 즉위한 경우이다. 그러
나 이것도 엄격한 의미에서는 찬탈의 일종이므로 여기에서 함께
다루기로 한다.

먼저 『삼국사기』에 실린 김제륭의 즉위과정에 대한 기록을 살펴
보면 다음과 같다.

> ⓒ 僖康王이 즉위하였다. 이름은 悌隆[또는 悌顒]인데, 원성왕의 손
> 자인 伊飡 憲貞[또는 草奴]의 아들이다. 어머니는 包道夫人이고,
> 왕비는 文穆夫人이니 葛文王 忠恭의 딸이다. 처음에 興德王이 죽
> 고 왕의 從弟 均貞과 從弟의 아들인 悌隆이 다 각각 임금이 되려
> 고 하였다. 이때 侍中 金明과 阿飡 利弘·裴萱伯 등은 悌隆을 받
> 들고, 阿飡 祐徵은 姪 禮徵과 金陽과 함께 그 아버지 均貞을 받들
> 어 동시에 大內로 들어가 서로 싸우다가, 金陽은 화살에 맞아 祐
> 徵과 함께 도망하고 均貞은 해를 입으니, 그 뒤 悌隆이 즉위하게
> 된 것이다(『삼국사기』권10, 희강왕 즉위조).

희강왕(김제륭)은 당시 왕위계승 순위가 자신보다 우위인 金均
貞을 쫓아내고 즉위하였다..

그러나 이들이 비록 왕위를 다투어 희강왕이 즉위하였지만,[138]
본디에 왕위계승자로 예정되어 있던 자는 흥덕왕의 동생인 金忠恭
이었다. 하지만 그는 실제 왕위를 계승치 못하고 형인 흥덕왕보다
앞서, 즉 835년(흥덕왕 10) 2월 직전에 죽었다.[139] 이처럼 왕위계승

---

138) 權英五, 2000, 「新羅下代 왕위계승분쟁과 閔哀王」『韓國古代史硏究』
    19.
139) 李基白, 「新羅 下代의 執事省」, 앞의 책, 180쪽.
    李基東, 앞의 글, 163쪽.

예정자가 재위중인 왕보다 앞서 죽음으로 인하여 흥덕왕의 사후에
는 왕위계승을 둘러싸고 분쟁이 일어나게 되었다. 사실 김제륭은
흥덕왕과의 혈연적 관계에서는 물론 그의 정치적 지위나 세력도
경쟁자였던 김균정에게 미치지 못하였다.

먼저 김균정의 아버지는 흥덕왕의 아버지인 仁謙의 동생 禮英
이다. 그러므로 김균정은 흥덕왕에게는 從弟가 된다. 그리고 김균
정은 처음에는 眞嬌夫人 朴氏와 혼인하였고, 뒤에 照明夫人과 혼
인하였다. 이 중 조명부인은 바로 흥덕왕의 동생으로서 태자에 책
봉되었던 충공의 딸이다. 결국 김균정은 태자의 사위이면서, 또 당
시 왕의 從弟인 동시에 姪壻라는 혈연적 위치에 있었다.

한편 김제륭의 아버지는 원성왕의 아들 禮英의 아들인 憲貞이
니, 김균정과는 형제간이다. 이처럼 당시 왕족인 元聖王系에 속하
는 그는 807년(애장왕 8) 1월 侍中에 임명되어 810년(헌덕왕2) 1월
까지 재임하였으며,[140] 813년 1월경에는 國相 兵部令 兼 修城府令
의 관직을 역임한 바 있으나, 819년 1월 병으로 보행이 불가능하였
던 것으로 미루어 그 직후에 병사한 듯하다.[141] 그리고 김제륭의
어머니는 包道夫人인데 姓은 朴氏이고, 그녀의 아버지는 大阿干
忠衍이라고 한다.[142] 또 부인은 文穆夫人인데, 그녀의 아버지는 葛
文王으로 추봉된 忠恭 角干이다. 충공은 앞에서 살펴보았듯이 仁
謙太子의 아들로서 헌덕왕·흥덕왕의 동생이면서 특히 흥덕왕의
태자로 책봉되기까지 한 인물이다.[143]

---

140) 李基白, 앞의 글, 177쪽.
141) 李基東, 앞의 글, 165～166쪽.
142) 『삼국유사』 권1, 왕력 희강왕조.
143) 사실 원성왕의 세 아들 중 하나인 禮英은 왕위에 오를 충분한 자격이
    있었는데도 어떤 이유에서인지 仁謙이나 義英처럼 태자에 책봉되지
    못하고, 원성왕 사후 왕위는 인겸계에서 계승해 가게 된다. 따라서 이
    러한 상황하에서 예영계는 원성왕계내 자신들의 정치적 위치와 세력

이처럼 김제륭의 혈연적 관계는 원성왕계의 왕족으로서, 김균정과 마찬가지로 禮英系에 속하는 인물이었다. 김제륭은 김균정의 형인 김헌정의 아들이므로, 그는 김균정의 조카이다. 즉 김균정과 김제륭은 叔姪間이다. 그러므로 당시 흥덕왕과의 관계에서 보면 김균정은 從弟(堂弟)이고, 김제륭은 堂姪이므로 김균정이 좀더 가까운 혈족이다. 한편 양자의 妃系는 동일하다. 김균정의 照明夫人과 김제륭의 文穆夫人은 모두 흥덕왕의 동생인 충공의 딸이다. 다시 말해 이들은 혈연관계상 妃系로는 다같이 흥덕왕의 姪壻에 해당한다. 그러나 당시 나이가 더 많았을 숙부 김균정과 혼인한 照明夫人이 姪인 김제륭과 혼인한 文穆夫人보다 손위였을 것으로 보인다. 결국 흥덕왕과의 관계는 혈연적으로 김균정이 父系나 妃系 모두에 있어 김제륭보다는 좀더 우선적인 위치에 있었다.

다음에는 김균정과 김제륭 각각의 정치적 관계에 대해 살펴보자.

먼저 김균정은 802년(애장왕 3) 大阿飡이 되었으며, 이때 그를 假王子로 삼아 日本에 인질로 보내려 함에 이를 사양하였다. 또 812년(헌덕왕 4) 봄 侍中으로 승진되었다가 814년 8월 金憲昌과 교체되었다. 822년 3월 熊川州都督 김헌창이 반란을 일으키자 伊飡으로서 金雄元, 그리고 아들 大阿飡 金祐徵과 함께 三軍을 장악하여 단시일 내에 반란토벌을 성공적으로 지휘하였다. 828년(흥덕왕 3) 7월에는 一家의 願刹인 法光寺에 3層石塔을 건립하였다.[144]

835년 2월 균정은 상대등에 임명되었다.[145] 당시 흥덕왕이 嗣子가 없는 상황에서 그가 상대등에 임명된 것은 정치적 요건상 상당히 유리한 지위를 확보한 것이다. 사실 흥덕왕의 가계 내에서 상대

을 확고히 확보하고자 했을 것이다(鄭善如, 앞의 글, 312쪽).

144) 黃壽永, 1970,「新羅 法光寺 石塔記」『白山學報』8 ; 1974,『韓國의 佛敎美術』同和出版公社, 200～202쪽.

145)『삼국사기』권10, 흥덕왕 10년 2월조.

등에 임명될 만한 마땅한 인물이 없었다.[146] 이에 흥덕왕으로서는
비록 禮英系이기는 하나 그 자신 시중의 경력과 軍功을 갖추었을
뿐 아니라 자신의 姪壻이기도 한 김균정 외에 달리 상대등 후보자
를 발견할 수 없었을 것이다. 흥덕왕은 이처럼 어쩔 수 없이 상대
등직을 예영계에 양보하지 않을 수 없었으나, 한편으로는 김균정
의 상대등 임명과 동시에 金明을 시중에 임명함으로서 예영계에
대한 일종의 견제를 꾀하였다.[147] 더욱이 하대에 들어와 왕에게 마
땅한 왕위계승자가 없을 경우 왕의 가장 가까운 혈족이 상대등에
임명되었다가 왕위계승자가 되는 경우가 가끔 있었던 것을 고려하
면,[148] 이때 균정은 왕위계승에 유리한 지위를 확보한 것으로 믿었
고, 또 일부 귀족들도 그렇게 여기고 그를 추종하고 있었다.[149] 이
처럼 김균정은 흥덕왕 말년 당시 혈연적 관계에서나 정치적 관계
에서 흥덕왕의 嗣子가 없는 상황에서는 왕위계승자로 묵인된 인물
이었다.

　반면에 김제륭의 정치적 경력에 대해 정확히 알 수는 없다. 다만
그의 아버지 金憲貞이 819년 직후에 병사한 듯하므로 왕위쟁탈전
을 일으켰던 836년 당시 그도 왕실 내에서 독립된 가계의 長으로
행세하였을 것은 틀림없으며,[150] 또 왕위쟁탈전을 일으킬 정도로
장성하였다면 아마 어느 정도의 관직을 역임하였을 것이다.

---

146) 아마도 金忠恭이 죽은 뒤 흥덕왕은 후임 상대등을 가능하다면 仁謙太
　　子의 孫에서, 즉 자신의 조카들 가운데서 지명하고 싶었을 것이나,
　　835년 당시 그의 조카로서는 김충공의 아들인 大阿湌 金明 한 사람
　　밖에 없었던 것 같으며, 한편 金明은 당시 弱冠 19세로서 父親의 자리
　　를 계승하기에는 年齡과 官祿이 모자랐다(李基東, 앞의 글, 165쪽).
147) 李基東, 앞의 글, 165쪽.
148) 金昌謙, 2002,「新羅 下代의 王位繼承과 上大等」『白山學報』63.
149) 아들 金祐徵, 妹壻 金禮徵, 金周元系의 金陽 등이 그들이다.
150) 李基東, 앞의 글, 165~166쪽.

이처럼 김균정과 김제륭 각각의 정치적 관계를 비교하면 김균정이 우월한 위치에 있었다. 그러므로 이들 양자만을 비교한다면 흥덕왕이 죽으면서 후계자 지명을 하지 않은 이상 김균정이 즉위하는 것이 당시 상황으로 볼 때 보다 순리적이었다.

그러나 당시 왕실 내에서 아주 크다란 변수로 작용할 수 있는 인물이 있었다. 그는 다름이 아니라 바로 김충공의 아들 金明이다. 뒤에서 자세히 검토하겠지만, 김명은 김충공의 아들로서 만약에 흥덕왕에 의하여 태자로 책봉되어 있던 김충공이 일찍 죽지 않고 왕위를 계승하였다면 부자계승원칙에 따라 그 또한 태자로 책봉되어 왕위를 계승할 인물이었다. 그리고 흥덕왕이 김충공을 대신하여 그의 아들 김명을 다시 태자로 책봉하였거나 아니면 유조라도 있었다면 당연히 왕위를 계승할 인물이었지만 실제는 그렇지 못하였다. 또 흥덕왕이 죽을 무렵에 김명이 비록 侍中의 자리에 있기는 하였으나, 아마 나이도 어리고 아직까지 대단한 정치적 위치를 확보하지 못한 상태인지라 균정계에 직접 대항하기에는 역부족이었던 모양이다. 그리하여 김명은 김균정에게 직접 도전하지 못하고, 김균정의 조카이며 동시에 자신의 妹壻인 김제륭을 추대하여 김균정과 무력대결을 벌였다.[151] 김균정파와 김제륭파의 대립은 궐내에서 무력대결로까지 발전하여 김균정이 피살당하고 김제륭이 즉위하니, 이가 희강왕이다.

이상에서 보았듯이, 김제륭은 당시 김균정에 비하여 혈연적으로는 물론 정치적인 경력상으로도 불리한 요건을 가졌지만, 김명의 도움을 받아 왕위계승권을 찬탈하였다.

---

151) 이러한 金均貞과 金明의 대립은 王室 내부의 혈족관계로 본다면 仁謙系와 禮英系 사이의 싸움이며, 金均貞과 金悌隆의 그것은 禮英系 내부의 싸움이라 할 수 있다(李基東, 앞의 글, 165~166쪽).

4) 희강왕의 自盡과 金明(민애왕)의 즉위

희강왕의 즉위에 결정적인 역할을 하였던 金明이 838년(희강왕 3) 정월 희강왕을 몰아내고 왕위를 찬탈하니, 이가 곧 민애왕이다.

Ⅸ-① 정월 上大等 金明과 侍中 利弘 등이 군대를 일으켜 난을 일으키고 왕의 左右를 살해하니, 왕은 스스로 온전치 못할 것을 알고 드디어 궁중에서 목매어 죽었다(『삼국사기』 권10, 희강왕 3년).

② 민애왕이 즉위하였다. 姓은 金氏이고 이름은 明인데, 元聖大王의 曾孫이며 大阿飱 忠恭의 아들이다. 왕은 일찍이 여러 번 벼슬하여 上大等이 되었던 바 侍中 利弘과 더불어 僖康王을 핍박하여 죽이고 스스로 즉위하여 왕이 되었다(『삼국사기』 권10, 민애왕 즉위조).

③ 開成[唐 文宗의 연호] 3년에 이르러 愍哀大王이 갑자기 寶位에 올랐다[開成 3년 戊午 金明이 僖康王을 죽이고 스스로 즉위하였다. 金陽 등이 金明을 쳐서 죽이고 祐徵을 세워 왕으로 삼았다. 즉 신무왕이다. 金明을 追封하여 諡號를 愍哀라 하였다](「雙谿寺眞鑒禪師大空塔碑」『최문창후전집』, 131쪽).

이처럼 金明은 희강왕을 죽이고 즉위하였다. 앞에서 살펴보았듯이, 김명은 흥덕왕의 사후 왕위를 계승하려는 金均貞을 쫓아내기 위하여 희강왕을 적극 협조하여 즉위케 하였던 인물이다. 그런데 이제는 金明이 도리어 희강왕을 몰아내고 스스로 즉위한 것이다.

그러면 金明이 이처럼 왕위를 찬탈할 수 있었던 기반은 무엇이었는지를 살펴보자.

김명은 父系로는 당시 왕실인 원성왕계 내의 仁謙系 인물이다. 그리고 그의 아버지 忠恭은 흥덕왕대에 태자로 책봉될 정도로 왕의 近親이며, 시중·병부령·상대등 등의 여러 관직을 역임한 정치적 실력자였다. 한편 김명의 어머니는 貴寶夫人으로 惠忠大王으로 추봉된 인겸의 딸인데, 그녀는 홍덕왕대에 華嚴結社會의 결성을 주도하기도 했다.[152] 그리고 인겸은 원성왕의 장자로서 민애왕의 아버지인 충공의 아버지이다. 그렇다면 충공은 아버지를 같이 하는 남매간에 혼인을 하여 金明을 낳은 셈이다. 이처럼 김명의 母系는 父系와 동일하다. 또 그의 비는 允容夫人 金氏로 永公(永恭)의 딸이다. 永公은 821년(헌덕왕 13) 忠恭을 이어 후임 시중에 임명되어 827년(홍덕왕 2) 8월에 물러날 때까지 약 6년간 侍中을 재임하면서 상대등 충공과 함께 헌덕왕·홍덕왕 형제의 왕권강화를 보조하였던 인물이다. 그러한 인연으로 그의 딸 允容夫人과 충공의 아들 김명 사이에 혼인이 이루어졌다고 하겠다. 이처럼 김명의 혈연적 기반은 부계와 모계가 동일하여 당시 仁謙의 후손들이 왕위를 계승하는 상황에서는 가장 왕과 가까운 친족이었다.

한편 김명의 정치적 관계를 살펴보면, 앞에서 살펴보았듯이 김명은 홍덕왕의 태자로 책봉되어 있던 충공의 아들로 왕위계승예정자 순위에 포함되었지만, 충공이 왕위를 계승치 못하고 죽음으로 인하여 그 권리를 상실하였다. 835년 2월 김균정이 상대등에 임명될 때 홍덕왕의 정치적 배려에 의하여 19세의 어린 나이로 시중에 임명되었다. 그러나 그가 당시 정치권 내에서 기반을 확고히 하기도 전인 2년도 채 안된 상황에서 836년 12월 홍덕왕이 죽자 왕위가 상대등직에 있던 김균정으로 넘어가려는 상황이었다. 이에 그는 妹壻 金悌隆을 도와 즉위과정에 결정적인 역할을 하였다. 그리고 자신은 희강왕의 즉위와 동시에 상대등을 차지하고, 또 협조자 利弘은 시중을 맡아 정치적 실권을 장악하였다.

---

152) 太和[文宗]中(827~835) 승려 均諒 등이 宣懿王后를 받들어 승려와 속인의 무리를 모아 春秋의 社를 맺었다(「上宰國戚大臣等奉爲獻康大王結華嚴經社願文」『최문창후전집』, 223쪽).

이처럼 김명의 세력성장에는 혈연적 관계가 바탕이 되었지만, 그보다 스스로 정치적 관계의 형성을 성공적으로 이루어 실권을 장악하게 된 것이다. 이렇게 되자 이에 위협을 느낀 그의 가장 큰 적대세력이었던 김균정의 아들 金祐徵이 837년(희강왕 2) 5월에 먼저 달아나 淸海鎭大使 張保皐에게 가 의탁하고, 뒤이어 6월에 김균정의 매서 禮徵과 阿飡 良順도 도망하여 祐徵에게로 갔다. 그리하여 중앙에서 金明派의 독무대가 형성되자 이제는 자신이 세운 희강왕에게 압력을 가하여 自盡케 하고 스스로 왕위에 올랐다.

결국 김명의 즉위는 정상적인 방법이 아닌, 즉 혈연적 관계보다는 정치적 관계에 의한 찬탈로 이루어진 왕위계승이었다.

5) 金祐徵(신무왕)의 민애왕 제거와 즉위

희강왕의 즉위에 결정적 역할을 하였던 金明(민애왕)이 상대등에 취임하여 정치적 실권을 장악하자, 이에 두려움을 느낀 김균정의 아들 金祐徵은 달아나 淸海鎭大使 張保皐에게 의탁하고 있었다. 그러다가 김우징은 金明이 희강왕을 몰아내고 왕위를 차지하였다는 소식을 듣고, 장보고의 지원을 받아 왕경으로 쳐들어가 민애왕을 몰아내고 왕위를 차지하니, 이가 신무왕이다.

> Ⓔ-① 윤정월 (金陽의) 軍이 주야로 행군하여 19일에 達伐의 땅에 이르렀다. 왕은 金陽軍의 닥침을 듣고 伊飡 大昕, 大阿飡 允璘·疑勛 등을 명하여 군사를 이끌고 가서 막게 하였으나, (金陽의 軍은) 또 이와 한번 싸워 크게 이기니, 王軍의 죽은 자가 반수 이상이었다. 이때 왕은 西郊의 큰 나무 아래 있었는데 左右 近臣이 다 달아나므로 혼자 서서 어찌 할 바를 모르다가 月遊宅으로 달려 들어갔으나 병사가 왕을 찾아 시해하였다(『삼국사기』 권10, 민애왕 2년).
>
> ② 神武王이 즉위하였다. 이름은 祐徵인데, 원성대왕의 손자인 均

貞 上大等의 아들이며, 僖康王의 從弟이다. 禮徵 등이 이미 궁
궐을 깨끗하게 한 뒤 예를 갖추어 왕을 맞아 즉위하게 한 것이다
(『삼국사기』 권10, 신무왕 즉위조).

신무왕의 즉위는 하대의 가장 대표적인 무력에 의한 찬탈이다.
그러면 김우징이 찬탈을 할 수 있었던 기반은 무엇이었는지에
대해 살펴보자. 물론 이는 王軍보다 우세한 장보고의 군사력을 지
원받은 것이 가장 직접적인 힘이다. 그러나 그것만으로는 왕위계
승을 설명할 수 없다. 그보다 그가 왕위에 욕심을 가지게 만든 근
본적인 배경이 전제되어야 한다. 그러므로 그의 혈연적 관계와 정
치적 기반에 대한 이해도 동시에 고려할 필요가 있다.

앞에서 살펴보았듯이, 김우징의 아버지인 김균정은 흥덕왕이 죽
은 뒤 왕위에 오르려다가 김제륭과 김명에게 살해를 당하였다. 그
리고 김우징의 어머니는 眞矯夫人 朴氏이다.[153] 그러나 母系는 姓
氏만 알 수 있을 뿐 또 다른 기록이 없는 것으로 보아 김우징의 찬
탈에 큰 혈연적 기반으로 작용하지는 못한 듯하다. 한편 妃는 貞繼
夫人으로 아버지는 ○明海○, 즉 아마 '體明 海干'인 듯하나 體明
은 애장왕의 동생으로 헌덕왕의 찬탈시 애장왕과 함께 시해되었으
므로, 妃系 또한 우징의 찬탈시에는 이미 정치적 세력이 약화된 상
태라서 크게 도움이 되지는 못하였을 것이다.

그러므로 김우징은 혈연적 관계에서 가장 크게 작용한 것은 父
系이다. 이는 혈통상 왕족이라는 의식은 물론 그의 정치 군사적 세
력의 형성에도 크게 작용하였다. 즉 김균정의 왕위쟁탈전시 그를
지지하였던 세력 중에서 남아 있던 자들은 이제 곧 김우징의 지지
세력으로 뭉쳐졌을 것으로 추측된다.[154]

---

153) 『삼국사기』 권10, 신무왕 즉위조.
　　『삼국유사』 권1, 왕력 45신무왕조.

한편 이러한 혈연에 의하여 형성된 세력 외에 김우징 자신의 정치적 관계에 의하여 맺어진 지지세력도 있었다. 우선 김우징은 일찍이 822년(헌덕왕 14) 3월 金憲昌이 반란을 일으켰을 때 王軍의 군사령관으로서 진압에 공을 세웠다. 그리고 그는 828년 1월 시중이 되어 재직하다가 831년 1월 퇴임하였고, 또다시 834년 1월 시중에 임명되어 835년 2월까지 재임하는 등 드물게 2차례나 시중을 역임하여 정치적·군사적으로 실제 경험과 정치계에서 나름대로의 지지세력을 가질 수 있었다. 그리하여 그는 희강왕의 찬탈시에 姑母父(均貞의 妹壻)인 阿飡 禮徵 및 무열왕의 9세손으로 김주원의 증손자인 金陽과 함께 아버지 김균정을 돕다가 실패한 바 있다.

그리고 이듬해 6월 禮徵과 함께 도망하여 5월에 먼저 張保皐에게 가 의탁하고 있던 김우징을 찾아온 阿飡 良順도 지지자였다. 이러한 지지자들은 그가 王京에서 정치적 활동을 하고 있을 때 맺어진 세력이었고, 淸海鎭으로 도망함으로써 형성된 더욱 강력한 지지세력도 있었다. 즉 우징에게 은신처를 제공해 준 張保皐는 당시 신라의 지방 海上勢力으로 막강한 군사력을 보유하고 있었으며, 또 그 휘하의 閻長·長弁·鄭年·駱金·張建榮·李順行 등 諸將은 모두 훌륭한 지지세력으로 신무왕의 군사적 기반이 되었다.

이러한 정치 군사적 지지기반을 가졌던 김우징은 金陽이 모집한 군사와 張保皐가 지원한 군사력으로 王京을 공격하여 드디어 민애왕을 살해하고 왕위를 찬탈하였다.

결국 신무왕의 즉위는 仁謙系로부터 다시 왕위를 탈취함으로써 이후로는 예영계가 왕위계승을 독점할 수 있는 길을 열었다.

---

154) 사실 신무왕이 淸海鎭 張保皐에게 의탁하고 있을 때 중앙에서 그에게로 자진하여 찾아간 자들이 많았다.

2. 찬탈에 의한 왕위계승의 특징

이상에서 살펴본 신라 하대의 찬탈에 의한 왕위계승 사례를 검토한 내용을 정리하면 다음의 <표 4>와 같다.

<표 4>에서 보듯이, 신라 하대 20차례의 왕위계승 중 찬탈에 의한 즉위는 모두 5차례였다. 이는 하대에는 150여년 간에 무려 20명의 왕이 교체되는 등 왕위쟁탈전이 심각하여 찬탈이 빈번하였다는 기존의 인식과는 차이가 있다. 아무리 크게 보아도 하대 전반기의 약 80년간 8명의 왕 중에서 5명에게만 해당하는 양상이었다. 그러나 안정적이던 中代에 비하면 상대적으로 많은 것은 사실이다.

그리고 이들 5명 왕의 前王과 혈연관계는 叔父 1명, 再從兄弟 2명, 堂姪 1명, (母系從)弟 1명 등이다. 그러므로 찬탈로 즉위한 왕들은 실질적인 하대의 왕통을 연 원성왕을 제외하고는 모두가 하대 각 왕의 가까운 친족들이었다. 좀더 자세히 말하면 曾祖를 같이 하는 혈족 내의 부계친(6촌 이내)에 의하여 이루어졌다. 즉 제38대 원성왕에서 제45대 신무왕 사이에는 비록 왕위쟁탈전이라는 비정상적인 방법으로 즉위한 왕일지라도 모두 원성왕을 정점으로 하는 6촌 범위의 친족관계에 있는 자들이었다.[155] 또 신무왕 이후로는 禮英系 내의 7촌 이내에서 왕위가 계승되었다.[156]

그러므로 하대라는 범위에 국한하여 보면 찬탈에 의하여 소가계는 바뀌어도, 그 자체가 큰 범주의 왕계는 변동이 없는 원성왕계에 의한 계승이었으며, 새로운 왕조로의 교체는 아니었다.

---

155) 李鍾旭, 1985,「新羅時代의 眞骨」『東亞研究』6, 246쪽.
156) 李明植, 1992,『新羅政治史研究』, 螢雪出版社, 183쪽.

〈표 4〉신라 하대 찬탈에 의한 왕위계승사례

왕 명	찬 탈 자 혈연적 관계	정 치 적 경 력	피 찬 탈 자 이 름	혈연·정치적 관계
㊳원성왕 (김경신)	내물왕 12세손 부:孝讓 조부:魏文 모:繼烏夫人 (昌近 女) 비:肅貞夫人 (金神述 女) *선덕왕 (母系從)弟	780:이찬 金志貞의 난 진압 선덕왕 추대 선덕왕 초:상대등 선덕왕 말년:二宰 즉위시:군신의 추대	김주원	무열왕 5세손 부:惟正 조부:思仁 증조:文王 *효공왕 처남 선덕왕 족자 777:이찬 시중 선덕왕대:上宰
㊶헌덕왕 (김언승)	부:仁謙(원성왕 子) 모:聖穆太后 (金神述 女) 비:貴勝夫人 (金禮英 女) *애장왕 숙부	790:대아찬 791:悌恭 난 진압, 잡찬 792:시중 795:재상 796:병부령 800:섭정 801:어룡성사신, 상대등	애장왕	809:시해 (왕제 體明, 시해)
㊸희강왕 (김제륭)	부:憲貞(金禮英 子) 모:包道夫人 (朴忠衍 女) 비:文穆夫人 (金忠恭 女) *흥덕왕 堂姪	즉위시:金明의 지원	김균정	부:禮英 모:? 비:眞嬌夫人 照明夫人 (金忠恭, 女) 802:대아찬, 가왕자 일본 인질 사양 812:시중 822:김헌창 난 진압 828:법광사탑 건립 835:상대등 836:시해
㊹민애왕 (김명)	부:忠恭(金仁謙 子) 모:貴寶夫人 (金仁謙 女) 비:允容夫人 (永公 女) *희강왕 재종	835:시중 836:희강왕 즉위 협조 837:상대등 838:희강왕 축출	희강왕	838:자진
㊺신무왕 (김우징)	부:均貞 *민애왕 재종	823:김헌창 난 진압 828:시중(~831.1.) 834:시중(~835.2.) 836:金均貞 왕위전 참가 839:민애왕 시해	민애왕	839:시해

한편 하대에는 왕위쟁탈전이 심하여 이것이 신라왕조의 멸망의 직접적인 원인의 하나가 되었다고 한 기존의 주장은 좀더 고려되어야 할 필요가 있다. 하대 전반기의 왕위쟁탈전이 신라왕권을 약화시켰고 사회적·경제적 혼란을 야기시켜 신라국가를 쇠퇴의 길로 몰아간 것은 사실이지만, 이것이 신라왕조 멸망의 직접적인 원인은 아니었다. 즉 잦은 왕위쟁탈전으로 왕위가 異姓에게 넘어가 왕조의 교체를 낳은 것은 아니었다. 뒤에서 살펴보겠지만, 찬탈에 의한 왕위계승보다는 오히려 추대에 의한 왕위계승이 훨씬 큰 범위에서의 왕통의 변화를 보였으며, 심지어 異姓親에게 왕위가 넘어가, 이것이 신라왕조 멸망의 한 원인이 되었다고 하겠다.

이들의 정치적 경력은 김명의 도움을 받아 즉위한 희강왕을 제외하고는 시중(헌덕왕, 민애왕, 신무왕)이나 병부령(헌덕왕) 또는 상대등(원성왕, 헌덕왕, 민애왕)을 역임하였고, 반란 진압에 참여하여(원성왕, 헌덕왕, 신무왕) 큰 공을 세운 자들이다. 결국 이들은 재위중인 왕의 (모계종)제, 숙부, 당질, 재종이라는 가까운 혈연관계를 바탕으로 반란을 진압하는 과정에서 공을 세워 정치적으로 크게 성장할 수 있는 기회를 가진 뒤, 최고 관직인 시중과 병부령·상대등 간혹 어룡성사신과 섭정(헌덕왕)의 자리에 올라, 당시 정치적으로 최고 실력자의 지위에 있었던 자들이라 하겠다.

반면에 이들에게 찬탈 또는 탈취를 당한 왕(애장왕, 희강왕, 민애왕)과 왕위계승예정자(김주원, 김균정)들은 정치적으로나 군사적으로 열세여서 무력 대결에서 패배하여 왕위를 빼앗겼다. 그러므로 찬탈에 의한 왕위계승에서는 신라의 왕위계승에 작용한 요인 중에서 무엇보다도 정치적 요인이 가장 크게 작용한 경우였다.

찬탈에 의한 왕위계승은 정상적인 계승방법인 부자계승에는 엄격히 배치되는 현상이다. 오히려 세대를 거꾸로 거슬러서 先世代

로, 또는 同世代로 왕위가 옮겨가는 현상을 보여준다. 하지만 이것으로 왕위계승원칙이 변화했다고 할 수는 없다. 찬탈이라는 것은 분명히 비정상적인 왕위계승이므로 이를 근거로 계승원칙을 설명할 수는 없는 것이다. 찬탈과 반란에 의한 왕위계승의 경우에는 어떤 형태든지 모두 나타날 가능성이 있기 때문에 더욱 그러하다. 이는 조선왕조의 제6대 端宗으로부터 왕위를 찬탈한 숙부인 제7대 世祖, 제10대 燕山君을 폐위시키고 즉위한 이복형제인 제11대 中宗, 제15대 光海君을 폐위시키고 즉위한 조카인 제16대 仁祖의 왕위계승을 두고 조선시대의 왕위계승이 부자계승원칙이 아니라고 말할 수 없는 것과 마찬가지다.

그러므로 신라 하대 왕위계승은 부자계승을 가장 이상적인 원칙으로 유지 실천하려고 노력하였지만, 당시의 정치적 상황이 원인이 되어 찬탈에 의한 경우가 더러 있었다. 그러나 그 경우도 찬탈자는 모두 당시 왕과 가까운 부계친의 범주에 있는 자들이었다. 이를 보더라도 하대의 왕위계승은 부계친에 의하였음을 알 수 있다.

그러나 찬탈자들은 당시 왕과 혈연적으로 밀접한 관계에 있기는 하지만, 그들이 정상적인 왕위계승에서는 계승순위상 우선 순위에 속하지 못하고, 그보다는 조금 뒤지는 서열에 있었다. 그럼에도 그들이 찬탈을 할 수 있었던 요인은 당시 왕의 가까운 친족이라는 혈연적 관계와 아울러, 더욱 중요한 것은 그들이 가지고 있던 정치적 지위와 군사력 그리고 이와 연결된 지지세력의 도움이었다.

특히 즉위전에 상대등을 비롯한 고위관직을 보유하고서 당시 정치권을 장악하고 있었던 까닭에 찬탈의 경우는 물론 추대의 경우에도 어느 정도는 이것이 작용하기는 하였다. 그러한 까닭에 정상적인 왕위계승자가 없을 경우에는 상대등이 왕위계승권을 가졌던 것으로 이해하기도 하지만,[157] 그러나 그들이 즉위할 수 있었던 것은 무엇보다도 당시 왕 또는 前王과의 부계친이라는 혈연관계가 우선적인 요건이었고, 정치적 힘은 실행과정에서 작용하는 요소였던 것이다.158) 다시 말하면 혈연관계는 必要要因이고, 정치적 관계는 즉위를 위한 실제 行爲要因에 불과하였다.

V. 推戴에 의한 왕위계승

세습화가 확립된 후의 왕위계승에서 추대에 의한 방법은 선출에 의한 방법과 마찬가지로 비정상적인 계승의 한 형태이다. 추대에 의하여 왕위를 계승한 왕은 전왕과는 혈연상 直系가 아닌 경우가 많으며, 이들은 지지세력에 의하여 옹립되었던 것이다. 그러므로 여기에는 정치적 이해관계가 얽혀 있었고, 이것이 격심해지면 추대되는 자가 여러 명이 나타나 서로간에 충돌이 있는 왕위쟁탈전이 발생하였으며, 여기서 승리한 자가 즉위하였다.

역사상에서 왕권이 아직 미약한 초기단계에서는 선출의 형식을 띤 추대에 의한 왕위계승의 비교적 많은 사례를 볼 수 있다. 신라에서도 일찍부터 추대에 의한 즉위가 있어서, 특히 上代에는 그 사례가 여러 차례 있었다.159) 그러나 중대 무열왕계의 왕권이 형성된

---

157) 李基白, 「上代等考」, 앞의 책.
158) 이에 대해서는 '제4장 고위관직과 왕위계승'을 참조하기 바란다.
159) 제1대 박혁거세거서간, 제2대 남해차차웅, 제3대 유리이사금, 제5대 파사이사금, 제9대 벌휴이사금, 제13대 미추이사금, 제16대 흘해이사금, 제17대 내물마립간, 제18대 실성마립간, 제22대 지증왕, 제26대 진평왕, 제27대 선덕여왕, 제29대 태종무열왕은 推戴의 형식을 통하여

뒤로는 그 사례를 거의 찾아보기 힘들다.160)

　여기에서는 신라 하대에 있었던 추대에 의한 왕위계승의 성격에 대하여 살펴보도록 한다. 하대에 추대를 받아 즉위한 왕은 제37대 선덕왕, 제38대 원성왕, 제53대 신덕왕, 제56대 경순왕 등 모두 4명이다. 그러나 이 중에서 원성왕은 당시 왕위계승예정자였던 김주원으로부터 왕위계승권을 탈취한 것으로, 그 행위를 정당화시키기 위한 방법으로 군신들의 추대를 받은 것이다. 그러므로 이는 엄격한 의미에서는 추대에 의한 것이라기보다는 찬탈로 분류하는 것이 타당하지만 추대의 과정을 거쳤으므로, 다소 중복되는 감이 있지만, 추대에 의한 왕위계승의 성격을 보다 정확하게 파악하기 위하여 이에 대해서도 간략하게 함께 다루기로 한다.

　그러면 이들 각각의 사례가 왜 발생하였으며, 또 추대된 자의 전왕과 혈연관계 및 당시 정치권 내에서 위상을 살펴보겠다. 이러한 분석결과를 바탕으로 하여 추대에 의한 계승이 신라 하대 왕위계승과정과 정치사에서 갖는 의미를 살펴보겠다.161)

즉위하였다.
160) 제33대 聖德王은 제32대 孝昭王의 同母弟로서, 효소왕이 죽고 아들이 없으매 國人이 그를 세우는(『삼국사기』 권8, 성덕왕 즉위조) 추대의 형식으로 즉위하였다. 이때 國人은 진골귀족세력인데, 그 핵심인물에 대해서는 성덕왕비 嚴貞王后의 아버지 金元泰(金壽泰, 1988, 「新羅 聖德王·孝聖王代 金順元의 政治的 活動」『東亞研究』3, 213쪽), 효소왕 말년의 上大等이던 愷元(金英美, 1988, 「聖德王代 專制王權에 대한 一考察」『梨大史苑』22·23합집, 379쪽), 성덕왕 次妃의 아버지 金順元일파(辛鍾遠, 1987, 「新羅 五臺山事蹟과 聖德王의 卽位背景」『崔永禧先生華甲紀念 韓國史學論叢』, 124쪽) 등으로 달리 보고 있다.
161) 필자는 이미 태자책봉에 의한 왕위계승(金昌謙, 1993, 「新羅時代 太子制度의 性格」『韓國上古史學報』13)과 유조에 의한 왕위계승(2001, 「新羅 下代의 王位繼承과 遺詔」『白山學報』56), 또 찬탈과 탈취에 의한 왕위계승(1994, 「新羅 下代 王位簒奪型 叛逆에 대한 一考察」『韓國上古史學報』17)에 대한 선행 연구를 통해서, 신라 하대의 왕위

추대에 의한 계승 역시 비록 비정상적인 것이기는 하지만, 왕조 자체를 바꾸었던 왕위계승은 아니었으므로 추대된 자들은 그렇게 될 수 있는 어떤 요건을 갖춘 자들이었다. 때로는 혈연적 요건이, 때로는 정치적 요건이 결정적으로 작용되었을 것이다.

1. 추대에 의한 왕위계승의 사례

1) 혜공왕의 被殺과 金良相(선덕왕)의 추대
－내물왕계의 부활－

신라 중대 말에 이르러 여러 가지 정치사회적 갈등이 표출되었다. 그 결과 진골귀족들의 반란이 잇따르다가 드디어 780년(혜공왕 16) 2월에 金志貞의 반란이 일어났다. 그 와중에서 혜공왕이 시해되고, 당시 상대등의 자리에 있던 김양상이 즉위하여 이른바 하대가 시작되었다.

그런데 선덕왕의 즉위방법에 대해서는 史料마다 그 표현이 달라 이해하기에 따라서 차이가 있을 수 있다. 그러나 김양상 자신이 직접 즉위방법을 언급한 기사를 수록하고 있는『삼국사기』기록이 가장 신빙성이 있을 것 같아 이에 따른다.

> ⓐ 詔書를 내려 말하기를 "과인은 본래 재주와 덕이 없어 왕위에 마음이 없었으나 推戴를 피하지 못하여 즉위하였던 것인데, 즉위 이래로 농사가 잘 되지 않고 백성들이 곤궁하니, 이는 다 나의 덕이 백성들의 바램에 맞지 아니하고, 정치가 하늘의 뜻에 합당되지 아니한 때문이다. 항상 왕위를 禪讓하고 밖으로 물러 나와 살고자

계승이 부자계승을 가장 이상으로 한 부계친에 의한 계승이었으며, 특별한 경우 예외적인 계승이 있었음을 살펴보았다.

하였으나 여러 신하들이 매양 지성껏 말림으로 해서 뜻과 같이 되지 못하였다. …"고 하였다(『삼국사기』권9, 선덕왕 6년 정월).

Ⓑ 建中 4년 乾運이 죽었다. 아들이 없으므로 國人들이 그 나라 上相 金良相을 세워 왕으로 삼았다(『구당서』권199, 동이전 신라조).

Ⓒ 建中 4년 (혜공왕이) 죽었다. 아들이 없으므로 國人들이 함께 宰相 金良相을 세워 계승시켰다(『신당서』권220, 동이전 신라조).

Ⓓ 貞元 元年 正月 … 앞서 建中 4년에 新羅王 金乾運이 죽고 아들이 없어 國人들이 그 나라의 上相 金良相을 세워 왕으로 삼았다(『책부원구』권965, 外臣部 封册3).

인용문 Ⓐ의 내용은 비록 의례적인 요소가 있기는 하나, 김양상은 지지세력에 의하여 왕으로 추대되었고, 즉위한 뒤에 여러 차례 선양하려 하였지만 지지세력의 저지로 물러나지 못하였다고[162] 말하고 있다. 결국 김양상이 혜공왕으로부터 직접 찬탈한 것이 아니라 金志貞의 난을 일어났을 때 상대등으로서 金敬信과 함께 군사를 일으켜 반란군을 진압하던 중에 혜공왕과 왕비가 亂兵에게 살해됨에 추대를 받아 즉위하였음을 알 수 있다.[163]

그러면 김양상이 추대를 받아 즉위한 배경이 무엇이었을까?

김양상은 奈勿王의 10世孫이며, 아버지는 海飡 孝芳(孝方)이고, 할아버지는 元訓 角干이다.[164] 그가 내물왕 10세손이라는 것은 비

---

162) 특히 '선덕왕이 禪讓하려다가 群臣이 再三 上表하여 諫하므로 그만두었다'(『삼국사기』권9, 선덕왕 5년 4월)고 하니, 여기에는 선덕왕의 추대자와 지지자들의 정치적 이해관계가 작용하고 있었음을 보여주는 단적인 예이다.

163) 金良相이 직접 혜공왕을 시해하였다는 기록과(『삼국유사』권2, 景德王表忠寺表訓大德條) 혜공왕은 亂兵에게 시해되었다(『삼국사기』권9, 혜공왕 16년 4월조)는 기록이 있으나, 김양상이 추대되어 졌던 것으로 미루어 후자가 옳다고 보겠다. 이는 '國人이 세웠다.'는 중국사서(인용문 Ⓑ·Ⓒ·Ⓓ)의 기록이 있어 더욱 그러하다.

164) 元訓은 702년(성덕왕 1) 9월부터 703년 7월까지 阿飡으로서 執事部 中

록 중대에는 직접 왕위계승을 하던 왕족은 아닐지라도, 상대 왕족의 후손으로서 신라 정치사회 내에서 상층에 속한 진골귀족의 신분이었음을 나타낸다. 더욱이 그의 할아버지는 角干, 아버지는 海湌의 관등을 가졌던 것으로 보아 그러함을 추측할 수 있다. 이처럼 김양상의 父系는 당시 사회적으로 상당한 활동을 하던 유력한 가계였다. 한편 그의 어머니는 四炤夫人으로 제33대 성덕왕의 딸이다.[165] 성덕왕은 武烈王系의 왕으로서 김양상보다 4代 앞서서 재위하였다. 그렇다면 김양상의 母系는 신라 중대에 왕위를 계승하던 최고의 가계임을 알 수 있다. 결국 김양상은 성덕왕의 外孫子이다.[166] 그리고 김양상의 부인은 具足夫人으로 角干 良品 혹은 義恭 阿湌의 딸이라고 한다.[167] 이처럼 왕비의 아버지가 角干 또는 阿湌의 관등을 가졌던 것으로 보아 妃系도 상당히 유력한 지위를 가진 가계였음을 짐작할 수 있다.

한편 김양상은 경덕왕대에 정계에 진출하여 일찍이 遣唐使 혹은 宿衛로서 당에 다녀온 듯하며,[168] 764년(경덕왕 23) 1월 伊湌으로 執事部의 侍中에 임명되어 768년(혜공왕 4) 10월까지 4년 6개월간

侍를 역임하였고, 아버지 孝芳은 성덕왕의 딸과 혼인하였을 뿐만 아니라 흔히 假王子로 唐에 파견되는 宿衛學生團의 首席에 선발되어 734년(성덕왕 33) 在唐宿衛 金忠信과 교대할 목적으로 있었다가 부임 직전에 죽었다(李基東, 앞의 글, 147쪽).

165) 『삼국사기』 권9, 선덕왕 즉위조.
  『삼국유사』 권1, 왕력 37선덕왕조.
166) 그래서 비록 宣德王은 武烈系가 아닌 奈勿系이지만 그는 聖德王의 外孫이며, 景德王의 조카여서 武烈系와는 상당히 관련이 있는 입장이어서 크게는 武烈系에 포함시킬 수 있었을 것이고, 여기서 『삼국사기』 권9에 武烈王統과 함께 宣德王을 기록한 所以를 이해할 수 있다(申瀅植, 1971, 「新羅 王位繼承考」『柳洪烈博士華甲紀念論叢』, 85쪽).
167) 『삼국사기』 권9, 선덕왕 즉위조.
  『삼국유사』 권1, 왕력 37선덕왕조.
168) 權悳永, 1997, 『古代韓中外交史』, 一潮閣, 262쪽.

재임하였다. 그 뒤에도 계속 혜공왕의 측근세력으로 있으면서 771
년(혜공왕 7) 12월에는 肅政臺와 修城府의 令을 兼職하였다.[169] 그
리고 774년(혜공왕 10) 9월 伊飡으로 上大等이 되어 정치적 실권을
장악하고서 혜공왕을 보좌하였다. 또 혜공왕이 점차 실정을 범하
자 777년(혜공왕 13) 4월 時政을 極論하기도 하였으며, 특히 780년
(혜공왕 16) 2월 伊飡 金志貞이 난을 일으키자, 4월에 金敬信과 함
께 군사를 일으켜 난을 진압하였다. 하지만 이미 혜공왕이 亂兵에
게 시해 당한 뒤였다. 이에 당시 정상적인 왕위계승자가 없음에 金
敬信을 비롯한 군사적 실권을 장악하고 있던 자들에 의하여 김양
상이 추대되어 즉위하였다.

　이상에서 金良相의 혈연적 관계와 정치적 관계를 살펴보았다.
그 결과 김양상은 성덕왕의 외손자라는 혈연적 기반에서 출발하여
정치권에서 지위를 점차 상승시켜 나가다가, 마침내 김지정의 난
이 일어나자 진압책임자로서 역할을 수행하는 과정에서 兵權까지
가지게 되어 반란의 진압 뒤에는 왕으로 추대되어졌음을 알았다.

　다시 말하면, 비록 혜공왕이 아들이 없이 죽었다 하더라도 그와
가까운 무열왕계 왕족들이 있었기에, 혈연적 관계에서는 김양상은
정상적인 방법으로 즉위할 위치에 있지 못하였다.[170] 그러므로 선

---

169)「新羅聖德王神鐘銘」『朝鮮金石總覽』上, 40쪽.
170) 崔在錫은 혜공왕이 亂兵에게 해를 입었다면 성덕왕의 外孫으로서 의
　　당 왕위에 오를 사람이 올랐을 것이며, 김양상이 혜공왕을 시해하고
　　왕위에 올랐다면 선덕왕이 왕위계승권을 갖고 있다고 하더라도 우선
　　순위가 뒤지기 때문에 정변을 일으켰던 것으로 보았다(1983,「新羅王
　　室의 王位繼承」『韓國家族制度史研究』, 一志社, 138～139쪽). 그러나
　　김양상은 성덕왕의 외손으로 혜공왕과는 모계친이니 중대의 부자계
　　승원칙에서 왕위계승권을 갖지 못하였고, 또 직접 정변을 일으킨 것
　　이 아니라 상대등의 직책을 보유하고 金志貞의 난을 진압하는 과정에
　　서 최고의 정치적 실력자로 부상하여 추대를 받아 국정의 임시관리자
　　적 성격을 띠고 즉위한 것이다.

덕왕의 즉위를 어떤 왕위계승원리나 혈연적 요건만으로는 설명할
수 없고,171) 정치적 관계를 결정적 요건으로 보아야 한다.172)

2) 선덕왕의 無子와 金敬信(원성왕)의 추대
─원성왕계의 성립─

선덕왕이 785년(선덕왕 6) 1월 13일 아들이 없이 죽었으므로 뒤
를 이어 김경신(원성왕)이 즉위하였다. 그러나 김경신의 즉위는 정
상적인 왕위계승이 아니었다. 선덕왕이 죽은 뒤 처음에는 武烈王
의 후손인 金周元이 貞懿太后의 敎旨와 群臣들의 추대를 받아 왕
으로 즉위하려는 상황에서 김경신이 김주원을 제치고 國人으로 지
칭된 지지자들의 추대를 받아 즉위하였다.173)

> ⑧ 宣德(王)이 죽고 아들이 없으므로 群臣은 後嗣를 의논하여 왕의
> 族子 周元을 세우려 하였다. 周元은 집이 왕경의 북쪽 20리에 있
> 었는데, 그때 마침 큰비가 와서 閼川의 물이 불어 周元이 건너오
> 지 못하니, 혹자는 말하기를 "人君의 큰 자리는 人謀로 되는 것이
> 아니다. 오늘의 폭우는 하늘이 혹시 周元을 세우지 못하게 하려함
> 이 아닌가. 지금 上大等 敬信은 前王(선덕왕)의 아우로서 덕망이

---

171) 물론 중대 무열왕계 왕권의 연장선상에서 김양상의 즉위에는 그가 내
   물왕의 10세손이라는 요건보다는 성덕왕의 외손이라는 혈연적 요인
   도 더 크게 작용하였다.

172) 이에 대해 무열계인 김주원을 견제하고 이들이 반발을 무마하기 위한
   정략에서 김경신이 왕위에 야망이 없던 김양상을 추대한 것이라는 추
   측도 있다(申瀅植, 1977, 「武烈王系의 成立과 活動」『韓國史論叢』2 ;
   1984,『韓國古代史의 新研究』, 一潮閣, 131~132쪽).

173) 이는 외형상은 추대에 의하였지만 실제는 왕위계승예정자 김주원으
   로부터 탈취였으므로, 여기에서는 간단하게 다루겠다. 자세한 것은 앞
   의 'Ⅳ. 찬탈에 의한 왕위계승'의 '1) 김경신(원성왕)의 탈취와 김주원
   의 퇴거'를 참조 바람.

본래 높고 人君의 자격이 있다."고 하였다. 이에 衆議는 만장일치
하여 그를 세워 왕위를 계승하게 하니, 얼마 아니하여 비가 그치
어 國人은 다 萬歲를 불렀다(『삼국사기』권10, 원성왕 즉위조)

그러면 원성왕은 왜 추대를 받아 즉위하였는가?

원성왕은 奈勿王 12世孫이다. 그의 아버지는 一吉飡 孝讓이고,
할아버지는 伊飡 魏文으로 712년(성덕왕 11) 3월부터 713년 10월까
지 시중을 역임하였고, 증조는 伊飡 義寬으로 삼국통일전쟁 중에
장군으로 활약하였으며, 그리고 고조는 大阿飡 法宣이며 또 그의
아버지는 摩叱次 迊干이다. 즉 원성왕의 선대는 상대의 왕족인 奈
勿王系 후손으로서, 중대에는 將軍과 侍中을 역임하는 등 진골귀
족신분에 있었다. 더구나 원성왕은 선덕왕의 (母系從)弟라는 혈연
관계에 있었다.

이러한 혈연적 기반을 가졌던 김경신은 정계에 나가 779년(혜공
왕 15) 大臣으로서 왕명을 받들어 金庾信墓에 가서 그 혼을 위로
하였다. 그리고 780년 金志貞의 난이 발생하자 金良相이 이른바
君側의 惡漢을 제거하기 위하여 군사를 일으켰을 때 伊飡으로 이
에 참가하여 난의 진압에 공을 세웠다. 또 선덕왕(김양상)을 추대하
여 즉위케 한 뒤 상대등에 임명되어 선덕왕 몰년까지 재임하면서
二宰의 지위에 있었다.

한편 김주원은 태종무열왕의 후손과 혜공왕의 처남이라는 혈연
적 기반으로, 777년(혜공왕 13) 10월 伊飡으로 시중이 되어 780년
4월 선덕왕이 즉위한 직후까지 재임한 듯하며, 785년(선덕왕 6) 1월
13일 김경신이 상대등일 때 그보다 윗자리인 上宰에 있었다.

이처럼 선덕왕 말년에 김주원과 김경신은 각각 上宰와 二宰의
지위에 있어서 김주원이 왕위를 계승할 수 있는 위치에 있음을 김
경신도 인정하고 있었다. 그러나 김주원에게 왕위가 계승되는 것

에 불만을 가진 김경신은 선덕왕의 조기퇴위를 만류하면서 자신의
실력을 키워가고 있었다. 이러한 상황에서 이듬해(선덕왕 6) 정월
13일 선덕왕이 죽었다. 이에 群臣들이 의논하여 김주원을 왕으로
삼아 장차 궁중으로 맞아들이려 하였으나 갑자기 큰비가 와서 北
川(閼川)의 물이 불어 건너오지 못하는 틈을 타서 김경신은 金周元
을 따돌리고 자신의 지지자들의 추대를 받아 먼저 즉위하였다.

그러므로 왕위계승 순위상 金周元보다 열세였던 金敬信이 즉위
할 수 있었던 것은 그가 비상수단으로 권력을 장악한 뒤, 상대등이
었기에 군신회의의 장으로서 國人의 추대를 받는 형식을 통하여
왕위를 계승하고, 김주원을 축출한 것으로 이해된다.

결국 원성왕의 즉위는 정치력을 이용하여 왕위계승예정자인 김
주원으로부터 왕위를 탈취한 비정상적 계승인데, 추대의 형식을
거침으로써 자신의 즉위를 미화하고 정당화시켰을 뿐이다.

3) 효공왕의 無子와 景暉(신덕왕)의 추대
─ 박씨왕계의 등장 ─

원성왕 이래 그의 후손들 사이에 分枝化가 이루어져 한 동안은
소가계간에 갈등과 대립의 양상을 보이기도 하였으나, 경문왕의
즉위를 계기로 범원성왕계의 연합이 이루어졌다. 그러다가 진성여
왕을 거쳐 非眞骨王인 효공왕을 마지막으로 경문왕계의 김씨왕통
은 단절되었다.[174] 그 대신에 신덕왕(景暉)이 즉위함으로써 새로운
이른바 박씨왕통이 시작되었다.

그런데 신덕왕의 즉위는 國人의 추대로 이루어졌다.

---

174) 金昌謙, 1999, 「新羅 下代 孝恭王의 卽位와 非眞骨王의 王位繼承」
『史學硏究』 58·59합집.

© 神德王이 즉위하였다. 성은 朴氏이고, 이름은 景暉이며, 阿達羅王
의 遠孫이다. 아버지는 乂兼[또는 銳謙]으로 일찍이 定康大王을
섬기어 大阿湌이 되었다. 어머니는 貞和夫人이며, 비는 金氏로 憲
康大王의 딸이다. 孝恭王이 죽고 아들이 없으므로 國人에게 추대
되어 즉위하였다(『삼국사기』권12, 신덕왕 즉위조).

이처럼 신덕왕의 즉위는 효공왕이 죽고 아들이 없음에 國人으로
표기된 지지세력의 추대에 의한 비정상적인 왕위계승이었다.

그러면 신덕왕이 즉위할 수 있었던 배경에 대해서 살펴보자.

『삼국사기』에는 신덕왕의 성은 朴氏이고, 阿達羅王의 遠孫이며,
아버지는 乂兼이라고 한 반면에, 『삼국유사』에서는 신덕왕은 朴氏
이고, 아버지는 文元 伊干, 할아버지는 文官 海干이며, 義父는 銳
謙 角干이라고 하였다. 비록 두 사서의 기록내용은 차이가 있지만,
『삼국유사』의 기록대로 乂兼은 신덕왕의 義父였으며, 더구나 그는
朴氏가 아니라 金氏였던 것 같다. 그리고 신덕왕은 본래 朴氏家의
인물이었는데, 어머니 貞花夫人이 乂兼에게로 改嫁하자 義父의
親族員으로 편입되어 金氏로 인정되어진 듯하다.

그러므로 신덕왕에게는 親父와 義父가 있지만, 그의 즉위에 직
접적인 작용을 한 것은 義父系였던 것 같다. 의부 예겸은 헌강왕의
즉위와 동시에 大阿湌으로 侍中이 되었다. 그런데 예겸의 시중 임
명이 경문왕의 친동생이며 헌강왕의 숙부인 위홍의 상대등 임명과
함께 이루어졌다는 점에서, 그가 당시 景文王家의 왕권과 아주 밀
접한 관계에 있었음을 추측할 수 있다. 그리고 시중으로 약 5년간
재임하다가 880년(헌강왕 6) 2월 일단 물러났다. 그러나 퇴임 후에
도 정치권의 元老로서 지위를 유지하고 있었던 듯하다. 이는 뒤에
효공왕이 즉위하자 그의 딸을 효공왕과 혼인시켜 國舅가 되었고,
또 義子 景暉를 헌강왕의 딸, 즉 효공왕의 누이와 혼인시킴으로써

당시 왕실 내에서 자신의 지위를 더욱 확고히 하였던 것에서 추측할 수 있다. 이처럼 신덕왕은 친부보다는 의부의 영향에 의하여 헌강왕의 딸과 혼인하여 女壻가 되었고, 동시에 효공왕과는 妻男·妹壻關係가 성립되어 즉위할 수 있는 혈연적 관계를 이루었다.

그리고 신덕왕의 어머니는 貞和夫人으로 성은 朴氏이고, 그녀의 아버지는 順弘 角干, 할아버지는 元弘 角干인데, 阿達羅王의 遠孫이라고 한다. 만약 성이 朴氏라는 것을 인정한다면, 順弘과 元弘이 골품제의 규정상 角干이라는 관등을 실제 가졌다는 것은 믿기 어렵다. 그러나 貞和夫人이 乂兼의 부인이 될 정도라면 정치사회적으로 그렇게 신분이 떨어지는 것은 아니었겠지만, 그렇다고 또 그리 높았던 것도 아니었던 것 같다.175)

또 예겸의 부인은 義成王后 金氏로 헌강왕의 딸이다. 그러므로 경휘는 바로 전왕인 효공왕과는 妃系를 통하여 매우 밀집한 혈연관계를 형성하고 있었다. 이처럼 경휘는 의부에 의하여 정치 사회적 지위를 확보하였고, 또 혼인을 통하여 당시 경문왕가와 연결되어 왕통이 단절되는 경우에는 즉위를 할 수 있는 최소한의 자격은

---

175) 사료에는 神德王의 父系와 母系를 모두 朴氏라고 하면서 阿達羅王의 직계후손인양 표기되어 있으나 실제는 그렇지 않았던 것 같다. 이는 후대의 역사가들이 신덕왕을 朴氏라고 하면서 그 조상을 찾다 보니, 朴氏로 신라 상대에 마지막 재위하였던 阿達羅王에게 연결시킨 것으로 추측된다(李鍾旭, 1980,『新羅上代王位繼承研究』, 영남대학교 출판부, 127쪽). 그러나 여기서 신덕왕의 父系와 母系가 朴氏라고 하여 모두 阿達羅王의 遠孫이라고 표현한 것은 단지 후대의 修史家들이 두찬한 것에 불과한 것이고, 신라 하대 朴氏 3王은 실제에 있어 朴氏가 아닌 金氏였다는 주장도 있다(文暻鉉, 1990,「新羅 朴氏의 骨品에 대하여」『歷史敎育論集』13·14합집, 244쪽). 그리고 신덕왕의 어머니가 朴氏라고 한 것은 신라시대의 王妃와 王母를 對唐交涉上 실제 金氏임에도 朴氏를 假姓한 경우가 많았듯이, 실제는 金氏일 가능성이 매우 크다.

갖게 되었다.176)

한편 경휘의 즉위전 정치적 경력을 알려주는 자료는 없다. 그러므로 그가 즉위할 수 있었던 것은 의부 예겸의 영향에 의한 것으로밖에 볼 수 없다.177) 사실 당시 孝恭王과 혈연적으로 가까운 관계에 있었던 인물은 더 있다. 먼저 전왕 진성여왕의 자식을 들 수 있다.178) 이들은 효공왕과는 姑從兄弟의 관계이다. 물론 이들은 진성여왕이 효공왕에게 禪位하였으므로 왕위계승서열에서 물러났을 것이지만, 효공왕이 자식이 없는 상황에서는 즉위할 수도 있는 위치의 인물이며 혈연관계를 가졌다. 또 헌강왕의 딸과 혼인한 金氏王家의 金孝宗도 있었다.179)

신덕왕이 효공왕과 이러한 혈연관계에 있었던 인물들, 특히 김효종을 제치고 즉위할 수 있었던 것은 그가 헌강왕의 女壻로서, 또 효공왕과는 서로 妻男인 동시에 妹壻라는 혈연관계를 바탕으로 하고, 이에 더하여 당시 최고실력자였던 乂兼을 중심으로 연결된 國人이라는 지지세력의180) 추대에 의한 비정상적인 왕위계승이었다.

그러므로 신덕왕의 즉위는 왕위계승 서열의 제한적 적용과 함께 보다 큰 작용을 한 정치적 관계에 의한 왕위계승이었다.181)

---

176) 李鍾旭에 의하면 경문왕 집단의 한 사람이었던 헌강왕의 딸을 기준으로 하여 그의 남편인 경휘(신덕왕)를 왕으로 삼게 되었다고 한다(1999, 『新羅骨品制研究』, 一潮閣, 232쪽).

177) 曹凡煥, 1991, 「新羅末 朴氏王의 登場과 그 政治的 性格」『歷史學報』 128.

178) 『삼국유사』 권2, 진성여왕 거타지조.

179) 金孝宗에 대해서는 뒤의 '4) 견훤의 침공과 김부의 옹립'을 참조 바람.

180) 神德王의 즉위를 지지한 세력은 그의 즉위와 함께 상대등에 임명된 繼康, 義父關係를 맺은 乂兼, 효공왕이 총애하는 賤妾을 죽였던 大臣 殷影 등이었다(曹凡煥, 앞의 글, 3~10쪽과 全基雄, 1994, 「新羅 下代의 花郞勢力」『신라문화』 10·11합집, 동국대학교 신라문화연구소).

181) 한편 崔在錫은 신덕왕이 왕위에 오른 것은 始祖의 外孫의 壻였기 때

4) 甄萱의 侵攻과 金傅(경순왕)의 擁立
-원성왕계의 부활-

신덕왕이 죽은 뒤 그의 아들 경명왕과 경애왕이 차례로 왕위를 계승하였다. 그러나 경애왕이 後百濟 甄萱의 침공을 받아 살해되고 金傅가 견훤에 의하여 추대되어 즉위하니, 이가 敬順王이다.

그런데 경순왕의 즉위는 앞에서 살펴본 왕들의 추대와는 차이가 있다. 다른 왕들은 국내 정치세력의 지지와 추대를 받아 즉위한 반면, 김부는 견훤이라는 외부의 제3세력에게 擁立되어 즉위하였다.

> ⒟-① (景哀)王은 왕비와 첩 여러 명과 함께 후궁에 숨어 있다가 붙잡혀 軍中으로 끌려 왔다. 萱은 왕을 협박하여 자살하도록 하고, 왕비를 강제로 욕보였으며, 부하들로 그 궁녀들을 욕보였다. 이어 왕의 族弟를 세워 國事를 權知케 하니, 이가 곧 敬順王이다 (『삼국사기』권12, 경애왕 4년).
>
> ② 敬順王이 즉위하였다. 이름은 傅이고, 文聖大王의 후손이며, 어머니는 桂娥太后이다. 왕은 甄萱의 擧事로 즉위하였다(『삼국사기』권12, 경순왕 즉위조).

이에 따르면 김부는 정상적인 왕위계승 절차나 형식에 의하지 않고 급작한 外患, 즉 견훤의 침공에 의하여 경애왕이 살해됨으로써 그가 견훤에게 추대되어 즉위한 것이다.[182]

그러나 경순왕이 비록 왕위계승권의 밖에 있기는 하였지만, 당시 왕족이었던 박씨로 표현되는 신덕왕의 후손을 제외하고는 그의 가계가 당시 신라 김씨의 가계 중에서 가장 정통성을 소지하고 있

문이라 하였으나(崔在錫, 1983, 「新羅王室의 王位繼承」, 앞의 책, 134쪽), 재고를 요한다.

182) 이와 거의 비슷한 내용이 『삼국유사』권2, 金傅大王條에도 실려 있다.

었던 것 같다.

위의 인용문 ⓓ-②에서도 보듯이 경순왕은 文聖王의 후손이므로, 그의 가계는 하대의 元聖王系이며, 그 중에서도 禮英系, 또 예영계 내에서도 均貞系에 속함을 알 수 있다. 즉 경순왕의 先代는 원성왕→예영→균정→신무왕→문성왕→金安→敏恭→仁慶→孝宗→경순왕으로 이어진다.[183]

이처럼 경순왕의 선대는 문성왕의 후손으로서 대대로 상대등과 시중의 관직을 역임하면서 정치 사회적으로 최고층에 속하는 가계의 하나였다. 즉 경순왕의 선대는 원성왕계의 예영계에 속하는 문성왕의 후손으로서 이후에도 정치계에서 지속적으로 위치를 유지해오던 유력한 가계였다. 그리고 경문왕계의 남자후손이 단절된 상황에서 왕위를 계승할 수 있는 효공왕과 가장 가까운 혈연관계에 있던 왕족 가운데 하나였다. 특히 경순왕의 아버지인 김효종은 효공왕이 아들이 없이 죽었을 때 왕위를 계승할 수 있는 자격을 가졌던 친족 중의 한 명이었으나,[184] 당시 막강한 세력을 가졌던 父兼이 추대하는 신덕왕에게 밀려 즉위하지 못하였다.

그리고 경순왕의 어머니는 桂娥夫人으로 헌강왕의 딸이다. 그녀는 헌강왕의 여러 부인 중에서 아마 正妃의 소생으로,[185] 신덕왕의 부인 義成王后와는 친자매였던 것 같다.[186] 결국 경순왕의 어머니

---

183) 이에 대해서는 제2장의 '20) 경순왕의 가계' 참조 바람.
184) 金孝宗은 소년시절 花郎으로서 이름을 날렸고(『삼국유사』 권5, 貧女養母), 이를 계기로 진성여왕의 주선으로 헌강왕의 딸과 혼인하였다. 또 처남인 효공왕의 재위기에는 902년(효공왕 6) 大阿飡으로 侍中이 되어 그를 보좌하면서 정치권 내에서 상당한 위치를 가지고 있었다.
185) 金孝宗이 桂娥夫人과 혼인한 것은 진성여왕대의 일이다. 이때에는 아직 효공왕 嶢가 헌강왕의 아들로 인정받지 못한 시기이므로, 헌강왕의 딸로 인정받고 있었던 桂娥夫人은 정비의 소생으로 봄이 옳겠다.
186) 아마 이러한 사항은 義成王后가 손위였기에, 孝恭王이 죽은 뒤 神德

계아부인은 하대 金氏들의 마지막 왕통인 경문왕계의 후손으로 효
공왕의 妹였기에, 경순왕은 효공왕과는 外叔과 表姪의 관계이다.
　한편 경순왕은 2명의 왕비가 있었는데, 前妃는 竹房夫人 朴氏이
고, 後妃는 王氏로 고려 태조의 딸이다. 그러나 후비 왕씨는 신라
멸망 뒤에 취한 태조의 딸 樂浪公主이므로 그의 즉위와는 무관하
다. 하지만 전비 박씨에 대해서도 자세한 것은 알 수 없다.[187]
　결국 김부의 즉위는 그가 母系에 의하여 재위중인 경애왕과 가까
운 혈연관계에 있었고,[188] 또 신덕왕의 즉위로 단절된 원성왕계 후
손으로서 헌강왕의 외손자였기에, 박씨인 경애왕을 무력으로 축출
한 견훤이 김씨왕가를 회복하여 준다는 명분에서[189] 신라인들의 큰
반발을 유발하지 않고 김부를 옹립함으로써 이루어진 것이다.

2. 추대에 의한 왕위계승의 특징

　신라 하대 추대에 의한 왕위계승의 사례 검토의 내용을 정리하
면 <표 5>와 같다.
　그러면 지금부터 <표 5>에 의거하여 하대의 추대에 의한 왕위
계승의 성격에 대하여 보다 자세히 살펴보도록 하자.

王의 즉위에 하나의 유리한 조건으로 작용되었을 것이다.
187)『慶州金氏世譜』에는 前妃는 竹房夫人 朴氏로 景哀王의 누이라고 하
　　였으나 좀더 검토를 필요로 하는 것이라 여기서는 따르지 않는다.
188) 史書에는 경애왕의 族弟(『삼국사기』 권12, 경애왕 4년 11월조), 경명
　　왕의 表弟(『삼국유사』 권2, 후백제견훤조)로 기록되어 있다.
189) 申虎澈, 1989,「新羅의 滅亡과 甄萱」『忠北史學』 2.

〈표 5〉 신라 하대의 추대와 왕위계승 사례

피추대인	전왕과 관계	혈연적 요인	정치적 요인	추대 원인	추대자
㊲宣德王 (金良相)	姑從 兄弟	奈勿王 10世孫 부:孝芳 조:元訓 모:四炤夫人 (부:聖德王) 비:具足夫人 (부:良品 혹 義恭)	764:阿飡, 侍中(～768) 771:肅政臺・修城府令 774:上大等 777:時政極論 780:金志貞 난 진압	金志貞 난, 혜공왕 弑害	群臣, 國人
金周元	族子	태종무열왕 후손 부:惟正 조:思仁, 증조:大壯 고조:文王	777:伊飡, 侍中 785:上宰	선덕왕 無子	群臣, 國人
㊳元聖王 (金敬信)	(母系 從)弟	내물왕 12세손 부:孝讓 조:魏文(혹 訓入) 증조:義寬 고조:法宣 모:繼烏夫人 (부:朴昌近) 비:淑貞夫人 (부:金神述)	780:金志貞 난 진압 이후:上大等	홍수, 탈취	或者, 國人
(53)神德王 (朴景暉)	妻男, 妹壻	阿達羅王 遠孫 친부:文元 조:文官 의부:銳謙 모:貞和夫人 (阿達羅王 遠孫, 조:元弘) 비:義成王后 (부:憲康王)		효공왕 無子	國人
(56)敬順王 (金傅)	族弟 (姨從弟)	文聖王 後孫 부:孝宗 조:仁慶, 증조:敏恭 고조:安 모:桂娥太后 (부:憲康王) 비:竹房夫人 朴氏		甄萱 침공 경애왕 弑害	甄萱

하대 20차례의 왕위계승 중에서 추대의 과정을 거쳐 즉위한 왕은 제37대 선덕왕, 제38대 원성왕, 제53대 신덕왕, 제56대 경순왕 등 모두 4차례이다. 그러나 원성왕의 경우는 비록 추대의 형식을 거치기는 했으나 엄격한 의미에서는 왕위계승예정자인 김주원으로부터의 탈취였다. 하지만 중대에는 유일하게 聖德王이 國人의 추대를 받아 즉위한 것에 비하면, 하대의 추대에 의한 왕위계승 현상은 그 사례가 많아 마치 상대의 왕위계승과 외형상 유사하다.

추대에 의한 왕위계승이 이루어진 시기는 신라 중대 말에서 하대 초로 이행하는 대전환기에 제37대 선덕왕과 제38대 원성왕, 그리고 하대 말로 이행하는 시기의 제53대 신덕왕, 신라 멸망의 주인공인 제56대 경순왕의 즉위과정이다. 결국 이러한 추대에 의한 왕위계승은 신라 하대 정치사에서 급격한 대전환기에 있었던 왕위계승의 양상이다.

1) 추대와 혈연적 배경

앞의 <표 5>에서 보면 추대된 자들은 前王의 姑從兄弟 1, 妹壻 1, 族弟(姨從弟) 1, 族子 1, (母系從)弟 1명 등으로 모두 전왕과는 傍系 또는 혼인으로 연결된 친족관계에 있었다. 그리고 추대되어 실제 즉위한 왕들의 전왕과 혈연관계는 고종형제 1, 매서 1, 이종제 1, (모계종)제 1명이다.

이에서 보면 하대의 추대에 의한 왕위계승은 정상적인 부자계승과는 크게 다름을 알 수 있다. 심지어 전왕과의 혈연관계가 부계친의 범위에도 속하지 않은 자들이 추대되어 실제 즉위하였다. 다시 말하면 왕으로 추대된 자들의 부계는 대체로 당시 왕실과는 관계가 없는 내물왕계의 후손 또는 박씨계의 인물이다. 다만 예외로 경순왕만은 원성왕계에 속하는 문성왕의 후손인데, 이는 추대자가 신라 내의 세력이 아니라 후백제의 견훤이라는 제3세력이 신라왕실의 정통을 회복한다는 명분에 의하여 이루어진 옹립이었기에 그러하다.

하지만 추대되어져 즉위한 왕들은 그들이 그렇게 될 수 있는 최소한의 혈연적 조건, 즉 비록 전왕의 부계친은 아니지만 모계 또는 비계로는 어느 정도 가까운 혈연관계를 맺고 있었다. 하대의 첫 왕인 선덕왕은 성덕왕의 외손으로 혜공왕의 고종형제이고, 원성왕은 선덕왕의 (모계종)제이며, 신덕왕은 헌강왕의 女壻이면서 효공왕의 妻男·妹壻였고, 경순왕은 헌강왕의 외손자로서 경애왕의 이종형제였다. 그러므로 이들은 바로 직전의 왕들과는 모계와 비계로 맺어진, 다시 말하면 男系親이 아니라 女系親이었다.

이는 하대의 왕위계승에서 가장 비정상적이고 비평화적인 계승인 찬탈로 즉위한 왕들이 전왕의 叔父·堂姪·再從弟 등 상당히 가까운 부계친에 의해 이루어졌던 것에 비하여,[190] 추대에 의한 왕위계승은 혈연적으로는 전왕과는 부계친의 관계에 의한 것이 아니었을 뿐만 아니라 더구나 상대적으로 거리가 먼 친족들 사이에 이루어졌음을 알 수 있다.

이들이 추대된 원인은 선덕왕은 혜공왕이 시해되었기 때문에, 김주원은 선덕왕이 無子여서, 원성왕은 왕위계승예정자인 김주원으로부터 탈취한 것을 정당화하기 위한 방법으로, 신덕왕은 효공왕이 無子였기에, 경순왕은 후백제 견훤이라는 외세에 의하여 추대되었다. 다시 말하면 선덕왕과 원성왕은 자신들의 정치적 세력에 의하여 추대되었고, 신덕왕은 의부 예겸의 영향에 의해서 추대된 듯하다. 다만 경순왕만은 자신의 가계의 정치적 힘도 있었지만,

---

190) 이에 대해서는 'Ⅳ. 찬탈에 의한 왕위계승'을 참조 바란다.

이보다는 그의 혈연적 기반이 중요한 요인이 되어 외세라는 변수
에 의하여 옹립되었다.

결국 하대에 있었던 추대에 의한 즉위에서는 신라시대 왕위계승
에서 가장 기본적으로 작용하였던 기능인 혈연적 요건이 부차적으
로 작용되었고, 오히려 정치적인 요인이 우선적으로 작용하면서
眞骨과 王族이라는 신분을 자격요건으로 하였다.

그 결과 추대에 의한 왕위계승은 신라 하대 정치사에서 제37대
선덕왕의 즉위는 중대 武烈王系에서 復活奈勿王系로의 변화이면
서 하대의 성립이었고, 제38대 원성왕의 즉위는 부활내물왕계이면
서도 원성왕계의 성립, 제53대 신덕왕의 즉위는 원성왕계에서 박
씨왕계로의 전환, 제56대 경순왕의 즉위는 박씨왕계에서 復活元聖
王系로 왕통이 변화하는 대전환의 결과를 낳았다.

2) 추대와 정치적 요인

앞에서 언급하였듯이 추대에 의한 왕위계승은 추대된 자가 가졌
던 전왕과 혈연적 관계도 중요하지만, 그보다는 정치적 관계가 더
크게 작용하여 결정된 것이다. 다시 말하면 추대된 자의 신분이 혈
연적으로 바로 직전 왕의 姻戚이라는 최소한의 관계에다가, 정치
적으로는 자신의 정치적 요인과 추대자의 힘에 의해 추대되었다.

추대된 인물의 정치적 요인은 무엇보다도 정치적 경력을 들 수
있다. 하대 초에 왕위계승자로 추대된 선덕왕은 시중과 상대등, 김
주원은 시중과 上宰, 원성왕은 상대등을 역임한 경력이 있다. 특히
선덕왕과 원성왕은 상대등 재임중에 추대되어 실제 즉위하였다.
이러한 현상을 두고 중대에는 정치의 후면으로 물러섰던 상대등이
정치의 일선에 재등장하게 된 것이라고 이해하기도 하지만,[191] 사

실은 추대된 자의 능력과 더불어 추대자들의 힘이 작용한 것이다.
더욱이 하대 말에 신덕왕과 경순왕은 본인들의 관직 경력과는 직
접적인 관련이 없는 듯하고, 추대한 세력에 의하여 옹립되어 즉위
한 것이다.

앞의 <표 5>에서 보면 신라 하대의 왕위계승에서 선덕왕을 추
대한 정치세력은 群臣과 國人, 김주원을 추대한 세력은 國人과 群
臣, 원성왕을 추대한 세력은 或者와 國人, 신덕왕은 國人, 경순왕
을 추대한 세력은 후백제의 甄萱이었다. 즉 새로운 왕들을 추대한
국내의 정치세력을 사서에는 일반적으로 '國人'과 '群臣'이란 용어
로 표현하였음을 알 수 있다.

국인이란 그 자체가 '나라 사람'이란 뜻이지만 실제는 지지한 세
력, 즉 새로운 왕을 추대한 자들의 특정집단을 지칭한다. 그러므로
추대에 의한 왕위계승에는 추대세력인 국인과 군신의 실체를 밝히
는 것은 신라 하대의 추대에 의한 왕위계승의 성격을 살펴보는 데
중요한 관건이다.

먼저 국인에 대하여 살펴보자. 신라의 왕위계승에 국인이 참여
한 경우가 더러 있었다.

   ⓔ-① 왕이 좌우에게 말하기를 "二聖이 돌아가고 외로운 내가 國人의
      추대를 받아 외람되게 왕위에 앉게 되었다. …"고 하였다(『삼국
      사기』 권1, 남해차차웅 원년 7월).

    ② 阿達羅王이 죽고 無子이므로 國人이 세웠다(『삼국사기』 권2, 벌
      휴이사금 즉위조).

    ③ 沾解가 죽고 無子이므로 國人이 味鄒를 세웠다(『삼국사기』 권2,
      미추이사금 즉위조).

    ④ 奈勿이 죽고 그의 아들이 幼少하여 國人이 實聖을 세워 왕위를

---

191) 李基白, 앞의 글, 111쪽.

잇게 하였다(『삼국사기』 권3, 실성왕 즉위조).

⑤ 王이 죽고 無子이므로 國人이 德曼을 세우고 聖祖皇姑라 높이어 불렀다(『삼국사기』 권5, 선덕왕 즉위조).

⑥ 孝昭王이 죽고 無子이므로 國人이 세웠다(『삼국사기』 권8, 성덕왕 즉위조).

⑦ 建中 4년 乾運이 죽고 아들이 없으므로 國人들이 그 나라 國上 金良相을 세워 왕으로 삼았다(『구당서』 권199, 동이전 신라조).

⑧ 이에 衆議가 만장일치하여 세워 왕위를 잇게 하니, 얼마 후에 비가 그치어 國人이 모두 萬歲를 불렀다(『삼국사기』 권10, 원성왕 즉위조).

⑨ 宣德王이 죽으매 國人이 周元을 받들어 王을 삼으려 하였으나 … 上宰의 徒衆들도 모두 와서 붙었다(『삼국유사』 권2, 元聖大王).

⑩ 孝恭王이 죽고 無子이므로 國人이 推戴하여 즉위하였다(『삼국사기』 권12, 신덕왕 즉위조).

⑪ 제25대 사륜왕의 시호는 진지대왕인데 … 나라를 다스린 지 4년만에 정치가 혼란하고 음탕하여 國人이 몰아내었다(『삼국유사』 권1, 挑花女鼻莉郎).

위의 인용문에서 보듯이 國人은 신라의 왕위계승에 절대적인 영향을 미치는 존재였다. 전왕이 죽은 뒤 왕위를 이을 마땅한 아들이 없거나(無子·無嗣子), 또는 있어도 幼少하거나 不肖하여 적절하지 못할 경우에는 국인이 왕위계승자를 세우고 즉위케 하였다.[192] 다시 말하면 왕실의 계보가 변하거나 국가의 분규가 예상되는 왕위계승에는 '國人推戴'·'國人立之'라 하여 결정적인 영향력을 발

---

192) 한편 朴南守는 전왕이 嫡統者가 없이 죽거나 아들이 있더라도 너무 어려 국정을 맡기기 어려운 경우, 왕위계승자가 不德한 경우 國人이 세우는 형식으로 추대되었다고 보아(2003, 「新羅 和白會議에 관한 再檢討」『新羅文化』 21, 213쪽), 필자와 생각을 같이 하였다.

휘한 존재가 국인이었다. 그리고 국인은 왕의 즉위뿐만 아니라 Ⓔ
－⑪에서 보듯이 왕의 폐위결정에도 참여하였다.

그러면 국인의 실체는 무엇일까? 특히 하대의 왕위계승과 관련해
서는 이 시기 국인의 실체에 대하여 살펴볼 필요가 있다.

하대의 국인에 대한 용례를 살펴보면 앞의 Ⓔ－⑦·⑧·⑨·
⑩과 더불어 다음과 같은 것들이 있다.

Ⓕ－① 妾이 내일 시내에 割劇하면 國人이 어떻게 할 수 없을 것이다.
　　　대왕은 반드시 높은 벼슬을 걸고 나를 잡을 사람을 찾을 것이다
　　　(『삼국유사』 권5, 金現感虎).

② 홍수가 나고 겨울에 눈이 오지 아니하고 國人이 많이 질병에 걸
　　렸다(『삼국사기』 권11, 경문왕 10년 7월).

③ 이에 國人이 문에 處容의 모습을 그려 붙여 나쁜 귀신을 쫓고 복
　　을 맞아들이는 것이다(『삼국유사』 권2, 處容郎望海寺).

④ 南山神이 임금 앞에 나타나 춤을 추었다. 옆에 사람들은 못 보는
　　데 왕만 이것을 보았다. … 그러므로 지금까지 國人이 이 춤을
　　전해오고 있다(『삼국유사』 권2, 處容郎望海寺).

⑤ 地神과 山神이 나라가 장차 망할 것을 알았기 때문에 일부러 춤
　　을 추어 경고한 것인데, 國人이 알지 못하고 좋은 징조가 나타났
　　다고 생각하고 유흥에만 심하게 빠졌기 때문에 나라가 결국에는
　　망하였다(『삼국유사』 권2, 處容郎望海寺).

⑥ 제51 眞聖女王이 나라를 다스린 지 몇 년 동안에 … 國人이 이
　　를 걱정하여 陀羅尼로 隱語를 만들어 써서 길바닥에 던져두었
　　다. 王과 權臣 等이 이를 얻어서 말하기를 … (『삼국유사』 권2,
　　眞聖女王居陀知).

위의 인용문에서의 국인은 대체로 '나라 사람'이라는 일반적인
의미로 사용되었다. 그러므로 이때의 국인은 어떤 특정한 정치적
세력집단이라고 볼 수는 없다.

한편 신라 상고기의 국인에 대해서는 그들의 정치적 역할에 주
목하여 群臣會議 혹은 和白會議의 구성원으로서 群臣, 六部族長,
貴族 등으로 규정하기도[193] 하였다. 그렇지만 위의 인용문에 의하
면 하대의 국인은 이와 일치하지는 않았던 것 같다. 그래서 하대의
국인은 어느 일정한 정치권력집단이나 직책을 가진 신료, 혹은 범
주화된 귀족세력이기보다는 王京의 중심집단을 형성하는 일반 왕
경인계층으로서 왕위의 결정이나 국가의 중대사에 여론과 중의로
써 정치적인 영향력을 행사할 수 있었던 사람들을 지칭하는 것이
라고 본 견해도 제기되었다.[194]

그러나 인용문 Ⓕ-⑥에서 보듯이 국인은 寵臣·權臣과는 분
명히 대비되는 존재들이었으며, 특히 Ⓔ-⑨에서 보듯이 김주원
을 추대한 국인은 '上宰(김주원)의 徒衆'으로 표현되는 특정 범위
의 사람들이었다.

참고로 고구려와 백제의 국인에 대한 기록을 살펴보면 다음과
같은 것이 있다.

Ⓖ-① 대무신왕이 죽었으나 태자가 어려서 정사를 맡아 볼 수 없었다.
이에 國人이 (민중왕을) 추대하여 세웠다(『삼국사기』 권14, 민중
왕 즉위조).

② 慕本王이 죽었을 때 태자가 불초하여 사직을 주관하기에 부족하
므로, 國人이 宮(태조대왕)을 맞이하여 뒤를 이어 왕위에 오르게
하였다(『삼국사기』 권15, 태조대왕 즉위조).

③ 이 왕이 죽자 柴原에 장사지내고 東川王이라 하였다. 國人은 왕

---

193) 南在祐, 1990, 「新羅 上古期의 國人層」 『韓國上古史學報』 10.
194) 全基雄, 1996, 『羅末麗初의 政治社會와 文人知識人層』, 혜안, 46쪽.
　　　최근에 金羲滿은 '國人은 당시 국가의 정치권력가로서 화백회의의 운
　　　영뿐만 아니라 국가의 중대사를 처리하던 핵심권력자'라고 하였다
　　　(2003, 「新羅 和白會議의 人的 構成과 運營」 『新羅文化』 21, 244쪽).

의 은덕을 생각하여 애통해 하지 않는 자가 없었다(『삼국사기』 권17, 동천왕 22년 9월).

④ 이름은 藥盧이고, 中川王의 둘째 아들인데, 성품이 총명하고 어질어 國人이 사랑하고 공경하였다(『삼국사기』 권17, 서천왕 즉위조).

⑤ 蓋蘇文[또는 蓋金]은 성이 淵인데, 스스로 말하기를 물 속에서 태어났다고 하여 사람들을 현혹시켰다. 생김새가 씩씩하고 뛰어났으며, 의지와 기개가 커서 작은 것에 얽매이지 않았다. 그 아버지는 東部大人으로 大對盧였다가 죽으매 개소문이 마땅히 계승하여야 하였으나 國人이 그의 성격이 잔인하고 포악하다고 하여 미워하였으므로 그 자리에 오를 수 없었다. 소문이 머리를 숙이고 무리(衆)에게 사죄하여 그 직을 임시로 맡기를 청하고, 만약 옳지 못함이 생기면 비록 廢位되어도 후회하지 않을 것이라 함에, 무리가 불쌍히 여겨 드디어 관직의 계승을 허락하였다(『삼국사기』 권49, 淵蓋蘇文傳).

⑥ 왕의 여러 아들과 신하들이 朱蒙을 장차 죽이려고 함에 주몽의 어머니가 알고 그에게 말하기를 "國人이 장차 너를 죽이려고 하니, 너의 재략으로 어디를 간들 못살겠느냐. 속히 도망하라."고 하였다(삼국유사』 권1, 고구려).

⑦ 고구려본기에 고(구)려 말인 武德·貞觀 연간에 國人이 五斗米敎를 다투어 신봉하니, 唐 高祖가 듣고 道士를 시켜 천존상을 보내고 『도덕경』을 강연케 하였다. 왕이 國人과 함께 청강하였다(『삼국유사』 권3, 寶藏奉老普德移庵).

⑧ 眞淨을 朝廷佐平으로 삼았다. 淨은 王后의 親戚으로 성품이 사납고 어질지 못하고, 일에 대해서는 가혹하고 까다로우며, 세력을 믿고 모든 일을 마음대로 처리함에 國人이 미워하였다(『삼국사기』 권24, 근초고왕 2년 정월).

⑨ 제30대 武王의 이름은 璋이다. … 항상 마를 캐어 팔아서 생활하였으므로, 國人이 이렇게 이름을 지었다(『삼국유사』 권2, 武王).

⑩ 腆支는 倭人을 머물러 두어 자기를 호위하게 하고, 바다의 섬에 의거하여 기다렸더니, 國人이 蝶禮를 죽이고 전지를 맞아 왕위에 오르게 하였다(『삼국사기』 권 25, 전지왕 즉위조).

고구려와 백제의 국인에 대한 기록 역시 일반적인 '나라 사람'
의 의미도 있지만, 때로는 정치적인 힘을 가진 자들에 대한 지칭
이었다. 후자의 경우 국인은 국왕을 추대하여 결정하는 등 왕위
계승에 관여하는 정치세력이었다. 특히 연개소문의 大對盧 취임
과정에서 보듯이 고구려의 국인은 무리(衆)로 표현되는 정치세력
집단이었다. 그리고 국인은 때로는 국왕의 자질과 정치에 대해
여론을 통하여 평가하고 있다. 이를 통해서 추측컨대 이러한 국인
층의 중론은 국왕과 통치집단에 대해 영향력을 행사하였음을 알
수 있다.

결국 고구려와 백제는 물론 신라 상대·중대의 '국인'에 대한 표
현을 참고해 보아도, 신라 하대의 왕위계승에 관여한 국인은 협의
의 왕국인 王京에 거주하는 일정한 범주의 정치집단으로 보아야할
듯하다.195)

한편 신라의 왕위계승에는 群臣이 참여하는 경우도 있었다.

㉻-① 基臨이 죽고 無子이므로 群臣이 의논하여 말하기를 "訖解는 어
　　려서부터 老成한 덕이 있다." 하고, 곧 받들어 세웠다(『삼국사
　　기』 권2, 흘해왕 원년).

② 眞德이 죽자 群臣이 閼川 伊湌에게 攝政을 청하였으나, 閼川이
　　사양하였다. … 드디어 왕으로 받드니 (金)春秋가 여러 번 사양
　　하다가 어쩔 수 없이 왕위에 올랐다(『삼국사기』 권5, 태종무열왕
　　원년).

③ 宣德이 죽고 無子이므로 群臣이 후사를 의논하여 王의 族子인
　　(金)周元을 세우려 하였다(『삼국사기』 권10, 원성왕 즉위조).

---

195) 그리고 이러한 국인의 결정에는 당시 왕실내에서의 위계상 선덕왕의
　　경우는 성덕왕비 성정왕후 또는 혜공왕의 어머니 만월부인, 김주원의
　　경우에는 선덕왕의 어머니 사소부인, 신덕왕의 경우에는 헌강왕비 의
　　명왕후의 정치적 영향력이 작용한 듯하다.

④ 여름 4월 왕이 왕위를 물려주려다가 群臣이 여러 번에 걸쳐 表
를 올려 諫하므로 그치었다(『삼국사기』 권9, 선덕왕 5년).

이처럼 군신은 신라 전시기를 통하여 왕위계승에 참여하였
다.[196] 특히 왕이 無子로 죽었고, 그러면서 왕위계승자를 지명하는
유조도 없었던 경우에는 군신이 의논하여 계승자를 정하고 즉위케
하였다. 그리고 때로는 왕의 선위를 중지시키기도 하였다(ㅂ - ④).
그러면 군신의 실체는 무엇일까? 특히 하대의 왕위계승과 관련
해서는 이 시기의 군신이란 표현에 대하여 살펴볼 필요가 있다.
하대의 군신에 대한 용례를 살펴보면 다음과 같은 것들이 있다.

ⓘ - ① 4월 왕이 양위하려 했으나 군신이 세 번이나 글을 올려 말렸으므
로 그만 두었다(『삼국사기』 권10, 선덕왕 5년).

② 선덕왕이 죽자 아들이 없으므로 군신들이 의논한 후 왕의 族子
周元을 왕으로 세우려 하였다(『삼국사기』 권10 원성왕 즉위조).

③ 群臣이 表를 올려 妃를 맞아들이기를 청하였으나 王은 "雙鳥도
짝을 잃은 슬픔이 있거늘 하물며 좋은 배필을 잃고서 어찌 차마
무정하게 곧 再娶하리요." 하고 따르지 않았다(『삼국사기』 권10,
흥덕왕 원년).

④ 群臣이 禮로 장례하고 시호를 閔哀라 하였다(『삼국사기』 권10,
민애왕 2년).

⑤ 3월 群臣을 崇禮殿에서 연회를 하는데, 즐거움이 대단하여 왕이
琴을 타고 伊湌 忠榮은 일어나 춤을 추었다(『삼국사기』 권10, 헌
덕왕 6년).

⑥ 3월 臨海殿에서 群臣과 연회를 하는데, 술이 무르익자 왕이 琴
을 타고 左右 신하들은 각각 가사를 지어 바치며 대단히 즐겁게
놀다가 헤어졌다(『삼국사기』 권11, 헌강왕 7년).

---

196) 한편 일본 고대의 왕위계승에서 群臣의 역할에 대해서는 이재석의 글
(2002, 「일본 고대 群臣層과 왕위계승」『史叢』 55)이 참고가 된다.

⑦ 10월 왕은 사방의 토지가 모두 다른 사람의 차지가 되었고 나라
는 약하고 형세는 외롭게 되어 스스로 힘으로 안정시킬 수 없다
고 여겨, 여러 신하들과 더불어 도모하여 땅을 들어 태조에게 항
복하려고 하였다. 群臣이 의논하기를 혹은 그렇게 하는 것이 옳
다 혹은 그르다 하였다(『삼국사기』 권11, 경순왕 9년).

위의 인용문에서 보듯이, 문헌기록에 표기된 신라 하대의 군신
이란 광의로는 여러 신하를 뜻하지만, 그러나 모든 관료를 의미하
는 것은 아니었다. 어느 선의 고위관료로 그 범위가 제한되었던 것
같다. 그리고 이들은 새로운 국왕의 추대나 국왕의 폐위를 논의하
여 결정하였고, 국왕의 혼인, 국왕의 장례와 시호제정, 왕조의 항복
문제 등을 논의하여 결정하였다.

그런데 군신들은 이러한 사항을 결정하는 데에는 논의의 과정을
거쳤다. 최근의 연구에 의하면 신라시대에는 群臣會議(和白會議)
가 있었는데, 하대에 이르면 이 회의의 성원은 上大等・兵部令・
侍中을 포함한 재상들이었다고 한다.[197] 그렇다면 중고기에 있었
던 태종무열왕의 추대와[198] 하대 원성왕의 추대과정에서[199] 보듯
이, 하대에도 정상적인 왕위계승자나 전왕의 유조를 받은 왕위계
승권자가 없는 경우에는 王族 중심의 群臣들이 貴族高位官僚會議
의 논의를 통하여 새로운 왕을 추대하였던 것으로 보겠다.

지금까지 살펴본 바에 의하면 국인이나 군신은 모두 새로운 왕
의 추대와 즉위과정에 참여하여 결정적인 역할을 하였다. 그리고
선덕왕의 즉위과정에서 보면 중국사서에서는 國人, 『삼국사기』에
서는 群臣으로 표현하였다. 또 김주원의 추대에서 보면 『삼국사

---

197) 李仁哲, 1993, 「新羅의 群臣會議와 宰相制度」 『新羅政治制度史研
究』, 一志社, 86~123쪽.
198) 『삼국사기』 권5, 태종무열왕 원년조 및 권42, 金庾信傳 中 참조.
199) 『삼국사기』 권10, 원성왕 즉위조.

기』에서는 群臣, 『삼국유사』에서는 國人이라 하여, 이 경우에는 국인과 군신은 동일한 개념으로 사용되기도 하였다. 그러나 왕위계승이 아닌 다른 기록에서 군신과 국인의 용례를 보면, 이 둘은 차이가 있다. 국인은 관료와 귀족, 때로는 일정 범주의 보다 하위 집단까지도 포함한 보다 큰 범주의 개념이다. 그러므로 국인에 비하면 군신은 특정 범위의 귀족에 속한 관료층을 의미하는 용어로 사용된 듯하다. 즉 국인은 군신을 포함한 용어로 사용되었음을 알 수 있다.

이처럼 신라 하대의 왕위계승에서 왕위를 계승할 정당한 아들이 없는 경우에는 국인이나 군신이 참여하였다. 그런데 이 경우 비록 왕의 아들이 없다고는 하나 그렇더라도 전왕의 유조가 있어 왕위계승자를 지명한 경우에는 국인이 참여하지 않았다. 그러므로 전왕의 아들이 없고 왕위계승자를 지명하지 않은 경우에만 국인이 왕위계승에 참여하였다. 그리고 이들은 때로는 왕의 폐위에도 주동적 역할을 하기도 하였다.

추대에 의한 왕위계승은 태자로 책봉된 왕위계승자가 없거나, 유조를 통해 지명하지 않은 상태에서 재위중인 왕이 자연사하거나 또는 살해된 경우와, 또는 이 경우에 처하면 국인 또는 군신에 의한 귀족고위관료회의(군신회의·화백회의)의 합의로써 새 왕이 추대되었다. 또 사정에 따라 추대된 인물이 다른 경쟁자를 물리치고 즉위하기 때문에 방법상으로는 비정상적인 왕위계승이다.

결국 하대의 추대에 의한 왕위계승의 특징은 다음과 같다.

하대의 추대에 의한 왕위계승은 제37대 선덕왕, 제38대 원성왕, 제53대 신덕왕, 제 56대 경순왕 등 모두 4차례 있었다. 이 중에서 원성왕의 경우는 추대의 절차는 거쳤으나 왕위계승자의 예정자인 김주원으로부터 왕위를 탈취한 것이므로 엄격한 의미에서는 찬탈이었고, 반면에 김주원의 경우는 왕위계승자로 추대는 되었으나 원성왕에게 왕위를 탈취 당하여 왕위계승에 실패하였다. 그러므로 하대에 왕위계승자로 추대되었던 인물은 모두 5명이었다.

추대에 의한 왕위계승이 이루어진 시기는 중대에서 하대로의 전환기와 하대 말기에 있었던 김씨왕에서 박씨왕으로, 다시 박씨왕에서 김씨왕으로의 전환기에 이루어졌다. 그 결과 내물왕계의 부활, 원성왕계의 성립, 박씨왕통의 등장, 원성왕계의 부활이라는 왕통의 변화는 물론 정치 사회적으로 크다란 변환을 낳았다.

추대란 태자책봉이나 유조에 의한 정상적인 왕위계승이 아니라 비정상적인 왕위계승의 한 형태이었다. 그리고 신라 하대에 추대에 의하여 실제 즉위한 왕은 전왕과는 혈연상 부계친의 직계가 아니라 고종형제 1명, 매서 1명, 족제(姨從弟) 1명, (모계종)제 1명 등으로 주로 여자의 혼인에 의하여 맺어진 친족간에 이루어졌고, 전왕과는 모두 同世代에 속하는 관계이다. 즉 추대에 의한 왕위계승은 전왕의 父系親보다는 母系親 — 크게는 女系親의 동세대에 의한 水平繼承이었다.

하대의 추대에 의한 왕위계승은 추대된 자들의 신분이 혈연적으로는 바로 직전 왕의 인척이라는 최소한의 관계에다가 본인의 정치적 경력과 추대자의 세력에 의하여 추대되었다. 그러므로 이 경우에는 왕위계승에 가장 기본적으로 작용하였던 기능인 혈연적 요건이 부차적으로 작용되었고, 오히려 정치적인 요인이 우선적이었고 또 상대적으로 크게 작용하였다. 그리고 하대 초기에는 골품제상 진골의 신분을, 말기에는 다만 왕족이라는 신분을 추대의 자격 요건으로 하였다. 그 결과 추대에 의한 왕위계승은 원성왕계라는 동일한 가계 내에서 이루어진 가장 비정상적인 왕위계승인 찬탈의 경우보다 더 큰 왕통의 변화를 낳았다.

추대에 의한 왕위계승에 우선적으로 작용한 정치적 요인으로는 國人 또는 群臣의 영향력을 들 수 있다. 국인이란 그 자체가 나라 사람이란 뜻이지만, 그러나 하대의 왕위계승에 절대적인 영향을 미친 국인은 王京에 생활하면서 왕위의 결정이나 국가의 중대사에 여론과 중의로써 정치적 영향력을 행사할 수 있었던 일정한 범주의 정치집단이었다. 그리고 하대의 군신은 일정 범위의 고위관료층을 지칭한다. 이들은 국가의 여러 중대사를 결정하였는데, 때로는 왕족을 비롯한 귀족과 고위관료들로 구성된 귀족고위관료회의의 합의를 통하여 새로운 왕을 추대하기도 하였다. 그러나 국인에 비하면 군신은 관료층을 의미하는 제한적 용어이다. 즉 왕위계승과 관련하여 기록되어 있는 국인은 군신을 포함한 표현이다.

그러므로 하대의 추대에 의한 왕위계승은 책봉된 태자가 없거나 또는 유조를 통해 왕위계승자가 정해지지 않은 상태에서 왕이 자연사하거나 살해된 경우에 국인 또는 군신에 의하여 추대되어 즉위하는 비정상적인 왕위계승의 한 형태였다.

결국 신라 하대의 왕위계승은 부자계승을 이상으로 하는 부계친계승이었으나, 정치적 상황변화에 따라 추대에 의한 비정상적인 계승이 발생하면서, 가끔 특별한 경우에는 이 원칙이 지켜지지 못하고 예외적으로 女系親이 추대되고 즉위하는 경우도 있었다.

Ⅵ. 왕위계승의 혈연적 특징

신라 하대의 왕위계승을 외형적인 방법상에 따라 유형별로 나누면 전체 20차례의 왕위계승 가운데 평화적 왕위교체는 계위 11차례와 선위 1차례로 모두 12차례였고, 비평화적 왕위교체는 찬탈 5차례와 추대 3차례로 모두 8차례였다.

그리고 혈연관계에서 보면 前王의 자 4차례, 제(매) 4차례, 손자 1차례, 숙부 2차례, 질 1차례, 여서 2차례 등 3촌 이내의 父系親에 의한 계승 14차례와, 당질 1차례, 재종형제 2차례 등 5~6촌의 부계친에 의한 계승 3차례였으므로, 결국 6촌 이내의 부계친에 의한 왕위계승은 모두 17차례였다. 반면에 고종형제 1차례, (모계종)제 1차례, 외종제 1차례 등 母系親에 의한 계승은 모두 3차례였다. 이러한 왕위계승의 양상은 신라 중대에 비하면 부자계승원칙이 크게 변질되었음을 보여주는 것이라 하겠다.

또 하대의 왕위계승 양상을 외형적 방법과 전왕과의 혈연적 관계를 결부시켜 살펴보면, 먼저 계위 11차례 중에는 자 4차례, 제 4차례, 숙부 1차례, 손자 1차례, 여서 1차례이고, 선위는 질 1차례로서 계위와 선위에 의한 평화적인 왕위계승은 대체로 자ㆍ제ㆍ숙부ㆍ손자ㆍ질 등 3촌 이내의 부계친 사이에서 이루어졌다고 보겠다. 그러면서도 자ㆍ손자의 後世代에 의한 왕위계승 5차례와 제ㆍ숙부의 同世代ㆍ先世代에 의한 계승 5차례로, 부자계승형과 비부자계승형이 같은 비율로 이루어졌음을 알 수 있다.

한편 찬탈에 의한 계승은 숙부 1차례, 당질 1차례, 재종형제 2차례, (모계종)제 1차례 등 대체로 3촌 밖의 부계친에 의하였으며, 후세대에 속하는 자보다는 주로 선세대와 동세대에 의해 이루어졌다. 반면에 추대에 의한 왕위계승은 姑從兄弟 1차례, 妹壻 1차례, 族弟(姨從弟) 1차례 등 주로 여자의 혼인으로 맺어진 異姓親 사이에 이루어졌고, 전왕과는 모두 동세대에 속하는 관계이다.

결국 신라 하대의 정상적인 왕위계승은 태자책봉에 의한 부자계승이 기본이었고, 때로는 형제계승도 있었다. 비정상적인 왕위계승의 경우는 대체로 동세대 또는 선세대로 이어져 부자계승이 변질된 형태이지만 그 사례는 상대적으로 적다.

그러면 이러한 현상이 나타난 원인은 어디에 있는가? 즉 신라 중대의 무열왕계 왕권에서는 왕위의 부자계승이 정형화되어 있었는데, 하대에 들어와 오히려 형제계승의 현상이 이렇게 많이 나타나게 된 것은 무엇 때문일까 하는 궁금증이 생긴다.

그 원인을 알아보기 위해서 하대의 왕위계승 중에서 평화적인 계승을 대상으로 살펴볼 필요가 있다. 그 이유는 여러 방법의 왕위계승 중에서 평화적 계승인 태자책봉에 의한 계위와 선위 및 유조에 의한 계승에는 왕위계승의 중요한 요인 중에서 혈연관계가 무엇보다도 우선적으로 작용한 경향이 있었기 때문이다.

평화적인 왕위계승 중에서도 가장 정상적인 방법인 태자책봉을 거쳐 즉위하는 경우를 살펴보면, 태자에 책봉된 13차례의 경우 중에서 실제 왕위를 계승한 것은 7차례이다. 나머지 6명의 태자 중에서 4명은 전왕보다 먼저 죽었고, 1명은 신라의 멸망으로 왕위계승이 불가능하게 되었으며, 1명은 그 정확한 이유를 알 수 없다.

한편 태자에 임명된 13명의 혈연관계는 재위중인 왕의 子 9명, 孫子 1명, 弟 2명, 姪 1명 등으로 전체적으로 비교적 직계자손이 많은 편이지만, 중대의 책봉된 태자에 비하면 非直系가 많다. 그리고 이들 중에서 실제 왕위를 계승한 7명 태자는 전왕의 자 4명, 손

자 1명, 제 1명, 질 1명 등으로 이 또한 직계자손에 대한 비직계의
비율이 상당히 높은 수치를 나타낸다.

이처럼 태자책봉에 의한 왕위계승에서 非父子繼承的인 현상이
많이 있었던 것은 물론 혈연관계상 후손의 단절이라는 원인도 작
용하였겠지만, 이보다는 당시의 정치적 상황이 복잡하고 왕권에
대한 다른 도전세력이 그만큼 강하였기에, 이에 대처하기 위하여
보다 강력한 왕통을 유지 계승시키려는 정치적 의도가 작용되었기
때문이라 함이 옳겠다. 이는 신라 하대의 태자제를 본래의 태자와
는 의미가 다른 독특한 태자제로 변모시키는 결과를 가져왔다.[200]

遺詔에 의한 왕위계승은 전왕이 유언을 통하여 왕위계승자를 지
명하는 방법이다. 신라 하대에 있었던 20차례의 왕위계승 중에서 5
차례는 전왕의 유조에 의하여 이루어졌다. 이는 중대에는 잘 행하
지 않았던 방법이다.

유조가 내려지는 시기는 대체로 전왕의 사망 직전이었다. 이 유
조를 통해 왕위계승자로 지명된 인물은 왕의 숙부 1명, 제(매 포함)
3명, 여서 1명이었다. 이들은 당시 왕의 직계자손이 없거나 혹은 있
어도 幼少하여 다른 반대세력들의 도전을 감당할 수 없는 상황에서
왕과 비교적 밀접한 부계친 중에서 선택되었다. 대체로 3촌 이내의
남자들이 선택되었으나 때로는 여제와 여서도 선택되었다.[201]

---

200) 金昌謙, 1993,「新羅時代 太子制의 性格」,『韓國上古史學報』13. 그리
고 태자제의 시행은 父系親族集團이 존재하였음을 나타내는 것이다.
201) 崔在錫은 신라의 평화적 왕위계승은 왕의 子·女·壻·孫·外孫의
5종의 親族員이 왕위계승권을 가졌던 것으로 보았다. 이는 신라 역대
왕의 친족관계를 바로 前王과의 관계로 계산되는 것이 아닌 것으로
보면서(앞의 글, 137쪽) 왕위계승의 결과로 나타난 현상을 가지고 파
악한 것에 불과하고, 특히 하대에는 女壻의 계승은 있었으나 外孫의
계승은 없었다. 그러므로 적어도 신라 하대 왕위계승은 子·孫에 의
한 부자계승을 원칙으로 하면서 특수한 사정이 있을 경우에 한하여

그리고 이들의 경력을 보면 여왕을 제외하고는 대체로 당시 왕을 보좌하면서 이미 상당한 정치적 경험과 실력을 갖춘 자들이다. 즉 이들이 유조를 받은 것은 왕과의 혈연적 관계가 중요한 전제요건이 었지만 당사자들의 정치적 관계도 크게 작용하고 있었다.

결국 유조에 의한 왕위계승은 신라 중대에는 거의 보이지 않던 현상이었는데, 하대에는 많은 빈도를 보이고 있어 오히려 상대 왕 위계승의 양상과 비슷한 상황이다. 그리고 이 경우는 완전한 非父 子繼承이며, 또 次世代로의 계승보다는 同世代 내지 先世代로의 계승으로서 형제계승적인 현상이 두드러졌다.

이처럼 평화적인 왕위계승은 전왕에 의하여 다음 왕이 정해지는 방법이다. 그러므로 다음 왕으로 선정되는 인물은 전왕과의 어떠 한 정치적 관계도 있지만, 그보다는 혈연관계에 의한 연결이 기본 적으로 전제되어 있어야만 계승이 가능한 것이다. 비록 여기에는 당시 정치적인 복잡한 사정이 있다 하더라도 혈연적인 왕위계승의 규정이나 원리를 벗어나지 않는 범위 안에서 이루어졌을 것이다.

이를 염두에 둘 때 가장 먼저 왕위계승의 순위를 가지는 대상자 는 子이고, 그 다음이 孫子였다고 하겠다. 그러나 정당한 왕위계승 이 가능한 자가 없을 경우, 혹은 왕권유지를 위한 정치적 상황에 따라 弟, 叔父, 姪, 女壻의 순으로 정해졌던 것 같다.

만약 이것이 옳다면, 왕을 중심으로 하여 혈연적 親疎 정도에 따 라 그 순위가 정해진 것이 아닌가 한다. 즉 전왕의 ①직계자손인 子 또는 ②嫡孫이 우선이고, 이것이 어려운 경우에는 ③弟, ④叔父, ⑤姪 등 부계친의 남자를 중심으로 계승되는 것을 원칙으로 한 듯 하였다. 이는 신라 중대 이후 원칙으로 준수되고 실행되었다.

弟(妹)·叔父·姪 등의 부계친이 계승하는 비상조치도 있었을 뿐이라 고 보겠다.

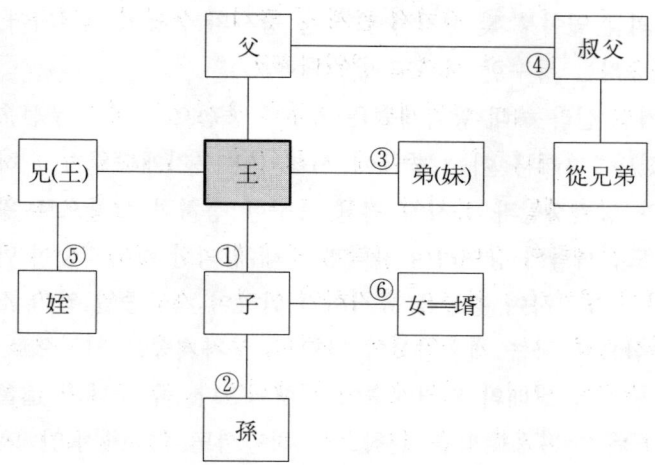

〈그림 4〉 신라 하대 왕위계승 순위표

그리하여 상대와 중고기에 있었던 왕의 女를 비롯한 여계친에 의한 왕위계승은 중대 이후에는 실제 이런 상황이 발생하지 않아서 시행되지 않았을 뿐만 아니라 사문화되어 있었으나, 왕의 女도 왕위를 계승할 수 있다는 관념이 중고기에 있었던 선덕여왕과 진덕여왕의 故事에 의해 막연하게 전해오고 있었던 듯하다. 그러나 하대 헌안왕에 이르러 이것이 실제 상황으로 발생하자 이는 다시 부활되었다. 그리하여 하대의 중·후반기에는 女壻에 의한 왕위계승과 女弟에 의한 왕위계승이 나타났다. 즉 ⑥예외적으로 재위중인 왕의 子가 없고 동시에 男弟도 없는 경우에는 女弟에게로 계승되는 女系繼承의 특별한 경우도 발생한 듯하다.202) 특히 이 경우에

---

202) 한편 고려시대의 왕위계승에 관해서는 太祖의 「訓要十條」 중 제3조에 장자계승을 원칙으로 하고, 장자가 적격자가 아니면 次子, 차자가 적격자가 아니면 그 형제 중에서 세우도록 하였다. 그런데 이러한 원칙은 민간에도 영향을 끼쳤을 것으로 짐작된다. 반면에 일반 백성에 적용할 입사법은 1046년(정종 12) 2월에 시행되었는 바, 그 순위는 ①

는 女의 혼인여부 및 정치적 관계 등 당시의 상황이 고려되어 女壻가 계승하는 특수한 사례도 있었다.[203)

이처럼 신라 하대 왕위계승은 男系를 중심으로 하는 우선순위가 지켜졌다. 그러나 이는 중대에 시행되던 부자계승원칙이 하대에 들어와 왕권쟁탈과 유지에 의한 특수한 정치적 상황으로 왕위에 대한 도전세력이 강대하여 찬탈과 추대에 의한 왕위계승이 발생하자, 이에 대처하여 왕통을 유지하기 위하여 재위중인 왕의 소가계를 중심으로 하는 계승양상이 나타나, 부자계승을 기본으로 하면서도 변질된 형태의 왕위계승이 시행되었다. 즉 중대의 遺習으로 直系子孫의 男系繼承을 원칙으로 하면서도 傍系繼承인 弟·叔父·姪 등으로 행하여지고, 때로는 상황에 따라 女系로 계승되는 상황마저 발생하였다. 그러므로 외형만 보면 부계계승이 아닌 것처럼 보이나, 이는 혈연적 요인보다 정치적 요인이 강하게 작용한 왕위계승이므로 예외적인 경우이다.

그러나 부자계승을 가장 기본적인 것으로 하였지만 당시 시대적 상황변화에 적응하기 위하여 때때로 예외적인 현상도 나타났다.

적장자, ②적장자의 적장자(嫡孫), ③적장자의 同母弟, 즉 衆子이며 長幼의 순서에 따르며, ④적손의 동모제 및 妾孫, ⑤庶子, 즉 妾子, ⑥외손자의 순이었다. 또, 1068년(문종 22)에 정해진 법에 의하면, 아들이 없는 자는 형제의 자(친조카)를 입양해야 하며, 친조카도 없는 경우는 타인의 3세 전의 棄兒를 收養하여 繼後할 수 있는 것으로 했으므로, 외손자가 없으면 ⑦姪, ⑧수양자의 순위로 된다. 입사법의 특색은 부계혈족이 없는 경우 외손이 嗣孫이 될 수 있고, 異姓인 수양자에게도 계사자격을 인정한 점이다. 따라서 고려의 입사법은 가통을 계승하는 承家繼統이지 奉祀와 宗統을 계승하는 承祀繼宗이 아니었다.

203) 女壻의 왕위계승을 母系的 경향으로 보려는 견해도 있으나, 이것이 성립하려면 女壻→女壻로 계승되어야 하나 실제는 父系로 이어져 母系社會의 원리와는 거리가 멀다(金毅奎, 1979, 「新羅 母系制社會說에 대한 檢討」『韓國史研究』23, 48~64쪽).

즉, 왕을 중심으로 한 소가계만의 왕권유지를 위하여 왕의 가까운 친족을 상대등·시중·병부령 등의 최고관직에 임명하여 왕권의 유지에 협조를 받다가, 왕위를 계승할 정당한 왕의 子가 없거나 또는 있어도 幼少한 경우에는 이들에게 왕위가 계승되기도 하였다.

결국 신라 하대의 왕위계승도 부자계승에 의한 垂直繼承이 중심이면서도 예외적으로 형제계승에 의한 水平繼承과 여서계승·숙부계승 등의 특수한 현상도 있었다.

제4장

고위관직과 왕위계승

주지하듯이 신라의 왕위계승에는 혈연적 요인 및 골품제 규정과 더불어 정치적 요인이 가장 기본적으로 작용하였다.

신라 하대에는 찬탈과 추대에 의한 왕위계승이 더러 있었고,[1] 이 경우에는 특히 정치적 요인이 보다 크게 작용하였다. 물론 이러한 왕위계승에는 國人·群臣의 역할이 결정적이었지만, 이와 더불어 정치적 세력가가 군사력을 동원하여 직접적인 전투를 벌이는 경우도 있었고, 한편으로 고위관료가 그 직을 이용하여 행사하는 영향력 또한 대단히 컸다.[2] 그러므로 하대의 왕위계승에서 고위관직이 어떻게 작용하였는지를 살펴보는 것도 중요한 의미가 있다.

신라 하대의 고위관직으로는 上大等·兵部令·侍中·內省私臣·御龍省私臣 등을[3] 들 수 있다. 이 중에서도 상대등·병부령·시중은 하대의 왕위계승과 대단히 긴밀한 관계에 있었던 관직으로 이해되고 있다.

여기에서는 신라 하대의 여러 관직 중에서도 상대등·병부령·

---

1) 金昌謙, 1994,「新羅 下代 王位簒奪型 叛逆에 대한 一考察」『韓國上古史學報』17.
   金昌謙, 2002,「新羅 下代 推戴에 의한 王位繼承의 性格」『淸溪史學』16·17합집.
2) 이외에도 좀더 직접적으로는 王 자신의 無能·暴虐과 后妃·外戚·宦官 등 側近者들의 영향력이 작용하는 경우도 있었다.
3) 이들 관직은 8세기 말 이후에는 大宰相 1명과 次宰相 2명 그리고 第三宰相 3명으로 이루어진 宰相會議의 구성원으로 참여하였다는 견해가 있다(木村誠, 1977,「新羅の宰相制度」『人文學報』118, 東京都立大學, 29~35쪽 및 李仁哲, 1993,「新羅의 群臣會議와 宰相制度」『新羅政治制度史研究』, 一志社, 107~120쪽과 1992,「8·9世紀 新羅의 支配體制」『韓國古代史研究』6, 133~138쪽).

시중이 왕위계승에 어떻게 작용하였는지를 구명해 보고자 한다. 이들 관직의 역임자와 그들을 임명한 왕과의 혈연적 관계와 정치적 관계, 이 관직 역임자의 실제 왕위계승 사례에 대한 개별적인 검토, 이 관직과 왕위계승의 상호관련성 등에 대해 검토하겠다. 그리하여 신라 하대 왕위계승의 특성과 상대등·병부령·시중의 성격을 밝히는 과정에서 당시 정치사를 아울러 살펴보겠다.

Ⅰ. 上大等과 왕위계승

상대등은 중고기에 설치된 이래 계속적으로 최고관직의 하나로서 역할을 해왔고, 또 때로는 왕위계승과 대단히 긴밀한 관계에 있었던 관직으로 이해되고 있다.

그래서 기존의 연구자들은 신라의 정치사를 이해하기 위하여 상대등의 성격에 주목하였다. 末松保和와[4] 田鳳德의[5] 선구적 연구를 통하여 상대등에 대한 기초적 이해가 이루어졌다. 그 뒤 李基白이 상대등에 대한 구체적인 연구결과를 제시하였는데,[6] 특히

---

4) 末松保和, 1954,「新羅幢停考(附)上大等について」『新羅史の諸問題』, 東洋文庫.
5) 田鳳德, 1968,「新羅 最高官職 上大等論」『韓國法制史研究』, 서울대학교 출판부.
6) 李基白, 1962,「上大等考」『歷史學報』17·18합집 ; 1974,『新羅政治社會史研究』, 一潮閣. 그리고 井上秀雄도 비슷한 견해를 제시하였다(井上秀雄, 1969,「三國史記にあらわれた新羅の中央行政官制について」『朝鮮學報』51 ; 1974,『新羅史基礎研究』, 東出版).

그는 하대의 왕 중에는 상대등 출신자가 더러 있음을 예로 들어, 하대 왕위쟁탈전을 왕과 상대등을 축으로 하는 세력간의 대립으로 보면서, 상대등을 정당한 왕위계승자가 없을 경우 왕위계승의 제1후보로 파악한 바 있다.[7] 그리고 이 견해는 대체로 학계에 통용되고 있다.

그러나 필자는 이러한 이해에[8] 대해 생각을 달리한다. 결론부터 말하자면, 상대등은 자신을 임명한 왕과 대립적이지 않았고, 또 정당한 왕위계승자인 왕의 아들이 없는 경우라 해도 상대등이 왕위계승의 제1후보의 자격에 있지 않았다고 보겠다. 대체로 하대 각 왕의 즉위와 임면을 같이 하였던 상대등은 왕의 至近親으로 왕권의 강력한 補助者였다. 간혹 이들이 즉위한 경우가 있는데, 이는 대립적이라는 정치적 관계에 의한 것이 아니라 오히려 기본적으로 왕과 가장 가까운 부계친족이라는 혈연관계를 전제로 한 부계친집단 내에서 男系親의 왕위계승이었다고 보겠다. 하대 전시기를 통

---

7) 上大等은 貴族會議 주제자였는데, 專制的 왕권을 확립한 중대에 이르러 귀족회의 자체가 정치적 세력을 상실함에 따라 상대등도 그 지위가 동요되어 실권자의 위치에서 후퇴하였다가, 하대에 이르러 다시 귀족회의의 주제자로서 정치의 실권을 장악하게 되었다. 특히 하대의 上半期 — 神武王이전 — 에 왕의 제·숙부 등의 지극히 가까운 친척들이 되는 예가 많았는데, 이런 경우에 대개는 왕위를 계승하였다. 그리고 그 계승은 무력에 의하여 강제로 행해지는 경우가 많았다고 이해하였다(李基白, 앞의 글, 111~128쪽).

8) 이에 대한 반론도 제기되었다. 자세한 것은 李泳鎬의 글(1996, 『新羅 中代의 政治와 勸力構造』, 경북대학교 박사학위논문)을 참조 바란다. 한편 李基白은 이러한 주장들에 대하여 다시 종래의 견해를 대체로 견지하는 입장에서 자신의 학설을 재피력하였고(1993, 「新羅 專制政治의 成立」, 『韓國史 轉換期의 문제들』, 一潮閣과 1993, 「統一新羅時代의 專制政治」, 『韓國史上의 政治形態』, 一潮閣 및 1995, 「新羅 專制政治의 崩壞過程」 『學術院論文集』 人文社會科學篇 34), 또 이에 대한 李仁哲의 재반박도 있었다(1994, 「新羅 中代의 政治形態」 『韓國學報』 77).

하여 상대등 역임자의 왕위계승은 정당한 왕위계승자가 없는 경우
에 일반적으로 태자책봉이나 유조의 절차를 통한 평화적인 즉위였
고, 추대 또는 상대등이 재위중인 왕과 대립하면서 무력에 의한 강
제적인 왕위계승인 찬탈은 겨우 몇 차례의 특수한 경우에 불과하
였다.

　이러한 관점에서 신라 하대의 상대등이 왕위계승에 어떻게 작용
하였는지를 천착하겠다. 먼저 상대등과 왕의 혈연적 관계와 정치
적 관계를 살펴보고, 상대등 역임자의 왕위계승 사례를 하나씩 검
토하면서 상대등과 왕위계승의 상호관련성에 대해 살펴보겠다. 그
리하여 신라 하대 왕위계승의 특성과 상대등의 성격을 구명하도록
한다.

1. 상대등과 왕의 관계

1) 혈연적 관계

　신라 하대의 상대등과 왕위계승에 대한 이해를 위해서는 우선
그들을 임용하였던 왕과의 혈연적 관계를 살펴볼 필요가 있다. 사
실 신라는 골품제를 바탕으로 한 친족에 의하여 관료군을 형성하
였던 사회였으므로 상대등의 친족관계는 그들을 임명해 준 왕과의
관계를 살펴볼 필요가 무엇보다도 크다. 이를 위하여 하대의 상대
등에 임명된 자의 왕과 혈연관계, 상대등에 임명되기 전의 정치적
경력 및 상대등 이후의 승진과, 왕으로의 즉위 여부 등을 정리하면
다음의 <표 6>과 같다.

〈표 6〉 신라 하대 상대등 일람표

[ ] 안은 추정

상대등	왕과 관계	임명전 경력	취임 연월	승 진	퇴임 연월	즉위여부	즉위 시기	즉위 방법
金良相	姑從兄弟	侍中, 肅政臺令, 修城府令, 檢校使	혜공왕 10년(774) 9월	宰相, 上相	혜공왕 16년(780) 4월	㊲선덕왕	780년 4월	推戴
金敬信	(母系從)弟		선덕왕 1년(785)	二宰, 上相	선덕왕 5년(785)	㊳원성왕	785년 1월	奪取, 推戴
忠 廉			원성왕 1년(785) 2월		원성왕 8년(792) 8월	사망		
世 强			원성왕 8년(792) 8월					
金彦昇	叔父	侍中, 兵部令, 御龍省私臣, 宰相	애장왕 2년(801) 2월	大宰相	애장왕 10년(809) 7월	㊶헌덕왕	809년 7월	簒奪
金崇斌	弟	侍中	헌덕왕 1년(809) 7월	大宰相, 宰相	헌덕왕 11년(819) 2월	사망		
金秀宗	同母弟	侍中	헌덕왕 11년(819) 2월	副君	[헌덕왕 14년(822) 1월]	㊷흥덕왕	826년 10월	副君, 繼位
忠 恭	弟	宰相, 侍中	헌덕왕 14년(822) 1월		[흥덕왕 즉위(826.10)~10년(835)]	태자, 사망		
金均貞	從弟	侍中	흥덕왕 10년(835) 2월	相	흥덕왕 11년(836) 12월	피살		
金 明	再從兄弟	侍中, 相	희강왕 2년(837) 1월		희강왕 3년(838) 1월	㊹민애왕	838년 1월	簒奪
金 貴			민애왕 1년(838) 1월					
金禮徵	從兄弟		문성왕 2년(840) 1월		문성왕 11년(849) 1월	사망		
義 正	叔父		문성왕 11년(849) 1월	舒弗邯, 台衡, 南北相	[헌안왕 1년(857)]	㊼헌안왕	857년 9월	遺詔, 繼位
金 安	從孫		헌안왕 1년(557)		[경문왕 2년(862)]			
金 正			경문왕 2년(862) 1월		경문왕 14년(874) 1월	사망		
魏 珍		侍中	경문왕 14년(874) 1월		[경문왕 15년(875)]			

金魏弘	叔父	上宰相, 監脩成塔事, 守兵部令平章事	헌강왕 1년(875)					
俊 興		侍中	효공왕 2년(898) 1월		[효공왕 10년(906)]			
金 成			효공왕 10년(906) 1월		[효공왕 16년(912)]			
繼 康		侍中	신덕왕 1년(912) 5월		[신덕왕 6년(917)]			
朴魏膺	同母弟		경명왕 1년(917) 8월		경명왕 8년(924) 8월	(55)경애왕	924년 8월	[遺詔] 繼位

신라 하대의 상대등은 대체로 그들을 임명한 왕과 혈연적으로 매우 가까운 관계였다. <표 6>에서 보면 김양상은 혜공왕의 姑從兄弟, 김경신은 선덕왕의 弟(사실은 母系從弟), 김언승은 애장왕의 叔父로서 상대등에 임명되었다. 더구나 김언승이 상대등일 때 그의 同母弟 秀宗(秀升)은 시중으로서 애장왕 5년 1월부터 8년 1월까지 3년간 동시에 재직하였다. 그리고 언승(헌덕왕)이 즉위하자 제 김숭빈과[9] 동모제 수승·충공은 차례로 상대등에 임명되었다. 김균정은 흥덕왕의 從弟, 김명은 희강왕의 再從兄弟, 김예징은 문성왕의 從兄弟, 의정은 문성왕의 叔父,[10] 金安은 헌안왕의 從孫,[11]

9) 二月 金崇斌卒 以弟秀宗爲上大等(『東史綱目』 제5上, 己亥 헌덕왕 11년조)에서 金崇斌을 秀宗의 형이라고 하였다. 그렇다면 金崇斌은 헌덕왕의 동생이며 동시에 흥덕왕의 형이다. 사실 헌덕왕이 찬탈로 즉위한 직후에 金崇斌을 上大等으로 임명하였고, 또 唐 憲宗의 憲德王 冊封時 아울러 大宰相 金崇斌 등 3인에게 門戟을 하사하였는데(『삼국사기』 권10, 헌덕왕 즉위조), 이때의 3인이 곧 헌덕왕의 동생들인 崇斌·秀宗·忠恭이 아닐까 추측된다. 그리고 헌덕왕 11년 2월 崇斌이 죽으매 秀宗이 上大等에 임명되고, 헌덕왕 14년 秀宗이 副君에 책봉됨에 아우 忠恭이 上大等에 임명되었던 사실은 이를 더욱 補證해 준다.

10) 九月 王不豫 降遺詔曰 … 顧惟舒弗邯誼靖 先皇之令孫 寡人之叔父 孝友明敏 寛厚仁慈 久處台衡 挾贊王政(『삼국사기』 권11, 문성왕 19년).

11) 경순왕의 先代는 원성왕→禮英→均貞→신무왕→문성왕→金安→敏恭

金魏弘은 헌강왕의 叔父, 朴魏膺은 경명왕의 同母弟로서 상대등에 임명되었다.

현재까지 밝혀진 범위 내에서 하대의 상대등과 왕과의 혈연관계를 분류하면 叔父 3명, 弟 4명, 從兄弟 2명, 再從兄弟 1명, 從孫 1명, 姑從兄弟 1명, (母系從)弟 1명 등 13명이다. 결국 상대등에 임명된 자들은 임명권자인 왕과는 대체로 6촌 이내의 부계친 11명과 4촌 이내의 모계친 2명 등으로 대단히 가까운 혈연관계에 있었던 인물들이다.[12] 그리고 이러한 현상은 하대의 전반기만이 아니라 후반기 역시 그러했다.

사실 앞의 <표 6>에서 보듯이, 밝혀진 범위 내에서 살펴보아도 하대의 후반기 — 문성왕에서 신라 말까지 — 에도 상대등에 임명된 자의 왕과의 혈연관계는 同母弟 1명, 叔父 2명, 從兄弟 1명, 從孫 1명 등으로 역시 재위중인 왕의 매우 가까운 부계친이 임명되었으며, 이 중에서 실제 2차례 유조에 의한 평화적인 왕위계승이 있었다. 결국 상대등은 하대의 전시기를 통하여 대체로 당시 재위중인 왕의 가까운 친족 중에서 임명되었다고 보아도 될 듯하다.

그러면 왜 당시 왕들은 자신의 가까운 혈족을 상대등에 임명하

→仁慶→孝宗→경순왕으로 이어지므로(「新羅敬順王殿碑」『朝鮮金石總攬』下, 1264~1265쪽), 김안은 신무왕의 異母弟인 헌안왕의 從孫임을 알 수 있다.

12) 이에 대해서 李基白은 金良相을 惠恭王의 姨從兄弟, 金敬信을 宣德王의 弟, 金彦昇을 哀莊王의 叔父, 金秀宗을 憲德王의 同母弟, 金忠恭을 興德王의 弟, 金均貞을 興德王의 從弟, 金明을 僖康王의 再從兄弟, 金禮徵을 文聖王의 從兄弟, 朴魏膺을 景明王의 同母弟 등으로 파악하면서, 아마 이보다 좀더 많은 친족관계에 있는 자가 임명되었을 것으로 추측하였다(李基白, 1974, 「上大等考」『新羅政治社會史硏究』, 一潮閣, 114~115쪽). 사실 이외에도 필자의 검토에 의하면 金崇斌은 憲德王의 弟이고, 義正은 文聖王의 叔父, 金安은 文聖王의 아들이면서 憲安王에게는 從孫이고, 金魏弘은 憲康王의 叔父 등 4명을 더 확인하였다.

였을까? 이는 특히 찬탈이나 추대에 의한 즉위는 물론 유조에 의하여 왕위를 계승한 경우에서조차 왕권이 위약했기 때문에 반대의 입장을 가진 왕족과 귀족들의 도전으로부터 왕을 중심으로 하는 소가계의 왕권을 유지하기 위한 수단이었던 것이다. 더구나 신라 하대의 권력구조는 왕과 태자를 정점으로 하여 극히 좁은 범위의 근친왕족들이 상대등, 병부령, 재상, 어룡성사신, 시중 등의 요직을 독점하여 왕권을 강화, 유지해 나갔다는 견해를[13] 염두에 두면, 이는 좀더 분명하다. 그러므로 하대의 왕족들은 주요 관직을 독점하는 한편으로 극히 협소한 범위 내에서 근친혼을 행하여 왕실의 보호와 권력을 유지해 나갔다고 하겠다.

결국 상대등은 하대 전시기를 통하여 왕의 가장 가까운 친족들이고 협조자였다. 이러한 혈연관계를 전제로 하여 정당한 왕위계승자가 없는 경우에는 태자·부군 책봉을 통하여, 또 유조를 받아 간혹 왕위를 계승하였다. 그러나 이것은 이 인물들이 상대등의 관직에 임명되었기 때문에 왕위계승의 제1후보자가 되었던 것은 아니었다고 보겠다. 그보다는 왕과 상대등이 속한 소가계의 친족집단 내에서 왕위를 유지하려는 목적에서 타가계로 왕위가 넘어가는 것을 막기 위한 절박한 상황에서의 비상수단이었고 조치였다.

2) 정치적 관계

대체로 상대등의 기능은 왕권이 약하여 귀족들의 영향력이 강하게 작용하였다는 면에서, 즉 왕권과 귀족세력의 갈등·대립 구조 속에서 파악되었으며, 특히 왕권이 강화되어 전제적 기능이 가능

---

13) 李基東, 1984,「新羅 下代의 王位繼承과 政治過程」『新羅骨品制社會와 花郎徒』, 一潮閣, 152~153쪽.

했던 시기의 상대등은 단지 명맥만 유지한 것으로 이해되었다. 하
지만 좀더 자세히 살펴보면 중대의 상대등 역임자들도 대부분 왕
의 가까운 친족들이며,[14] 또 이들은 정치적으로 왕권의 옹호자 내
지는 무열왕계의 왕실과 같은 세력들로 간주되며,[15] 시중과 더불
어 정치 군사적 기능을 다한 존재들임을 알 수 있다.[16]

사실 신라 전시기를 통하여 상대등이 존재했다면 그 기능과 역
할은 어떤 모습으로든지 있었을 것이다. 비록 때로는 그것이 사료
에 두드러지게 표현되지 아니한 경우도 있지만 이것은 상대등이
왕과 그 궤를 같이 했기 때문이라고 보겠다. 또 이에서 상대등은
왕의 통치행위의 파트너로서 보완적 역할을 하였다고 보겠다. 이
러한 관점에서 보면, 하대의 상대등은 국왕의 통치행위의 보조자
였다.

하대의 상대등에 임명된 자는 왕으로부터 행정권의 일부를 위임
받아 수행하고 있다.

> 祿眞의 姓과 字는 알 수 없으며 아버지는 秀奉 一吉湌이다. 녹진은
> 23세에 벼슬을 하기 시작하여 안팎으로 여러 가지 관직을 거쳐서 憲
> 德大王 10년 戊戌에 執事侍郎이 되었다. 14년에 국왕이 아들이 없으
> 므로 왕의 친동생 秀宗으로 儲貳를 삼아 月池宮에 들이었다. 이때 忠
> 恭 角干이 상대등이 되어 政事堂에 앉아서 內外官을 注擬하고 퇴근

---

14) 중대의 상대등 중에서 金庾信은 무열왕의 妻男, 愷元(禮元)은 효소왕의
從祖父, 信忠은 경덕왕의 從叔, 金良相은 혜공왕의 姑從兄弟 등으로
당시 왕의 至近親이었던 것처럼 혈연관계가 파악되지 않은 더 많은 자
들이 그러했을 가능성이 크다.
15) 金英美, 1988,「聖德王代 專制王權에 대한 一考察」『梨大史苑』22·23
합집, 381쪽. 아울러 김유신 이후 중대에 상대등은 왕권의 보호자로서
기능을 한 것으로 보았다(같은 글, 390쪽).
16) 申瀅植, 1990,「新羅中代 專制王權의 展開過程」『汕耘史學』4, 5~37
쪽.

후 병이 생겼다. … 녹진이 말하기를 "듣건대 당신의 몸이 편안하지
못하다 하는데, 아침 일찍 출근하고 저녁 늦게 퇴근하여 風露에 觸傷
하여 榮衛의 和함을 傷하고 支體의 편안함을 잃었기 때문이 아닙니
까?" 하였다. … "목수가 집을 지을 때 재목이 큰 것은 대들보나 기둥
으로 삼고 작은 것은 서까래로 쓰며 눕힐 것과 세울 것을 각기 베푸는
곳에 알맞게 한 연후에야 큰집이 이루어집니다. 옛날에 어진 宰相들
의 정치가 무슨 다를 바가 있겠습니까. 才가 많은 자는 高位에 놓고
적은 자는 薄任을 주어 안으로는 六官・百執事와 밖으로는 方伯・連
率・郡守・縣令 등 조정에 闕位가 없고 位에 비적임자가 없고 상하
가 定하고 어진 자와 어질지 못한 자가 구분된 연후에야 王政이 이루
어질 것입니다. … 어찌하여 꼭 복약하기에 몰두하여 헛되이 여러 날
동안 정사를 전폐하고 있습니까?" 하였다. 角干이 이에 의원을 사절하
여 돌려보내고 행장을 수습하여 대궐에 들어갔다(『삼국사기』 권45,
祿眞傳).

위의 인용문에 의하면, 822년(헌덕왕 14) 당시 헌덕왕의 친아우
인 忠恭은 상대등에 임명되었고, 그리하여 政事堂에 앉아 內外官
을 銓衡하였다.

연구자에 따라서는 정사당을 신라 초기의 南堂, 통일 이후의 平
議殿으로 보는 견해를 받아들여, 귀족관리들의 회의에 의하여 政
務를 집행해 나가던 政廳과 같은 성격으로 보고 마치 和白會議와
같은 중요회의를 집행한 것으로 이해하여, 이때의 상대등을 和白
으로서 대표되는 귀족회의의 議長으로서의 유력한 증거로 보고자
하는 견해도 있다.[17]

그러나 이미 신라 하대에는 상대등・병부령・시중・내성사신
・어룡성사신 등 중앙행정관부의 장관들로 구성된 宰相會議가 운
영되었다는 견해도 제시된 바 있듯이,[18] 이때의 회의는 진골이라

---

17) 李基白, 앞의 글, 116~117쪽.
18) 李仁哲, 1992, 「8・9세기 新羅의 支配體制」『韓國古代史硏究』 6, 13
3~138쪽.

는 신분에 의하여 구성된 귀족회의라기보다는 왕의 지근친을 주축으로 하는 귀족들이 각자 보유한 중요 관부 장관의 자격으로 참가하여 주요 국정을 논의하고 결정하면서, 왕을 보좌하고 행정업무를 수행하던 왕족 중심의 高位官僚會議였던 것으로 보인다. 또 여기서 정사당이란 신라 초기의 그것과는 달리 왕을 비롯한 여러 관료들이 정무를 논의하고 집행하던 廳舍와 같은 것인 듯하다. 그러므로 상대등은 정사당으로 출퇴근하는 관료였던 것이다.

그리고 내외관의 注擬를 한다는 것은 곧 人事行政을 처리하였다는 뜻이다. 혹자는 이를 일반적인 것이 아니라 특별한 예외적인 경우라고 설명하기도 하나 그렇지 않은 듯하다. 즉 이에서 추측한다면 하대의 상대등은 왕의 친아우 등 지근친이 임용되었으며, 그리고 이들은 왕을 보좌하며 행정권의 일부를 왕으로부터 위임받아 행사하고 있었음을 알 수 있다.[19]

물론 상대등도 하나의 관직이기에, 선덕왕이나 희강왕처럼 비정상적으로 즉위한 경우에는 특별히 그 과정에서의 공로를 인정하여 김경신과 김명에게 상대등직을 주었다. 또 특별한 경우에는 왕권에 대하여 적극적으로 호응하지 않거나 비판적인 입장을 가진 친족세력과 인물에게 이 자리를 할애함으로써 회유 포섭하는 경우도 있었을 것이다.

한편 예외적으로 김언승처럼 攝政으로서 상대등을 兼職하기도 하였다. 김언승은 800년(애장왕 1) 애장왕이 13세로 즉위하자 兵部令으로서 섭정을 하였으며, 다음해에 御龍省을 攝政府로 확대 개

---

19) 헌안왕대 왕의 從孫으로 상대등이었던 金安은 경문왕이 즉위한 뒤에도, 헌강왕대 왕의 숙부로 상대등이었던 김위홍은 정강왕이 즉위한 뒤에도 계속하여 상대등직을 수행하였다. 이는 결국 상대등이 왕위계승과는 직접적인 관계는 갖지 못하였고, 오직 왕의 보조자에 불과한 하나의 관직이었음을 말해 주는 것이다.

편하여 그 장관인 私臣에 취임하여 정치권을 완전히 장악한 뒤 상
대등에 취임하였다. 그리하여 김언승은 병부령·어룡성사신·상
대등을 동시에 겸직하고서, 더욱이 섭정의 직위에서 애장왕대의
정치적 실권을 행사하였고, 또 왕권의 일정한 강화를 목적으로 개
혁정치를 행하는 등 10년간 섭정정치를 하였다.

이처럼 상대등은 당시 왕과의 관계에 따라 정도의 차이는 있었겠
지만 행정권의 일부를 위임받아 실제 행사하였다. 더욱이 <표 6>
에서 보듯이 상대등에 임명된 자들은 대체로 왕의 근친이었는데,
시중을 비롯한 슈과 私臣급의 관직을 거친 뒤 상대등에 임명되었
고, 또 상대등으로서 국가 중대사를 논의하고 결정하는 재상이 되
었다. 그러므로 상대등의 처음 설치시 그 역할은 '摠知國事'였으
며, 고려시대의 재상과 같았다는 기록에서 보듯이,[20] 상대등의 기
능은 신라 최고관직으로 국무를 총리하는 수상이었음을 알 수 있
다.[21] 즉 상대등은 행정관부의 수상으로서의[22] 지위를 가지고 국
정전반을 총괄하고 정치 군사적 기능을 다한 관직이었다.

다시 말해서 상대등은 反王的인 귀족회의의 대표자적 위치가 아
니라[23] 왕의 가까운 혈족이 왕으로부터 통치권의 일부를 부여받아
대리 수행하는 하나의 최고관직이었다.[24] 그러므로 상대등은 재위

---

20) 『삼국사기』 권4, 법흥왕 18년 4월.
21) 田鳳德, 앞의 글, 320쪽.
22) 상대등은 신라 전기간에 걸쳐 적어도 제도상으로는 변함이 없는 중앙
　　행정관부를 통솔하는 수상직이었다(李仁哲, 1993,「新羅의 群臣會議와
　　帝相制度」『新羅政治制度史硏究』, 一志社, 96~106쪽).
23) 상대등은 왕의 族黨의 대표자, 즉 분열된 귀족사회에서 一派의 대표자
　　일 수 있었으나 귀족세력 전체의 대표자이기는 힘들었다(李基白, 앞의
　　글, 123쪽).
24) 9세기 전반에 시중→상대등→국왕으로 승진의 길이 열렸고, 상대등이
　　執事部를 통하여 國政 全般을 總括하였다고 보는 견해도 있다(井上秀
　　雄, 1969,「三國史記にあらわれた新羅の中央行政官制について」『朝

중인 왕의 가장 가까운 혈족 중의 한 명으로서, 왕으로부터 가장 신임을 받고 행정권을 위임받아 수행하였던 보조자였으며, 왕권을 적극적으로 지원하고 강화하는 親王的인 인물들이었다.

　결국 신라 하대에는 왕과 소수의 왕족이 중심이 되어 권력의 집중화를 꾀하는 방법의 하나로써 왕의 가장 가까운 혈족을 상대등에 임명하였다. 그리고 그의 도움을 받으면서 왕정을 펼쳐 나갔던 것으로 보아야 한다. 그러므로 이때의 상대등은 귀족회의의 주재자로서 실권을 장악하였다는 지적과는 달리 임면권이 왕에게 달려 있는 오직 하나의 관료로서 왕을 보좌하는 인물이며, 왕족을 중심으로 한 중요 관부의 장관들로 구성된 '귀족고위관료회의'의 참석자로서 백관을 통솔하고, 또 왕을 대신하여 관리의 인사 등 왕으로부터 위임받은 정치행정을 수행하는 역할을 하였다.[25]

2. 상대등 역임자의 왕위계승

　신라 하대의 상대등 역임자 중에서 실제 왕으로 즉위하는 경우가 더러 있었다. 지금부터 왕위계승방법에 따라 상대등이 즉위한 경우를 좀더 심도있게 살펴보겠다. 그리하여 이들 상대등 출신의 각 왕들이 어떠한 혈연적·정치적 배경과 방법에 의하여 즉위하였는지를 다루는 과정에서, 그들이 즉위할 수 있었던 요인이 무엇인가를 차례로 살펴보도록 한다.[26]

鮮學報』 51, 262~263쪽).
25) 아울러 하대 약 150여년간의 상대등의 성격을 보다 명확하게 이해하기 위해서는 일괄적으로 규정할 것이 아니라 좀더 짧은 시기로 나누어 각 시기별로 이들 인물의 성향에 대한 개별적인 검토가 요구된다.
26) 이들 왕에 대해서는, 이미 제3장에서 왕위계승 방법별로 살펴보는 과정

1) 태자책봉에 의한 왕위계승과 상대등

(1) 秀宗 (흥덕왕)의 상대등 역임과 副君冊封

상대등으로서 攝政이었던 김언승(헌덕왕)이 조카 애장왕을 죽이고 즉위하였는데, 그는 재위 후반기인 822년(헌덕왕 14) 1월에 당시 상대등직에 있던 同母弟 秀宗(秀升)을 副君(儲貳)으로 삼아 月池宮에 들어가 살게 하였다.[27) 副君과 儲貳는 태자와 같은 용어이다.[28) 『삼국사기』 권45, 祿眞傳에는 헌덕왕이 아우 수종을 태자로 삼은 이유를 '國王無嗣子'라고 하였다. 그러나 왕위를 이을 아들이 없다는 기록에도 불구하고, 사실은 心地라는 아들이 있었다.[29)

秀宗은 仁謙太子의 아들로서 소성왕·헌덕왕의 同母弟이다. 804년(애장왕 5) 1월에 伊湌으로 侍中에 임명되어 형 언승과 함께 애장왕대의 개혁정치를 주도하기도 하였으며, 809년(애장왕 10) 7월 1일에는 형 언승과 함께 애장왕을 살해하였다.[30) 그리고 언승(헌덕왕)이 즉위한 뒤 수종은 그의 정치를 도와주다가 819년(헌덕왕 11) 2월에는 상대등 金崇斌이 죽음에 자신이 직접 상대등을 맡았다. 그후 822년(헌덕왕 14) 1월 副君에 册封되어[31) 월지궁에 들어가 분명한 왕위계승자로서 정무를 익혀 826년 10월 헌덕왕의 사

에서 자세히 언급한 바가 있으므로, 여기서는 가급적 간단히 서술하겠지만 부득이 내용상 약간 중복되는 점도 있다.

27) 『삼국사기』 권10, 헌덕왕 14년와 권45, 祿眞傳 참조.
28) 金昌謙, 1993, 「新羅時代 太子制度의 性格」 『韓國上古史學報』 13, 166쪽.
29) 『삼국유사』 권4, 心地繼祖.
30) 『삼국사기』 권10, 애장왕 10년 7월조.
    『삼국유사』 권1, 왕력 참조.
31) 822년(헌덕왕 14)에 상대등 秀宗이 副君이 되면서 忠恭이 후임 상대등에 임명된 사실을 알지 못하고, 여기서의 부군은 上大等이 副王的 성격으로 변한 것이라는 해석도 있으나(井上秀雄, 1974, 「新羅政治體制의 變遷過程」 『新羅史基礎研究』, 東出版, 433쪽), 이는 잘못이다.

후에 즉위하였다.

수종의 태자책봉은 재위중인 헌덕왕의 同母弟라는 혈연관계를 바탕으로 한 것이다. 그러나 이미 태자가 있었음에도 王弟인 수종을 다시 부군으로 책봉한 점이 특별하다.[32] 어쩌면 이는 당시의 정치적 상황과 깊은 관계가 있었던 것 같다. 사실 애장왕으로부터 찬탈한 헌덕왕으로서는 다른 왕족들의 반발과 도전으로부터 왕위를 유지하기 위해서 왕위찬탈에 행동을 같이하였던 형제들의 계속적이고도 적극적인 협조가 필요하였을 것이다.

그리하여 형제들에게 정치적 실권을 주어 예우할 수밖에 없었으며, 또 만약에 자신의 사후에 나이 어린 아들에게 왕위를 물려줄 경우 무열왕계 후손 내지 애장왕측의 다른 왕족들, 또는 당시 막강한 정치적 세력을 소유하였던 王弟들로부터 가족은 물론 형제들의 신분지위상 모든 것을 보존할 수 있도록 미리 동모제 수종에게 왕위를 계승시키기 위한 준비조치로써 태자로 삼아 政事를 관장하게 하였던 것이라 하겠다.

한편 수종이 부군이 되어 월지궁으로 들어간 직후인 822년(헌덕왕 14) 3월에 金憲昌이 난을 일으켰는데, 이 또한 수종을 태자로 삼아 헌덕왕과 그 형제들을 중심으로 한 왕권강화와 정치권력의 집중이 직접적인 계기가 되었고, 이에 대한 반발에서 난을 일으켰던 것이라 하겠다.[33]

---

32) 이보다 2개월 뒤인 822년 3월에 각간 忠恭의 딸 貞嬌를 태자비로 맞이하였다는 기록이 있다(『삼국사기』권10, 헌덕왕 14년 3월조). 한편 副君과 太子를 동일어로 보아 수종을 책봉한 뒤 그의 妃를 맞아들인 것으로 이해하여 헌덕왕의 아들이 없었기에 상대등이 왕위계승권을 가졌던 것이라는 해석도 있으나(李基白, 1974,「上大等考」, 앞의 책, 122쪽), 이는 잘못이라 하겠다.

33) 金昌謙, 1994,「新羅 下代 王位簒奪型 叛逆에 대한 一考察」『韓國上古史學報』17, 241~242쪽. 그러나 副君이던 秀宗의 뛰어난 지략과 기민

이상에서 보듯이 비록 김수종이 즉위 전에 상대등을 역임하기는 하였으나 그것이 왕위계승에 결정적인 요건은 아니었다. 그보다는 우선 그의 혈연적 신분이 헌덕왕의 동모제라는 밀접한 관계에다가 당시 타가계의 왕위도전이 항존하는 정치적 상황에 의하여 원성왕계의 유지를 위해 헌덕왕이 그를 副君(太子)으로 미리 책봉하여 왕위계승권을 부여하였기 때문에 형제간에도 태자책봉이라는[34] 외형상 정상적인 방법으로 왕위를 계승하였다.

(2) 忠恭(宣康太子)의 상대등 역임과 태자책봉

홍덕왕의 同母弟 忠恭은 상대등을 역임하고 태자에 책봉되었다. 924년(경명왕 8)에 崔致遠이 왕명을 받아서 지은 「봉암사지증대사적조탑비문」에 '興德大王이 왕위를 잇고 宣康太子가 監撫함에 이르러 사악한 것을 제거하여 나라를 병 고치고 착한 것을 즐겨하여 왕가를 기름지게 하였다.'는[35] 기록이 있다. 이에서 홍덕왕이 즉위한 직후에 선강태자가 있었고, 그가 홍덕왕대의 정치에 적극적으로 협찬하였음을 말해주고 있다. 여기서의 선강태자는 뒤에 민애왕이 즉위하여 그의 아버지 忠恭을 宣康大王으로 추봉한 사실에서 볼 때, 홍덕왕의 아우인 충공을 지칭함이 분명하다.

충공은 817년(헌덕왕 9) 1월에 伊湌으로 執事部 侍中에 임명되어 821년(헌덕왕 13) 4월에 물러났다가, 822년(헌덕왕 14) 정월 당시 상대등이던 母兄 秀宗이 副君이 됨에 그 대신 충공이 상대등에 임

하게 대처한 결과 이 난은 쉽게 진압되었다(李基東, 1991, 「新羅 興德王代의 政治와 社會」『國史館論叢』 21, 113쪽).

34) 당시 정치적 상황 때문에 王弟가 태자에 冊封되어 본래 태자가 갖는 의미와는 다른 신라의 독특한 太子制의 현상이 나타났다(金昌謙, 1993, 「新羅時代 太子制度의 性格」『韓國上古史學報』 13, 170쪽).

35) 及興德王纂位 宣康太子監撫 去邪醫國 樂善肥家(『조선금석총람』 상, 90쪽).

명되어 김헌창의 난을 진압하는데 큰 공을 세웠다. 특히 그는 상대
등으로 정사당에서 내외관의 銓注를 맡아 인사문제를 처리하는 등
헌덕왕대의 개혁정치를 주도하였다. 그리고 826년 10월 수종(홍덕
왕)이 즉위하자 충공은 곧이어 태자에 책봉된 듯하다.[36]

홍덕왕의 아우인 충공이 왜 태자에 책봉되었을까? 가장 우선적인
이유는 홍덕왕에게 왕위를 이을 정당한 아들이 없다는 것이다.[37]
그 다음은 충공이 당시 생존한 혈족 중에서 홍덕왕과 가장 가깝다
는 점이다. 그리고 또다른 이유는 앞서 헌덕왕이 홍덕왕을 태자에
책봉하여 왕으로서의 신분보장과 소가계 중심 친족집단의 안전을
꾀하려 하였던 것처럼, 홍덕왕도 즉위한 뒤 모제 충공을 태자에 책
봉하여 자신과 혈족을 다른 종전의 왕족들과 반대세력의 도전으로
부터 안전을 꾀하고자 사전에 대비한 정치적 목적이 함께 하였다.
하지만 태자인 충공은 836년 12월에 죽은 홍덕왕보다 먼저, 즉 835
년 2월 직전에 죽어[38] 실제로 왕위를 계승치는 못하였다.

결국 충공은 상대등이 아니라 태자에 책봉되었기에 왕위계승권
을 획득한 것이다. 아울러 충공의 태자책봉 또한 子가 아닌 弟를
太弟가 아니라 태자로 책봉된 것은 신라의 태자제가 가졌던 하나
의 특성을 보여주는 것이며, 이는 홍덕왕의 왕위계승과 더불어 혈
연적으로 형제계승의 가능성을 보였던 특별한 사례이다.

---

36) 충공이 태자에 책봉된 이후 다른 인물을 상대등에 임명한 기록이 없는
   것으로 보아, 이후로는 충공이 태자이면서 상대등 역할까지 하였던 것
   이 아닐까 하는 느낌이 들지만 속단하기는 어렵다.
37) 開成元年丙辰 興德王薨 無嫡嗣 王之堂弟均貞 堂弟之子悌隆 爭嗣位
   (『삼국사기』 권44, 金陽傳).
38) 종래 이때를 충공이 상대등에서 퇴임한 시점으로 추정하였으나(李基
   白,「新羅 下代의 執事省」, 앞의 책, 180쪽), 충공이 이보다 앞선 시기
   에 태자에 책봉되었으므로 만약에 태자책봉 후에 상대등을 보유하지
   않았다면, 그가 상대등직을 면한 것은 이보다 이른 시기였을 듯하다.

지금까지 살펴보았듯이, 신라 하대에 상대등을 역임한 수승과 충공은 태자로 책봉되었다. 이들이 태자로 책봉된 원인은 상대등 역임이 아니라 재위중인 왕의 동모제라는 혈족관계를 전제조건으로 한 것이었다. 그리고 태자에 책봉되어 수승(흥덕왕)은 실제 즉위하였고, 충공(선강태자)은 일찍 죽었기에 즉위하지는 못하였다.

2) 유조에 의한 왕위계승과 상대등

(1) 義正(誼靖, 헌안왕)의 상대등 역임과 문성왕의 遺詔

헌안왕은 상대등을 역임하였고 문성왕의 유조에 의하여 왕위를 계승하였다.[39] 즉 문성왕은 자신의 죽음을 예상하고 미리 왕위계승에 대한 유조를 하자, 이에 의하여 叔父 誼靖이 즉위하였다. 비록 문성왕에게도 이름은 알 수 없지만 태자로 책봉되었던 아들이 있었지만, 이 태자는 왕위를 계승치 못하고 852년(문성왕 14) 11월에 죽었다.[40] 이에 문성왕은 부득이 자신과 가장 가까운 혈족인 숙부 의정에게 왕위를 계승케 하였다.

의정은 문성왕의 숙부로서 문성왕의 아버지인 신무왕의 異母弟이다. 그리고 의정의 아버지는 均貞이다. 그러므로 의정의 父系는 원성왕계 내에서 균정계였다. 한편 의정의 어머니는 照明夫人이고, 그녀의 아버지는 宣康大王으로 추봉된 忠恭이다. 충공은 민애왕의 아버지로서, 그의 아버지는 仁謙이고, 할아버지는 원성왕이다. 결국 의정은 원성왕계 내에서 최대가계인 인겸계와 예영계의 결합으로 이루어진 혼인에서 태어난 자손이다. 다시 말하면 誼靖은 당시 왕실내에서 최고 상층에 속하는 친족적 기반을 가졌으며,

---

39)『삼국사기』권11, 문성왕 19년조 참조.
40)『삼국사기』권11, 문성왕 9년 8월과 14년 11월조 참조.

또 문성왕과는 숙부라는 지근친의 혈연관계에 있었다.

이러한 혈연적 기반을 가진 의정은 일찍부터 정계에 나아가 836년(홍덕왕 11) 정월 假王子로 唐에 謝恩 兼 宿衛로 갔으며, 840년(문성왕 2) 1월 侍中이 되어 재임하다가 843년(문성왕 5) 1월 병으로 사임하였고, 849년(문성왕 11) 상대등을 맡아 문성왕 후반기의 王政을 협찬하였다.[41] 특히 그는 魏昕과 더불어 南北相으로 활동하였다.[42] 남북상이란 바로 宰相인 南司의 長과 宮內部의 長으로서 兵權을 장악한 北司의 장을 일컫는 것이다. 위흔이 蘇判 兼 倉部令을 거쳐 侍中 兼 兵部令을 역임한 사실로 미루어[43] 의정 역시 시중을 지낸 뒤 병부령 내지는 궁내부인 內省(殿中省)의 私臣과 상대등을 역임한 듯하다.

이는 즉위 초에 있었던 잦은 반란을 경험한 문성왕은 병이 침중하자 의정을 상대등에 임명하여 국정의 대리 운영자로 삼았던 것에 이유가 있었던 듯하다. 그리고 문성왕은 자신의 사후 골품제상 하자가 있는 아들 金安에게 왕위계승을 시킬 경우 반대세력들이 문제를 삼을 것에 대비하여 신분상 하자가 없는 숙부 의정에게 왕위계승을 명하는 유조를 내렸던 것으로 짐작된다.[44]

그러므로 의정의 신분과 혈연관계에 더하여 이러한 정치적 경력과 정계에서 위치로 보아 문성왕이 그를 왕위계승자로 지명한 것은 매우 합당한 것이라 하겠다.

결국 의정은 문성왕의 숙부라는 혈연적 관계를 매개로 하여 고위직에 등용되어 문성왕을 보좌하면서 정치적 관계를 형성하였다. 그러다가 태자로 책봉되었던 문성왕의 아들이 852년 11월에 죽자,

---

41) 『삼국사기』 권11, 문성왕 11년.
42) 「성주사낭혜화상백월보광탑비」 『조선금석총람』 상, 77쪽.
43) 『삼국사기』 권44, 金陽傳.
44) 金昌謙, 2000, 「新羅 下代의 王位繼承과 遺詔」 『白山學報』 56, 204쪽.

857년(문성왕 19) 9월 의정이 문성왕의 유조를 받아 왕위를 계승하였다. 이로써 본다면 의정의 왕위계승은 유조의 내용에서도 그렇듯이 혈연적 관계를 기본조건으로 하였던 것이고, 정치적 경력은 부차적인 충분조건을 충족시킴으로써 가능하였던 것이다.[45]

(2) 魏膺(경애왕)의 상대등 역임과 경명왕의 無子

경애왕(魏膺)은 상대등을 역임한 뒤 즉위하였다. 위응은 제54대 경명왕의 同母弟이다. 그의 아버지는 제53대 신덕왕이고, 어머니는 제49대 희강왕의 딸인 義成王后이다. 결국 경명왕에게 왕위를 계승할 아들이 없는 상황에서는 동모제가 왕과 가장 가까운 혈족이므로 위응은 혈연상 당연히 왕위를 계승할 수 있는 인물이었다.

이러한 혈연적 관계를 기반으로 위응은 917년 8월 경명왕이 즉위하자 곧 상대등이 되었다. 위응을 상대등으로 임명한 이유는 아마도 朴氏로서 신덕왕에 이어 왕위에 오른 경명왕이, 다른 김씨왕족들의 도전에 대비하여, 자신의 친족으로써 정권의 안정을 도모하고자 취한 것이 아닌가 싶다.[46] 그 결과 위응은 경명왕의 왕권을 위하여 정치적으로 중요한 역할을 하였던 것으로 추측된다. 게다가 경명왕에게는 아들이 없었거나 혹은 있다고 하더라도 어렸던 것으로 보인다.

그리하여 경명왕은 朴氏王權에 대한 종래의 金氏王族들의 도전이 존재하는 위기상황에서 자신과 혈연적으로 가장 가까운 관계에

---

45) 이는 857년(문성왕 19) 문성왕의 遺詔에서 叔父라는 혈연적 관계와 그의 人品을 논한 뒤에 정치적 경력을 언급하였음에서도 추측이 가능하다. 그리고 비록 상대등을 역임한 경우는 아니지만 헌안왕·경문왕·진성여왕과 효공왕이 왕위계승할 때 있었던 유조의 내용에도 가장 우선적으로 유조를 하는 왕과 이들의 혈연관계가 전제조건으로 언급되었다.

46) 이는 6개월 뒤인 918년(경명왕 2) 2월에 玄昇의 반란이 일어난 것에서 짐작할 수 있다(『삼국사기』 권12, 경명왕 2년 2월).

있고, 또 정치적 경험과 실력이 있는 위응에게 자신이 죽은 뒤 왕
위계승을 당부하는 유조가 있었으리라 짐작된다. 그 시기는 경명
왕이 죽은 924년(경명왕 8) 8월 직전이었을 것이다.[47]

이처럼 위응의 즉위는 우선 혈연적으로 경명왕의 동모제이기에
왕위계승을 위한 아들이 없는 상황에서는 당연한 것이었다. 그리
고 그가 상대등의 관직을 가지고 경명왕대의 정치에 깊게 관여한
것은 왕위계승을 위한 준비과정이었다. 그러므로 그가 상대등이
아닌 다른 관직을 가졌다 하더라도 이미 태자에 버금가는 위치를
확보하고 있었다.

결국 경애왕(위응)의 즉위는 경명왕의 동모제라는 혈연적 요건
이 우선적으로 작용한 왕위계승이었다. 물론 그가 상대등을 역임
하는 등의 정치적 관계도 작용하였지만 그것이 결정적인 요인은
되지 못하였고 부차적인 것이었다.

지금까지 살펴보았듯이, 헌안왕과 경애왕은 각각 상대등을 역임
한 뒤 왕위계승의 유조를 통하여 실제 즉위하였다. 이들의 왕위계
승에는 상대등의 경력도 작용하였으나 이보다는 유조의 내용에서
보듯이 혈연적 요인이 우선적으로 작용하였다.

3) 추대에 의한 왕위계승과 상대등

(1) 金良相(선덕왕)의 상대등 역임과 즉위

김양상은 780년(혜공왕 16) 2월 金志貞이 난을 일으켰을 때, 당
시 상대등으로서 군사를 일으켜 반란군을 진압하던 중에 혜공왕과
왕비가 살해된 까닭에 추대를 받아 즉위하였다. 그가 추대를 받은
사실은 비록 의례적인 요소가 있기는 하나, 선덕왕이 말년에 내린

---

47) 金昌謙, 앞의 글, 214～215쪽.

유조에 잘 나타나 있다.[48]

김양상은 奈勿王의 10世孫으로, 할아버지는 元訓이고, 아버지는 孝芳(孝方)이며, 어머니는 四照夫人인데 聖德王의 딸이다. 그러므로 김양상은 武烈王系의 外孫으로 제34대 孝成王과 제35대 景德王의 外姪이며, 경덕왕의 아들로서 중대의 마지막 왕인 제36대 惠恭王의 姑從兄弟이다. 그런만큼 혜공왕에게 비록 아들이 없었다고 해도 부자계승을 원칙으로 하는 당시 상황에서 혜공왕과 부계친이 아닌 김양상이 혈연적 요인으로는 왕위계승이 어려운 여건이었다.

이처럼 중대 말 왕실의 外姪이라는 혈연적 기반을 가진 김양상은 唐에 다녀온 후, 746년(경덕왕 23) 정월 阿飡으로 시중에 임명되었고, 771년(혜공왕 7) 檢校使 肅政臺令 兼 修城府令 檢校 感恩寺使 角干으로 大角干 金邕과 함께 聖德大王神鐘의 제작책임을 맡았다. 또 774년(혜공왕 10) 伊飡으로 상대등이 되었으며, 777년(혜공왕 13) 시정을 비판하는 상소를 올렸다.

이러한 사실에 대하여 김양상을 反惠恭王派로 이해하여, 그의 상대등 취임으로 신라의 중대적 성격이 변질되는 계기로 보기도 한다. 즉 혜공왕 12년 漢化된 官制의 복구작업은 그에 의해 주관되었고, 또 13년의 時政極論은 전제주의적인 왕권의 복구를 꾀하

---

48) 詔書를 내려 말하기를 "과인은 본래 재주와 덕이 없어 왕위에 마음이 없었으나 推戴를 피하지 못하여 즉위하였다. …"고 하였다(『삼국사기』 권9, 선덕왕 6년 정월). 한편 金良相이 직접 혜공왕을 시해하였다는 기록(『삼국유사』 권2, 景德王表忠寺表訓大德)과 혜공왕은 亂兵에게 시해되었다(『삼국사기』 권9, 혜공왕 16년 4월)는 기록이 있으나, 김양상이 추대되었던 것으로 미루어 후자가 옳다고 보겠다. 특히 李基白의 주장대로 정당한 왕위계승자가 없을 경우 상대등이 제1후보의 위치에 있었다면, 당시 혜공왕의 아들이 없는 상황에서 상대등이던 김양상이 혜공왕을 직접 시해할 필요는 없었을 것이다. 만약 김양상이 혜공왕을 직접 시해하였다면 이는 상대등의 위치가 왕위계승의 순위와는 직접적 관계가 없었음을 나타내는 것이다.

는 일련의 움직임을 견제하는 것이었다고 보는 입장도 있다.[49]

그러나 오히려 이와는 달리 그는 親惠恭王派였던 것 같다.

우선 혈연관계가 혜공왕의 할아버지 성덕왕이 바로 김양상의 外祖父이고, 혜공왕의 아버지 경덕왕이 그의 外叔이다. 그리고 그의 정치적 경력면에서도 764년(경덕왕 23) 1월 시중에 임명되어, 경덕왕 18년에 시행된 관제의 개혁 등 개혁정치를 이어받아 수행하였으며, 마침내 王太子 乾運(혜공왕)이 765년(경덕왕 24) 즉위함에 혜공왕 초기의 정치를 보좌하였다.

특히 혜공왕이 어린 나이로 즉위하자 어머니 滿月夫人이 攝政하는 과정에서 왕권이 위약하여 많은 귀족세력들의 여러 차례에 걸친 도전을 받은 뒤, 혜공왕 정권의 유지를 위하여 김양상은 774년(혜공왕 10) 상대등에 임명되었다. 또 그가 상대등이 된 뒤에도 반대세력의 도전이 여전하자 혜공왕이 漢化政策에서 후퇴하는 정책을 취함에, 이를 반대하는 上疏를 올려 강력한 전제화를 촉구한 듯하다. 그러므로 그는 만월부인과 그 친족에 의한 外戚政治는 반대하는 입장이었을지언정 친혜공왕의 성격을 가진 인물로 파악하는 것이 옳다고 하겠다.[50]

그리하여 혜공왕대 후반기 정치권에서 宰相·上相으로 불리면서 최고의 세력을 가졌던 김양상은 780년(혜공왕 16) 2월 金志貞의 반란이 일어나자 혜공왕 정권을 수호하기 위한 진압군을 일으켜 김지정을 주살하였다. 그러나 이 과정에서 혜공왕과 왕비가 반란

---

49) 李基白, 1974,「新羅 惠恭王代의 政治的 變革」앞의 책, 228~254쪽.
50) 李泳鎬도 金良相의 極論은 反王派로서가 아니라 親王派로서 諫言이었다고 보았다(1990,「新羅 惠恭王代 政變의 새로운 解釋」『歷史敎育論集』13·14합집, 342~351쪽). 그리고 申瀅植은 김양상은 反王派는 될 수 있어도 反專制主義派나 反中代派는 아니라고 하였다(1994,「新羅 中代 專制王權의 展開過程」『汕耘史學』4, 25쪽).

군에게 시해되어 闕位되었고, 게다가 중대 경덕왕의 남자손이 끊어진 상황이었기 때문에, 김양상은 부득이 성덕왕의 外孫으로서 더구나 摠知國事의 역할인 상대등의 지위에 있었기에 金敬信 등 지지세력의 추대를 받아 국정의 임시관리자로 즉위하였다.

이상에서 살펴보았듯이, 김양상의 즉위는 중대의 혜공왕과 母系로 밀접한 혈연적 관계 때문이었고,[51] 또 상대등으로서 반란의 진압과정에서 최대의 정치적 세력과 군사력을 가졌던 정치적 요인으로 추대를 통해 비상수단으로 계승한 것이다. 결국 김양상의 즉위는 중대에서 하대로의 과도기에 있었던 난국수습의 임시관리자적인 역할이었다.

(2) 金敬信(원성왕)의 상대등 역임과 金周元 追放

金敬信 또한 즉위전에 상대등을 역임하였다. 사료에는 김경신을 제37대 선덕왕의 弟(『삼국사기』 권10, 원성왕 즉위조)·從兄弟(『구당서』 권199, 동이전 신라조와 『책부원구』 권965, 외신부 봉책3)·從父弟(『신당서』 권220, 동이전 신라조)로 표기되어 있다.[52] 그러면서도 『삼국사기』에는 선덕왕은 奈勿王의 10世孫이고, 원성왕은 내물왕의 12세손이라는 기록이 있어 좀 혼란스럽다. 그러나 이것이 사실이라면, 아마 이들은 母系에 의한 從兄弟의 관계였던[53] 듯하다. 결국 김경신은 중대의 무열왕계도 아니고, 또 새로이 즉위한 선덕왕의 부계친도 아니므로, 혈연에 의한 정상적인 왕위

---

51) 김주원의 추대에서 보았듯이, 만약 이때에도 김양상의 어머니(성덕왕의 딸) 사소부인이 생존했다면 그녀의 정치적 역할이 있었을 것이다.

52) 중국사료의 기록은 원성왕이 즉위한 뒤 唐에 책봉요청시 '從兄弟(從父弟)'라고 한 것에 원인이 있고, 『삼국사기』의 '弟'는 중국사료로부터 2차적인 파생이다(濱田耕策, 2002, 「下代初期における王權の確立過程とその性格」『新羅國史の研究』, 吉川弘文館, 244~245쪽).

53) 李基白, 1974, 「上大等考」 앞의 책, 114쪽의 주38.

계승 대상자는 아니었다.

김경신은 780년(혜공왕 16) 金志貞의 난이 발생하였을 때 伊飡으로서 金良相과 함께 난을 평정하고, 또 김양상이 왕으로 즉위하는 데 중심적인 추대자로서 공을 세웠다. 그리하여 선덕왕의 즉위와 동시에 상대등이 되어 선덕왕을 보좌하면서 정치적 세력을 확대시켰다. 그러다가 785년(선덕왕 6) 1월 선덕왕이 자식이 없이 죽자 추대세력의 지지를 받아 즉위하였다.

그러나 김경신의 즉위과정에는 많은 곡절이 있었다. 먼저 그의 즉위는 선덕왕과의 관계에서 혈연적으로는 정상적인 것이 아니었다. 더구나 선덕왕의 즉위 역시 정상적인 것이 아니라 당시 정치적 난국을 타개하기 위한 임시적 재위에 불과하였다. 그래서 선덕왕은 재위중에 종래 정통왕실인 무열왕계에게 禪讓하려고 하였지만,[54] 그를 추대한 세력들의 만류와 반대로 뜻을 이루지 못하고 아들이 없이 죽었다. 이에 무열왕계의 金周元이 貞懿太后의 敎旨와 群臣들의 추대를 받아 왕으로 즉위하려 하였으나 김경신이 홍수에 의한 자연재해를 틈타 國人으로 지칭된 지지세력의 추대를 받아 群臣會議의 결정을 번복시켜 즉위하였다.[55] 결국 원성왕의 즉위는 외형상은 추대에 의하였지만 실제는 왕위계승예정자 김주원으로부터 탈취였다.[56]

그러므로 김경신의 즉위는 선덕왕과 혈연관계로는 불가능한 것이었고, 또 정치적으로 상대등직에 있었으나 왕위계승서열은 김주

54) 아마 禪位의 대상자는 金周元이었던 것 같다. 즉 이는 金周元으로 하여금 武列系를 계승케 하려는 의도였을 것이다(申瀅植, 1984,「武列王系의 成立과 活動」『韓國古代史의 新硏究』, 一潮閣, 132쪽).

55) 『삼국사기』권10, 원성왕 즉위조.
『신증동국여지승람』권44, 강릉대도호부 인물조.

56) 金昌謙, 1994,「新羅下代 王位簒奪型 叛逆에 대한 一考察」『韓國上古史學報』17, 238쪽.

원보다 뒤졌다. 이처럼 왕에게 정당한 계승자가 없는 경우라 해도 상대등은 왕위계승의 제1후보자가 되지 못하였고 상대등보다 더 유력한 왕위계승자가 존재하였다. 즉 왕위는 왕위대로의 계승서열이 있었을 것이다.[57] 이에 김경신은 김주원으로부터 왕위를 탈취하는 비정상적인 방법으로 즉위하였다.[58]

(3) 金均貞과 金悌隆(희강왕)의 왕위쟁탈전

흥덕왕대에 왕의 동생 忠恭이 왕위계승자로 예정되어 있었으나 실제 즉위하지 못하고 흥덕왕보다 앞서 죽었다. 그리하여 흥덕왕의 사후에는 왕위계승을 둘러싼 분쟁이 일어났다. 당시 상대등직에 있던 김균정은 즉위하려다가 희강왕(김제릉)에게 왕위를 빼앗겼다. 즉 희강왕은 당시 왕위계승 순위가 자신보다 우월한 입장에 있었던 金均貞을 쫓아내고 즉위하였다.[59]

김균정은 흥덕왕의 從弟이다.[60] 또 김균정의 둘째 부인인 照明夫人은 흥덕왕의 동생으로서 태자에 책봉되었던 충공의 딸이다. 결국 김균정은 충공태자의 사위이면서, 또 흥덕왕의 從弟인 동시에 姪壻라는 혈연적 관계에 있었다. 한편 김제릉은 균정과 형제인 헌정의 아들이다. 그러므로 김균정과 김제릉은 叔姪間이다.[61] 또 김제릉의 부인은 文穆夫人인데, 그녀의 아버지는 忠恭이다. 결국 김제릉의 혈연적 관계는 원성왕계이기는 하나 김균정과 마찬가지로 禮英系에 속하는 인물이었다. 그러므로 흥덕왕과의 관계에서

---

57) 李基白, 1974,「上大等考」『新羅政治社會史研究』, 一潮閣, 119쪽.
58) 金昌謙, 1995,「新羅 元聖王의 即位와 金周元系의 動向」『阜村申延澈教授停年退任紀念 史學論叢』.
59) 『삼국사기』 권10, 희강왕 즉위조 참조.
60) 김균정의 아버지는 흥덕왕의 아버지인 仁謙의 동생 禮英이다.
61) 김제릉의 아버지는 禮英의 아들인 憲貞이니, 김균정과는 형제간이다.

보면 김균정은 從弟(堂弟)이고 김제륭은 堂姪이므로, 김균정이 좀
더 가까운 혈족이다. 한편 양자의 처가는 동일하였다. 즉 김균정의
조명부인과 김제륭의 문목부인은 모두 흥덕왕의 동생인 忠恭의 딸
이다. 다시 말해 이들은 다같이 흥덕왕의 姪壻이다. 그러나 당시
나이가 더 많았을 숙부인 김균정과 혼인한 조명부인이 姪인 김제
륭과 혼인한 문목부인보다 손위였을 것으로 보인다. 결국 이들 양
자의 흥덕왕과의 혈연관계는 김균정이 父系와 妃系 모두에 있어
김제륭보다 우선적이었다.

한편 김균정은 802년(애장왕 3) 그를 大阿湌에 임명하고 假王子
로 삼아 日本에 인질로 보내려 함에 사양하였고, 812년(헌덕왕 4)
봄 侍中으로 승진되었다가 814년 8월 金憲昌과 교체되었으며, 822
년 3월 김헌창이 반란을 일으키자 伊湌으로서 반란토벌을 성공적
으로 지휘하였다. 그리고 835년 2월 상대등에 임명되었다.

당시 흥덕왕이 嗣子가 없는 상황에서 835년(흥덕왕 10) 2월에 김
균정이 상대등에 임명된 것은 정치적 요건상 상당히 유리한 지위
를 확보한 것이다.[62] 흥덕왕으로서는 비록 禮英系이기는 하나 자
신의 姪壻이기도 한 김균정 외에 달리 가까운 친족으로서 자신을
지원해 줄 상대등 후보자를 발견할 수 없었을 것이다. 그리고 균정
은 바로 직전에 있었던 헌덕왕대 동모제 수종, 흥덕왕대 동모제 충
공처럼 同行列의 인물을 태자로 책봉했던 것을 생각하면, 충공의
아들로서 자신보다 아래 항렬이고 나이도 어린 김명에 비하여 왕
위계승에 유리한 위치를 확보한 것으로 믿었고, 또 일부 귀족들도
그렇게 여기고 그를 추종하였다고 보겠다. 그리하여 김균정은 홍

---

62) 한편 균정이 왕위계승권을 주장한 가장 큰 근거로 그가 상대등이었다
   는 사실일 것으로 본 견해도 있으나(李基白, 앞의 글, 117~118쪽), 이
   는 무리한 해석이며 재고할 필요가 있다(權英五, 2000,「新羅下代 왕위
   계승분쟁과 閔哀王」『韓國古代史研究』19, 283쪽).

덕왕의 嗣子가 없는 상황에서 다른 인물에 대한 흥덕왕의 태자책봉이나 왕위계승자로 지명하는 유조가 없을 경우에는 혈연적 관계에서나 정치적 관계에서 왕위계승자로 묵인된 인물이었다.

이처럼 김균정이 김제륭에 비하면 흥덕왕과의 혈연적 관계에서는 물론 그들의 정치적 지위나 세력에서도 월등히 우세한 위치에 있었다. 그러므로 이들 양자만을 비교한다면 흥덕왕이 죽으면서 후계자 지명이 없는 이상 김균정이 즉위하는 것이 당시 상황으로 볼 때 좀더 순리적이었다.

하지만 당시 왕실 내에서 아주 크다란 변수로 작용할 수 있는 세력으로 金明이 있었다. 김명은 김충공의 아들로서, 만약에 흥덕왕에 의하여 태자로 책봉되었던 김충공이 일찍 죽지 않고 왕위를 계승하였다면, 부자계승원칙에 따라 김명 또한 태자로 책봉되어 왕위를 계승할 인물이었다. 또 김충공이 죽은 뒤 만약 흥덕왕이 김명을 다시 태자로 책봉하였거나 아니면 유조라도 있었다면 당연히 왕위를 계승할 수 있었던 인물이었다. 그러나 사실은 그렇지 못하고 흥덕왕이 죽을 무렵에 김명은 다만 侍中의 자리에 있었다.

그러나 김명은 아마 나이도 어리고 아직까지 대단한 정치적 위치를 확보하지 못한 상태라 김균정에게 직접 대항하기에는 어려웠기 때문에, 부득이 김균정의 조카이며 동시에 자신의 妹壻인 김제륭을 추대하여 대항하였던 것이다. 그 결과 김균정파와 김제륭파의 대립은 궐내에서 무력대결로까지 발전하여 김균정이 피살됨으로써 김제륭(희강왕)이 즉위하였다.

결국 김균정은 흥덕왕의 가까운 친족관계를 바탕으로 흥덕왕 말년(835)에 상대등에 임명되어 정치적 실권을 장악하였고, 드디어 836년 12월 흥덕왕이 아들이 없이 죽자 김균정은 지지세력의 추대를 받아 왕위를 차지하려다가 도리어 김제륭과 김명 일파에게 피살을 당하였다.

지금까지 살펴본 바에 의하면, 하대의 상대등 역임자 중에서 선덕왕과 원성왕은 추대의 형식을 통하여 즉위하였고, 김균정은 추대를 받았으나 오히려 왕위를 빼앗긴 경우이다. 이들이 추대를 받은 것은 전왕에게 정당한 왕위계승자가 없는 조건에서, 전왕의 姑從兄弟, (母系從)弟, 從弟・妹壻라는 혈연적 요인을 바탕으로, 그 당시의 정치적 요인에 의하여 지지세력의 추대를 받은 것이다. 하지만 정당한 왕위계승자가 없고, 또 유조를 통하여 왕위계승자가 지명되지 않은 경우라 하더라도 상대등이 반드시 추대되는 것은 아니었다. 선덕왕의 사후 왕으로 추대되었으나 실패한 김주원은 상대등이 아니었으며, 경애왕의 시해사건 후 옹립된 경순왕도 상대등이 아니었다. 이들은 전대 왕족의 후손이라는 혈연적 요인과 더불어 당시 정치적 요인이 크게 작용하여 추대되었다.

4) 찬탈에 의한 왕위계승과 상대등

(1) 金彦昇(헌덕왕)의 상대등 역임과 애장왕 弑害

김언승은 제40대 애장왕을 시해하고 스스로 왕위에 올랐다.[63] 그런데 김언승은 즉위전에 상대등을 역임하였다.[64] 김언승은 그의 상대등 재임시 왕이었던 애장왕과는 叔姪간이다. 즉 김언승은 소성왕의 同母弟이다.[65] 그러므로 그의 아버지는 제38대 원성왕의 태자였던 仁謙이고, 어머니는 聖穆太后로서 角干 金神述의 女이다.[66] 그

---

63) 『삼국사기』 권10, 애장왕 10년 7월.
   『삼국유사』 권1, 왕력 제40대 애장왕.
64) 以兵部令彦昇 爲御龍省私臣 未幾爲上大等 至是卽位(『삼국사기』 권10, 애장왕 2년 2월)와 (애장왕)二年 爲御龍省私臣 未幾爲上大等(『삼국사기』 권10, 헌덕왕 즉위조).
65) 『삼국사기』 권10, 헌덕왕 즉위조.

리고 김언승은 소성왕의 아들인 애장왕에게는 숙부가 된다.

결국 김언승은 소성왕의 아들이나 손자 등 直系孫이 없을 경우에는 가장 가까운 혈족관계에 있어 왕위계승의 가능성을 가진 자였다. 또 만약에 애장왕에게도 아들과 형제가 없을 경우에는 왕위를 계승할 수 있는 가까운 혈족 중의 하나였다. 그러나 당시 부자계승을 원칙으로 하는 상황에서 숙부의 왕위계승은 불가능한 것이었다.[67] 말하자면 김언승은 소성왕대는 왕위계승권을 가진 범위에 속하였으나 애장왕대는 그 밖으로 밀려난 상태였다.[68]

한편 김언승의 정계진출은 그가 왕족이라는 혈연관계를 바탕으로 출발하였다. 그는 일찍이 원성왕대에 왕의 손자라는 신분으로 790년(원성왕 6) 大阿飡을 제수받아 唐에 사신으로 다녀왔고, 다음해 悌恭의 난을 진압하는데 가담하여 공을 세워 迊飡이 되었으며, 794년 侍中이 되고, 795년 伊飡으로 宰相이 되었으며, 796년 병부령이 되었다.

이처럼 김언승은 원성왕 말년에 정치적 기반을 확고하게 갖추었

---

66) 『삼국사기』 권10, 애장왕 2년 9월.
67) 다만 訥紙麻立干 이후 왕위의 부자계승이 두드러진 현상을 보이면서부터 가끔 비상조치로써 형제간에 계승하는 同世代間의 계승은 있었지만, 先世代가 後世代로부터 계승을 하는 경우는 없었으므로 비록 헌덕왕이 애장왕의 가장 가까운 혈족이라 하더라도 신라의 왕위계승원칙상으로는 불가능하였을 것이다.
68) 이는 특히 원성왕의 부자계승원칙을 고수하려는 강력한 의지가 아들·손자·증손자대에는 강하게 영향력을 미쳤을 것에서도 짐작이 가능하다. 한편 언승이 조카인 애장왕을 죽이고 즉위함으로써 원성왕에 의하여 이룩된 3대 20여년 동안의 부자상속원칙이 무너진 것인데, 그 역할을 담당한 것이 상대등이었다. 즉 언승의 애장왕 시해는 상대등 세력의 왕위부자상속제에 대한 반항이었다는 해석도 있으나(李基白, 앞의 글, 121~122쪽), 이는 조선 초기 수양대군과 단종 사이의 권력구조에서 보듯이 오히려 섭정 언승과 애장왕 사이의 친정문제를 둘러싼 갈등이었다고 보는 것이 순리일 듯하다.

다. 그리고 800년(애장왕 1) 애장왕이 13세로 즉위하자 김언승은 兵部令으로서 攝政을 하였으며, 이어서 角干이 되었고,[69] 다음해에 御龍省을 攝政府로 확대 개편하여 그 장관인 私臣에 취임하였다. 그리하여 애장왕대의 정치권을 완전히 장악한 다음 곧 상대등에 임명되었다. 그 결과 김언승은 병부령·어룡성사신·상대등을 동시에 겸직하면서 사실상 왕을 능가하는 정치력을 행사하다가,[70] 드디어 809년(애장왕 10) 7월 擧兵하여 애장왕과 그 아우 體明마저 시해하고 스스로 즉위하였다.

이상에서 살펴보았듯이 김언승은 즉위전에 상대등을 역임하였다. 그러나 그의 즉위가 상대등을 역임하였다는 것만으로는 성립될 수 없다. 그보다는 그가 애장왕의 숙부라는 혈연적 관계가 전제되었기 때문에 병부령과 어룡성사신을 가지면서 상대등직을 왕의 다른 혈족에게 할양할 수 없어 스스로 보임하였다. 그리하여 幼少한 왕보다 더 강력한 정치력을 행사하다가 아마 809년에 22세가 된 애장왕이 親政을 요구하자, 최고통치권의 행사는 물론 상대등마저 애장왕의 가장 가까운 혈족에게[71] 내어주어야 할 처지가 예견되자 드디어는 왕마저 제거하고 스스로 즉위하였다.

그러나 김언승이 막강한 정치력을 가졌다 하더라도 혈연관계상으로는 즉위가 불가능하였다. 이에 애장왕의 아우 體明마저 시해하여 자신보다 가까운 애장왕의 혈족은 모두 없어짐으로써 즉위하는데 어려움이 없어진 듯하다. 결국 김언승의 즉위는 정치력에 의한 찬탈이면서도 혈연적으로 왕위계승 범주상 자신보다 가까운 왕

---

69) 『삼국사기』권10, 헌덕왕 즉위조.
70) 실질적으로 애장왕대에 행하여진 개혁정치의 주도세력은 彦昇과 그의 아우들이었다(金東洙, 1982, 「新羅 憲德王·興德王代의 改革政治」 『韓國史研究』39, 31~34쪽).
71) 아마 애장왕의 아우 體明이 첫째 대상인물이었을 것이다.

의 혈족을 제거한 결과 형식상으로는 생존한 인물 중에서 전왕과
가장 가까운 혈족에 의한 왕위계승이 되었다.

(2) 金明(閔哀王)의 상대등 역임과 僖康王의 自盡

희강왕을 즉위케 한 金明은 상대등으로 재직하다가 838년(희강
왕 3) 정월에 찬탈을 하였다.[72] 김명의 아버지는 忠恭이고, 어머니
는 貴寶夫人 朴氏이다. 그러므로 김명은 金憲貞의 아들인 희강왕
과는 再從兄弟이다. 더욱이 김명의 누이가 희강왕의 비인 文穆夫
人이므로 이들은 혼인을 통하여 妻男·妹壻간의 관계에 있었다.
그러나 김명이 희강왕과 이러한 관계라 하더라도 부자계승원칙에
서 희강왕에게 아들이 있는 이상 정상적인 왕위계승은 불가능한
것이고, 혹 유조라도 있으면 가능할 수도 있는 상황이었다.

김명은 여러 관직을 거쳐서, 835년(흥덕왕 10) 2월 大阿湌으로
侍中이 되어 재직하던 중에 836년(흥덕왕 11) 12월 흥덕왕이 죽자
당시 상대등이던 흥덕왕의 從弟 김균정이 즉위하려 함에, 阿湌 利
弘·裴萱伯 등과 함께 흥덕왕의 堂姪 金悌隆을 받들어 大內에 들
어가 싸워[73] 김균정을 弑害하고 김제륭(희강왕)을 즉위시켰다. 그
리고 그는 희강왕을 즉위시킨 공으로 837년(희강왕 2) 정월 상대등
이 되었다. 하지만 1년 뒤인 838년 정월 희강왕 즉위시 다함께 功
臣이며, 그의 상대등 임명으로 대신 후임 侍中에 임명되었던 利弘
과 더불어 군대를 이끌고 난을 일으켜 희강왕의 側臣들을 살해하
고 왕마저 핍박하여 自盡케 한 다음 즉위하였다.

이처럼 김명은 희강왕과는 혈연적으로 父系를 달리하였고, 더욱
이 희강왕의 아들이 있었기 때문에 정상적인 방법으로는 즉위할

---

72) 『삼국사기』 권10, 희강왕 3년 정월 및 민애왕 즉위조 참조.
73) 이때의 대립양상은 『삼국사기』 권44, 金陽傳에 자세히 묘사되어 있다.

수 없는 왕족이었다. 비록 이보다 앞선 흥덕왕과는 혈연적으로 왕위계승의 범주에 속하였으나[74] 당시는 여러 가지 여건상 직접 왕위쟁탈전에 참여하지 못하고 희강왕을 대신 내세웠다. 그리하여 희강왕이 즉위함으로써 왕통이 仁謙系에서 禮英系로 넘어간 상태에서, 김명의 혈연에 의한 왕위계승은 불가능해 졌다. 이에 그는 仁謙系의 왕위계승권을 회복하기 위하여 상대등직을 가지고 희강왕대의 실질적인 정치력을 장악한 뒤 찬탈을 하였다. 즉 김명의 찬탈은 정치적 요인이 무엇보다도 강하게 작용한 경우였는데, 이는 흥덕왕의 사후 김균정을 제거하기 위하여 김제륭을 이용한 뒤, 다시 김제륭을 시해함으로써 왕위를 차지한 일련의 정치사건이었다.

결국 김명은 상대등직에 있기는 하였으나 그 자체가 왕위계승권을 가졌던 것은 아니었기에 무력에 의한 찬탈을 통해 즉위하였다. 그러므로 민애왕의 찬탈은 설령 그가 상대등직에 있지 않았더라도 혈연적 요건이나 다른 정치적 요인으로도 가능하였던 것이다.

3. 상대등과 왕위계승의 상관성

신라 하대에도 가장 보편적인 왕위계승방법은 재위중인 왕이 아들을 태자로 책봉해 두었다가 뒷날 즉위케 하는 방법이었다. 그러나 아들이 없거나 있어도 골품제적인 신분상의 하자가 있어서 정당한 왕위계승자의 자격이 없는 경우에는 弟나 姪을 태자로 책봉하여 선위와 계위하였다. 한편 태자책봉을 하지 못한 경우에는 왕

---

74) 특히 그의 아버지 忠恭은 興德王의 아우로서 太子에 책봉되었지만, 일찍 죽음으로써 왕위를 계승하지 못한 상황이라 하더라도 그에게도 왕위계승의 여지는 있었다.

이 죽기 직전에 유조를 통하여 가까운 弟·叔父·妹·姪 등 가까운 부계친 중에서 왕위계승자를 지명하기도 하였다.

그러나 미처 이러한 방법을 통하여 왕위계승자를 정하지 않은 경우에는 왕이 죽은 뒤 당시 사정에 따라 정치적인 알력과 합의를 거치거나, 혹은 때로는 각 세력에 의하여 추대되어진 자들간에 경쟁을 거쳐서 승리한 자가 즉위하였다. 하지만 이러한 것은 대체로 전왕의 自然死와 더불어 이루어진 왕위계승이고, 이와는 달리 재위중인 왕을 살해하고 왕위를 찬탈한 경우도 있었다.

한편 하대의 왕위계승을 살펴보면 20명의 왕 중 제37대 선덕왕, 제38대 원성왕, 제41대 헌덕왕, 제42대 흥덕왕, 제44대 민애왕, 제47대 헌안왕, 제55대 경애왕 등 7명(전체 35%)은[75] 즉위하기 전에 상대등을 역임한 경력이 있다. 이는 그런 일이 거의 없었던 중대에 비하면 판이한 현상이다.

상대등을 역임하고 왕위에 즉위한 7명 왕들의 전왕과 혈연관계는 叔父 2명, 弟 2명, 再從兄弟 1명, 姑從兄弟 1명, (母系從)弟 1명 등이다. 즉 7명 중 5명은 부계친(특히 그 중 4명은 3촌 이내의 지근친)이었고, 2명은 모계친이었다. 그러므로 부계친으로 왕위에 오른 상대등 역임자는 전왕과 혈연적으로 상당히 가까운 인물들이다. 이는 실제 즉위한 상대등의 역임자가 미리부터 왕위를 계승할 수 있는 요인을 가지고 있었음을 말해주는 것이다.

이처럼 하대의 왕 가운데는 상대등 역임자가 많았다는 사실에서, 상대등은 '특히 下代의 上半期 ― 神武王 이전 ― 에 王의 弟·叔父 등 지극히 가까운 친척들이 되는 예가 늘어갔는데, 이런 경우 대개가 왕위를 계승하게 되었다. 그리고 그 계승은 무력에 의

---

75) 李基白은 6명으로 파악하였으나(앞의 글, 117쪽의 <표 라>), 필자는 헌안왕을 추가하여 7명으로 본다.

하여 강제로 행해지는 경우가 많다.'고[76] 볼 수도 있지만, 이는 달리 해석되어야 할 듯하다.

앞에서도 살펴보았듯이, 하대의 상대등으로서 왕위에 도전한 예는 원성왕, 헌덕왕, 김균정, 민애왕 등 4차례뿐이다. 그리고 신무왕 이전 시기에 상대등을 역임한 뒤 왕위에 오른 왕은 선덕왕(추대), 원성왕(탈취, 추대), 헌덕왕(찬탈), 흥덕왕(부군, 계위), 민애왕(찬탈) 등이 있다. 그러나 이 중에서 상대등의 직에 있으면서 무력을 통하여 즉위한 것은 원성왕과 민애왕의 2차례뿐이었다. 종래 혜공왕을 직접 시해하고 즉위한 것으로 이해한 선덕왕은 실제는 성덕왕의 딸의 아들(외손)로서 반란진압군의 최고 군사통수권자였기에 혜공왕의 유고에 따라 國政의 임시관리자로 추대된 것이다. 또 헌덕왕은 상대등보다는 어룡성사신이라는 섭정의 지위를 이용하여 찬탈하였고, 흥덕왕은 副君의 자격으로 계위한 것이다.

특히 상대등 역임자 중에서 하대의 전반기에 태자책봉을 받았던 2명(흥덕왕, 충공)은 굳이 상대등을 역임하지 않았다 하더라도 왕의 동모제로서 정당한 왕위계승자가 없는 경우에는 그 누구보다도 우선적으로 왕위계승권을 갖는 혈연관계에 있었다. 그리고 하대 후반기에 유조를 받은 문성왕의 숙부 헌안왕과 경명왕의 동모제 경애왕도 그러하다고 보겠다.

엄격한 의미에서 하대의 상대등이 재위중인 왕과 대립하여 무력으로 왕위를 차지한 경우는 헌덕왕과 민애왕 단 2명뿐이다. 그러므로 정당한 왕위계승자가 없는 경우라 할지라도 상대등이 제1후보였던 것은 아니다. 재위중인 왕의 아들이 아니면서도 태자로 책봉되거나 유조를 받은 자는, 설령 그가 상대등이라는 특정직을 가지지 않았다 하더라도, 재위중인 왕의 지근친이라는 혈연관계에 의

---

76) 李基白, 앞의 글, 128쪽.

하여 왕위계승자가 될 수 있는 요건을 이미 갖추고 있었다. 그 자격만 있으면 효공왕처럼 태자로 책봉되거나 혹은 경문왕·정강왕·진성여왕의 경우처럼 유조를 받아 왕위를 계승하였던 것이다.

또 왕위계승자로 추대를 받은 3명(선덕왕, 원성왕, 김균정)도 반드시 그들이 상대등직을 가졌기 때문에 왕위계승자로 추대되어진 것은 아니었다. 비록 이들이 상대등의 관직을 가졌기에 정치적으로 다른 관직의 소유자에 비하여 추대됨에 유리하게 작용한 경우도 있었겠지만, 그보다는 이들이 추대됨에는 그들이 가지고 있던 당시 왕족 내에서 혈연적 기반이 먼저 전제되었던 것이다. 제53대 신덕왕이나 제56대 경순왕의 경우에서 볼 수 있듯이, 이들은 상대등을 역임한 적이 없었지만, 그들의 혈연적 요인과 당시 정치적 사정에 의하여 추대되었고 실제 즉위하였다.

한편 왕위를 찬탈하여 즉위한 왕도 반드시 상대등직에 있었기에 그것이 가능했던 것은 아니었다. 만약 귀족회의의 의장 자격을 비롯한 요건에 의하여 상대등의 왕위계승이 가능하였다면, 특히 왕위계승에 도전하였다면 당연히 찬탈에 의하여 즉위한 3명(원성왕, 헌덕왕, 민애왕)을 제외하고 또다른 실패한 상대등의 반역도 있어야 한다. 그렇지만 피찬탈자에 해당하는 김균정의 왕위쟁탈전 외에 이렇다할 사례가 없다.

물론 상대등이 왕과 태자를 제외하고는 최고의 관직이었기 때문에 다른 관직의 소유자보다는 상대적으로 정치적인 실력을 장악하고 있었을 것이고, 그래서 이것이 찬탈에 유리한 요건으로 작용하기도 했을 것이다. 그러나 찬탈을 한 왕이 반드시 상대등 역임자는 아니었다. 제43대 희강왕이나 제45대 신무왕은 상대등을 역임한 적이 없는 인물들이다. 그럼에도 이들이 찬탈하여 실제 즉위한 것은 이들을 지원해 준 우세한 군사력이 있었기에 가능했던 것이다.

간혹 상대등이 예외적으로 개인적인 성향과 시대적 상황에 따라 자신이 왕위를 차지하고자 한 경우도 있었을 것이다. 이는 권력의 속성상 있을 수 있다. 하지만 宗法制에 따라 嫡長子繼承이 일반화된 뒤에는 왕의 지위는 일반 왕족보다는 격상된 존재였기에 왕족이나 고위관료가 직접 왕위에 도전하기란 대단히 어려웠다. 물론 하대에 왕위찬탈형 반란이 다소 빈번하였던 것은 사실이다. 또 이것은 고위관직을 보유하였기에 그러할 여지가 있기도 했다. 하지만 그보다는 분지화된 가계간에 있었던, 그리고 바로 직전의 왕족으로서 혼인·찬탈·추대 등으로 타가계로 넘어간 왕위계승권의 회복을 목적으로 한 갈등과 대립이었다.

신라 하대의 상대등 역임자 중에서 현재까지 왕과의 혈연관계가 파악된 13명 가운데 왕위에 오르지 않은 6명의 上大等은 叔父 1명, 弟 2명, 從兄弟 2명, 從孫 1명 등으로, 혈연관계에서는 오히려 왕위에 오른 자들보다 왕과 더 가까운 친척들이다.

하대에 상대등을 역임하고도 즉위하지 않은 왕의 지근친에 대해서 그 이유를 살펴보면 다음과 같다. 叔父 1명의 경우인 魏弘은 왕위계승을 위한 예정자가 없을 경우에도 당시 헌강왕·정강왕이 숙부보다는 더 가까운 혈족인 형제에게 왕위계승을 지목하였기 때문이다. 그리고 弟 2명의 경우인 金崇斌·金忠恭은 모두가 헌덕왕·흥덕왕보다 먼저 죽었기 때문이다. 從兄弟 2명의 경우는, 먼저 金均貞은 흥덕왕과 혈연상 가깝지만 당시 侍中 金明보다는 멀었고 또 정치적 실력을 동원하면 가능성이 있을 듯하였지만 무력대결에서 金悌隆·金明의 연합세력에게 패하여 즉위치 못하였으며, 金禮徵은 문성왕보다 먼저 사망하였기에 즉위치 못하였다. 그리고 從孫 1명의 경우인 金安은 헌안왕이 왕위를 사위 膺廉에게 계승하라는 유조를 내림으로써 즉위치 못하였다.

　사실상 신라 하대에 상대등을 역임한 자가 즉위하는 경우가 더러 있었지만, 이는 상대등이기 때문에 왕위계승을 하였던 것이 아니라77) 그의 혈연적 신분이 왕위계승의 범주에 속했기 때문에 가능하였다(계위). 한편 왕위계승의 범주 밖에 있으면서 즉위한 상대등도 있는데, 이 경우에는 불가피하게 무력(찬탈) 내지는 정치적 역학관계에 의하여 즉위하였다(추대). 그러나 이러한 현상도 하대 제1기와 제2기 초에 한정된 4차례(20%)에 불과한 것이었고, 그 뒤로는 유조에 의한 경애왕 1차례를 제외하고는 상대등의 왕위계승은 물론 상대등 역임자가 왕위에 도전한 반란도 없었다.

　결국 하대의 상대등은 왕의 제·숙부 등 지근친이 임명되어 국정을 수행하였기에 중대에 비하여 정치적 비중이 커졌고, 또 왕위계승에서도 역할이 확대된 것은 사실이나, 정당한 왕위계승자가 없는 경우라 해도 제1후보자는 아니었으며, 설령 즉위한 경우라 해도 무력에 의한 강제적인 것보다는 태자책봉이나 유조에 의한 평화적인 계승이 일반적이라 하겠다.

　지금까지 살펴본 신라 하대의 왕위계승과 상대등의 특성을 정리하면 다음과 같다.

　하대의 상대등은 왕의 叔父, 弟, 從兄弟, 再從兄弟, 從孫, 姑從兄

---

77) 헌안왕대 상대등이던 金安은 헌안왕의 정당한 父系親의 왕위계승자가 없음에도 즉위치 못하였고 오히려 헌안왕의 사위 경문왕이 계승하였다. 만약 상대등에게 왕위계승권이 있었다면 金安이 도전하였을 것이다. 그러나 金安은 경문왕 즉위 뒤에도 계속 상대등직을 수행하다가 경문왕 2년 정월에 교체되었다. 그리고 헌강왕·정강왕대 상대등이던 金魏弘과 진성여왕대 이름을 알 수 없는 상대등 역시 왕위를 계승하지도 않았고, 도전하지도 않았을 뿐만 아니라 오히려 계속 상대등직에 있었다. 이는 상대등이 왕위계승과는 직접적 관계는 갖지 못하였고, 오직 왕의 보조자에 불과한 하나의 관직이었음을 말해주는 것이다.

弟와 (母系從)弟 등, 즉 대체로 6촌 이내의 부계친과 4촌 이내의 모
계친으로 임명권자인 왕과는 대단히 가까운 혈연관계에 있던 인물
들이다. 이는 당시 왕들의 왕권이 약했기 때문에 왕을 중심으로 하
는 소가계의 왕권을 유지하기 위한 수단이었고, 권력의 집중화를
꾀하는 방법의 하나로서 왕의 가장 가까운 혈족을 상대등에 임명
하여 그들의 도움을 받으면서 왕정을 펼쳐 나갔던 것이다. 그러므
로 상대등은 왕과 대립적인 위치에 있지 않았고, 왕으로부터 가장
신임을 받고 관리의 인사문제 등 행정권을 위임받아 수행하였던,
왕권을 적극적으로 보좌하는 親王的인 최고의 관료였다.

하대의 상대등은 정당한 왕위계승자가 없을 경우에 가끔 왕위를
계승하였다. 그러나 이는 혈연관계에 의한 것이지 상대등의 관직
이 직접적인 요건은 되지 못하였다.

한편 하대의 상대등 중에는 전왕과의 혈연상으로는 왕위계승이
불가능함에도 추대와 찬탈이라는 비정상적인 방법으로 즉위한 경
우가 있기도 하지만, 그것은 단 몇 차례의 특수한 사례에 불과한
것이다. 특히 왕과 대립관계를 보인 상대등도 金彦昇(헌덕왕)과 金
明(민애왕)의 찬탈 2차례 외에는 뚜렷한 것을 들 수 없다. 이들은
재위중인 왕과의 가까운 혈연관계에도 불구하고, 이들보다 더 가
까운 혈족이 있어서 정상적인 왕위계승권 밖에 있었기에 자신이
속한 소가계가 왕통을 유지해 나가거나 또는 상실한 왕위계승권을
되찾기 위하여 정치적 여건을 이용하여 찬탈하였다.

결국 신라 하대의 상대등이 왕위계승에 영향력을 미치는 정치적
요인이기는 하였으나 정당한 왕위계승자가 없는 경우라 하더라도
상대등에게 왕위계승권이 주어졌던 것은 아니었다. 왕위는 일반
관직이 아닌 그 초월적인 것으로 혈연을 기준으로 하는 그 나름대
로의 계승원칙이 있었다. 즉 하대의 상대등이라도 재위중인 왕과

의 혈연관계가 소원하면 정상적인 왕위계승은 불가능하였기 때문에 정치적·군사적인 힘을 이용하여 비정상적인 왕위계승을 한 경우도 있을 뿐이다. 그러나 이를 가능하게 한 것은 그의 혈연적 신분이 왕위계승의 전제조건을 충족하였기에 부차적인 정치적·군사적 힘이라는 행위요건을 이용할 수 있었던 것이다.

Ⅱ. 侍中과 왕위계승

1. 시중과 왕의 관계

신라시대 최고관직의 하나로서 侍中(中侍)을 들 수 있다. 그리고 하대에 시중을 역임한 자 중에는 실제 즉위한 경우도 있었다. 그러므로 하대의 왕위계승에서 정치적 요인이 크게 작용한 경우에 대한 검토의 한 방법으로써 시중 역임자의 왕위계승에 대한 고찰이 필요하다.[78] 즉 고위관직의 하나인 시중의 역임이 왕위계승에 정치적인 요인으로 작용하였는가와, 작용하였을 경우 혈연적 요인 및 골품제 요인과는 어떠한 상관성을 가졌는지를 살펴보도록 한다.

신라 하대 시중 역임자의 명단을 작성하면 다음 <표 7>과 같다.

[78) 신라시대 中侍에 대한 연구로는 다음과 같은 것이 있다.
　　李基白, 「新羅 執事部의 成立」, 앞의 책.
　　李基白, 「新羅 下代의 執事省」, 앞의 책.

〈표 7〉신라 하대 시중 일람표

시중	취임 연대	왕과 혈연관계	이후 승진	즉위 여부	즉위 방법
義恭	선덕왕 1년				
悌恭	원성왕 1년				
世强	원성왕 1년		上大等		
宗基	원성왕 6년				
俊邕	원성왕 7년	孫	兵部令, 太子	㉟소성왕	太子, 繼位
崇斌	원성왕 8년	孫	上大等		
彦昇	원성왕10년	孫	上大等, 兵部令	㊶헌덕왕	簒奪
智原	원성왕12년				
金三朝	원성왕13년				
忠芬	소성왕 2년				
秀升	애장왕 5년	叔父	上大等, 副君		
憲貞	애장왕 8년	從叔	侍中, 國相, 兵部令		
亮宗	헌덕왕 2년				
元興	헌덕왕 3년				
金均貞	헌덕왕 4년	從弟	上大等		
金憲昌	헌덕왕 6년				
璋如	헌덕왕 8년				
忠恭	헌덕왕 9년	弟	上大等, 太子		
永恭	헌덕왕13년	姪婦의 父			
祐徵	흥덕왕 3년	從姪		㊺신무왕	簒奪
允芬	흥덕왕 6년				
祐徵	흥덕왕 9년	從姪		㊺신무왕	簒奪
金明	흥덕왕10년	姪	上大等	㊹민애왕	簒奪
利弘	희강왕 2년				
憲崇	민애왕 1년				
義琮	문성왕 2년	叔父	上大等	㊼헌안왕	遺詔, 繼位
良順	문성왕 5년				
金如	문성왕 6년				
魏昕	문성왕 9년		兵部令, 宰相		
金啓明	문성왕10년	再從弟			
魏珍	경문왕 2년		上大等		
蘭興	경문왕14년				
乂兼	헌강왕 1년	查頓			
敏恭	헌강왕 6년				
俊興	정강왕 1년		上大等		
繼康	효공왕 2년		上大等		
孝宗	효공왕 6년	妹壻			
裕廉	경명왕 1년				
彦邕	경명왕 3년후				

<표 7>에 의하면, 신라 하대의 시중은 39명이 있었고, 그들의
재임기간은 평균 약 4년이었다.[79]

그리고 현재 밝혀진 범위 내에서, 이들의 왕과의 혈연관계를 살
펴보면 왕의 孫 3, 弟 1, 叔 2, 姪 1, 從弟 1, 從叔 1, 從姪 1, 再從弟
1, 妹壻 1, 査頓 1, 姪婦의 父 1명 등이다. 즉 혈연이 확인된 14명
(다만 祐徵은 두 차례) 중 11명은 당시 왕과 7촌 이내의 부계친이
고, 나머지 3명은 혼인에 의한 타가계의 姻戚이다. 이로써 보건대
하대의 시중은 왕과 혈연적으로 매우 가까운 자들이 임명되었음을
알 수 있다.

한편 시중 중에는 金周元처럼 특정한 타가계의 인물도 있었다.
그러나 비록 현전하는 기록에는 나타나지 않았지만, 앞에서 살펴
본 상대등의 경우가 그러하듯이 시중도 보다 더 많은 인물이 왕과
가까운 혈연관계에 있었을 가능성이 있다.[80] 그래서 하대의 侍中
은 金周元家系 등 약간의 타가계 인물에게도 할애되어 반발을 무
마하기도 하였지만, 뒤에는 대체로 당대의 왕실이 이들 관직을 독
점하여 특정 소가계를 중심으로 왕권을 운영한 것으로 보는 견해
도 제기되었다.[81]

또 신라시대 전시기를 통하여 시중을 역임한 자들 중에는 상대
등으로 승진한 경우도 16차례나 있었다.[82] 특히 하대에는 시중 역
임자 39명 중 상대등으로 승진한 인물은 11명이다. 이는 중대의 5
명에 비하면 훨씬 많은 수이다. 그렇다면 양자는 서로 대립하는 위
치에 있었던 것이 아니고, 외형적으로는 서로 같은 성격의 관직으

---

79) 李基白,「新羅 下代의 執事省」, 176~178쪽.
80) 李基白, 앞의 글, 179~180쪽.
81) 吳星, 1979,「新羅 元聖王系의 王位交替」『全海宗博士華甲紀念 史學
論叢』.
82) 李基白, 앞의 글, 183쪽 <표 라> 참조.

로 변화되어 간 것으로 볼 수도 있다.[83] 물론 고위관직이란 그 당시 정치적 상황에 따라 왕에게 반발을 보이는 정치세력의 인물에게 고위직을 할애함으로써 그 반발을 무마하고 동시에 자신의 협조세력으로 회유해 나가는 경우도 있었다. 그러나 이는 특수한 사례에 불과하고 정상적인 상황에서는 이들이 시중과 상대등에 임명된 것은 왕과의 가까운 혈연관계에 의한 것이었기에 왕의 보좌인물에 불과하였고, 또 심지어 시중이 상대등이나 태자로 계속적으로 승진하고 있음을 고려하면, 이는 시중이 왕의 적극적인 협조자적인 관계에 있었기에 가능하였다고 하겠다.

결국 시중은 중대에서와 마찬가지로 天災地變 등을 이유로 교체되거나,[84] 또 왕을 輔佐하여 國政을 수행하고,[85] 더구나 왕의 유조를 받아 집행하는[86] 등 전적으로 임명권이 왕에게 귀속된 국왕의 측근자로서 하나의 관료에 불과하였다.[87] 그러므로 시중의 역임자가 왕위에 오르거나 왕위계승에 참여한 것은 자신이 속한 집단이 독점적으로 왕위를 보존 유지하고자 하는 의도에서 취해진 특수한 경우에 불과한 것으로 봄이 옳겠다.

이러한 사실에서 볼 때, 시중 또한 상대등과 마찬가지로 당시 왕과 혈연적으로 밀접한 자가 임명되었고, 또 왕과 가까운 혈족관계에 있는 자들은 대부분 뒤에 상대등으로 승진하였다. 이는 골품제가 붕괴되는 과정이었기에 당시 정치권은 왕을 정점으로 연결된 특정가계의 소수인에 의하여 관직이 독점되어 통치 운영되었음을

---

83) 李基白, 앞의 글, 182~183쪽.
84) 李基白, 앞의 글, 176~178쪽.
85) 王顧謂侍中敏恭曰 … 此卿等輔佐之力也 朕何德焉(『삼국사기』 권11, 헌강왕 6년 9월 9일).
86) 『삼국사기』 권11, 정강왕 2년 5월조.
87) 李基白, 앞의 글, 178~179쪽.

알 수 있다.

그리고 앞의 <표 7>에서 보듯이 왕으로 즉위한 시중 역임자도 제39대 소성왕, 제41대 헌덕왕, 제42대 홍덕왕, 제44대 민애왕, 제45대 신무왕, 제47대 헌안왕 등 6명이나 있었다.[88] 그러나 이 중에서 헌덕왕, 홍덕왕, 민애왕, 헌안왕은 시중 뿐만 아니라 승진하여 상대등을 역임한 다음에 왕위를 계승하였다. 그런 까닭으로 이들에 대해서는 앞에서 상대등의 왕위계승 사례에서 자세히 살펴본 바 있으므로 생략하고, 여기서는 俊邕(소성왕)과 祐徵(신무왕)의 시중 역임과 왕위계승에 대해서만 사례를 살펴보기로 한다.

2. 시중 역임자의 왕위계승

1) 俊邕(소성왕)의 시중 역임과 계위

준옹은 제37대 원성왕의 장자인 仁謙의 아들, 즉 원성왕의 嫡孫이다. 그리고 준옹의 어머니는 角干 神述의 딸인 聖穆太后 金氏이다. 또 준옹의 아버지 인겸은 원성왕의 장자로서 원성왕의 즉위 직후인 785년(원성왕 1) 2월에 태자로 책봉되어 왕위를 계승하기로 되어있었지만, 일찍 죽은 까닭에 즉위하지 못하였다. 만약 이와 달리 인겸이 즉위하였다면, 준옹 역시 당연히 태자에 책봉되어 왕위를 계승할 수 있는 혈연적 관계에 있었다.

하지만 仁謙이 죽은 뒤 원성왕은 嫡孫 준옹을 태자에 책봉하지 않고, 792년(원성왕 8) 8월에 第2子 義英을 다시 태자로 책봉함으

---

88) 종래 5명으로 보았지만(李基白, 앞의 글, 180쪽), 문성왕 2년 시중에 임명된 義琮과 문성왕 11년 상대등이 되었다가 문성왕의 유조로 왕위를 계승한 義正·誼靖(헌안왕)이 同一人이기에 6명으로 본다.

로써 준옹은 일단 왕위계승권에서는 벗어나게 되었다. 그러나 원
성왕에 의하여 宮中에서 양육되고, 789년(원성왕 5)에 唐에 奉使하
여 大阿湌이 되었고, 790년 波珍湌으로 宰相이 되고, 791년 10월
侍中이 되었다가 792년(원성왕 8) 8월 의영이 태자에 책봉되자 병
으로 사면하였으나, 곧이어 兵部令이 되었다.

즉, 준옹은 숙부 의영이 태자로 책봉됨으로써 왕위계승권에서는
일단 탈락하였지만, 그럼에도 왕족으로서 지위를 유지하면서 급속
한 정치적 승진을 하였다. 그러한 상황에서 의영마저 794년(원성왕
10) 2월에 죽자 당시 병부령이던 준옹이 또다시 태자로 책봉되었
다. 그리고 789년(원성왕 14) 12월 29일 원성왕이 죽을 때까지 4년
10개월간 정치적 실무를 경험하면서 자신의 지위를 확고히 다진
뒤 즉위하였다.

결국 준옹이 즉위전에 시중을 역임하기는 하였으나 이것이 그의
즉위에 직접적인 원인이 되지는 않았다. 오히려 그가 791년(원성왕
7) 10월 시중이 된 뒤, 792년 (원성왕 8) 8월에 숙부 의영이 태자에
책봉되었다. 그러므로 준옹의 시중 역임은 정치적 실무를 경험하
는 기회가 된 것은 사실이지만, 그가 왕위를 계승한 것은 이보다는
그의 신분이 원성왕과 혈연적으로 嫡孫이라는 요인에 의한 것이
다. 그리고 이에 더하여 정치적으로는 아버지 인겸과 숙부 의영이
태자에 책봉되었으나 즉위치 못하고 卒去함에 의하여 새로운 왕족
에 대한 태자책봉을 통한 왕위계승자를 필요로 하였던 현실적 여
건에 따른 것이다.

2) 金祐徵(신무왕)의 시중 역임과 찬탈

김우징은 즉위하기 전에 시중을 역임하였다. 그러나 우징의 즉

위는 정상적인 왕위계승이 아니고 찬탈에 의한 비정상적인 방법에 의하여 이루어졌다.

김우징의 아버지는 金均貞이다. 그는 원성왕의 셋째 아들인 金禮英의 아들로서 홍덕왕이 죽은 뒤 왕위를 계승하려고 하다가 金悌隆에게 죽음을 당하였다. 그리고 그에게는 眞矯夫人 朴氏와 金忠恭의 딸인 照明夫人 金氏라는 2명의 夫人이 있었는데, 前者가 김우징의 어머니이다. 그러므로 김우징은 원성왕의 증손자로서, 크게는 범원성왕계라는 왕족의 범주에 속한다. 이러한 김우징의 혈연적 요인은 그의 정치 군사적 세력양성에 크게 작용하였다. 즉 아버지 김균정의 왕위쟁탈전시 그를 지지하였던 세력 중에서 남아있던 자들은 이제 김우징의 지지세력으로 뭉쳤다.

한편 김우징 자신의 정치적 경력도 세력형성에 큰 작용을 하였다. 김우징은 822년(헌덕왕 14) 3월 金憲昌이 반란을 일으켰을 때 王軍의 군사령관으로서 진압에 공을 세웠고, 828년 1월 시중이 되어 재직하다가 831년 1월 퇴임하였고, 또다시 834년 1월 시중에 임명되어 835년 2월까지 재임하는 등 드물게 2차례나 시중을 역임하였다. 그리하여 정치 군사적으로 실제 경험을 쌓았고, 이를 바탕으로 정치계에서 나름대로의 지지세력을 확보할 수 있었다. 특히 均貞과 悌隆(희강왕)의 왕위쟁탈전이 벌어졌을 때에는 姑母夫(均貞의 妹壻)인 阿飡 禮徵과 金周元의 증손자인 金陽과 더불어 아버지 均貞의 즉위를 돕다가 실패하였다. 그리고 837년 5월에는 禮徵과 함께 淸海鎭으로 도망가 張保皐에게 의탁하였다.

김우징에게는 그의 왕위찬탈을 도와준 많은 지지세력이 있었다. 이 지지세력 중에는 물론 중앙에서 관직생활을 하는 가운데, 특히 2차례에 걸친 시중 재임시에 맺어진 자들도 있었겠지만, 그의 즉위에 가장 큰 역할을 한 것은 장보고의 군사력과 김양의 힘을 들 수

있다. 그런데 이 두 세력은 모두 그의 시중직 보임과는 직접적인
관계가 없다. 지방세력인 장보고는 물론 김양의 경우도 비록 그가
균정과 제륭의 왕위쟁탈전시에 균정의 妹壻인 예징, 균정의 아들
우징과 함께 균정을 지지하였으나, 이는 어디까지나 균정과의 관
계에 의한 정치세력이었을 뿐, 그것이 우징의 시중직 보임과 직접
적인 관련은 적었던 것 같다.

그러므로 우징이 왕위를 찬탈하였으나 이는 대체로 그가 전대에
왕위계승의 가능성이 가장 컸던 김균정의 아들이라는 혈연적 요건
과 장보고 등 제3세력의 군사적 도움에 의한 것이었다. 다만 그의
시중직 경력이 지지세력의 확보에 어느 정도는 작용하였으나 그것
이 직접적 요인은 아니었다.

3. 시중과 왕위계승의 상호 관련성

이상에서 살펴보았듯이, 신라 하대에 시중을 역임한 자로 실제
즉위한 왕은 모두 6명이다. 그러나 이 중 4명은 시중을 거쳐 상대
등을 역임한 다음에 즉위하였기에 앞에서 상대등직을 역임한 왕들
을 검토하는 과정에서 다루었으므로 생략하고, 나머지 김준옹과
김우징 2명에 대해서만 살펴보았다.

먼저 준옹은 시중직을 역임을 하였으나 원성왕의 嫡孫으로 태자
에 책봉되었다가 즉위하였으므로 시중이란 관직과는 무관하고 오
직 혈연적 요건에 의하여 가능하였던 것이다. 그리고 김우징은 예
외적으로 2차례에 걸쳐 시중을 역임하였다. 하지만 그가 시중을 물
러난 뒤 바로 즉위한 것이 아니고, 아버지 균정이 상대등에 있으면
서 왕위를 계승하려 하다가 찬탈당한 뒤 이에 대한 보복으로 장보

고의 군사력을 이용하여 찬탈한 것이다. 그러므로 우징의 왕위계
승 역시 시중직의 역임과는 큰 관련성이 없고 자신의 혈연적 요건
을 이용하여 가능하였던 것이다.

　사실 6명의 시중역임자가 왕위에 올랐는데, 그 중 3명은 평화적
인 왕위계승(태자책봉 2, 유조 1)이었고, 3명은 찬탈을 하였다. 그러
나 찬탈자 역시 시중으로서 찬탈한 것이 아니라 상대등으로 승진
한 다음의 행위였기에 시중이 재임시의 당대 왕과 경쟁관계에 있
었다고 볼 수는 없다.[89] 이러한 사실은 중대의 시중이 혈연적으로
弟・孫・叔父・姪從弟 등 7촌 이내의 부계친를 비롯하여 妹壻・
査頓 등으로 당시 왕의 지근친들로서[90] 왕의 보조자 내지 안전판
역할을 하였듯이, 하대의 시중도 상대등과 더불어 크게는 왕의 적
극적인 보조자이고 측근자들이었다고 볼 수 있겠다.

　결국 시중의 역임은 하대 왕위계승에서 결정적 요인이 되지는
못하였고, 다만 정치적 세력의 형성에 하나의 보조요인이었다.

---

89) 신라 하대 여러 차례의 반란 중에서 시중역임자가 일으킨 것은 悌恭(武
　烈王系), 金憲昌(武烈系), 良順(元聖王系)의 난이 있다. 그러나 이들 반
　란은 재위중인 왕과 혈연을 달리한 자들이 일으킨 것이고, 왕과 가까운
　혈족으로서 난을 일으킨 사례는 없었다.
90) 중대 시중역임자 가운데 재위중인 왕과의 혈연관계를 알 수 있는 자는,
　文王은 태종의 子, 智鏡은 문무왕의 弟, 愷元(禮元) 역시 문무왕의 弟,
　大莊은 신문왕의 從兄弟(문무왕의 3子의 子), 金順元은 효소왕의 國舅,
　元訓은 성덕왕의 査頓, 元文은 성덕왕의 國舅, 義忠은 경덕왕의 國舅,
　信忠은 효소왕의 從叔(성덕왕의 從弟), 惟正(維誠)은 경덕왕의 査頓(혜
　공왕의 국구), 良相은 경덕왕의 姪(누이의 子), 金周元은 혜공왕의 妻男
　(惟正의 子) 등이다.

Ⅲ. 兵部令과 왕위계승

1. 병부령과 왕의 관계

신라 하대 고위관직의 하나로서 兵部令을 들 수 있다.[91] 특히 『삼국사기』에는 "병부령 1인은 법흥왕 3년(516)에 처음으로 두고, 진흥왕 5년(544)에 1인을 더하였으며, 태종왕 6년(659)에 또한 1인을 더하였다. 관등은 大阿湌에서 太大角干까지로 하였고, 또 宰相과 私臣을 兼할 수 있었다."고[92] 기록되어 있다. 이에 신라 하대의 병부령은 3인이었는데, 이들은 재상과 사신을 겸직할 수 있었다고 한다.[93] 그렇다면 결국 병부령은 재상·사신 등과 더불어 중요한 관직이었음을 알 수 있다.

하대의 병부령을 역임한 인물이 실제 왕으로 즉위한 경우도 있었다. 지금부터 이들의 왕위계승이 병부령직의 역임과 어떠한 관계에 있었는지를 살펴보자.

먼저 하대의 병부령을 역임한 자를 정리하면 <표 8>과 같다.

---

91) 兵部令에 대해서는 申瀅植, 1974, 「新羅兵部令考」 『歷史學報』 61 ; 1984, 『韓國古代史의 新研究』, 一潮閣 참조 바란다.
92) 私臣은 內省의 장관이다. 처음에는 신라 3宮인 大宮·梁宮·沙梁宮에 각각 장관으로 私臣 1인씩을 두었다가, 진평왕 44년(622)에 이르러 사신 1인으로 3宮을 兼掌하게 하였는데, 관등은 衿荷에서 太大角干까지로 하여 적합한 사람이 있으면 임명하고 또한 연한도 없었다. 경덕왕 때 잠시 殿中令으로 고쳤다가 뒤에 다시 私臣으로 일컬었다(『삼국사기』 권29, 잡지8 職官 中 內省).
93) 『삼국사기』 권38, 雜志7 職官 上 兵部條.

〈표 8〉신라 하대 병부령 일람표

상대등	재직왕대	왕과 관계	기타 경력	즉위여부	계승방법
忠廉	㉘원성왕		上大等		
俊邕	㉘원성왕	嫡孫	宰相, 侍中, 太子	㉙소성왕	繼位
彦昇	㉘원성왕	孫子	侍中, 私臣, 上大等	㊶헌덕왕	篡奪
	㉙소성왕	弟			
	㊵애장왕	叔父			
憲貞(獻貞)	㊶헌덕왕	從弟	侍中, 國相, 脩城府令		
金陽(魏昕)	㊻문성왕	丈人	侍中, 宰相, 南北相		
金魏弘	㊾헌강왕	叔父	上大等, 上宰相		

<표 8>에서 보듯이 현재 기록이 전하는 하대의 병부령 역임자는 대략 6명을 확인할 수 있다.

이들은 당시 왕의 嫡孫 1명, 孫子 1명, 弟 1명, 叔父 2명, 從弟 1명, 丈人 1 명, 미상 1명 등으로 대체로 모두가 왕과 매우 가까운 인척들이다. 이 중에서 언승은 원성왕의 손자, 소성왕의 동모제, 애장왕의 숙부로서 세 왕대에 걸쳐 상대등을 역임하였으므로 실제는 5명이다. 즉 확인된 자 5명 가운데서 당시 왕과 부계를 같이하는 친족이 4명이고, 타가계가 1명이다.[94] 그러므로 하대에 병부령을 역임한 자들은 대체로 왕과 아주 가까운 4촌 이내의 부계친들이며, 비록 타가계라 하더라도 딸의 혼인을 통하여 맺어진 장인이라는 지극히 밀접한 姻戚이었다.

특히 병부령은 실제로 상대등이나 시중을 겸직하여 사실상의 上宰로서 정권의 핵심 인물 중의 한 명이었다. 즉 법제적으로 대부분 상대등을 겸직하였다.[95] 결국 하대의 병부령은 왕의 가까운 혈족이 임명되었으며, 그리고 왕권의 적극적인 보조자 역할을 한 측근

---

94) 한편 金周元이 上大等을 역임하였다는 추정도 있다(申瀅植, 앞의 글, 181쪽 <표 3-7> 참조). 만약에 이를 따르면 타가계는 2명이 된다.
95) 申瀅植, 앞의 글, 101쪽.

세력이었던 것으로 보겠다.

2. 병부령 역임자의 왕위계승

앞의 <표 8>에서 확인되었듯이, 병부령 출신으로 실제 왕으로 즉위한 경우는 俊邕(소성왕)과 彦昇(헌덕왕) 2차례 있었다. 그러면 이들이 왕위를 계승한 배경에는 병부령의 역임이 어떻게 정치적 요건으로 작용할 수 있었는지를 살펴보자. 하지만 준옹은 태자책봉을 통한 왕위계승, 언승은 상대등을 역임한 자의 왕위계승에 대한 검토에서 이미 다룬 바 있으므로 여기서는 간단하게 살펴보겠다.

1) 俊邕(소성왕)의 병부령 역임과 태자책봉

俊邕은 병부령을 역임한 후 태자책봉을 통한 정상적인 계위를 하였다. 일찍이 관계에 나간 준옹은 790년 宰相이 되고, 791년 정월 태자의 지위에 있던 아버지 仁謙이 죽은 뒤, 10월 侍中에 임명되었다가 792년 8월 직후 병으로 사면하였다. 그리고 병부령에 임명되어 병권을 관장하였으며, 794년(원성왕 10) 2월에 태자였던 의영이 왕위를 계승하지 못하고 죽음으로 인하여, 795년 그가 태자로 책봉되었고, 798년 12월 원성왕이 죽음에 계위한 것이다.

그러므로 준옹이 비록 병부령을 역임하였으나 이는 원성왕의 가장 가까운 혈족의 한 명으로서 원성왕의 왕권을 보좌한 것이며, 또 그의 즉위는 혈연적 요인이 가장 우선적 요건으로 작용하였던 것이며, 결코 병부령을 역임한 것이 더 크게 작용한 것은 아니었다.

2) 彦昇(헌덕왕)의 병부령 역임과 왕위 찬탈

언승은 병부령을 역임한 후에 즉위하였다. 언승의 할아버지는 원성왕이고, 아버지는 원성왕의 장자인 인겸이다. 그러므로 언승은 제39대 소성왕의 동모제이고, 제40대 애장왕의 친숙부이다. 그리고 어머니는 金神述의 딸 聖穆太后이며, 부인은 숙부 예영의 딸 貴勝夫人이니, 곧 원성왕계 내에서 4촌 남매간에 근친혼을 하였다. 결국 언승은 애장왕에게는 그의 동생 體明을 제외하고는 숙부로서 가장 가까운 혈족 중의 하나였다.

이러한 혈연적 기반을 가진 언승은 아버지 인겸이 태자이던 790년(원성왕 6)에 大阿飡으로 入仕하여, 791년 1월 인겸이 죽은 직후 난을 일으킨 伊飡 悌恭을 誅殺한 공으로 迊飡으로 승진하고, 794년 2월 시중이 되었다가, 형 준옹(소성왕)이 태자로 책봉되던 795년(원성왕 11)에는 伊飡으로 宰相이 되었고, 곧이어 796년 4월에는 원성왕의 손자로서 병부령이 되었다.

그러던 중 소성왕이 재위 1년반 만인 800년(소성왕 2) 6월 죽고, 겨우 나이 13세의 조카 애장왕이 즉위하자 그는 숙부로서 병부령의 지위에서 攝政을 맡았다. 그리고 801년(애장왕 2) 2월에는 御龍省 私臣에 올랐다가, 얼마 후에 상대등이 되어 실권을 완전히 장악함으로써, 이를 발판으로 정치적 지위를 확고히 하였다. 그리고 805년(애장왕 6) 8월에 공식20여조 頒示와 관직 개편, 이듬해 3월에 佛寺의 新創 금지 및 사치 금지, 808년(애장왕 9) 12道 郡邑의 疆境 확정 등 개혁정치를 행하여 자신의 세력을 강화한 뒤, 드디어 이듬해에는 아우 秀宗의 협력을 받아 애장왕을 살해하고 왕위를 찬탈하였다.

이처럼 언승이 원성왕의 손자라는 혈연적 요인을 바탕으로 원성왕·소성왕·애장왕대에 걸쳐 병부령을 역임하였으나 병부령의 관직이 그의 즉위에 정당한 직접적인 요인은 되지 못하였다. 그보다는 병부령·어룡성사신·상대등을 동시에 兼職하면서 섭정의 지위를 가졌기에 애장왕보다 더 큰 실질적인 힘을 가지게 되었고, 드디어는 成人이 된 애장왕이 809년(애장왕 10) 무렵 친정을 요구하자,[96] 취약한 애장왕 왕권의 유지보다는 더 강력한 범원성왕계 왕권의 형성을 위하여 찬탈하게 된 것으로 보겠다.[97]

그러므로 언승의 경우에도 병부령의 경력이 왕위계승의 어떤 직접적 요인으로는 작용하지 않았으며, 무엇보다도 그의 혈연적 조건이 왕위계승의 기본적 전제조건을 충족시켰기에 가능할 수 있었다.

결국 신라 하대의 병부령은 당시 왕의 孫·叔父·從弟·國舅 등 가까운 혈족들이 임명되었으며, 또 상대등·시중·大相·御龍省私臣·殿中省令·司馭府令 등의 관직을 각각 또는 동시에 몇 개씩을 겸직하였다.[98] 그러므로 병부령은 당시 왕의 정권유지에 보조자였다.[99] 그리고 비록 상대등 역임자 중 2명이 실제 즉위하였으나, 소성왕(준옹)은 그의 혈연적 요인에 의하여 태자로 책봉된 뒤 계위하였고, 다만 예외적으로 헌덕왕(언승)은 섭정까지 하게 되어 찬탈을 한 경우가 단 1차례 있었다.

---

96) 13세로 즉위한 哀莊王이 이때에는 22세가 되었다.
97) 자세한 것은 앞의 '3) 金彦昇의 상대등역임과 애장왕 弑害' 참조 바람.
98) 李文基, 1984, 「新羅時代의 兼職制」『大丘史學』 26.
99) 신라 하대에 兵部令이 왕위찬탈을 목적으로 반란을 일으킨 적은 없다.

Ⅳ. 왕위계승과 고위관직의 역할

신라 하대 고위관직으로는 상대등 · 시중 · 병부령100) 등을 들 수 있는데, 이들 관직을 역임한 자 중에서 실제 왕위에 오른 자도 있었다. 즉 상대등을 역임한 자 중에는 계위 3명, 추대 1명, 찬탈 3명 등 모두 7명과 시중을 역임한 자 중에는 계위 3명, 찬탈 3명 등 6명과 병부령을 역임한 자 중에는 계위 1명, 찬탈 1명으로 모두 2명이 그러하다.

그러나 여기에는 이 세 가지 관직 모두를 역임한 자도 있고, 혹은 이 중에서 두 가지 관직을 차례로 승진하거나 혹은 겸직한 자도 있어 그 실제는 다르다. 이를 정리하면 다음의 <표 9>와 같다.

〈표 9〉 신라 하대 고위관직 출신 왕 일람표

왕 명	상대등	시 중	병부령	즉위 방법	왕과 혈연관계
㊲선덕왕	○			推戴	姑從兄弟
㊳원성왕	○			簒奪, 推戴	(母系從)弟
㊴소성왕		○	○	繼位(太子)	孫子
㊶헌덕왕	○	○	○	簒奪	叔父(御龍省私臣 역임)
㊷흥덕왕	○	○		繼位(副君)	叔父
㊹민애왕	○			簒奪	姪
㊺신무왕		○		簒奪	從姪
㊼헌안왕	○	○		繼位(遺詔)	叔父
(55)경애왕	○			繼位[遺詔]	母弟

위의 <표 9>에서 보듯이 이들 세 가지 관직을 모두 역임한 자는 헌덕왕 1명인데, 그는 찬탈로 즉위하였다. 두 가지의 관직을 역

100) 이들 모두를 함께 검토한 것으로는 申瀅植, 1985, 「新羅의 宰相」, 『新羅史』, 이화여자대학교 출판부, 132~146쪽이 있다.

임한 자는 상대등과 시중은 흥덕왕과 헌안왕 2명으로 계위를 하였고, 시중과 병부령은 소성왕 1명으로 계위, 즉 두 가지의 관직을 역임한 3명은 모두 계위하였다. 하나의 관직을 역임한 자는 상대등은 선덕왕·원성왕·민애왕·경애왕 등 4명으로 1명은 추대, 1명은 계위, 2명은 찬탈을 하였고, 또 시중만을 역임한 신무왕 1명은 찬탈로 즉위하였다.

결국 신라 하대 20명의 왕 가운데서 이들 세 관직 중 어느 하나라도 역임하였던 자는 모두 9명이다. 이들의 즉위방법과 혈연관계를 아울러 살펴보면, 계위 4차례는 손자 1, 숙부 2, 모제 1명이고, 또 추대 2차례는 고종형제 1, (모계종)제 1명이고, 그리고 찬탈 3차례는 숙부 1, 姪 1, 從姪 1명이다.

신라 하대에는 전체관료의 수반인 大宰相 상대등을 비롯하여 병부령·시중 등은 내성사신(殿中省令)·어룡성사신 등과 더불어 고위관료회의(재상회의)의 구성원을 이루었으며, 대체로 당시 왕의 근친들로서 상대등은 병부령·어룡성사신을, 병부령은 내성사신(전중성령)을 겸직하기도 하였다. 그러나 이 세 관직 중에서 시중은 뒤에 상대등·병부령으로 승진하는 것으로 보아 격이 한 단계 낮았다.101) 그래서 시중의 경우에는 김주원가계 등 약간의 타가계 인물에게도 할애되어 반발을 무마하기도 하였지만, 뒤에는 대체로 재위중인 왕의 근친이 이들 관직을 독점하여 특정 소가계를 중심으로 왕정을 운영하였다. 이는 그만큼 왕권이 약했다는 증거이다.

시중·병부령은 물론 상대등은 대체로 왕의 지근친이라는 혈연

---

101) 李仁哲은 侍中→兵部令→上大等 순으로 승진하는데, 국왕은 병부령 3인 중에서 한 사람을 상대등으로 임명하였다고 하였으나(1994,「新羅 中代의 政治形態」『韓國學報』77, 63쪽), <표 9>에서 보듯이 하대에는 병부령을 역임했다는 기록이 없는 상대등이 더 많음으로, 반드시 그런 것만도 아니었던 듯하다.

적 요인을 바탕으로 이들 관직에 임명되어 점차적으로 승진하거나 또는 다른 관직을 겸직하였다. 이에서 신라 하대 사회가 이미 골품제가 붕괴되는 과정이면서도 왕족과 특정가계와 연결된 소수 인물에 의하여 관직이 독점되어 통치 운영되었음을 알 수 있다.

한편 이들 관직에 임명된 자들은 왕의 보조자로서 역할을 하다가 정상적인 혈연관계에 의하여 왕위를 계승하기도 하였다. 다만 찬탈을 한 경우는 당시 왕과 가까운 혈연관계에도 불구하고, 그보다 더 가까운 혈족이 있어서 정상적인 왕위계승권 밖에 있었기에 자신이 속한 가계가 왕통을 유지 또는 부흥하기 위하여, 혹은 여러 가지 정치적 여건상 찬탈을 하였다. 그러나 이를 가능하게 한 것은 그의 혈연적 신분이 왕위계승의 前提條件을 충족하였기에 부차적인 정치력과 군사력이라는 行爲要件을 이용할 수 있었다.

결국 신라 하대의 고위관직이 왕위계승에서 영향력을 미치는 요인이기는 하였으나, 당시 정상적인 왕위계승자가 없는 경우라 하더라도 이들 관직의 보임자에게 왕위계승의 순위가 주어졌던 것은 아니었다. 그보다는 이들 관직 역임자의 혈연적 관계가 기본요건으로 작용되고, 이에 의해 평화적인 계승이 이루어졌으며, 부득이 한 경우 당시 정치적 요인이 작용하여 예외적으로 비평화적인 계승이 이루어졌다. 이 경우에는 이들 관직의 보임과 역임을 통하여 형성된 정치적 세력이 보조요인으로 작용하였다.

그러나 하대의 상대등·시중·병부령 등 고위관직 역임자의 성격을 보다 명확하게 이해하기 위해서는 일괄적으로 규정할 것이 아니라, 관직과 인간으로 맺어진 권력관계는 때로는 특수한 여건으로 인하여 본래와는 달리 裏面性 내지는 兩面性을 갖는 것이므로, 좀더 짧은 시기로 나누어 각 시기별로 이들 각각 인물의 성향에 대한 개별적인 검토가 요구된다.

제5장

왕위계승과 叛逆

I. 시대적 상황과 반란의 발생

신라 하대는 한국사의 발전과정에서 하나의 큰 변혁기였다. 그 징조는 이미 중대 말부터 나타나 하대에는 급격한 현상을 보였다.

우선 정치적으로는 혜공왕대에 이르러 왕권의 약화현상을 보이자 이 틈을 타 大恭의 난을 비롯한 이른바 96角干의 난이 있은 뒤, 드디어 金志貞의 난을 진압하는 과정에서 혜공왕마저 시해되고 말았다. 이 사건을 계기로 하여 왕통의 변화가 생기면서 정치적 불안과 사회적 혼란이 더욱 가중되어 왕위쟁탈전이 발생하였다. 그 결과 王統의 잦은 교체와 왕족인 원성왕계 내에서 소가계간의 分枝化現像이 나타났다.

그리고 唐에 留學하여 새로운 유학적 정치사상을 습득한 6두품을 중심으로 한 지식인계층은[1] 이를 바탕으로 하여 당시 왕에게 협조하여 왕권강화를 이루면서 자신들의 이상을 실현해 보고자 하였다. 그러나 이들은 정치권 내에 존재하는 골품제적 신분의 한계를 극복하기가 어렵고, 또 아울러 정치적·사회적으로 위기로 치닫는 현실을 직시하고, 오히려 은둔을 통한 傍觀과 신흥하는 지방세력에게 협조하는 반체제세력으로 변화해 갔다.

아울러 사회 경제적으로는 중앙에서의 왕위쟁탈전으로 인한 분

---

1) 李基白, 1971, 「新羅六頭品研究」『省谷論叢』2.
　　金哲埈, 1978, 「文人階層과 地方豪族」『한국사』3, 국사편찬위원회.
　　申瀅植, 1969, 「宿衛學生考」『歷史教育』11·12합집.
　　全基雄, 1994, 「新羅末期 政治社會의 動搖와 六頭品知識人」『韓國古代史研究』7.

열과 대립, 그리고 이에 따른 혼란과 사치와 향락 등은 통치력의
약화를 가져와 지방에서 새로운 세력의 대두를 초래하였다. 이들
은 海上勢力, 軍鎭勢力, 地方官 출신, 村主 출신 등의 豪族들로서[2]
서로 자신들의 세력유지와 확장을 꾀하는 실정이었다. 이에 따라
그들은 더 많은 경제력과 군사력을 갖기 위하여 각기 私兵과[3] 農
莊을[4] 확대하기에 주력하였다. 그리고 이들은 城主와 將軍 등을
칭하면서 세력범위 내의 지역민을 지배하여 중앙정부와 별개의 존
재로서 지방의 행정과 경제를 전단하였다.[5] 더구나 당시 중앙정부
와 지방세력가들로부터의 이중적인 가혹한 租稅의 수취와 착취는
농민들의 반발을 초래하여 조세저항과 민란을 유발시켰다.[6] 한편
지방에서는 종래의 고구려와 백제에서 계속 이어져온 國系的 歸巢
意識은 후삼국의 성립을 가져왔다.[7]

또 문화 사상적으로도 신라 하대의 사회전반에 걸친 변동은 종
교와 이념면에 변화를 요구하였다.[8] 불교에서는 敎宗의 전통적 권
위에 도전하는 禪宗이 대두하였으며,[9] 이와 더불어 彌勒信仰[10] 및

---

2) 金哲埈, 1964,「後三國時代의 支配勢力의 性格」『李相佰博士回甲紀念
   論叢』.
   尹熙勉, 1982,「新羅 下代의 城主·將軍」『韓國史研究』39.
3) 李基白, 1957,「新羅私兵考」『歷史學報』9.
4) 金哲埈, 1962,「新羅貴族勢力의 基盤」『人文科學』7, 延世大學校.
   姜晉哲, 1969,「新羅의 祿邑에 대하여」『李弘稙博士華甲紀念 韓國史
   學論叢』.
5) 旗田巍, 1960,「高麗王朝成立期の府と豪族」『法制史研究』10.
6)『삼국사기』권11, 진성여왕 3년.
7) 崔根泳, 1992,「後三國 成立에 관한 研究」『國史館論叢』26 ; 1993,
   『개정증보판 統一新羅時代의 地方勢力研究』, 신서원, 163~164쪽.
8) 洪淳昶, 1982,「變動期의 政治와 宗敎-後三國時代를 中心으로-」
   『人文研究』2, 영남대학교.
9) 金杜珍, 1973,「朗慧와 그의 禪思想」『歷史學報』57.
   崔柄憲, 1975,「羅末麗初 禪宗의 社會的 性格」『史學研究』25.

'速富之術'과 같은 유언비어,[11] 풍수지리설이 만연하였다.[12] 한편으로는 6두품 지식층이 유학과 한문학을 한 차원 높게 발전시켜 중세사회로의 성장을 지향하는 지성을 성립시켰다.[13] 그리고 경문왕·헌강왕의 國學에 대한 관심 등은 어느 정도 왕권의 강화에 이바지하였다. 그러나 일부 6두품계층은 신라의 골품제적 분위기에 한계를 느끼고 점차 반신라적인 태도로 변화해 갔다.

이러한 신라 하대의 시대적 상황에 편승하여 이 시기에는 많은 반란이 발생하였다.『삼국사기』에는 宣德王 이후부터 신라 멸망까지의 시기에 모두 28차례의 반란기사가 수록되어 있다. 그런데 叛逆도 주체나 목적·형태에 따라 그 성격을 달리한다.[14] 직접적으로 왕조에 대항하면서 왕위의 찬탈과 정권 장악을 추구하는 것이 있는가 하면, 이와는 달리 왕조에 대한 불만의 표시로써 일으킨 民亂·蜂起[15] 또는 왕조의 멸망보다는 새로운 국가를 건설하여 자

秋萬鎬, 1986,「羅末 禪師들과 社會諸勢力과의 關係」『史叢』30.
10) 특히 彌勒信仰이 백제와 고구려의 유민들 사이에서 환영받았는데, 이는 신라의 중앙집권적인 전제주의 통치 밑에서 억압받던 그들이 사상적으로 백제와 고구려의 부흥운동에 호응한 것이다(李基白, 1986,「眞表의 彌勒思想」『新羅思想史硏究』, 一潮閣, 265~276쪽).
11) 趙仁成, 1996,「彌勒信仰과 新羅社會」『震檀學報』82.
12) 崔柄憲, 1975,「道詵의 生涯와 羅末麗初의 風水地理說」『韓國史硏究』11.
李龍範, 1975,「風水地理說」『한국사』6, 국사편찬위원회.
13) 金哲埈, 1968,「羅末麗初의 社會轉換과 中世知性」『創作과 批評』3-4.
金哲埈, 1969,「韓國古代政治의 性格과 中世政治思想의 成立過程」『東方學志』10.
14) 신라시대 반역에 대해 전반적인 검토를 한 姜聲媛의 글(1983,「新羅時代 叛逆의 歷史的 性格」『韓國史硏究』43)이 많은 참고가 되었다.
15) 趙仁成, 1994,「新羅末 農民叛亂의 背景에 대한 一試論」『新羅末 高麗初의 政治·社會變動』, 신서원.
李貞信, 2000,「신라하대 농민항쟁의 특징」『Korean History』1, 고려대학교.

기들의 이상을 실현하려는 형태 등이 있었다. 이에 따라 분류하면, 신라 하대의 반란도 전체 28차례 중 18차례의 반란은 왕위찬탈형이고,[16] 7차례는 민란형이며, 3차례는 왕조(국가)부정형이다.[17]

그래서 여기에서는 왕위계승이라는 주제와 관련된, 즉 왕위찬탈형 반역만을 대상으로 하여 검토하도록 한다. 특히 앞에서 살펴보았듯이, 신라 하대의 왕위계승에는 찬탈로 즉위한 경우가 실제 몇차례 있었고, 또 金憲昌 父子 및 甄萱과 弓裔처럼 각각 새로운 왕조를 건국한 경우도 있었다.

그러므로 이러한 유형의 반란을 검토하는 것은 신라 하대의 왕위계승을 이해하는 데 하나의 보조작업이 되는 것이다. 즉, 왕위의 찬탈을 위하여 반란을 일으킨 主謀者들이 무슨 목적과 배경에서 謀事를 하였으며, 특히 반역의 주모자가 어떠한 혈연적 신분과 정

---

16) 여기서 왕위찬탈형 반역이란 '왕위를 빼앗기 위하여 재위중인 왕 또는 왕위계승자를 배반하여 군사를 일으켰거나 혹은 일으키다가 발각된 정치적 사건'을 말한다.『唐律』名例篇의 十惡에는 사직을 위망하려 한 음모는 謀反, 종묘·산릉·궁궐을 파괴하려 한 음모는 謀大逆, 본국을 배반하고 타국과 몰래 통하려 한 음모는 謀叛으로 구분하기도 하였으나, 이에 대한 엄격한 구분 없이 일반적으로 謀逆이라 해왔다. 그리고『삼국사기』에는 성공한 찬탈의 경우는 弑·弑害·害·殺·相戰 등으로, 실패한 경우는 叛·謀叛·謀逆·反叛 등으로 표기되어 있지만, 이는 법률적 근거에 의해 표기를 달리한 것이 아닌 듯하므로 叛逆으로 통칭한다.

17) 姜聲媛, 앞의 글, 57쪽 <표 3> 참조. 다만 이 글에서는 申瀅植의 說에 따라 신라 하대를 원성왕대부터로 봄으로써 선덕왕 말년 金敬信이 金周元으로부터 왕위계승권을 탈취한 사건을 제외하였으나, 필자는『삼국사기』의 시대구분에 따라 하대를 선덕왕대로부터 보고, 또 김경신의 찬탈도 하대의 왕위찬탈형 반역에 포함시킨다. 그러나 국가부정형에 속하는 弓裔와 甄萱의 등장은 비록 신라 말의 왕위계승에 직접간접으로 영향을 끼쳤지만, 그들이 직접 신라왕조의 왕위를 갖고자 한 것이 아니므로 여기서는 논외로 한다.

치적 위치에 있었던가를 검토하여, 이들이 당시 왕위계승에 미친 영향과 의의 등에 대하여 살펴보고자 한다.

이 과정에서 신라 하대의 왕위계승에 참여하고자 하였던 자들의 신분을 밝히고, 또 왕위계승상의 혈연적 범주를 유추할 것이며, 나아가 하대 왕족의 분지화현상과 그에 따른 갈등과 대립의 양상도 살펴볼 수 있을 것이다.

신라시대 왕위계승에서 가장 큰 요인으로 작용한 혈연관계, 정치적 관계, 골품제 규정의 3요소 중에서, 물론 찬탈과 반역의 경우에는 정치적 관계가 가장 크게 작용되었을 것이다. 그러면서도 여기에는 다른 두 가지 요인도 동시에 작용되었을 것이고, 만약 그렇다면 반역의 경우에는 혈연관계, 골품제 규정은 어떻게 기능을 하였는지를 살펴보기로 한다.

다만 검토의 편의상 <표 11>의 시기구분을 기준으로 하여 4시기로 나누어 살펴보겠다.[18]

---

18) 하지만 반역이 성공하여 왕으로 즉위한 경우는, 앞의 제3장에서 'Ⅳ. 찬탈에 의한 왕위계승'의 사례로 살펴본 바 있으므로 간단히 언급하도록 하고, 여기서는 왕위찬탈을 목적으로 반역하였으나 실패한 것을 중점적으로 살펴보겠다.

Ⅱ. 각 시기별 王位簒奪形 叛逆의 분석

1. 제1기 (제37대 선덕왕~
제42대 흥덕왕) 의 반역

1) 金敬信 (원성왕) 의 金周元 追放

785년(선덕왕 6) 1월 선덕왕이 죽자 뒤를 이어 金敬信이 즉위하니, 이가 원성왕이다. 그러나 선덕왕이 죽은 뒤 처음에는 무열왕의 후손인 金周元이 즉위하려는 상황에서, 김경신이 그를 제치고 國人으로[19] 지칭된 지지자들의 추대를 받아 먼저 즉위한 비정상적인 왕위계승이었다.[20] 그러므로 이는 외형상으로는 추대에 의한 즉위였지만 실제는 왕위계승예정자 김주원으로부터의 탈취였다.[21]

김주원의 아버지는 惟正, 할아버지는 思仁, 증조부는 大莊, 고조부는 文王이라고 한다. 그리고 문왕은 태종무열왕의 셋째 아들이다. 이처럼 김주원의 先代는 중대의 왕실인 武烈王系에 속한 진골 귀족으로, 신라의 정치권력 구조상 최고의 관직인 상대등과 시중

---

19) 하대의 왕위계승과 관련한 國人에 성격에 대한 해석은 제3장의 '추대에 의한 왕위계승'에서 자세히 살펴본 바 있으므로 이를 참조 바람.
20) 『삼국사기』 권10, 원성왕 즉위조.
    『삼국유사』 권2, 원성대왕.
21) 원성왕의 즉위에 대해서는 다음과 같은 논문이 참고가 된다.
    金壽泰, 1985, 「新羅 宣德王・元聖王의 王位繼承」 『東亞研究』 6.
    金昌謙, 1995, 「新羅 元聖王의 即位와 金周元系의 動向」 『阜村申延澈教授停年退任紀念 史學論叢』
    權英五, 1995, 「新羅 元聖王의 즉위과정」 『釜大史學』 19.
    李基東, 1996, 「중대에서 하대로」 『한국사』 11, 국사편찬위원회.

을 역임하였으며, 장군을 역임하고 弩兵을 검열하고, 北方의 國境을 視察하는 등 큰 활동을 하면서, 왕실의 외척으로서 혜공왕과는 아주 밀접한 관계에 있었다. 또 이는 김주원을 혜공왕의 고종형제인 선덕왕의 族子라고[22] 한 것에서도 어느 정도 짐작할 수 있다. 이를 통하여 볼 때 김주원의 父系는 신라 중대에 정치적·사회적으로 막강한 지위를 누렸던 왕실가계였음을 알 수 있다.

김주원은 태종무열왕의 후손과 혜공왕의 처남이라는 혈연적 기반으로, 777년(혜공왕 13) 10월 伊湌으로 시중이 되어 780년 4월 선덕왕이 즉위한 직후까지 재임한 듯하며, 785년(선덕왕 6) 1월 김경신이 상대등직에 있을 당시 그보다 윗자리인 上宰에 있었다.

한편 김경신은 奈勿王 12世孫이라고 한다. 그의 증조 義寬은 삼국통일 전쟁중에 장군으로 활약하였고, 특히 670년(문무왕 10) 7월 百濟 舊領에 진격해 들어갔다가 퇴각하여 면직된 일이 있으며, 680년에는 그의 女를 신라에 귀부한 報德王 安勝의 妻로 삼게 한 적이 있다.[23] 또 그의 할아버지 魏文은 712년(성덕왕 11) 3월 시중이 되어 713년 10월까지 역임하였다. 이처럼 김경신의 선대는 신라 상대의 왕족인 奈勿王系 후손으로, 중대에는 장군과 시중을 역임하는 등 진골귀족신분에 있었다. 더욱이 김경신이 선덕왕과는 (母系從)弟였다. 이러한 혈연적 기반을 가진 김경신은 선덕왕의 즉위로 신라왕실의 가계가 바뀐 만큼, 당시 정치권 내에서 왕과 상당히 밀접한 혈연관계에 있었다.

그리고 김경신은 779년(혜공왕 15) 4월 金庾信墓에 이변이 있자 이에 대해 사과하는 뜻에서 왕명을 받들어 혼을 위로한 적이 있었다. 특히 780년 4월 伊湌으로서 金良相이 이른바 君側의 惡漢을 제

---

22) 『삼국사기』 권10, 원성왕 즉위년조.
23) 李基東, 앞의 글, 151쪽.

거하기 위하여 군사를 일으켰을 때 이에 참가하여 난의 진압에 공을 세우고, 또 김양상을 추대하여 즉위하자 곧 上大等에 임명되어 선덕왕 몰년까지 재임하면서 次宰의 위치에 있었다.

이처럼 선덕왕 말년에 김주원과 김경신은 각각 上宰와 次宰였기에 김주원이 김경신보다 상위에 있었고, 그래서 김주원이 왕위를 계승할 수 있는 유리한 위치에 있음을 김경신도 인정하고 있었다. 그리고 김주원은 중대 왕실의 직계손이 단절된 뒤에 남은 武烈王系 후손 중 가장 강력한 친족공동체의 세력을 이루어 무열왕 직계손 전체의 대표자적 위치를 가지고서[24] 선덕왕이 선위하거나 죽으면 왕위를 계승하기 위해 기다리는 형편이었다.

그러나 선덕왕이 즉위하는 과정에서 결정적인 역할을 하였던 김경신은 김주원에게 왕위가 계승되는 것이 불만이었을 것이다. 특히 그는 餘三의 解夢이 있은 후에는 왕위에 대한 야심을 본격적으로 키워가고 있었던 것 같다. 이러한 사실은 784년(선덕왕 5) 4월 선덕왕이 禪位하려 하자 群臣이 재삼 上表하여 諫하므로 그만 두었다고 한 사실에서도, 당시 상대등으로 있던 김경신을 비롯한 그의 세력들이 선덕왕이 김주원에게 조기 선위하려는 것을 저지하고 있음을 알 수 있다. 그러다가 이듬해(선덕왕 6) 정월 13일 선덕왕이 죽자 김경신은 자립하여 먼저 궁궐에 들어가 왕이 되었다.

이처럼 여러 면에서 김주원보다 열세한 입장에 있던 김경신이 왕위에 오를 수 있었던 배후에는 모종의 암투와 억지가 있었다. 그것은 당시 김경신이 가졌던 상대등이 가지는 정치적인 힘에 의한 억지[25] 또는 비상수단으로 실력에 의한 김주원의 축출을[26] 통하여

---

24) 崔柄憲, 1978,「新羅 下代 社會의 動搖」『한국사』3, 국사편위원회, 432쪽.
25) 李基白,「上大等考」, 앞의 책, 119~120쪽.
26) 申瀅植, 1971,「新羅王位繼承考」『柳洪烈博士華甲紀念論叢』, 80쪽.

권력을 장악한 뒤 國人의 추대를 받는 형식을 통하여 왕위계승을
미화시킨 것이다.

2) 悌恭의 반란과 伏誅

선덕왕이 아들이 없이 죽자 원성왕이 金周元을 제치고 즉위하였
으나, 원성왕의 즉위 역시 정상적인 왕위계승이 아니었기에 그 후
유증으로 왕위에 도전하는 반란이 일어났다.

> 정월 伊湌 悌恭이 叛하다가 伏誅되었다(『삼국사기』 권10, 원성왕 7년).

이 반란의 주모자인 悌恭은 관등이 伊湌이었던 것으로 보아 당
시 정계 내에서 어느 정도의 지위가 인정되었던 진골귀족이었음을
알 수 있다. 특히 원성왕이 즉위 직후인 785년(원성왕 1) 2월 선대
를 추봉하여 五廟에 배위시키고 아들 仁謙을 태자로 책봉하여 왕
권강화를 도모할 때, 悌恭은 侍中에 임명되었으나 곧바로 사면되
었다.[27] 이로 볼 때 원성왕이 즉위와 함께 포섭 회유할 필요가 있
을 정도로 제공은 정치권 내에 세력을 가졌던 자였던 것 같다.

그러나 그가 곧 사면한 것은 아마 원성왕의 왕위계승에 대한 불
만이었을 것이다.[28] 아마 그의 혈연적 신분은 무열왕계가 아니었
나 짐작된다. 이는 원성왕이 즉위 직후 侍中으로 임명하여 포섭 회
유코자 한 것에서도 짐작되지만, 또 790년(원성왕 6) 정월에 金憲
昌의 형제인 金宗基를[29] 시중으로 삼았다는[30] 사실에서도 추측할
수 있다. 즉 원성왕은 김주원계의 반감을 해소하고자 金宗基를 시

---

27)『삼국사기』권10, 원성왕 1년 2월조.
28) 姜聲媛, 앞의 글, 1983, 42쪽.
29)『삼국사기』권44, 金陽傳.
30)『삼국사기』권10, 원성왕 6년.

중에 임명하였으나,[31] 그로부터 10개월 뒤에 悌恭이 반란을 일으켰는데, 이는 悌恭이 김종기의 관계진출을 기회로 하여 종기와 결탁하여 김주원을 왕으로 추대하려 하였던 것으로 볼 수도 있다.[32] 특히 반란의 시기가 원성왕의 태자 仁謙이 죽은 직후라는 점에서, 그리고 이 반란의 10개월 뒤에 김종기가 侍中에서 사면되는 것에서 더욱 그러하다.[33]

悌恭은 중대 무열왕계 후손으로 원성왕의 즉위에 반대적인 입장 또는 어쩔 수 없이 인정하는 태도를 취하여 원성왕의 즉위 초에는 포섭의 대상 중의 한 사람으로 시중에 임명되었던 것 같다. 그러나 제공은 원성왕의 태자 인겸의 죽음을 계기로 무열왕계의 왕위계승을 주장하며 반란을 일으켰다가 실패하여 처형된 것이라 하겠다. 요컨대 제공의 반란은 왕위계승권에서 탈락한 무열왕계 세력이 정치적 상황에 편승하여 일으킨 왕위를 되찾기 위한 반역이었다.

3) 金彦昇(헌덕왕)의 애장왕 弑害

헌덕왕(김언승)은 아우 悌邕(또는 興德王)과 함께 난을 일으켜 조카인 애장왕과 그 아우 體明을 시해하고 왕위에 올랐다.[34]

김언승은 애장왕의 친숙부로서, 父系는 원성왕의 嫡長孫系이며,

---

31) 원성왕이 김주원계에 대한 정계 등용은 오히려 그들의 세력유지를 가능케 하여 원성왕계 왕위에 대한 도전을 가능하게 한 화근이 되었다.
32) 姜聲媛, 앞의 글, 42쪽.
33) 그러나 이 난 뒤에 宗基의 아들 金璋如가 侍中에 임명되는 등 정치활동을 계속하였고, 또 손자 金陽은 金憲昌의 난 뒤에도 정계에서 크게 활동하였던 것으로 보아, 宗基가 悌恭의 반란에 직접 관여한 것은 아닌 듯하다.
34) 『삼국사기』 권10, 애장왕 10년 7월조.
   『삼국유사』 권1, 왕력 제40대 애장왕조.

母系 또한 할아버지 원성왕의 처가와 동일하여 곧 金神述家였으니, 당시 왕실의 외척으로서 정치적·사회적으로 막강한 세력을 가진 가계였다. 그리고 妃系 역시 원성왕의 아들이면서 자신의 숙부인 禮英家였으므로, 같은 원성왕의 후손으로 왕족간에 근친혼을 한 것이다.

이로써 볼 때, 김언승의 혈연적 기반은 자신의 형 소성왕의 아들인 애장왕의 형제와 소성왕의 손자들을 제외하고는 누구보다도 우월한 위치에 있었다. 애장왕의 아들에 대한 기록은 없지만, 만약 있었다면 비록 幼少할지언정 당연히 그 아들에게 왕위가 계승되어야 하고, 없었다 하더라도 애장왕의 아우 體明이 있었으므로 그가 왕위를 계승하여야 할 것이다. 즉 김언승은 비록 애장왕의 숙부로서 왕실 내에서 막강한 실력을 행사하던 가계의 배경을 가졌지만, 왕위계승예정자의 순서로 첫 번째는 되지 못하였다.

그러나 김언승은 兵部令으로서, 800년(소성왕 2) 6월 겨우 13세에 불과한 애장왕의 즉위와 함께 攝政을 맡으면서 御龍省私臣과 아울러 上大等의 관직까지 兼하여 정치적 실권을 장악하자, 당시 侍中으로 재임하던 아우 秀宗과 더불어 정치개혁을 꾀하여 자기의 세력을 강고화한 다음 애장왕을 살해하였다. 그리고 이때 애장왕의 다음 왕위계승권을 가졌을 것으로 보이는 아우 體明까지도 함께 살해하고, 김언승은 스스로 즉위하였다.

결국 김언승의 찬탈은 왕의 지근친이 지나치게 과대한 정치적 권력을 가져 왕을 능가하게 되자, 본인이 직접 즉위함으로써 金周元系를 비롯한 타가계의 도전 위협에 보다 성공적으로 대처할 수 있었을 것이므로, 애장왕의 친정문제를 계기로 하여 그마저 살해하고 즉위한 것이라 하겠다. 그러므로 김언승의 애장왕 시해사건은 원성왕계 내부의 분열 대립에 의한 것만이 아니라, 오히려 원성

왕계 왕권의 유지 보존을 위하여 무력으로 찬탈하였다.[35]

4) 金憲昌 父子의 반란과 신왕조의 개창

애장왕을 시해하고 즉위한 헌덕왕은 아우 悌邕과 忠恭의 보좌를 받으면서 왕권강화를 위한 개혁정치를 펴나갔다. 이때 金憲昌의 亂이 발생하였다.

> 3월 熊川州 都督 憲昌은 그 아버지 周元이 앞서 왕위에 오르지 못한 것을 이유로 반란하여 國號를 長安이라 하고 年號를 慶雲 元年이라 하며, 武州·完山·菁州·沙伐의 4州 都督과 國原京·西原京·金官京의 仕臣과 여러 郡縣의 수령을 협박하여 자기의 소속으로 삼았다. … (왕은) 드디어 장수 8인을 뽑아 王都의 八方을 지키게 한 뒤 군사를 출동시켰다. 一吉湌 張雄은 먼저 나아가고 迊湌 衛恭, 波珍湌 悌陵은 그 뒤를 잇고, 伊湌 均貞, 迊湌 雄元, 大阿湌 祐徵 등은 3軍을 통솔하고 나갔다. 角干 忠恭과 迊湌 允膺은 蚊火關門을 지키고, 明基·安樂 두 花郎은 각기 종군을 청하였다. … 10일에 이르러 성이 장차 함락되려 함에 憲昌은 禍를 면치 못할 것을 알고 자살하니, 從者가 그 머리를 잘라 몸과 각각 파묻었다. 성이 함락됨에 이르러 그 몸을 古塚에서 찾아 다시 베고, 그 宗族과 黨與 무릇 239인을 죽이고, 그곳 백성을 놓아주었다(『삼국사기』 권10, 헌덕왕 14년).

인용문에 의하면, 김헌창이 반란을 일으킨 이유는 일찍이 아버지 김주원의 즉위가 원성왕에 의하여 좌절된 것에 대한 불만에서였다고 한다. 이는 원성왕의 즉위에 대한 정통성, 즉 원성왕계 왕실의 합법성을 정면으로 부정하는 것이면서, 다른 한편으로는 자신의 거사에 대한 합리화인 동시에 과거 김주원을 지지하였던 귀족세력들에게 자신에 대한 지지를 호소하는 명분이기도 하였다.

---

35) 이에 대한 보다 자세한 것은 제3장의 '2) 김언승(헌덕왕)의 애장왕 시해와 찬탈'을 참조 바란다.

그러나 반란의 보다 직접적인 원인은 당시 헌덕왕과 수종·충공 등에 의하여 추진되는 개혁정치에 대한 반발과 김헌창 자신을 지방직인 도독으로 임명하여 보내는 등의 인사정치에 대한 불만,[36] 특히 822년(헌덕왕 14)에 있었던 헌덕왕의 同母弟 秀宗이 副君에 임명되어 月池宮에 들어감으로써 왕위계승자로 확정됨에 대한 불만에 의한 것이라고 봄이 옳겠다.

이 난이 진압된 뒤에 김헌창의 宗族과 黨與 239명이 살해되었다. 그렇다면 이는 당시 김헌창을 중심으로 하는 무열왕계 후손들의 상당수가 여기에 참여하였다는 것이다.[37] 그러므로 크게 보면 이 사건은 무열왕계와 원성왕계의 대립의 의미를 지닌 것이다. 특히 김헌창 난을 진압한 군의 지휘자들인 衛恭·悌凌·金均貞·金雄元[38]·金祐徵·金忠恭·允膺 등이 대부분 원성왕계의 인물인 점에서 더욱 그러하다.[39]

이러한 점을 염두에 두고 살펴보면, 김헌창 난의 발생시점이 헌덕왕의 아우 金秀宗의 副君册封 직후이므로, 결국 난의 원인은 헌덕왕이 同母弟 金秀宗에게 왕위계승을 확정하자 다른 여러 가지 복합적인 불만과 아울러 이제는 완전히 왕위계승범주에서 벗어나게 된 김헌창을 비롯한 무열왕계 후손들이 왕위계승권을 되찾을 수 없다는 절망감에 원인이 있는 듯하다. 그리하여 그는 지방에 새로운 왕조를 건국하여[40] 종래 무열왕계 왕통을 복구함으로써 신라

---

36) 金東洙, 1982,「新羅 憲德王·興德王代의 改革政治」『韓國史硏究』39.
37) 이와 달리 金周元의 후손이면서 元聖王系 王權에 참여한 자들도 있다.
38) 다만 金雄元은 金庾信의 後孫으로 보기도 한다(文明大, 1976,「新羅 神印宗의 硏究」『震檀學報』41, 198쪽 및 金東洙, 앞의 글, 40쪽).
39) 金憲昌 亂의 진압군에 참가한 인물들이 거의 모두 元聖王의 直系孫이거나 그와 밀접한 관계에 있었던 것으로 볼 때, 이는 곧 金周元系와 金敬信系 사이의 왕위쟁탈전의 연장으로서, 이 兩大 親族共同體勢力 사이의 두 번째 대결의 성격을 갖는 것이다(崔柄憲, 앞의 글, 464~465쪽).

왕실의 정통성을 회복하려 한 무열왕계의 왕위부흥운동이었다.[41] 이에 원성왕계 후손들은 王京과 종래 왕조체제를 장악하고 있는 현실적 상황에서 자신들의 왕권유지를 위하여 중앙의 모든 정치력과 군사력을 동원하여 이 난을 진압하였다.

그러나 김헌창계의 세력은 이에 좌절하지 않았다. 또 3년 뒤인 825년(헌덕왕 17) 김헌창의 아들 梵文이 난을 일으켰다.

> 정월 憲昌의 아들 梵文이 高達山賊 壽神 등 百餘人과 함께 모반하여 수도를 平壤에 정하려 하여 北漢山州를 치니, 都督 聰明이 군사를 이끌고 그를 잡아 죽였다(『삼국사기』 권10, 헌덕왕 17년).

이 난의 성격을 보면 앞서 있었던 김헌창 난의 연장선상에서 이해할 수 있다. 그것은 난의 주체세력 뿐만 아니라 首都를 平壤(지금의 서울)에 정하여 새로운 왕조의 건국을 도모한 점에서도 그러하다. 다만 당시 流離民集團인[42] 山賊을 이용하였다는 점에서는 한층 지방세력의 형성과 이들의 중앙세력에 대한 반항적 움직임의 길을 열어 놓았다.

결국 梵文의 난은 김헌창의 난으로 몰락하고 남은 김주원계 후

---

40) 한편 朱甫暾은 김헌창의 난을 지방세력의 정치세력을 촉진하는 하나의 중요한 계기가 되어 후삼국 정립의 시원적 성격을 지녔다고 보았다 (1994, 「통일신라의 지배체제와 정치」『한국사』 3, 한길사, 332쪽).

41) 黃善榮은 김헌창의 난을 '옛 백제권을 본거지로 새 국가를 건국하여 신라와 더불어 반도를 동서로 양분하여 공존하려 한' 것으로 보았다 (2002, 「신라하대 金憲昌 亂의 성격」『나말여초 정치제도사 연구』, 국학자료원, 67쪽).

42) 신라 헌덕왕대에는 만성적인 饑饉이 계속되어 농민들은 굶주림에 시달리고 전염병까지 유행하여 이를 이기지 못한 농민들 가운데는 자손을 奴婢로 팔아서 생활하는 자가 발생하는 어려운 상황에서, 流民이 되거나 盜賊이 되어 각지에서 횡행하여 국가적인 문제가 되었다(『삼국사기』 권10, 헌덕왕본기 참조).

손의 일부가 주동이 되어, 원성왕계로 넘어간 왕위계승권을 회복
하기 어렵다는 것을 인식하고, 김헌창 난의 의지를 이어받아 원성
왕계 왕통을 부정하고 새로운 왕조를 열어 그것이 신라왕조의 정
통성을 갖는 왕가임을 표방하였으나, 곧 진압되어 실패하였다.[43]

이처럼 제1기의 왕위도전은 주로 무열왕계와 원성왕계의 대결
이었다. 하대의 성립으로 무열왕계가 왕위계승권을 상실하고, 드디
어 내물왕의 후손이 찬탈을 하여 원성왕계를 성립시켰다.

그리하여 원성왕계 왕권의 성립으로 왕위계승권에서 밀려난 무
열왕계의 후손 중에서 무열왕계 왕통을 부흥하고자 王京 또는 地
方을 거점으로 하여 새로운 왕조를 개창하고 원성왕계 왕권에 대
항한 사건들이 대부분이다. 한편 일부는 원성왕계의 성립과 또 그
것의 수성을 위하여 일으킨 왕위찬탈형 반역이었다. 이 중에는 원
성왕과 헌덕왕처럼 반역을 성공하여 실제 즉위한 경우도 있었다.
그러나 반대로 실패하여 기존 정치권에서 제거 당함으로써 오히려
원성왕계 왕권을 더욱 강고하게 만들어 준 결과를 낳기도 하였다.

2. 제2기 (제43대 희강왕~
제47대 헌안왕)의 반역

1) 金悌隆(희강왕)의 金均貞 除去

희강왕(김제륭)은 당시 왕위계승순위가 자신보다 우위인 金均貞

---

43) 그리하여 김헌창과 범문의 반란에 관련된 지역의 인민들은 뒤에 청해
진이 설치되면서 강제이주되거나, 혹은 떠돌아다니다가 자발적으로 張
保皐의 휘하에 편입되었을 것이다(金昌謙, 2002, 「8~9세기 新羅 政治
社會의 變化와 張保皐」『대외문물교류연구』 창간호, 177쪽).

을 쫓아내고 왕위를 차지하였다.[44] 사실 前王 흥덕왕과의 혈연관
계를 살펴보면 김균정이 김제륭보다는 훨씬 가까운 친족이다. 또
당시 정치적 지위나 세력도 김제륭보다 우위에 있었다.

비록 희강왕이 즉위하였지만, 본디 왕위계승자로 예정되어 있던
인물은 흥덕왕의 동생인 金忠恭이었다. 하지만 그는 실제 왕위를
계승하지 못하고 형인 흥덕왕보다 먼저, 즉 835년(흥덕왕 10) 2월
직전에 죽었다.[45] 이처럼 왕위계승예정자가 일찍 죽음으로 인하여
흥덕왕의 사후에는 왕위계승을 둘러싸고 분쟁이 일어나게 되었다.

사실 김제륭은 흥덕왕과의 혈연적 관계나 그의 정치적 기반을
보면 경쟁자였던 김균정보다 뒤떨어진다.[46] 그러므로 김균정과 김
제륭 양자만을 비교한다면 흥덕왕이 죽으면서 후계자를 지명하는
유조가 없었던 까닭에 김균정이 즉위하는 것이 당시 상황으로 볼
때 좀더 순리적이었다.

그러나 왕위계승에 아주 크다란 변수로 작용할 수 있는 金明이
있었다. 김명은 金忠恭의 아들로서, 만약에 흥덕왕에 의하여 태자
로 책봉되어 있던 김충공이 일찍 죽지 않고 왕위를 계승하였다면,
부자계승원칙에 따라 김명 또한 태자로 책봉되어 왕위를 계승할
인물이었다. 그리고 흥덕왕이 김충공의 아들 김명을 다시 태자로
책봉하였거나 아니면 유조라도 있었다면 왕위를 계승할 수 있었지
만 그렇지 못하였다. 또 흥덕왕이 죽을 무렵에 김명이 비록 시중의
자리에 있기는 하였으나 나이도 어렸고 그다지 대단한 정치적 위
치를 확보하지 못한 상태여서 균정계에 직접 대항하기에는 역부족
이었다.

---

44) 『삼국사기』 권10, 희강왕 즉위조.
45) 李基白, 1974, 「新羅 下代의 執事省」, 앞의 책, 180쪽.
　　李基東, 앞의 글, 163쪽.
46) 제3장의 '3) 김제륭(희강왕)의 균정제거와 즉위' 참조 바람.

이에 김명은 당시 왕위계승의 가능성이 많았던 김균정에게 직접 도전하지 못하고, 그의 조카이며 동시에 자신의 妹壻인 김제륭을 추대하여 그와 무력대결을 벌였다.[47] 그리하여 김명의 지원을 받은 김제륭(희강왕)이 승리하였다.

2) 金明(민애왕)의 희강왕 시해

金明(민애왕)은 희강왕을 핍박하여 죽이고 스스로 즉위하였다.[48]

김명은 신라 하대의 왕실인 원성왕계 내의 仁謙系의 인물이다. 그리고 그의 아버지 忠恭은 흥덕왕대에 태자로 책봉될 정도로 왕의 近親이며 시중·병부령·상대등 등의 여러 관직을 역임한 정치적 실력자였다. 한편 김명의 어머니는 貴寶夫人으로 惠忠大王으로 추봉된 인겸의 딸이다. 인겸은 원성왕의 長子로, 민애왕의 아버지인 충공의 아버지이다.

또 민애왕비는 允容夫人 金氏로 永公(永恭)의 딸이다. 永公은 821년(헌덕왕 13) 忠恭의 뒤를 이어 시중에 임명되어 827년(흥덕왕 2) 8월에 물러날 때까지 약 6년간 재임하면서 충공과 함께 헌덕왕·흥덕왕 형제의 왕권강화책에 보좌하였던 인물이다. 이와 같은 배경에서 영공의 딸 윤용부인과 충공의 아들 김명 사이에 혼인이 이루어졌다고 하겠다. 그러므로 김명은 인겸의 후손들이 왕위를 계승하는 상황에서는 왕과 가장 가까운 친족이었다.

사실 김명은 흥덕왕의 태자로 책봉되어 있던 충공의 아들로 왕위계승예정자 순위에 포함되었지만, 충공이 왕위를 계승하지 못하

---

47) 이러한 金均貞과 金明의 대립은 왕실 내부의 혈족관계로 본다면 인겸계와 예영계 사이의 싸움이며, 金均貞과 金悌隆의 그것은 禮英系 내부의 싸움이라 할 수 있다(李基東, 앞의 글, 165~166쪽).

48) 『삼국사기』 권10, 희강왕 3년 정월조 및 민애왕 즉위조.

고 죽음으로 인하여 그 권리를 상실하였다. 대신에 835년 2월 김균정이 상대등에 임명될 때 흥덕왕의 정치적 배려에 의하여 19세의 어린 나이로 시중에 임명되었다.

그러나 김명이 정치권 내에서 기반을 확고히 하기도 전인 2년도 채 안된 상황에서 836년 12월 흥덕왕이 죽자, 왕위는 당시 상대등 김균정으로 넘어가려는 상황이었다. 이에 김명은 자신의 妹壻 金悌隆을 도와 왕으로 즉위하는 데 결정적인 역할을 하였다. 그리고 자신은 희강왕의 즉위와 동시에 상대등을 차지하고, 또 협조자 利弘은 시중을 맡아 정치적 실권을 장악하였다.

이처럼 김명의 세력 성장에는 혈연적 관계가 바탕이 되었지만, 그보다 스스로 정치적 요건을 성공적으로 이루어 실권을 장악하게 된 것이다. 이렇게 되자 이에 위협을 느낀 그의 가장 큰 적대세력이었던 김균정의 아들 金祐徵이 837년(희강왕 2) 5월에 먼저 달아나 淸海鎭大使 張保皐에게 의탁하고, 뒤이어 6월에 김균정의 妹壻 禮徵과 阿飡 良順도 도망하여 김우징에게로 갔다. 그리하여 중앙에서 金明派의 독무대가 형성되었고, 드디어 그는 자신이 세운 희강왕에게 압력을 가하여 自盡케 하고 스스로 즉위하였다.

3) 金祐徵(신무왕)의 민애왕 시해

청해진대사 장보고에게 의탁하고 있던 김우징은 민애왕이 희강왕을 자진케 하고 왕위를 차지하였다는 소식을 듣고, 왕경으로 쳐들어가 민애왕을 몰아내고 즉위하였다.[49] 신무왕의 즉위는 신라 하대의 가장 대표적인 무력에 의한 찬탈이다.

김우징이 찬탈을 할 수 있었던 기반은 그가 王軍보다 우세한 장

---

49) 『삼국사기』 권10, 민애왕 2년조와 신무왕 즉위조.

보고의 군사력을 지원 받은 것이 가장 직접적인 힘이다. 그러나 그것만으로는 그의 즉위를 설명할 수 없다. 그보다 근본적인 배경이 전제되어야 한다. 즉 신무왕의 왕위계승에는 그의 혈연적 관계와 정치적 기반에 대한 이해도 동시에 고려할 필요가 있다.

앞에서 살펴보았듯이, 김우징의 아버지인 金均貞은 흥덕왕이 죽은 뒤 왕위를 계승하려다가 金悌隆에게 죽음을 당하였다. 김우징이 김균정의 아들이라는 사실은 혈통상 그가 왕족이라는 의식은 물론, 그의 정치적·군사적 세력의 형성에도 크게 작용하였다. 김균정의 왕위쟁탈전 때 그를 지지하였던 세력 중에서 남아 있던 세력은 이제 김우징의 지지세력으로 뭉쳐졌던 것으로 추측된다.

또 김우징 자신의 정치적 관계에 의하여 맺어진 지지세력도 있었다. 우선 祐徵은 일찍이 822년(헌덕왕 14) 3월 金憲昌이 반란을 일으켰을 때 王軍의 군사령관으로서 진압에 공을 세웠고, 828년 1월 시중이 되어 재직하다가 831년 1월 퇴임하였으며, 또다시 834년 1월 시중에 임명되어 835년 2월까지 재임하는 등 드물게 2차례나 시중을 역임하여 정치적·군사적으로 실제 경험과 정치계에서 나름대로의 지지세력을 가질 수 있었다.

836년 12월 희강왕과 김균정이 왕위를 다툴 때, 김우징의 姑母父(均貞의 妹壻)인 阿飡 禮徵과 무열왕의 9세손으로 김주원의 증손자인 金陽은 金均貞을 돕다가 실패한 바 있었다. 그리고 이듬해 6월 예징과 함께 도망하여, 5월에 먼저 張保皐에게로 의탁하고 있던 김우징을 찾아온 阿飡 良順도 지지자였다. 이러한 지지자들은 김우징이 王京에서 정치적 활동을 하고 있을 때 맺어진 지지세력이었다.

그리고 김우징이 淸海鎭으로 도망함으로써 형성된 더욱 강력한 지지세력도 있었다. 그에게 은신처를 제공한 장보고는 당시 신라의 지방 海上勢力으로 막강한 군사력을 보유하고 있었으며, 또 장보고 휘하의 여러 장수들은 모두 김우징의 훌륭한 지지세력으로 그의 군사적 기반이 되었다.

김우징은 이러한 정치 군사적 지지기반을 바탕으로 김양이 모집한 군사와 장보고가 지원한 군사력으로 王京을 공격하여 드디어 민애왕을 살해하고 즉위하였다.

4) 弘弼의 반란과 逃走

청해진대사 장보고로부터 군사력을 지원받아 찬탈한 신무왕이 죽고, 그의 아들 문성왕이 즉위하였다. 그러나 문성왕 역시 신무왕의 찬탈에 의하여 형성된 왕권이기에 반대세력들의 끊임없는 도전을 받았다. 그 중 가장 먼저 있었던 것이 홍필의 모반이다.

　─吉飡 弘弼이 모반하다가 일이 발각되어 海島로 도망감에 잡으려 하였으나 잡지 못하였다(『삼국사기』 권11, 문성왕 3년 봄).

반란의 주모자인 弘弼에 대해서는 다른 곳에서 기록을 찾을 수가 없다. 그래서 그의 관등이 ─吉飡이었다는 것 외에 다른 혈연적·정치적 기반은 알 수 없다.

다만 당시의 정치적 상황에서 추측컨대, 『삼국사기』의 성명 표기가 왕족 김씨의 경우 성은 생략하고 이름만 기재된 것으로 보아, 아마 홍필은 김씨였을 것이다. 이를 인정한다면 홍필은 이보다 2년 전에 축출된 민애왕을 지지하던 仁謙系의 잔여세력으로 문성왕으로부터 왕위를 빼앗으려 시도하였으나 실패한 것 같다.

5) 장보고의 반기와 피살

문성왕대에는 가장 큰 지방세력인 장보고의 被殺事件이 있었다.
원래 장보고는 문성왕의 아버지 신무왕이 즉위하는 데 가장 큰 도
움을 준 세력 중의 하나였다. 장보고는 이들 부자를 지원하는 과정
에서 그의 딸을 왕비로 들이기로 約條하였다. 그리하여 문성왕이
845년(문성왕 7) 3월 장보고의 딸을 次妃로 취하려 하였으나 朝臣
의 반대로 실행되지 못하였다.[50] 이에 장보고는 중앙정권에 대하
여 반기를 들었다.

> 봄 淸海鎭의 弓福이 자기의 딸을 왕이 받아들이지 아니한 것을 원
> 망하여 鎭에 의거하여 叛旗를 들었다. … 弓福이 취하자 閻長은 칼을
> 빼어 목을 벤 뒤 그의 무리를 불러놓고 說諭하니, 그들은 땅에 엎드리
> 어 감히 움직이지 못했다(『삼국사기』 권11, 문성왕 8년).

『삼국사기』 권44, 張保皐 鄭年傳 및 『삼국유사』 권2, 神武大王
閻長 弓巴조에는 이보다 소상한 난의 과정을 수록하고 있다.
이들 서로간에는 내용상 조금의 차이점은 있으나 난의 발생동기
에 대해서는 대동소이하다.[51] 즉 신무왕의 옹립에 최고의 공신인
張保皐에게 納妃의 약속이 지켜지지 않음에 대하여, 장보고는 자
신의 군사력을 이용하여 독자세력을 형성하여 중앙정부에 대립하
려 하자 중앙의 왕과 귀족들은 반란을 핑계삼아 刺客을 보내어[52]

---

50) 『삼국사기』 권11, 문성왕 7년조 참조.
51) 물론 張保皐 亂의 발생원인에 대해서는 이 외에도 奴婢貿易問題 등 다
   른 복합적인 배경이 있었다는 추측도 있다(日野開三郞, 1960, 「羅末三
   國の對大陸海上交通貿易(2)」 『朝鮮學報』 17, 106쪽).
52) 실제 장보고의 제거를 주도한 자는 신무왕 즉위시 같은 공신인 金陽이
   었으며(浦生京子, 1979, 「新羅末期の張保皐の擡頭と叛亂」 『朝鮮史硏
   究會論文集』 16, 64~65쪽), 이는 이들 양자 사이의 뛰어넘을 수 없는

그를 제거하여 버린 것이다.[53]

그러나 이 난은 중앙의 집권세력에 대하여 반발을 표한 것일 뿐 중앙에서의 왕위계승을 부정하거나 그 자체에 직접 개입하려 한 것은 아니다. 그럼에도 불구하고 이 난이 신라의 중앙정권을 부정하고 스스로가 특정지역을 중심으로 독립적인 정권을 형성하고자 도모한 점, 그러면서도 당시 신라왕실과 혈연적 관계가 없는 인물에 의하여 시도된 점과, 그의 딸을 왕비로 納妃하려 하였던 점 등은 이제부터는 신라의 전통적인 신분제도인 골품제의 제약을 벗어나고자 하는 새로운 움직임이 등장한 것에서 큰 의미를 갖는 사건이다.[54]

6) 良順의 반역과 伏誅

847년(문성왕 9) 5월에는 良順의 반역이 있었다.

신분상의 격차와 경쟁심으로 말미암은 듯하다(李基東, 1985, 「張保皐와 그의 海上王國」, 『張保皐의 新研究』, 莞島文化院, 115쪽). 한편徐榮教는 문성왕대 진골귀족협의회에서 딸의 왕비 책봉이 부결된 것에 반기를 든 장보고가 서해안에서 경주로 향하는 모든 물자 수송을 차단하며 대결하자, 중앙의 자객이 그를 암살한 것으로 보았다(2001, 「淸海鎭과 西南海岸의 田莊·牧場」『STRATEGY 21』, 97쪽).

53) 한편 張保皐의 사망연대에 대해서는 신무왕대(839년)설(『삼국유사』 권2, 신무왕염장궁파)과 846년(문성왕 8)설(『삼국사기』 권11, 문성왕 8년), 841년(문성왕 3)설(『속일본후기』 권11, 승화 9년 정월) 등이 있다. 그래서 종래에는 846년설을 지지하였으나, 최근에는 841년설을 따르고 있다(崔根泳, 앞의 책, 143쪽 주129 및 鄭淸柱, 1993, 「장보고 관련사료 검토」『장보고 해양경영사연구』, 이진, 403쪽).

54) 이와 달리 이 사건을 '장보고의 叛亂으로 인한 것이 아니라, 중앙의 진골출신인 金陽의 술책에 의한 側微한 海島人 출신 장보고의 暗殺事件'으로 해석하기도 한다(崔根泳, 앞의 책, 137~145쪽). 그리고 '왕이 거느릴 수 있던 군사력이 약해져 청해진의 장보고가 거느린 군대와 맞설 수 없었기에 암살을 택할 수 밖에 없었다.'고 한다(이종욱, 2002, 『신라의 역사』, 김영사, 287쪽).

　5월 伊湌 良順과 波珍湌 興宗 등이 叛逆하다가 伏誅되었다(『삼국
사기』권11, 문성왕 9년).

　주동자 良順은 일찍이 837년(희강왕 2) 6월 김균정의 妹壻인 阿
湌 禮徵과 함께 도망하여 청해진에 망명중인 祐徵에게로 갔다. 그
리고 839년 12월 金陽(魏昕)이 平東將軍이 되어 출전할 때 鵠洲軍
을 이끌고 와 합세하여55) 신무왕의 즉위에 공로를 세웠다. 또 840
년(문성왕 2)에는 伊湌이 되었으며, 843년(문성왕 5) 侍中에 임명되
어 재직하다가 844년 3월에 사면되었다.

　흔히 그가 시중에서 사면한 이유를 외형적으로는 이해 1월부터
3월까지 계속된 天變災異로 보기도 한다. 하지만 실제 이유는 당
시 魏昕이 딸을 문성왕에게 납비하고 그를 중심으로 중앙의 정치
력이 집중되어 가는 것에 오는 공신세력간의 알력에서 밀리면서
사면된 듯하다. 그러자 양순은 이에 대한 반발에서 난을 일으켰을
것이다.56) 또 이와 더불어 신무왕 즉위 때 최고공신인 張保皐가 중
앙귀족들에 의하여 제거되는 것을 보고 위기를 느낀 나머지, 양순
은 비슷한 입장에 있던 興宗과 더불어 반역을 도모한 듯하다.

　양순은 이러한 관직경력만 짐작할 수 있을 뿐 그의 혈연관계에
대해서는 알 수 없다. 다만 그가 김우징 등과 정치적 입장을 같이
하였던 것으로 미루어, 아마 당시 어느 정도의 세력을 가진 汎元聖
王系 내의 한 소가계에 속한 인물이었던 것 같다.

　그러나 분명한 것은 왕과의 혈연관계에 의해서 양순 자신이 직

---

55) 『삼국사기』권44, 金陽傳.
56) 한편 良順이 侍中에서 1년 만에 사면되고, 또 문성왕대에 대개의 시중
　이 1년 정도의 임기를 끝으로 교체되었던 것으로 미루어, 희강왕·민
　애왕·신무왕 3대 동안의 왕위쟁탈전으로 불안하였던 왕위를 튼튼히
　하기 위한 문성왕의 노력과 시중과의 마찰이 이 난의 원인이었을 것이
　라는 추측도 있으나(姜聲媛, 앞의 글, 46쪽), 이는 좀더 재고를 요한다.

접 왕위를 계승할 만큼 왕실과 가까운 인물은 아니었다. 그리고 공
모한 興宗 역시 마찬가지였을 것이다.

7) 金式의 반역과 伏誅

문성왕대에는 정권의 불안정으로 인하여 잦은 반란이 일어났다.
良順과 興宗의 반란이 있은 지 2년 뒤인 849년(문성왕 11) 9월에는
金式과 大昕의 반란이 있었다.

> 9월 伊飡 金式・大昕 등이 반역하다가 복주되고 大阿飡 昕隣도 그
> 죄에 連坐되었다(『삼국사기』 권11, 문성왕 11년).

이 난의 발생동인과 성격 등에 대해서는 난의 주동자인 金式과
大昕에 대해서 살펴보면 좀더 구체적으로 알 수 있다.

먼저 金式은 『三國史節要』에는 金貳로 표기되어 있지만,[57] 더
이상의 기록이 없어 알 수 없다. 그리고 大昕은 839년(민애왕 2) 윤
정월 신무왕이 즉위할 때 金陽軍이 공격해 옴에 伊飡으로 大阿飡
允璘・疑勛 등과 함께 민애왕 정권을 지키기 위해 군대를 이끌고
나가 싸웠으나 대패하였다.[58] 다행히 새로이 즉위한 신무왕으로부
터 용서를 받아 살아 남기는 하였지만,[59] 아마 그의 정치적 세력은
거의 상실한 상태가 되었을 것이다.[60] 이러한 처지에 있던 大昕과

---

57) 『삼국사절요』 권13, 문성왕 11년조.
58) 『삼국사기』 권10, 민애왕 2년.
59) 李基東, 앞의 책, 167쪽.
60) 이는 達丘伐戰鬪에서 민애왕의 군대를 지휘하다가 패한 伊飡 國相 金
    昕이 신무왕으로부터 용서를 받고 살아 남았으나 官界를 떠나 小白山
    에 들어가 승려들과 놀다가 847년 8월 27일에 病死한 것과(『삼국사기』
    권44 金陽傳附金昕傳 및 『조선금석총람』 상, 76쪽 「성주사낭혜화상백
    월보광탑비」), 大阿飡 疑勛이 智證大師 道憲을 僧籍에 넣어주는 등 山

金式은 문성왕대의 계속되는 반역으로 정국이 혼란한 틈을 이용하여 귀족들과 규합하고 반역한 듯하다.[61]

그러므로 이 난은 신무왕의 찬탈에 의해 성립된 均貞系 왕통을 부정하는 종전의 민애왕측 귀족들의 일부 잔여세력이 일으킨 것이다. 즉, 그 주모자인 金式과 大昕 등은 왕위계승권을 상실한 仁謙系의 후손 또는 지지세력으로 왕위계승권을 되찾기 위하여 난을 일으켰던 것이다.

결국 하대 제2기의 왕위도전 사건들은 원성왕계 내에서 좁은 범위의 소가계간에 왕위찬탈을 목적으로 한 반란들이었다. 즉 제1기에 해당하는 인겸계의 왕통이 단절되고 禮英系로 이어가자 이에 왕위를 되찾으려는 인겸계의 도전이 주를 이루었다. 예외적으로 장보고의 반기가 있었지만, 이는 자신이 직접 왕위찬탈을 목적으로 도전한 것은 아니고, 다만 정치적 이해관계에 얽힌 지방세력의 반발이었다.

中에서 은거생활을 하였던 사실에서(『조선금석총람』 상, 93쪽 「봉암사 지증대사적조탑비」), 大昕 역시 비슷하였으리라 짐작된다. 한편 최근에 여기서의 大昕을 金昕과 同一人으로 보는 견해도 제기되었지만(金潤坤, 1991, 「羅代의 寺院莊舍」 『考古歷史學誌』 7, 동아대학교 박물관, 286~287쪽 및 文暻鉉, 1992, 「神武王의 登極과 金昕」 『趙恒來教授華甲紀念 韓國史學論叢』, 59~67쪽), 따르지 않는다.

61) 姜聲媛, 앞의 글, 46쪽.

3. 제3기 (제48대 경문왕~
제52대 효공왕)의 반역

1) 允興兄弟의 모반

문성왕이 죽고 그의 유조에 따라 숙부 誼靖(헌안왕)이 즉위하였다. 그러나 헌안왕 또한 유조를 내려 사위 膺廉에게 왕위를 계승케 하고 죽었다. 그리하여 응렴이 즉위하니, 이가 경문왕이다. 물론 경문왕의 즉위과정에도 다른 귀족세력들의 반발이 있었지만,[62] 그의 아버지 金啓明을 중심으로 한 귀족세력과[63] 응렴이 거느린 花郎의 무리를[64] 비롯한 후원세력의[65] 도움을 받아 즉위할 수 있었다.

그러나 경문왕의 즉위 초에는 강력한 왕권을 확보하지 못하여 반발세력의 도전이 있었다.

> 10월 伊湌 允興이 아우 叔興·季興과 함께 모반하다가 일이 발각되어 岱山郡으로 달아났다. 왕이 명하여 그들을 추격 체포하게 하여 목을 베고, 그 一族을 멸하였다(『삼국사기』 권11, 경문왕 6년).

이 난을 일으킨 允興 형제의 정확한 가계는 알 수 없다. 그러나 822년 김헌창의 반란이 일어났을 때 윤홍이 상대등 忠恭과 함께 蚊火關門을 지킨 적이 있고,[66] 또 어느 땐가에 왕이 琴道의 단절

---

62) 당시 상황을 「崇福寺碑」에서는 "雖非逐鹿之原 亦有集烏之苑"이라고 표현하였다.

63) 金昌謙, 1988, 「新羅 景文王代 修造役事의 政治史的 考察」『溪村閔丙河敎授停年紀念 史學論叢』.

64) 李基白, 「新羅私兵考」, 앞의 책, 260쪽.
　　全基雄, 1994, 「新羅 下代의 花郎勢力」『新羅文化』 10·11합집.

65) 이외에 응렴이 즉위전 교류하던 國學을 중심으로 한 文士들도 있었다.

을 걱정하여 윤흥에게 南原小京의 公事를 위임하고 어떤 방법으로든지 그 音律을 전해 얻게 하라는 임무를 받아 수행하였다.[67] 아울러 최근에 발견된 금석문에 "魏昕伊湌"의 이름과 더불어 "宣和夫人是允興伊湌"이란 기록이 있다.[68] 이러한 사실로 볼 때 윤흥은 9세기 중엽에 있어 매우 유력한 귀족이었음을 추측할 수 있다.[69]

이렇듯 앞 시기엔 유력한 귀족으로 왕실에 협조하던 允興이 경문왕 정권에 반발하여 난을 일으킨 이유가 무엇일까? 이는 그가 난을 일으킨 시점이 바로 이해 정월에 경문왕이 先代를 추봉함과 동시에 왕자 晸을 태자로 책봉한 직후라는 점에서[70] 일말의 추측을 해 볼 수 있다. 즉 윤흥은 경문왕과는 다른 均貞系의 인물로써 혼인에 의하여 왕위가 憲貞系로 넘어간 것이 불만이었고, 특히 태자를 책봉하여 헌정계에 의한 왕위계승이 확고화되는 것에 반발하여 난을 일으킨 것이 아닐까 생각된다.

이에서 짐작컨대 딸만 있던 헌안왕이 사위 응렴에게 왕위계승의 유조가 내려지지 않았다면 혹 允興은 일정한 왕위계승의 순위가 되는 혈족범위에 속하였을 것으로도 추측이 가능하다. 그러나 즉위한 경문왕의 태자책봉으로 왕위계승자가 정해짐에 따라 그 가능성이 완전히 사라진 것이다. 그러자 윤흥 형제는 무력으로 왕위계승권을 되찾기 위한 반란을 도모하였으나 실패한 것이라 하겠다.

---

66) 允膺이라 표기되어 있으나 동일인으로 보겠다(李基東, 앞의 글, 173쪽의 주100).
67) 『삼국사기』 권32, 樂志 玄琴條.
68) 『韓國金石遺文』, 86쪽 「聖住寺碑斷石」.
69) 李基東, 앞의 글, 173쪽.
70) 『삼국사기』 권11, 경문왕 6년.

2) 金銳의 謀叛과 복주

경문왕 정권에 대한 반대세력의 도전은 계속 되었다. 868년(경문왕 8)에는 金銳의 모반이 있었다.

> 정월 伊飡 金銳와 金鉉 등이 모반하다가 伏誅되었다(『삼국사기』 권11, 경문왕 8년).

이 난을 일으킨 金銳는 855년(문성왕 17)에는 문성왕의 從弟로서 宣修造塔使를 맡았으며, 관등은 舍知이고, 관직은 熊州 祁梁縣의 縣令이었다.[71] 그러면 김예는 문성왕의 아버지인 신무왕 형제의 아들인 것이다. 그리고 공모자 金鉉 역시 이름으로 보아 金銳와 형제이거나 같은 항렬의 아주 가까운 부계친이었던 듯하다. 그러므로 이들은 신라 하대 왕족의 가계분류상 均貞系에 속한다.

이러한 사실을 참고로 하면, 이들이 난을 일으킨 이유는 앞에서 살펴본 允興 兄弟의 난과 마찬가지로 문성왕의 유조로 왕위가 헌안왕에게로 옮겨갔다가, 헌안왕의 유조로 경문왕이 즉위함으로써 왕위가 다시 헌정계로 넘어가 버리자, 이를 되찾기 위한 균정계의 반발로 인한 것이라 하겠다. 즉 문성왕이 헌안왕에게 왕위를 계승하라는 유조가 없었거나, 아니면 헌안왕의 경문왕에게 왕위를 계승하라는 유조가 없었더라면, 金銳 역시 왕위계승의 가능성이 있었던 혈족 범주에 속하였던 인물들인 듯하다.

3) 近宗의 謀叛과 處刑

윤흥 형제의 모반과 김예의 모반에서 보았듯이, 경문왕은 반란

---

71) 『韓國金石遺文』, 148쪽 「昌林寺無垢淨塔願記」.

의 주모자와 그 연루자에 대하여 잔혹한 진압과 제거조치를 가하
면서 왕권강화를 꾀하였다. 그러나 이에 도전하는 세력들의 모반
은 계속되었다.

　　5월 伊飡 近宗이 모반하여 대궐을 범하므로 禁軍을 내어 쳐서 파
　하자 근종은 그 무리와 함께 밤에 탈출하였으나 추격 체포하여 車裂
　에 처하였다(『삼국사기』 권11, 경문왕 14년).

이 난은 규모나 방법상 앞에서 살펴본 반역사건들보다 한 단계
더 진전되었다. 모반자들은 대궐을 침범하여 경문왕을 시해하고,
나아가 찬탈하려는 의지가 완전히 행동화·표면화되었다.

그런데 난의 주동자인 近宗의 가계에 대해서는 알 수 없다. 다만
그의 관등이 伊飡이었던 것으로 미루어 진골귀족이었음은 틀림없
다.[72] 그러므로 그의 정치적 경력과 입장 및 난을 일으킨 이유 등에
대해서는 알기 어렵지만, 아마 앞에서 살펴본 경문왕대에 있었던 일
련의 반란과 마찬가지로 왕위가 헌정계로 넘어간 것에 대한 균정계
의 불만에서 기인한 왕위회복운동의 일환으로 보인다.[73]

경문왕은 여러 차례의 반란에 대하여 강력한 대응조치를 취하면
서 다른 여러 가지 방법을 동원하여 왕권강화를 이룩하였다.[74]

---

72) 李基東, 앞의 글, 173쪽.
73) 姜聲媛, 앞의 글, 47쪽.
　　李基東, 앞의 글, 173쪽.
74) 경문왕의 왕권강화에 대해서는 다음과 같은 연구가 있다.
　　李基東, 1984,「羅末麗初 近侍機構와 文翰機構의 擴張」, 앞의 책.
　　丁元卿, 1984,「新羅 景文王代의 願塔建立」『年報』5, 釜山博物館.
　　金昌謙, 앞의 글.
　　田美姬, 1989,「新羅 景文王·憲康王代의 能官人登用政策과 國學」
　　『東亞研究』17.
　　全基雄, 1989,「新羅 下代末의 政治社會와 景文王家」『釜山史學』16.

4) 信弘의 叛逆과 伏誅

경문왕이 죽은 뒤 실로 오랜만에 부자계승에 의하여 왕위가 계승되어 태자인 헌강왕이 즉위하였다. 헌강왕은 경문왕의 왕권강화 의지를 이어받아 유교정치를 시행하면서 왕권의 안정을 도모하였다. 그리하여 외형적으로는 태평성대를 누렸다. 그러나 그 실제는 오히려 말기적인 증세로 변하고 있었으며, 또 반란도 일어났다.

6월 ―吉湌 信弘이 반역하려다가 복주되었다(『삼국사기』권11, 헌강왕 5년).

반란을 일으킨 信弘에 대해서는 어떤 다른 자료를 찾을 길이 없다. 그리고 왜 그가 반란을 일으켰는지 정확한 사유도 알 수 없다. 다만 이 반란의 시점에서 미루어 보건대, 아마 878년에 唐에서 일어난 王仙芝·黃巢의 반란에 대한 소식이 신라로 전해져[75] 점차 사회적으로 불안한 분위기가 조성되었으며, 각종 流言蜚語가 나돌아[76] 흉흉한 틈을 타 반란을 일으킨 듯하다.

결국 이 반란은 경문왕계가 아닌 다른 왕족이 당시의 혼란한 사회적 분위기를 이용하여 왕권에 도전한 사건이었다.

---

75) 헌강왕 4년 7월 신라는 唐에 사신을 보내려 하다가 黃巢의 반란이 일어났다는 소식을 듣고 중지하였다(『삼국사기』권11, 헌강왕 4년).

76) 헌강왕 5년 3월에 왕이 國東의 州郡을 巡幸할 때 山海의 精靈으로 알려진 네 사람이 나타나 괴이한 衣冠을 하고 歌舞를 하였다(『삼국사기』권11, 헌강왕 5년). 또 『삼국유사』권2, 處容歌조에도 이와 비슷한 기사가 실려 있다.

5) 金堯의 叛亂과 討伐

헌강왕이 죽은 뒤 아우 정강왕이 즉위하였다. 그러나 당시 신라
는 王京에서 귀족들의 사치와 향락으로 인한 민심의 이반과 더불
어 중국에서 일어난 黃巢의 亂 등 난리소식, 北方에서 黑水鞨鞨의
침공설, 山海에서 나타난 精靈들의 新羅滅亡豫言說 등으로 사회
적으로 아주 불안한 분위기가 조성되었다. 그리하여 신라 전역에
流亡民의 발생이 가속화되는 등 혼란의 도가니 속으로 몰아가고
있었다.77)

이러한 상황에서 이번에는 북방지역 漢州에서 반란이 일어났다.

> 정월 漢州의 伊飡 金堯가 반란을 일으킴에 군대를 보내어 토벌 주
> 살하였다(『삼국사기』 권11, 정강왕 2년).

이 사건은 앞에서 살펴본 다른 사건과는 차이가 있다.

우선 그 발생지역이 지방이다. 이미 신라 하대에 지방을 근거지
로 일어난 반란은 張保皐의 반기와 金憲昌·梵文 부자의 반란 등
이 있었다. 그리고 다시 漢州를 근거지로 한 반란의 발생은 곧 뒤
따를 지방세력가들의 전국적인 할거를 예고하는 기폭제가 되었다.

반란의 주동자인 金堯는 관등이 伊飡이라는 것 외에 다른 자세
한 것은 알 수 없다. 그러나 그가 이찬의 관등을 가진 金氏의 인물
이란 점에서 본래는 중앙의 왕족 내지 귀족세력이었으리라 추측할
수 있다. 그러므로 김요는 중앙에서 한주로 지방관 파견 등을 원인
으로 이주한 뒤에, 이곳을 근거지로 하여 중앙정권에 도전하며 반
란을 일으켰던 것이 아닌가 싶다. 이와 같은 경우는 당시 신라 전

---

77) 金昌謙, 2002, 「高麗建國期 流移民의 樣相」 『李樹健教授停年退任紀念
韓國中世史論叢』.

지역에 이와 유사한 세력들이 성장하고 있었음을 짐작할 수 있다. 그러나 김요가 한주를 근거지로 독자적인 새로운 정권을 형성하려 던 것인지, 아니면 王京의 중앙정부를 공격해 들어가 왕위를 찬탈 하려던 것인지는 알 수 없다.

결국 제3기의 왕위도전은 경문왕의 즉위로 왕위가 헌정계로 넘 어가고, 또 경문왕의 후손에 의한 왕위계승이 고착화되자 이에 대 한 반발이었다. 좀더 자세히 말하면 이른바 제2기의 왕계였던 균정 계가 왕위계승권을 되찾고자 한 예영계 내부 소가계 간의 대립, 즉 헌정계에 대한 균정계의 도전이었다.

4. 제4기(제53대 신덕왕~
제56대 경순왕)의 반역

1) 玄昇의 謀叛

정강왕이 죽고 女弟 진성여왕이 즉위한 이후에는 왕위에 도전하 는 사건보다는 신라왕조 자체를 부정하는 새로운 형태와 농민들로 대표되는 하층민들의 신라정권에 대항하는 움직임이 전국적으로 고조되었다. 물론 헌덕왕·흥덕왕대에도 이러한 기운은 있었으나 곧 소강상태를 이루다가, 진성여왕대에 이르러 貢賦의 독촉을 계 기로 하여 더욱 고조되었다.[78]

특히 진성여왕대는 실질적으로 신라왕조가 몰락과 멸망해 가는 급변기였다. 당시 崔致遠이 대작한 「讓位表」와[79] 「謝嗣位表」에[80]

---

78) 『삼국사기』 권11, 진성여왕 3년.
79) 而及愚臣繼守 … 所管九州 仍標百郡 皆遭寇火 若見劫灰 … 致使仁鄕

의하면, 이미 진성여왕도 그 분위기를 인지하고 있었다. 그리고 이러한 상황은 마침내 신라왕조를 부정하는 세력을 등장시켜, 결국 後百濟와 後高句麗의 건국으로 후삼국이 정립되었다.

그리고 이 와중에서 겨우 명맥만을 유지하던 신라는 이제 왕통마저도 朴氏系로 넘어갔다. 그러자 종래 김씨왕족들이 왕위를 되찾으려는 반란을 일으켰다.

> 2월 一吉湌 玄昇이 모반하다가 복주되었다(『삼국사기』 권12, 경명왕 2년).

이는 유일하게 기록이 전하는 신라 멸망기에 있었던 왕위찬탈형 반역이다. 인용문에서 보이듯이 난을 일으킨 玄昇은 一吉湌의 관등을 가졌다는 것 외에 다른 것은 알 수 없다.

다만 이 난의 시점이 신덕왕의 아들 경명왕이 917년 7월에 즉위한 직후로서, 8월에 왕의 아우 魏膺을 상대등으로 삼고 裕廉을 시중으로 삼아, 경명왕이 즉위 초에 나름대로의 통치체제를 조성해 가려고 할 때 일어났다는 점에서, 다음과 같이 유추할 수 있다. 즉 신덕왕의 사후 金氏族으로 왕위가 다시 넘어올 것을 기대하다가 여전히 朴氏王에게 계승되고 통치체제의 강화를 위한 분위기를 만들어 가자, 이에 대한 반발로 김씨족이 왕위를 찬탈하기 위하여 반란을 일으켰던 것으로 보인다.[81]

變爲疵國(「양위표」『동문선』권43).

80) 而今也郡邑遍爲賊窟 山川皆是戰場 豈謂天殃 偏流海曲(「사사위표」
  『동문선』권33).

81) 당시 金氏王族들의 불만은 상당히 강했으리라 짐작된다. 그래서 뒷날
  甄萱이 慶州를 침공하여 景哀王을 살해한 사건에는 김씨왕족들의 협
  조와 호응이 있었으리라는 추측도 있다(申虎澈, 1989, 「新羅의 滅亡과
  甄萱」『忠北史學』2, 27∼30쪽).

결국 제4기의 왕위도전형 반역은 박씨왕의 즉위로 왕위계승권을 상실한 원성왕계 후손이 朴氏王權으로부터 왕위를 되찾으려는 것이었다. 그러나 기록상으로 보면 이들의 도전이 그렇게 빈발하지는 않았다고 하겠다.

Ⅲ. 왕위찬탈형 반역의 특징과 영향

기존의 연구들은 대체로 신라 하대 왕위찬탈형 반역의 역사적 성격을 골품체제의 동요 — 진골귀족의 분열 — 와의 관계 속에서 파악하여, 이를 하대 정치사회의 '붕괴양상으로 이해하였다.

그 하나는 骨 속의 族, 같은 族 속의 家가 점차 중요시된다는 골품제 내부에서 혈연집단의 변화를 상정하고, 하대의 政爭을 그러한 골품제의 변질에서 이해하고자 하는 것이다. 다른 하나는 리니이지(lineage) 개념을 염두에 두면서 골품제에 내포된 신라사회의 구성원리를 제시하고, 그에 결부하여 하대의 제반 정치적·사회적 혼란을 그러한 골품제의 모순에 따른 것으로 이해하였다.[82]

또 최근에 신라시대 반역에 대하여 총체적으로 검토한 姜聲媛은 '金敬信의 즉위에 대한 金周元의 불만으로 반역이 발생하였으며, 인겸계와 예영계 사이의 치열한 왕위쟁탈전은 地方割據的인 경향을 초래하였다.'고 하여,[83] 특히 하대 前半期의 반역에 대하여 적절히 진단한 바 있다.

---

82) '제6장 왕위계승과 골품제의 소멸'의 주3과 주4를 참조 바란다.
83) 姜聲媛, 앞의 글, 57~58쪽.

이외에도 '하대 왕위쟁탈전의 원인을 장기간의 부자상속 결과
구제인 신라 고유의 왕위추대제가 무력화된 때문에 金氏王朝의 自
家勢力이 쇠퇴하자, 새로이 실력주의에 입각한 왕위경쟁의 양식이
대두하게 되었다.'는 견해와,[84] '통일후 장기간 평화가 계속되자
종래 外部로 향하여 발산하던 民族社會의 에너지가 이제는 내부
의 적, 즉 정치적인 반대파를 말살하는 狂氣(frenzy)로 변질 타락하
였으며, 이것이 왕위쟁탈전의 한 원인이 되었다.'는[85] 견해도 있다.

그러나 이러한 친족제도나 정신적 이유도 크게 작용되었지만,
보다 좀더 직접적인 원인이 된 것은 찬탈이나 유조 또는 혼인에 의
하여 왕위계승상 가계가 바뀌게 되면 왕위계승권을 상실한 가계가
이것을 비정상적인 방법, 특히 무력을 수반하는 반역을 통하여 비
평화적으로 되찾으려는 움직임이 활발하였던 정치적 원인에서 나
타난 결과라고 하겠다.[86]

① 정월 母弟 秀宗으로 副君을 삼아 月池宮에 들게 하였다[秀宗은
혹은 秀升이라고도 한다]. ⋯ 3월 熊川州都督 憲昌이 그의 아버
지 周元이 왕이 되지 못하였음을 이유로 반역을 하여, 국호를 長
安이라 하고, 연호를 慶雲 元年이라 하였다(『삼국사기』 권10, 헌
덕왕 14년).

② 阿湌 祐徵이 그의 아버지 均貞이 피살되었기 때문에 원망하는 말
을 나타내었더니, 金明과 利弘 등이 이를 못마땅하게 여겼다(『삼
국사기』 권10, 희강왕 2년 4월).

---

84) 三品彰英, 1953, 『朝鮮史槪說』, 弘文堂, 68〜70쪽.
85) 金鍾璿, 1977, 「新羅花郎の性格について」『朝鮮學報』 82, 56〜57쪽.
86) 李仁哲은 좀더 구체적인 정치적 이유로서 '신라 하대 20명의 중앙행정
관부의 장관들 가운데 國王과 上大等・兵部令・侍中・內省私臣・御
龍省私臣 등 6명 정도로 구성되는 재상회의의 국가 중대사 결정에 참
여권 확보를 위한 갈등이 겉으로 표현된 것이 왕위쟁탈전이다.'고 하였
다(1994, 『新羅政治制度史硏究』, 一志社, 118〜119쪽).

③ 阿飡 祐徵이 淸海鎭에 있으면서 金明이 왕위를 찬탈하였음을 듣
고 淸海鎭大使 弓福에게 말하기를 "金明은 임금을 죽이고 스스로
왕이 되었고, 利弘은 임금과 아버지를 죽였으니, 같은 하늘 아래
살 수가 없는 원수이다. 바라건대 장군의 군사를 빌려서 임금과
아버지의 원수를 갚게 해달라."고 하였다(『삼국사기』 권10, 민애
왕 원년 2월).

위에서 보듯이 김헌창은 아버지 김주원이 왕이 되지 못했음을
내세워 난을 일으켰고, 김우징은 아버지 김균정이 김명의 방해로
왕이 되지 못함에 대한 복수를 목적으로 찬탈을 하였다.

이처럼 外祖父나 外三寸 또는 丈人이 왕위를 계승하지 못한 것
에 대하여 반발한 기록은 보이지 않고, 오직 아들이 자신의 아버지
가 왕위에 오르지 못한 것을 이유로 반역한 것은 신라 하대의 지배
층에는 父系親族集團과 父系親族意識이 있었고, 나아가서는 왕위
의 부자계승이 일반적이었음을 보여주는 한 가지 증거라 하겠다.
친족구조가 부계친을 기본으로 하였음은 앞에서 살펴본 반역자 중
允興·叔興·季興 형제의 이름에 '興'자와 金銳·金鉉 형제의 이
름에서 '金'변이 行列로 사용된 제도에서도 확인된다.[87]

그리고 위의 사례에서 보듯이 반역의 중심세력은 형제를 중심으
로 한 父系親族이었다. 이는 중대 말기인 혜공왕 4년 7월에 있었던
大恭의 모반을 진압한 뒤 9族(고조, 증조, 조부, 부모, 본인, 자, 손
자, 증손, 현손)을[88] 주살한 것에서도[89] 알 수 있다. 그리고 김헌창
의 난이 그러했듯이 여기에는 많은 수의 친족원이 참여하였다. 또

---

87) 당시 왕족인 원성왕의 子 義英·禮英의 '英'자, 예영의 子 憲貞·均貞
의 '貞'자, 애장왕(淸明)과 體明의 '明'자, 헌강왕(晸)·정강왕(晃)·진
성여왕(曼)의 '日'도 항렬의 사용이다.
88) 일설에는 父族 4(고모의 자녀, 자매의 자녀, 딸의 자녀, 본인의 동족),
母族 3(외조, 외조모, 이모의 자녀)와 妻族 2(장인·장모)라고도 한다.
89) 『삼국사기』 권9, 혜공왕 4년 7월조 참조.

원성왕의 경우처럼 찬탈로 즉위한 직후 자신의 直系祖를 추봉하여
이들을 포함시켜 새로이 五廟를 정한 것도[90] 같은 맥락에서 이해
가 된다.

또 찬탈을 통하여 즉위한 왕들은 부계친을 태자로 책봉하여 부
자계승 내지는 부계친에 의한 왕위계승을 추구하였다.

ⓐ-① 2월 아들 仁謙을 세워 태자로 삼았다(『삼국사기』 10, 원성왕 즉
　　　위년).

　　② 8월 왕자 義英을 봉하여 태자로 삼았다(『삼국사기』 권10, 원성왕
　　　8년).

　　③ 정월 惠忠太子의 아들 俊邕을 봉하여 태자로 삼았다(『삼국사기』
　　　권10, 원성왕 10년).

ⓑ 母弟 秀升을 副君으로 삼아 月池宮에 들게 하였다(『삼국사기』 권10,
　　헌덕왕 14년).

ⓒ 아들 慶膺을 태자로 삼았다(『삼국사기』 권10, 신무왕 즉위조).

위에서 ⓐ는 왕위를 탈취한 원성왕이 자신의 直系子孫인 仁謙
・義英 및 俊邕을, ⓑ는 찬탈한 헌덕왕이 母弟 秀升을, ⓒ는 찬탈
한 신무왕이 子 慶膺을 태자로 책봉하고 있다. 그리고 이들 책봉된
태자 중에는 실제 즉위하여 소성왕, 흥덕왕, 문성왕이 되었다.[91]

결국 신라 하대의 왕위찬탈형 반역은 왕위계승의 여러 요인 중
에서 혈연적인 요인을 기본조건으로 하면서 왕위를 둘러싸고 야기
된 정치적 양상이었다. 다시 말하면 하대의 왕위찬탈형 반역은 從
으로는 혈연을 바탕으로 하는 父系的 親族意識과 더불어, 橫으로

---

90) 『삼국사기』 권10, 원성왕 즉위년조 참조.
91) 부자계승을 위한 태자책봉은 유조를 통한 여서계승(경문왕은 6년 정월
　　에 子 晸을 태자책봉)과 추대에 의하여 왕이 된 경우(신덕왕은 원년 5
　　월 子 昇英을 태자책봉, 경순왕은 麻衣太子 책봉)에도 시행하였다.

는 최고통치권의 상징인 왕위의 쟁취와 그 계승권을 소유하고자 하는 왕족간의 정치적 관계에서 발생한 결과물이다.

　지금까지 앞에서 살펴본 신라 하대 왕위쟁탈형 반역에 관한 사항을 정리하면 <표 10>과 같다.

〈표 10〉 신라 하대 왕위도전 사례　　　　[　] 안은 필자 추정

시기	발생연도	도전자	혈연적 관계	정치적 관계	반역지	직접적 계기
1	선덕왕 6년 1월	원성왕 (金敬信)	내물왕 12세손 선덕왕 (母系 從)弟	780:伊飡, 金志貞 亂 진압, 선덕왕 추대 선덕왕 말년:二宰	王京	선덕왕 죽음 金周元 즉위예정
	원성왕 7년 1월	悌恭	[무열계]	785:侍中 임명, 사면 791:伊飡으로 반란	王京	태자 仁謙 졸
	애장왕 10년 7월	헌덕왕 (彦昇)	仁謙의 子 애장왕 叔父	790:入唐, 大阿飡 791:悌恭 난 진압, 迊飡 792:侍中 795:宰相 796:兵部令 800:攝政 801:御龍省私臣, 上大等	王京	[애장왕 친정요구]
	헌덕왕 14년 3월	金憲昌	[무열계] 武烈王 6세손 金周元의 子	813:武珍州都督 814:侍中 임명 816:菁州都督 821:熊川州都督	熊川州	인사불만 [동모제 秀宗 副君 책봉]
	헌덕왕 17년 1월	金梵文	金憲昌의 子 [무열계]	高達山賊 壽神의 지원	漢山州	金憲昌 난 실패
	흥덕왕 11년	희강왕	金憲貞의 子 흥덕왕의 堂姪	金明의 지원	王京	金均貞 (禮英 子, 흥덕왕 從弟) 즉위 예정
2	희강왕 3년 1월	민애왕 (金明)	忠恭의 子 희강왕 再從	835:侍中 836:희강왕 즉위 지원 837:上大等	王京	
	민애왕 2년 윤1월	신무왕 (金祐徵)	균정의 자 민애왕 再從	823:金憲昌 난 진압 828:侍中(~831.1.) 834:侍中(~835.2.) 836:均貞 왕위쟁탈 지지 837:張保皐에게 의탁	清海鎭 → 王京	父(均貞) 즉위 실패 민애왕 찬탈
	문성왕 3년 봄	弘弼	[仁謙系]	一吉飡	王京	
	문성왕 8년 봄	張保皐 (弓福)	海島人	흥덕왕대:清海鎭 설치 836:金祐徵 투탁받음 838:金祐徵 찬탈 지원	清海鎭	納妃問題 [세력다툼]

	문성왕 9년 2월	金良順	[원성계]	837:張保皐에게 의탁 (혹 838:祐徵에게 의탁) 839:金陽 軍과 합세 840:伊湌 임명 843:侍中 임명(~844)	王京	위기의식 [세력다툼]
	문성왕 11년 9월	金式	[仁謙系]	伊湌, 大昕 共謀, 昕隣 연좌	王京	[정국혼란]
3	경문왕 6년 10월	允興	[均貞系]	822:迊湌, 蚊火關門 수비 ?:南原京仕臣 역임 문성왕대:왕실측근, 伊湌 866:叔興·季興과 공모	王京	[啓明 죽음] 태자책봉
	경문왕 8년 1월	金銳	문성왕 從孫 [均貞系]	855:舍知行熊川州祁梁縣 令 昌林寺塔修造使	王京	[왕권강화 반발]
	경문왕 14년 5월	近宗	[均貞系]	伊湌	王京	[왕권강화 반발]
	헌강왕 5년 6월	信弘		一吉湌	王京	[사회 불안]
	정강왕 2년 1월	金蕘	[落鄕貴族]	漢山州 伊湌	漢山州	[사회 불안]
4	경명왕 2년 2월	玄昇	[원성계]	一吉湌	王京	[왕통강화 불만]

<표 10>에서 정리한 바를 중심으로 신라 하대의 왕위찬탈형 반역에 대하여 좀더 자세히 살펴보도록 한다.

먼저 기록상 전하는 신라 하대에 있었던 28회 반역 중에서 왕위찬탈형은 18차례 있었다. 그 중에서 5차례는 성공하여 실제 왕위를 차지하였다. 그리고 왕위찬탈형 반역은 왕통상 경문왕계의 성립을 기준으로 하대를 양분하면 전반기에 12차례, 후반기에 6차례 발생하여 전반기에 보다 자주 있었다. 더욱이 찬탈에 성공한 5차례의 왕위계승은 모두 전반기에 있었던 사건이었다.

특히 이들 반역은 王系가 바뀐 직후의 王代에 집중적으로 일어났다. 이는 전체 18차례의 반역 중에서 헌덕왕대 2차례, 문성왕대 4차례, 경문왕대 3차례 등 특정시기에 집중적인 현상을 보인 것에서도 잘 알 수 있다. 이러한 원인은 찬탈이나 추대 또는 유조에 의하여 王系가 바뀌게 되면 종래 기득권을 행사하던 가계에서 왕위계승권

을 비정상적인 방법, 특히 무력을 수반하는 반역을 통하여 비평화
적으로 되찾으려는 움직임이 활발하였음을 보여주는 결과이다.

신라 하대의 제1기에는 중대의 왕족이었던 무열왕계가 새로이
등장한 원성왕계에 대항하여 왕위를 되찾으려는 사건도 있었으나,
원성왕계의 왕통이 확립된 뒤에는 모두 원성왕계 내에서 分枝化된
소가계, 즉 仁謙系와 禮英系(제2기), 또 禮英系 내에서 다시 均貞
系와 憲貞系간(제3기)의 소속가계에 따라 찬탈과 유조 또는 혼인
으로 상실한 왕위계승권을 되찾기 위한 반역이었다.

그러므로 반역의 주체자들은 혈연적으로 前王과 부계친에 속한
왕족들이었으며 모계친이나 외손, 왕비족 등은 없었다. 그리고 이
들은 전왕과 부계친이지만, 시기가 점차 후기로 내려옴과 더불어
보다 멀어지고 소원해진 가계의 인물들이었다.

정치적으로는 伊飡・一吉飡 등의 관등과 아울러 次宰・御龍省
私臣・侍中・都督・上大等・小京仕臣 및 특수 軍官職 등을 역
임한 바 있는 당시 정치사회에서 상당히 집권층의 신분에 속하였
던 자들이었다.

하지만 이러한 점에서 종래 "상대등은 신라 하대의 상반기 ―
신무왕 이전 ― 에 왕의 제・숙부 등의 지극히 가까운 친족들이
되는 예가 늘어갔는데, 이런 경우에 대개는 왕위를 계승하게 되었
다. 그리고 그 계승은 무력에 의하여 강제로 행해지는 경우가 많았
다."는[92] 기존의 주장과는 달리, 실제 하대의 상대등으로서 왕위에
도전한 예는 다만 원성왕, 헌덕왕, 민애왕 등의 3차례뿐이다.

또 신무왕 이전의 상대등 역임자로서 실제 즉위한 경우는 선덕
왕(추대)・원성왕(탈취)・헌덕왕(찬탈)・흥덕왕(부군, 계위)・민애
왕(찬탈) 등이 있었다. 하지만 이 중에 상대등으로 무력에 의하여

---

92) 李基白, 1974, 「上大等考」, 앞의 책, 128쪽.

찬탈한 왕은 원성왕·민애왕의 2차례뿐이었다. 선덕왕은 혜공왕의 사망에 따른 반란진압군의 최고 군사통수권자로서 國政의 임시관리자가 되었고, 헌덕왕은 御龍省私臣이라는 攝政의 지위를 이용하여, 흥덕왕은 副君이라는 정식 왕위계승권자로서 즉위한 것이다.

아울러 반역을 일으킨 시기는 크게는 왕계의 변동 직후이면서도 좀더 직접적인 계기가 된 것은 재위중인 왕이 새로운 태자를 책봉하여 왕위계승자를 정하고 왕권강화를 도모할 때, 또는 이와 반대로 정치권의 세력다툼과 사회적 혼란 등으로 정치적·사회적으로 불안한 분위기에 편승하여 반역을 꾀하였다.[93]

한편 왕위쟁탈전은 점차 지방과 연계되면서 실패한 세력은 지방에 새로운 근거지를 형성하여 전국적으로 분권화 현상이 나타났다. 다시 말하면 초기에는 王京에서 진골귀족이 중심이 되어 반역을 일으켰으나, 김헌창의 난을 계기로 하여 지방에서 진골귀족이 중심이 되어 일으키는 현상이 나타났다. 그리고 후기에는 왕위찬탈형에서 더욱 진전되어, 장보고의 반발을 시초로 하여 弓裔와 甄萱의 봉기 등 지방에 근거한 진골이 아닌 — 신라의 왕위계승과는 직접적인 관계가 없는 — 자들의 신라왕조 부정형 반역으로 발전하여 갔다. 이러한 변화는 골품제 규정상 진골신분에 속하지 않는 계층의 출신자에 의하여 지방을 근거지로 하는 새로운 왕조를 건국하였고, 나아가 이들 새로운 왕조가 기존의 신라왕조보다 더 큰 지지세력을 확보할 수 있게 되어, 역사의 한 차원 진전을 낳았다.

이상에서 신라 하대의 왕위찬탈형 반역에 대하여 살펴보았다.

---

93) 물론 이러한 위기상황에서는 상층의 정치권에서 반역보다도 오히려, 하층 농민 등이 중심이 된 민란이 더 많이 일어났다. 아울러 지방에는 새로운 半獨自的인 勢力들의 움직임도 나타났다.

그 결과는 다음과 같이 간략하게 정리할 수 있다.

신라 하대에 있었던 여러 차례의 반역 중에서 왕위찬탈형은 농민봉기나 민란 등 여타의 반란과는 달리, 재위중인 왕을 축출하고 반역의 주모자가 직접 왕위를 차지하겠다는 목적이 분명한 사건이었다. 그리고 반역이 성공하여 실제 즉위한 경우도 있었다. 하지만 이러한 현상은 하대의 전반기에 있었던 몇 차례에 불과하다. 그러므로 비록 이러한 사건들로 인하여 신라왕실이 위약해진 것은 사실이라 하더라도, 하대에는 왕위쟁탈전이 매우 잦아서 150여년간에 무려 20명 왕이 교체되었고, 이것이 신라왕조 멸망의 직접적인 원인이었다고 단언하는 것은 부적절하다.

하대의 왕위찬탈형 반역이란 왕위계승의 중요한 요건인 혈연적 관계, 정치적 관계, 골품제 규정 중에서 정치적 관계가 비정상적 방법으로 현상화된 것이다. 그러므로 이는 혈연적 관계를 기초로 하면서 정치적·군사적 힘을 이용하여 찬탈을 도모한 것이며, 골품제 규정은 점차 副次的 요건으로 작용하였다.

그리고 반역의 주모자들은 혈연적으로 당시 왕족 내지 귀족층에 속하는 자들이었으며, 전대의 왕과 상당히 밀접한 부계친의 관계에 있었다. 다시 말하면 일반적으로 왕권이 약화되어 있는 경우 왕위를 위요한 고위 귀족세력간의 쟁탈전으로 반역사건이 발생하였으며, 왕비족이나 왕족의 세력이 비대해졌을 경우 왕위를 찬탈하려는 반역이 발생하기도 하였다. 그러나 하대에는 왕실의 부계친이 아닌 왕비족 또는 다른 세력이 직접 신라왕조의 왕위를 차지할 목적으로 반역한 경우는 없었다. 다시 말하면 하대에도 왕위쟁탈전에 참여할 수 있는 자의 최소한 혈연적 조건은 전왕 또는 재위중인 왕의 부계친이라야만 했지, 기존의 이해처럼 힘만 있으면 진골 귀족 누구라도 왕이 될 수 있었던 것은 아니었다.

그러므로 반역을 통하여 살펴본 신라 하대 왕위계승의 특징은 태자제의 시행, 유조에 의한 왕위계승 등의 경우에서도 밝혀졌듯이 부자계승이 가장 기본적인 형태이고, 아울러 비록 비정상적인 계승 내지는 이를 도모하다가 실패한 경우라 하더라도 부계친에 의한 것이며, 부계친 이외의 타가계에 의한 것이 아니었음을 알 수 있다. 결국 중앙에서 신라왕조를 인정하면서 일으킨 반역은 모두 이 범주에 속한다. 이러한 혈연범위 밖의 인물이 일으킨 반역은 왕위계승을 목적으로 한 것이 아니었다. 더욱이 하대 후반기에 이르러 기존의 신라왕실을 무시하고 새로운 왕조를 개창하였거나 또는 이와 같은 목적으로 지방에서 일어난 반역은 더욱 그러하다.

신라 하대에 왕계의 변동에 따른 왕족간의 왕위를 둘러싼 政爭은 아울러 점차 정치와 사회 전반에 걸쳐 혼란을 더해 주었다. 특히 이러한 항쟁에는 기본적으로 그들의 혈연적 신분도 중요하였지만, 이를 위한 경제력과 군사력이 수반되어야 하였다. 그리하여 이들은 서로 보다 우월한 세력을 갖기 위하여 더 많은 유능한 인재와 토지와 사병을 보유하려고 노력하였다. 그리고 항쟁의 결과에 따른 승리자가 자기세력에 대한 포상과 반대세력에 대한 처벌을 하는 과정에서 골품제 규정을 무시하는 경우도 있어 점차 골품제가 변질되어 갔다.

또 중앙에서 분열과 대립은 지방에 대한 통제력의 마비를 낳아 지방에서는 이른바 豪族으로 지칭되는 독자적인 세력의 대두와 성장을 가능케 하였고, 아울러 하층민의 流亡과 民亂을 야기하였다. 그리하여 종래 율령제와 골품제를 근간으로 한 신라왕조의 전통적인 통치체제와 사회구조는 점진적으로 붕괴되어 갔다. 더욱이 당시 唐에 留學 등을 통하여 유교적 정치사상을 습득하여 이를 신라 정치계에서 펼쳐보고자 하던 6두품 출신 지식인들은 이들의 항쟁에 사상적 영향을 미치기도 하였고, 특히 점차 反體制的으로 변화하여 불교에서 禪宗系 禪師들과 더불어 신라 멸망에 사상적으로 큰 역할을 하였다.[94]

---

94) 여기에서는 신라 하대 왕위계승의 특징을 밝힌다는 의도에서 당시 정치사회 내에서 최고권력자인 왕과 그 주변의 왕족과 귀족 등 신분적으로 상부지배층의 반역에 대해서만 검토하였다. 하지만 이 시기 신라 정치사회의 특징에 대한 보다 전체적인 파악을 위해서는 이들의 경제력·군사력 보유의 실체 등에 대한 심도 있는 검토가 보완되어야 할 필요가 있다. 그리고 이들의 반역과 지방세력과의 관계, 아울러 신라 멸망의 기초적 원동력으로 작용하였던 피지배층의 반란(농민봉기)과의 연계 가능성 등을 비롯하여 보다 구체적인 모습에 대해서 살펴볼 필요도 있겠다.

제6장

왕위계승과 骨品制 소멸

신라 하대에는 종래 사회체제를 유지시켜 오던 根幹인 骨品制가 붕괴되어 갔다. 그리고 골품제의 붕괴는 곧 신라왕조 멸망의 가장 큰 원인이 되었다. 물론 이미 이전부터 골품제의 부분적인 변질 현상은 있었다. 신라의 가장 전형적인 골품제는 聖骨, 眞骨, 6頭品, 5頭品, 4頭品 이하 3·2·1두품으로 구분되는 八品制라고 한다. 그러나 중대의 시작 무렵에 성골이 없어졌고, 그 뒤에는 1·2·3두품이 사라졌으며, 하대에는 4두품도 平民(百姓)과 거의 같은 지위로 전락하였다. 그 결과 하대에는 다만 정권을 잡고 있는 진골과 6두품만이 그 지위를 유지하고 있었다. 이러한 양상의 원인은 무엇보다도 크게는 신라통일 이후 나타난 신라사회의 개방과 확대라는 사회발전에 따른 것이다.[1]

골품체제의 붕괴는 또한 한국사상 사회발전의 면에서 일단의 劃期를 설정하는 데 중요한 한 쟁점이 되어 왔다. 기존의 연구결과에[2] 따르면 신라 하대에 격동하던 여러 정치사회적 현상을 곧 골품체제의 변질 내지는 모순에서 야기되는 붕괴현상으로 이해하고,

---

1) 邊太燮, 1990, 『改訂版 韓國史通論』, 三英社, 153～154쪽.
2) 골품제에 대한 연구사적 정리로는 다음과 같은 것이 있다.
   李基東, 1977, 「新羅 骨品制 研究의 現況과 그 課題」 『歷史學報』 74.
   李基東, 1987, 「骨品制度」 『제2판 한국사연구입문』, 지식산업사.
   李鍾旭, 1985, 「新羅 骨品制 研究의 動向」 『韓國古代의 國家와 社會』, 一潮閣.
   李鍾旭, 1989, 「신라 골품제연구의 문제」 『한국상고사』, 한국상고사학회.
   李鍾旭, 1999, 『新羅骨品制研究』, 一潮閣.
   申瀅植, 1985, 「骨品制度의 理解」 『신라사』, 이화여자대학교출판부.
   崔在錫, 1986, 「新羅時代의 骨品制」 『東方學志』 53.

그에서 새로운 사회적 전개가 있었다고 한다. 그러나 이러한 연구
에도 그 구체적인 내용면에서는 論者에 따라서 많은 차이점을 보
이고 있다. 그것은 대략 골품제와 연결되는 그 사회구성에 있어서
의 혈연적 기초집단에 관한 이해의 차이에서 오는 것으로, 이를 구
분하면 크게 두 가지로 나눌 수 있다.

그 하나는 骨 속의 族, 같은 族 속의 家가 점차 중요시된다는 골
품제 내부에서의 혈연집단의 변화를 상정하고, 하대의 政爭을 그
러한 골품제의 변질에서 이해하고자 하는 것이다.[3] 다른 하나는
대략 리니이지(lineage) 개념을 염두에 두면서 골품제에 내포된 신
라사회의 구성원리를 제시하고, 그에 결부하여 하대의 제반 정치
사회적 혼란을 그러한 골품제의 모순에 따른 것으로 이해하고자
하는 것이다.[4] 그리고 특히 왕과 그 친족집단인 진골과의 관계를
검토하여 9세기 이후에 이르러서는 왕이 골품제를 초월하는 지위
로 대두하였으며, 그것은 곧 골품제를 스스로가 부정해 가는 과정

---

3) 이러한 견해의 연구로는 다음과 같은 것이 있다.
　　旗田巍, 1951,『朝鮮史』, 岩波書店.
　　邊太燮, 1964,「廟制의 變遷을 통하여 본 新羅社會의 發展過程」『歷史
　教育』 8.
　　李基白, 1959,「新羅私兵考」『歷史學報』 9.
　　李基白, 1958,「新羅 惠恭王代의 政治的 變革」『社會科學』 2.
　　李基白, 1974,「新羅 下代의 執事省」『新羅政治社會史研究』, 一潮閣.
　　李明植, 1992,「骨品制의 變質」『新羅政治史研究』, 螢雪出版社.
4) 金哲埈, 1962,「新羅貴族勢力의 基盤」『人文科學』 7, 延世大學校.
　　金哲埈, 1968,「新羅時代의 親族集團」『韓國史研究』 1.
　　李基東, 1972,「新羅 奈勿王系의 血緣意識」『歷史學報』 53·54합집.
　　李基東, 1975,「新羅 中古時代 血緣意識의 特質에 관한 諸問題」『震
　檀學報』 40.
　　李基東, 1980,「新羅 中代의 官僚制와 骨品制」『震檀學報』 50.
　　李鍾旭, 1985,「新羅時代의 眞骨」『東亞研究』 6, 서강대학교.
　　李鍾旭, 1987,「新羅時代의 血族集團」『歷史學報』 115.

에 있음을 의미한다는 지적도 있다.[5]

결국 신라 하대에 골품제의 붕괴는 혈연집단의 변화 또는 리니이지간의 연합과 대립에 의한 것이든, 아니면 진골귀족과 왕권과의 대립에 의한 것이든 간에 이것이 진골귀족간의 왕위를 차지하기 위한 자기 항쟁 내지는 분열의 표출인 정쟁을 초래하였다. 이러한 왕위쟁탈전과 중앙귀족간의 세력다툼으로 신분제도에도 상당한 변동이 일어나게 되었다. 이를테면 진골귀족 자체의 수적 증가는 자체 내에 도태작용을 일으켜 많은 귀족이 모역죄로 처형되거나 그렇지 않으면 6두품으로 강등되고 있었다.

이와 같은 중앙귀족세력의 변동과 정쟁은 골품제도를 유지할 만한 중심세력의 붕괴를 가져오고 아울러 족적 유대관계의 해체를 초래하여,[6] 원래 중앙귀족과 관련이 있었던 지방공동체들은 중앙과 유리되면서 독자적으로 대두하게 되었다. 이에 따라 중앙과 관련이 없었던 지방토착의 친족공동체들도 새로운 정치력을 가지면서 대두하기 시작하였다.[7] 이처럼 골품제 위에 편성된 사회지배체제가 그 모순을 노정하고 혼란이 격화되자 지배층인 왕족과 진골

---

5) 武田幸男, 1975,「新羅骨品制의 再檢討」『東洋文化硏究所紀要』67, 東京大學.

6) 그래서 종래의 연구결과에 의하면 羅末麗初로 내려오면서 대규모의 出系集團들이 分裂되어 소규모화 내지는 소멸되고 있어서, 그 양상을 骨→族→家(邊太燮, 앞의 글), 七世代共同體→五世代共同體(金哲埈, 1968,「新羅時代의 親族集團」『한국사연구』1), 3~4代共同體의 出現(李純根, 1980,「新羅時代의 姓氏取得과 그 意味」『韓國史論』6, 서울대학교 국사학과), 4寸間에도 同一集團이 아닐 정도로 친족집단의 해체 소멸현상(盧泰敦, 1978,「羅代의 門客」『한국사연구』21・21합집), 出系集團의 소멸약화(盧明鎬, 1981,「高麗의 五服親과 親族關係 法制」『한국사연구』33) 등으로 설명하고 있다.

7) 金哲埈, 1978,「文人階層과 地方豪族」『한국사』3, 국사편찬위원회, 598~599쪽.

귀족, 그리고 진골과 육두품 이하의 비진골 사이에 점차 違和와 乖離가 생겼다. 또 새로이 등장한 王家의 여타 진골귀족과의 차별화 기도와 진골귀족의 배타적 폐쇄성은 골품제 하에서 돌출구를 찾던 6두품의 반발을 가져왔으며, 나아가 이러한 분위기는 王京의 긴박으로부터 벗어날 수 있었던 지방세력의 성장 및 하층민의 流亡을 촉진시켜 나갔다.

본장에서는 먼저 신라 하대 왕실세력을 시기별로 파악하여 왕실의 협소화 과정과 아울러 변천 과정을 살피고, 이를 통하여 왕실이 점차 골품제와는 무관한 처지가 되어 갔음을 고찰하겠다. 그리고 이러한 현상은 골품제의 붕괴뿐만 아니라 결국에는 신라사회의 해체와 신라왕조의 멸망으로 이끌었으며, 이는 한국사 발전과정에서 새로운 단계로의 진전이었던 것으로 이해하고자 한다.

이러한 관점에서 필자는 신라 골품제 붕괴에 대한 부분적인 사례연구를 시도하고자 한다. 즉 하대 왕들의 신분을 검토하여 그것을 기준으로 비진골왕의 즉위를 왕위계승에서 골품제 규정이 기능을 상실한 한 단면으로 보고자 한다. 결국 진골왕의 소멸은 왕위계승에서조차 골품제가 기능을 상실하였으므로, 이는 가장 마지막까지 골품제를 견지하여 신라적 전통성을 바탕으로 체제를 계속 유지하고자 하였던 왕실에서마저 골품제가 완전히 소멸된 것으로 보고자 한다.

Ⅰ. 王室勢力의 變遷과 왕위계승

신라 하대의 왕위계승은 혼란한 양상을 보였다. 그래서 종래 학계에서는 신라 하대는 진골귀족들의 왕위쟁탈전으로 150여년간 20명의 왕이 교체되는 매우 불안한 시기였고, 이러한 왕위계승의 혼란은 하대 사회의 동요를 초래하였고, 이는 신라왕조 멸망의 가장 중요한 원인 중의 하나로 작용하였다고 이해되어지고 있다.

이러한 이해는 일면 타당성이 있으나 한편으로는 문제점이 있다. 신라 하대의 왕위계승을 중대의 그것과 비교해보면 상대적으로 형태와 방법상은 물론, 혈연관계·친족관계도 매우 다양하였다. 그러나 하대 전시기 내내 이러한 양상을 보였던 것은 아니다. 좀더 구체적으로 살펴보면 하대의 왕위계승이 계속적으로 혼란했던 것만도 아니었고, 또 실제 찬탈에 의하여 즉위한 왕은 특정 시기의 몇 명에 불과하였다. 뿐만 아니라 왕위의 찬탈을 목적으로 叛亂을 꾀한 주모자들의 신분은 왕과 상당히 밀접한 父系親이었다.[8] 그래서 비록 찬탈에 의한 왕위계승이 이루어졌다 해도 새로운 왕조가 탄생하지 않고, 신라왕조가 지속될 수 있었다.

신라 하대 왕위계승의 특징을 살펴보는 방법은 여러 가지가 있지만, 여기서는 하대 왕실세력의 변천과정과 왕위계승의 양상을 분석함으로써, 이 시기의 찬탈과 추대를 통한 왕위계승의 혼란에도 불구하고 신라왕조가 단절되지 않고 지속되어진 이유를 밝히겠다. 즉 신라 하대를 정치사적인 변화를 고려하면서 왕통의 변천에

---

8) 金昌謙, 1994, 「新羅 下代 王位簒奪型 叛逆에 대한 一考察」『韓國上古
   史學報』17.

따른 새로운 시기구분을 하고, 각 시기별로 왕실세력의 구성과 왕위계승의 특성을 살펴보도록 한다.

1. 王統의 변천과 시기구분

신라사의 시대구분은 『삼국사기』 권12, 경순왕 본기의 말미에는 '始祖부터 진덕여왕까지 28왕을 上代, 무열왕부터 혜공왕까지 8왕을 中代, 선덕왕부터 경순왕까지 20왕을 下代'라고 하면서, 또 같은 책 권5, 진덕여왕 본기 말미에는 '시조 혁거세부터 진덕여왕까지 28왕은 聖骨, 무열왕부터 끝왕(경순왕)까지는 眞骨'이라 하였다.

그리고 『삼국유사』 王曆의 제22 지증마립간조에는 '이상은 上古, 이하는 中古'라 하고, 또 제28 진덕여왕조에는 '이상의 中古는 聖骨, 이하의 下古는 眞骨'이라고 하였다.

이처럼 『삼국사기』와 『삼국유사』의 三分法이 그러하듯이, 시간적 원근을 기준으로 하면서 아울러 왕의 骨品과 王統의 변화를 근거로 하여 신라사의 시기구분을 하였다.[9]

사실 신라 하대는 중대와는 왕통을 달리하였다. 주지하듯이 중대는 무열왕의 후손들이 왕위를 계승하였기에 '武烈王系'라고 한다. 이에 대해 하대는 상대 奈勿王의 후손이 다시 등장하여 왕위를 차지하였기에 復活奈勿王系 또는 奈勿王傍系라고도 하지만, 대체로 제38대 원성왕의 후손들이므로 흔히 '元聖王系'라고 일컫는다.

그러나 하대 전시기의 모든 왕이 원성왕계의 金氏였던 것은 아

---

9) 연구자들은 이러한 삼분법을 보완하여 더 세분하기도 한다. 이에 대해서는 申瀅植, 1977, 「新羅史의 時代區分」『韓國史硏究』 18, 33쪽의 '<표 16> 諸家의 時代區分' 참조 바람.

니다. 그리고 원성왕계라는 대가계 내에서 다시금 그의 후손들에
의하여 小家系가 분리 독립되어 서로 왕위계승을 하였다. 이렇게
분지화된 소가계를 仁謙系·禮英系, 또 예영계를 다시 均貞系·
憲貞系로 분류하기도 한다.

이미 신라 하대에 대한 다양한 시기구분이 시도되기도 하였다.

먼저, 정치사의 변화를 기준으로 하여 하대를 두 시기로 나누어,
王權爭奪期(37대 선덕왕~50대 정강왕)와 地方勢力의 自立期(51
대 진성왕~56대 경순왕)로,[10] 또는 822년(헌덕왕 14)에 일어난 김
헌창의 난을 기점으로 전기와 후기로 구분하기도 한다.[11] 그리고
크게는 國家體制動搖期(제1기:원성왕~신무왕, 제2기:문성왕~정
강왕)와 國家體制解體期(진성왕~경순왕)로 나누면서도 실제는 세
시기로 구분하기도 하고,[12] 아예 세 시기(①37대 선덕왕~46대 신
무왕, ②47대 문성왕~49대 헌강왕, ③51대 진성왕~56대 경순왕)
로 구분하기도 한다.[13] 한편 婚姻集團으로 대별하여 後期 奈勿集
團(37대 원성왕~47대 헌안왕)과 下代 金氏王室集團(48대 경문
왕~56대 경순왕)으로 구분하기도 하였다.[14]

이러한 시기구분은 나름대로 효용성이 있으나 전통적인 방법인

---

10) 井上秀雄, 1974, 「新羅政治體制の變遷過程」 『新羅史基礎硏究』, 東出
　　版, 427쪽.
11) 朱甫暾, 1994, 「통일신라의 지배체제와 정치」 『한국사』 3, 한길사, 332
　　쪽.
12) 申瀅植, 앞의 글, 45쪽.
13) 李佑成, 1969, 「三國遺事所在 處容說話의 一分析」 『金載元博士回甲紀
　　念論叢』. 그리고 李基東은 좀더 구체적으로 839년 신무왕의 즉위 후
　　왕위쟁탈전의 일단락과 889년(진성여왕 3) 농민봉기의 본격화를 기점
　　으로 크게 세 시기로 구분하였다(1997, 「新羅 衰亡史觀의 槪要」 『新羅
　　社會史硏究』, 一潮閣, 127~128쪽).
14) 李光奎, 1976, 「新羅王室의 婚姻體系」 『사회과학논문집』 1, 서울대학
　　교, 127~148쪽.

왕통의 변화에 의한 구분과는 거리감이 있다. 그래서 필자는 하대 왕위계승의 특징을 살펴보기 위하여 정치사적 관점을 고려하면서 도 아울러 왕실세력의 변천을 근거로 새로운 시기구분을 하겠다. 즉 하대에서 원성왕계 내의 소가계들이 어떻게 왕위를 상호 계승하 였고, 또 어떤 소가계가 어느 시기에 주로 왕위를 독점하였는가를 통하여 각 시기별 왕위계승에서의 특성을 살펴볼 필요가 있다. 물 론 신라사 전시대를 대상으로 한 시기구분이 왕통에 의존하였듯이 하대 내에서의 구분도 그 기준을 준용해야만 하겠다.

하대의 왕통을 구분하기 위해서는 먼저 각 왕의 왕실세력을 살펴 보아야 한다. 여기서 왕실세력이란 각 왕의 父系・母系・妃系를 아 우르는 용어로 사용한다. 이 세 가계는 각 왕의 혈연적 세력기반의 기초가 되기 때문이다.[15] 이들을 아울러 분석할 때 왕실세력의 변 천이 확연해 진다.

『삼국사기』와 『삼국유사』 그리고 중국사서인 『신당서』 등의 문헌자료와 현전하는 금석문 관련자료에는 신라 하대의 왕과 왕 비, 그리고 왕모의 가계에 관련된 기록이 남아 있다. 이들 자료를 통하여 이미 제2장에서 '<그림 3> 신라 하대 왕실세계도'를 복 원하였다. 또 이를 참조하여 각 왕의 父系・母系・妃系를 분석, 정리하면 <표 11>과 같다.

<표 11>에서 보듯이 하대의 왕들이 모두 동일한 가계의 후손만 은 아니었다. 먼저 부계만 살펴보더라도 원성왕의 후손이 대부분 이면서도 말기에는 朴氏系의 왕이 있고, 또 비록 원성왕의 후손이 라도 세대가 내려가면서 直系와 傍系가 나누어 졌다. 그리고 방계 내에서도 또다시 직계와 방계로 分枝化되어 그들이 교대로 왕위를 계승하였음을 알 수 있다.

---

15) 李鍾旭, 1980, 『新羅上代王位繼承研究』, 嶺南大學校, 6쪽, 12쪽, 211쪽.

〈표 11〉 신라 하대의 왕실 세력

[ ] 안은 필자추정

구분	왕 명	계승방법	왕부계 부 명	부 관직	성 (가계)	왕모계 모 명	모부명	모부 관직	성 (가계)	왕비계 비 명	비부명	비부 관직	성 (가계)
제1기	㊲선덕왕	추대	효방	해찬	김(내물왕계)	사소부인	성덕왕	왕	김(무열왕계)	구족부인	양품	각간	[김]
	㊳원성왕	탈취	효양	일길찬	김(내물원성왕계)	계오부인	창근	이간	박	숙정부인	김신술	각간	김
	㊴소성왕	계위	인겸	태자	김(원성인겸계)	성목태후	김신술	각간	김	계화부인	김숙명	대아찬	김
	㊵애장왕	계위	소성왕	왕	김(원성인겸계)	계화부인	김숙명	대아찬	김	?	?	?	박
										후궁	김주벽	아찬	김
	㊶헌덕왕	찬탈	인겸	태자	김(원성인겸계)	성목태후	김신술	각간	김	귀승부인	예영	왕자, 각간	김(예영계)
	㊷흥덕왕	계위	인겸	태자	김(인겸계)	성목태후	김신술	각간	김	장화부인	소성왕	왕	김(인겸계)
제2기	㊸희강왕	찬탈	헌정	병부령, 이찬	김(예영헌정계)	포도부인	충연	대아찬	박	문목부인	충공	상대등, 태자	김(인겸계)
	㊹민애왕	찬탈	충공	상대등, 태자	김(인겸충공계)	귀보부인	인겸	태자	김(인겸계)	윤용부인	영공	각간	김
	㊺신무왕	찬탈	균정	상대등	김(예영균정계)	진교부인	?	?	박	정종부인	[체명]	[해찬]	[김]
	㊻문성왕	계위	신무왕	왕	김(예영균정계)	정종부인	[체명]	[해찬]	[김](인겸계)	?	?	?	박
										소명왕후	김위흔	병부령	김(무열왕계)
	㊼헌안왕	계위	균정	상대등	김(예영균정계)	소명부인	충공	태자, 상대등	김(인겸계)	왕비	?	?	?
제3기	㊽경문왕	계위	계명	시중	김(헌정경문왕계)	광화부인	신무왕	왕	김(균정계)	영화부인	헌안왕	왕	김(균정계)
										차비	헌안왕	왕	김(균정계)
	㊾헌강왕	계위	경문왕	왕	김(경문왕계)	영화부인	헌안왕	왕	김(균정계)	의명부인	김순헌	도독, 소판	김
										수원	?	?	권
	㊿정강왕	계위	경문왕	왕	김(경문왕계)	영화부인	헌안왕	왕	김(균정계)	?	?	?	?
	(51)진성왕	계위	경문왕	왕	김(경문왕계)	영화부인	헌안왕	왕	김(균정계)	위홍	계명	시중	김(경문왕계)
	(52)효공왕	선위	헌강왕	왕	김(경문왕계)	의명부인	?	?	?	?	예겸	시중	김(경문왕계)
제4기	(53)신덕왕	추대	의:예겸	시중	[김]	정화부인	순홍	각간	박(아달라왕계)	의성부인	헌강왕	왕	김(경문왕계)
			친:문원	이간	박(신덕왕계)								
	(54)경명왕	계위	신덕왕	왕	박(신덕왕계)	의성왕후	헌강왕	왕	김(경문왕계)	장사댁	대존	각간	[金]
	(55)경애왕	계위	신덕왕	왕	박(신덕왕계)	의성왕후	헌강왕	왕	김(경문왕계)	?	?	?	?
	(56)경순왕	추대	효종	화랑, 시중	김(균정문성왕계)	계아태후	헌강왕	왕	김(경문왕계)	죽방부인	?	?	박

신라 하대는 왕통의 변천과 정치세력의 변화에 근거하면 크게 네 시기로 구분이 가능하다.

먼저 제1기는 하대 첫 왕인 제37대 선덕왕을 포함하여 제38대 원성왕에 의하여 형성된 원성왕계이면서도 그의 장자인 仁謙의 후손들이 왕위를 가졌던 시기, 즉 제37대 선덕왕~제42대 흥덕왕까지는 하대의 개시와 원성왕계의 성립기로서 왕통상으로는 '元聖王과 仁謙系期'로 볼 수 있다. 제2기는 원성왕의 제3자 禮英의 후손들이 주로 왕위를 가졌던 시기, 즉 제43대 희강왕~제47대 헌안왕까지는 예영계가 등장하고 왕위계승이 혼란했던 시기로서 왕통상으로는 '元聖王系 내의 禮英系期'로 볼 수 있다. 또 제3기는 禮英系 내에서 均貞系와 憲貞系로 나누어졌다가 이들의 연합적 성격을 띠고 즉위한 제48대 경문왕과 그의 후손들이 왕위를 독점적으로 계승하였던 시기, 즉 제48대 경문왕~제52대 효공왕까지는 경문왕계가 성립되어 왕권과 왕통이 재확립되었던 시기로서 왕통상으로는 '景文王系期'라 하겠다. 그리고 마지막으로 제4기는 김씨가 아니라 박씨성을 가졌던 왕들과 신라 최후의 왕인 김씨의 경순왕을 포함한 제53대 신덕왕~제56대 경순왕까지로, 박씨왕이 왕위를 이어가다가 경순왕이 견훤의 옹립을 받아 즉위하였으나 결국에는 신라왕조가 멸망한 시기로서, 이를 왕통상으로는 '朴氏王系와 敬順王期'라 하겠다.

그러면 이러한 시기구분에 의하여 각 시기별 왕실세력의 실체와 왕위계승상의 특징 및 이것이 신라 하대의 정치사회사적으로 갖는 의미에 대하여 살펴보도록 한다.

2. 각 시기별 왕실세력과 왕위계승

1) 제1기의 왕실세력과 왕위계승
- 하대의 개시와 원성왕계의 성립 -

이 시기는 신라 중대가 끝나고 하대가 시작되는 분기점이다. 잘 아는 바와 같이 중대의 혜공왕에 이르러 정치적 혼란과 그에 따른 진골귀족들의 잦은 謀叛이 일어났고, 그 와중에서 혜공왕이 피살됨으로써 왕위계승상에서 무열왕계의 왕통은 단절되었다. 그러자 金志貞의 난을 진압하는 과정에서 당시 상대등으로 반란진압군의 최고 군사지휘권자였던 김양상(선덕왕)이 즉위하였고, 또 그의 뒤를 이어 김경신(원성왕)이 즉위하여 원성왕계가 성립되었다.

먼저 제1기 각 왕의 부계를 살펴보면 다음과 같다.

제37대 선덕왕은 내물왕계 후손으로 즉위하였다. 하지만 선덕왕은 비록 내물왕계라고는 하나 성덕왕의 外孫으로, 또 혜공왕과는 姑從兄弟의 사이였다. 그러므로 선덕왕은 혈연적으로 모계로는 무열왕계의 후손이어서 중대와 완전히 단절된 것은 아니고 오히려 과도적인 인물이었다.[16]

그러나 선덕왕이 죽고, 내물왕의 12세손인 제38대 원성왕이 즉위한 뒤로는 그의 후손들이 왕위를 계승하는 실질적인 하대를 열었다.[17] 원성왕은 즉위 뒤 왕권강화의 한 수단으로 왕위의 부자계승을 위하여 무단히 노력하였다. 그리고 원성왕의 장자인 인겸의 후손인 제39대 소성왕, 제40대 애장왕, 제41대 헌덕왕, 제42대 흥덕

---

16) 申瀅植, 1971,「新羅王位繼承考」『柳洪烈博士華甲紀念論叢』, 85쪽.
17) 申瀅植, 1990,『統一新羅史研究』, 三知院, 120쪽.

왕이 차례로 왕위를 계승하였다. 그러므로 이 시기의 왕통을 원성 왕계, 그러면서도 '원성왕계 내의 인겸계'라고 할 수 있다.

한편 제1기 각 왕의 모계를 살펴보면 다음과 같다.

선덕왕의 어머니인 四炤夫人 김씨는 성덕왕의 딸이므로[18] 중대 의 왕실인 무열왕계이다. 그리고 원성왕의 어머니는 昭文太后로 추증된 繼烏夫人 朴氏인데,[19] 그녀는 昌近 伊干의 딸이며,[20] 그녀 에게는 남자형제인 言寂法師와 여자형제(원성왕의 姨母)가 있었 다.[21] 또 소문태후의 어머니의 남자형제(즉 소문태후의 외숙)로 金 元良 波珍湌이 있었다.[22] 이상을 통해서 볼 때 원성왕의 어머니의 부계는 朴氏家였고, 어머니의 모계는 김씨로서 중대 무열왕계의 왕가와 가까운 사이에 있었던 가계인 듯하다.

그리고 인겸의 아들인 소성왕·헌덕왕·홍덕왕 형제의 어머니 는 聖穆太后 김씨이다.[23] 성목태후는 金神述 角干의 딸로서,[24] 원 성왕비인 淑貞夫人과 자매간이다. 그러므로 김신술의 가계는 이들 형제의 어머니의 부계인 동시에 할머니인 원성왕비의 부계로서, 당시 상당한 정치사회적 지위를 가졌던 김씨가계의 하나였던 것으 로 추측된다.

---

18)『삼국사기』권9, 선덕왕 즉위조.
   『삼국유사』권1, 왕력.
19)『삼국사기』권10, 원성왕 즉위조.
20)『삼국유사』권1, 왕력.
21)「葛項寺石塔記」『조선금석총람』상, 43~44쪽.
22)「숭복사비」『조선금석총람』상, 120쪽.
23)『삼국사기』권10, 소성왕 원년.
   『삼국유사』권1, 왕력.
24) 한편 그녀의 성을 申氏라고도 기록되어 있다(『구당서』권199와『신당 서』권220, 동이전 신라조). 그러나 이는 중국과의 외교상 同姓婚을 숨 기기 위해 假姓한 것에 불과하다(井上秀雄, 1974,「新羅朴氏王の成立」 『新羅史基礎硏究』, 東出版).

한편 원성왕비 숙정부인의 모계는 이미 원성왕의 어머니인 소문
태후의 가계와 인척으로 맺어져 있던 金元良을 外家로 하는 가계
였다. 김원량은 淑貞夫人의 外祖이므로,[25] 원성왕비의 모계는 김
원량의 가계이다. 결국 김원량의 가계는 원성왕의 어머니 昭文王
后의 모계인 동시에 원성왕비인 淑貞王后의 모계였다. 즉 원성왕
은 모와 비를 통하여 김원량과 이중으로 맺어진 인척관계이다.

또 애장왕의 어머니는 桂花夫人 김씨인데, 그녀는 내물왕 13세
손인 金叔明의 딸이다.[26] 즉 애장왕의 모계는 내물왕의 후손이다.

그리고 제1기 각 왕의 비계를 살펴보면 다음과 같다.

선덕왕비인 具足夫人은 良品 각간의 딸이다.[27] 양품은 기록이
없어 정확히 알 수 없지만 아마 김씨인 듯하다. 이미 언급하였듯이
원성왕비는 金神述 각간의 딸 淑貞夫人이다.[28] 소성왕비는 金叔
明 대아찬의 딸인 桂花夫人이다.[29] 애장왕은 박씨 성을 가진 왕비
가 있었지만[30] 자세히 알 수 없고, 반면에 후궁은 金宙碧 아찬의
딸이다.[31] 그리고 헌덕왕비는 원성왕의 아들인 예영 각간의 딸 貴

---

25) 「숭복사비」,『조선금석총람』상, 120쪽.
26) 『삼국사기』권10, 애장왕 6년 정월. 비록 그녀의 성을 叔氏(『삼국사기』
   권10, 애장왕 6년 정월조와 9년 2월조,『구당서』권199, 동이전 신라조,
   『신당서』권220, 동이전 신라조) 또는 和氏(『책부원구』권965, 외신부
   봉책3)라고 하여 각각 달리 표기되어 있다. 그러나 叔氏라고 한 것은
   당시 唐과의 대외관계에서 책봉에 편리를 위해 金叔明의 이름에서 叔
   을 취하여 姓氏로 대신 사용한 것에 불과한 것이다. 또『册府元龜』의
   和氏는 叔氏의 誤字로 보인다.
27) 『삼국사기』권9, 선덕왕 즉위조.
   『삼국유사』권1, 왕력.
28) 『삼국사기』권10, 원성왕 즉위조.
   『삼국유사』권1, 왕력
29) 『삼국사기』권10, 소성왕 즉위조.
   『삼국유사』권1, 왕력.
30) 『삼국사기』권10, 애장왕 6년 정월.

勝夫人이고,[32) 흥덕왕비는 소성왕의 딸 章和夫人이다.[33)

이처럼 제1기 각 왕의 왕비는 대부분이 김씨 여자를 취하였음에
도 기록에 따라 다르게 기록된 경우도 있는데, 이는 당시 중국으로
부터 책봉을 받는 과정에서 실제 김씨를 숨기고 申氏·叔氏·朴
氏 등의 假姓을 사용한 것이다. 이들이 김씨이면서 타가계가 아닌
가까운 혈족이기에 同姓婚을 감추었다는 점을 고려하면, 아마 이
들은 대체로 동일가계 내에서의 근친혼이었을 것으로 추측된다.

이상에서 살펴본 바에 의하면, 제1기는 선덕왕을 제외한 왕들의
왕실세력은 부계·모계·비계가 모두 김씨세력이었으며, 그러면
서도 동일한 대가계 내에서 근친혼으로 맺어진 연합세력이었다고
추측된다. 그리고 이와 더불어 중앙의 중요한 관직에 왕과 가까운
혈족과 협조자들이 임명되어 독점하였다.[34)

이러한 현상은 상대등에 왕과 가장 가까운 친족을 임명하였듯
이, 원성왕을 시조로 하는 친족들이 중요관직을 독점하면서 정치
권력을 장악하여 왕권을 강화해 나가던 것과 궤를 같이하는 것이
다. 즉 이들은 혼인에서도 타가계를 배제하고 원성왕계를 범주로
하는 동일가계 내에서 혼인함으로써 배타적인 새로운 왕계가 형성
되어 갔으며, 점차 원성왕계 내에서도 여러 소가계의 구분이 생겨
다가올 제2기의 왕위쟁탈전의 단서가 되었다.

결국 제1기의 왕통은 원성왕계의 인겸계이다. 이들의 왕위계승
방법은 계위 3, 찬탈(탈취) 2, 추대 1차례이다. 그리고 중대에서 하

---

31) 『삼국사기』 권10, 애장왕 3년 4월.
32) 『삼국사기』 권10, 헌덕왕 즉위조.
33) 『삼국사기』 권10, 흥덕왕 즉위조.
　　『삼국유사』 권1, 왕력.
34) 李基東, 1984, 「新羅 下代의 王位繼承과 政治過程」 『新羅骨品制社會
　　와 花郎徒』, 一潮閣, 153쪽.

대로 전환기의 왕인 선덕왕을 제외하면 태자책봉에 따른 계위는 전왕의 孫子 1, 子 1, 弟 1명이며, 찬탈은 叔父 1명과 (母系從)弟 1명이다. 하지만 원성왕의 경우는 찬탈이기는 하나 전왕으로부터의 찬탈이 아니라 왕위계승권의 우선 순위자 김주원으로부터 탈취였으며, 다만 이를 기정화하기 위하여 추대의 형식을 거쳤다.

제1기는 새로운 왕가로 등장한 원성왕계가 종래 무열왕계의 반발과 도전에 대항하면서 왕통과 왕위계승원칙을 확립하고자 노력하던 '원성왕계의 王統 確立期'였다. 비록 그 방법에 있어서는 원성왕계의 성립은 찬탈과 추대의 성격을 동시에 가진 비정상적인 계승이었으나, 원성왕의 즉위 이후에는 왕위계승자를 미리 정해두는 태자책봉을 강행하였다. 태자책봉의 대상은 초기에는 子·孫이었다가 말기에는 弟로 확대되었다. 아울러 제1기 중간에는 약화된 인겸계 왕실의 면모를 쇄신하려는 목적에서의 찬탈이 자행되었고, 새로이 즉위한 왕측의 강력한 개혁정치의 실시도 있었다.

2) 제2기의 왕실세력과 왕위계승
- 예영계의 등장과 왕위계승의 혼란 -

제1기 마지막 왕인 흥덕왕이 왕위를 이을 아들이 없이 죽자 당시 상대등으로서 정치적 실권을 장악하고 있던 金均貞과 시중 金明의 지원을 받은 悌隆간의 왕위쟁탈전에서 제륭(희강왕)이 승리하여 즉위하였다. 그 결과 제1기에는 원성왕계 내의 인겸계에 의해 계승되던 왕위가 제2기에는 원성왕계 내의 예영계로 옮겨감으로써, 이에 따라 왕통의 변화가 생겼다.

비록 충공의 아들인 金明(제44대 민애왕)의 즉위로 일시 인겸계가 회복되었지만, 곧 淸海鎭大使 張保皐의 군사적 지원을 받은 均

貞의 아들 祐徵(제45대 신무왕)이 즉위함에 따라 왕통은 예영계로
다시 넘어갔다. 이어 신무왕의 아들인 제46대 문성왕과, 신무왕의
異母弟인 제47대 헌안왕이 차례로 즉위하였다. 그러나 우징의 아
버지 균정은 예영계이지만 이미 이보다 앞선 시기에 같은 예영계
에 속하면서도 憲貞의 아들인 제륭에게 왕위를 빼앗겼기 때문에,
이들은 분지화된 소가계로서 상호 독립적·대립적인 상황에 있었
으므로 헌정계와 균정계로 나눌 수 있다.

결국 제2기는 각 왕의 부계에서 보면 먼저 제1기의 원성왕계내
인겸계가 원성왕계내 예영계로 바뀌었다. 그리고 크게 보면 예영
계이면서도 좀더 구체적으로는 예영계내 헌정계가 제2기를 낳았으
나, 예영계내의 균정계가 왕위계승을 주도해 간 시기이다.

그리고 제2기 각 왕의 모계를 살펴보면 다음과 같다.

희강왕의 어머니는 忠衍 대아찬의 딸인[35] 包道夫人 박씨이다.[36]
또 민애왕의 어머니는 貴寶夫人 김씨인데[37] 뒤에 宣懿太后로 추
봉되었으며, 그녀의 아버지는 惠忠大王(金仁謙)이다. 즉 그녀는 원
성왕계의 김씨이다.[38] 그러므로 민애왕의 어머니 귀보부인 역시
아버지가 인겸이고 할아버지가 원성왕이므로, 그녀는 남매간인 忠
恭과 근친혼을 하였음을 알 수 있다. 그리고 신무왕의 어머니는 眞

---

35) 『삼국사기』권10, 희강왕 즉위조와 애장왕 2년조.
   『삼국유사』권1, 왕력.
36) 하대의 王母와 王妃의 실제 성이 金氏이면서도 唐과의 책봉문제상 朴
   氏로 가칭하는 경우가 많아서 그 진위여부는 의문점이 남으나, 여기서
   는 또다른 자료가 없으므로 朴氏를 따른다.
37) 『삼국사기』권10, 민애왕 즉위조.
   『삼국유사』권1, 왕력.
38) 『삼국사기』권10, 민애왕 즉위조에는 박씨라고 하였으나, 이는 하대 여
   러 왕모와 왕비가 그렇듯이 본래 성인 金氏를 사용하기 어려운 사정이
   있어 朴氏를 가칭한 것 같다(文暻鉉,「新羅 朴氏의 骨品에 대하여」
   『歷史敎育論集』13·14합집, 225쪽).

矯夫人 박씨이다.[39] 한편 문성왕의 어머니는 定宗太后로서 신무왕
의 왕비이다. 또 헌안왕의 어머니는 照明夫人인데, 그녀는 金忠恭
(宣康王)의 딸이다.[40] 충공은 민애왕의 아버지인 동시에 희강왕비
인 文穆夫人의 아버지이면서, 또 헌안왕의 어머니의 아버지이기도
한 인물이다. 그러므로 헌안왕의 아버지 均貞과 어머니 照明夫人
은 堂叔과 堂姪女 사이의 원성왕계 내에서 이루어진 근친혼이다.

이처럼 제2기의 왕실세력에서 모계는 대체로 김씨였는데, 그 중
에서도 범원성왕계 내의 근친혼이었다. 다만 박씨로 표기된 王母
가 있으나, 이 경우는 정상적인 계위가 아니라 찬탈에 의하여 왕통
이 바뀐 상황이었고, 또 박씨라는 표기 자체에 더 검토를 요하는
것이다.[41] 그러므로 제2기 또한 대체로 김씨가 각 왕의 모계세력의
중심이었다고 보겠다.

한편 제2기 각 왕의 비계를 살펴보면, 왕비들은 대부분 김씨이다.
먼저 희강왕비는 文穆夫人이고, 그녀의 아버지는 헌덕왕·홍덕
왕의 형제인 충공이다.[42] 그런데 희강왕과 충공은 원성왕계 내의
從叔과 從姪의 관계이다.[43] 즉 희강왕의 비계는 원성왕계 내에서
장자 인겸계이고, 희강왕 자신은 원성왕계 내에서 셋째 아들 예영

---

39) 『삼국사기』 권10, 신무왕 즉위조.
　　『삼국유사』 권1, 왕력.
40) 『삼국사기』 권11, 헌안왕 즉위조. 여기서 宣康王이란 민애왕이 즉위후
　　宣康大王으로 追封한 金忠恭을 말한다.
41) 박씨라는 기록을 사실로 받아들여 '인겸계의 마지막 왕인 민애왕이 박
　　씨를 왕모로 한 이래 예영계의 실질적인 최초의 왕인 신무왕도 모후는
　　박씨였는데, 이것은 결국 예영계의 원성왕권이 무열계를 대신하여 박씨
　　계를 포섭했다는 것을 뜻한다.'고 보는 견해도 있다(申瀅植, 1984, 「武烈
　　王系의 成立과 活動」『韓國古代史의 新研究』, 一潮閣, 135쪽).
42) 『삼국사기』 권10, 희강왕 즉위조.
　　『삼국유사』 권1, 왕력.
43) 忠恭의 아버지는 惠忠大王(仁謙)이고, 인겸의 아버지는 元聖大王이다.

계의 후손이므로, 결국 희강왕과 문목부인의 혼인은 인겸계와 예
영계의 결합을 의미한다.

민애왕비는 永公의 딸인 允容夫人 김씨이다.[44] 또 신무왕비는
貞從太后인데, 그녀의 성씨는 정확히 알 수는 없지만 아버지가 ○
明(아마 體明)이라면 아마 金氏로 추측된다.[45]

문성왕에게는 炤明夫人과[46] 843년(문성왕 4) 3월에 맞이한 이름
은 알 수 없는 妃가 있어,[47] 그의 왕비는 2명이었다. 우선 첫째 왕
비부터 살펴보면 그녀의 이름이 반드시 炤明夫人인지는 모르겠으
나 성은 박씨라고 한다.[48] 次妃는 이름이 소명부인일 수도 있으나
그녀의 아버지는 魏昕(金陽)이다. 김양은 태종무열왕의 9대손으로
증조는 金周元이고, 할아버지는 金宗基이며, 아버지는 金貞茹이
다. 김양은 838년(희강왕 3) 3월에 병사를 모집하여 청해진대사 장
보고에게 의탁, 839년 민애왕을 죽이고 4월에 신무왕을 추대하였
다. 그리고 같은해 7월에 신무왕이 죽고 문성왕이 즉위하자 김양은

---

44) 『삼국사기』 권10, 민애왕 즉위조 및 『삼국유사』 권1, 왕력. 영공은 821
  년(헌덕왕 13) 4월에 侍中이 되어 827년(홍덕왕 2) 8월에 天變災異를 이
  유로 물러날 때까지 6년 4개월간 재임하면서 당시 헌덕왕・홍덕왕대의
  개혁정치를 이끌어간 인물이다. 특히 전임자가 바로 민애왕의 아버지
  忠恭이므로, 충공과 영공은 각별한 관계를 가졌고, 양자의 아들과 딸을
  혼인시켜 맺어져 있었던 것을 알 수 있다.
45) 『삼국사기』 권10, 신무왕 즉위조와 『삼국유사』 권1, 왕력. 그런데 현존
  하는 壬申本 『삼국유사』에는 그녀의 아버지는 ○明海○이라 하여 결
  락된 상태라 정확한 이름을 알 수는 없지만, 明海가 하나의 인명이 아
  니고 ○明은 이름이고 海○은 관등인 것 같다. 만약 ○明이 이름이 분
  명하다면, 좀더 검토되어야 할 문제이지만 아마 體明인 듯하다.
46) 『삼국유사』 권1, 왕력.
47) 『삼국사기』 권11, 문성왕 4년.
48) 『삼국사기』 권11, 문성왕 3년 7월. 이때의 朴氏 또한 하대 여러 王母와
  王妃가 그러하듯이 그 眞僞에는 문제점이 있을 수 있으나, 여기서는
  기록에 따르도록 한다.

蘇判 兼 兵部令이 되어 정치적 영향력을 행사하는 과정에서 딸을 문성왕과 혼인시켰다. 그러므로 문성왕의 次妃의 가계는 중대 무열왕계의 傍系이다.

헌안왕비가 누구인지는 정확한 기록이 없어 검토가 어렵다. 다만 경문왕의 혼인과정에서 보여주듯이 그녀는 아들은 낳지 못하고 2명의 딸만 출산하였다.[49] 한편 아들 弓裔를 낳은 嬪이 있었으나 그녀 역시 성은 물론 이름조차 알 수 없다.[50]

이처럼 제2기의 각 왕은 대체로 아버지는 물론 그들도 김씨가와 혼인하여, 가급적 원성왕계 내에서 近親婚을 하였음을 알 수 있다.

결국 제2기의 각 왕들은 모두 부계는 범원성왕계에 속하면서도 예영계, 작게는 균정계에 속한 인물이 많았다. 그리고 이들의 모계와 비계 또한 김씨인데, 아마 크게는 범원성왕계라고 생각된다. 그래서 각 왕들의 왕실세력은 부계는 물론 모계·비계에 의해서도 前王과 상당한 밀접한 관계의 친족이었다.

사실상 범원성왕계에 속한 왕족들은 이미 혈연상 정상적인 왕위계승권의 범주에서 벗어난 상태였다. 그렇지만 이들이 가졌던 왕족 내에서 혈연적 위치와 정치적 관계를 이용하여 찬탈에 의한 왕위계승이 가능하였다. 이들이 前王과 혈연상 가까우면서도 왕위계승 범주에서 제외된 것은 제1기에 인겸계를 중심으로 한 독점적 권력장악과 왕위계승권 점유에 의한 소외였다. 그리하여 제1기에 협소화된 왕위계승을 하던 혈족이 소멸됨에 따라 제2기에는 그 밖에 있으면서도 가장 가까운 혈족들간에 왕위쟁탈전이 발생하였다. 이러한 왕위쟁탈전은 제1기에 헌덕왕이 조카 애장왕을 죽이고 즉위한 사건이 그 선례를 남긴 것이다. 이에 제2기 전반기의 왕위쟁

---

49) 『삼국사기』권11, 헌안왕 4년 9월.
50) 『삼국사기』권50, 궁예전.

탈전을 경험한 문성왕은 태자가 卒去하자 골품제적 진골신분을 준수하면서 동시에 균정계(크게는 예영계)의 왕통을 지키기 위하여 숙부 헌안왕에게 계승시켰다.

결국 제2기는 왕통은 예영계였다. 각 왕의 왕위계승방법은 계위 2, 찬탈 3명인데, 계승자는 계위의 경우 왕의 子 1, 叔父 1명이고, 찬탈의 경우 堂姪 1, 再從兄弟 2명이다. 제2기 전반기에는 왕위계승한 가계가 일정치 못하다가 후반기에는 예영계 내의 균정계로 고정되었다. 즉 전반기의 왕들은 찬탈이라는 비정상적인 계승을 하였기에 각 왕의 즉위 때마다 왕계의 변화가 일어났던 것이다.[51]

그러므로 이 시기는 그만큼 왕위계승이 혼란하였던 것이다. 그리고 전반기에는 찬탈로 인하여 재위기간이 워낙 짧았기에 계승자를 정하지도 못하였다가 후반기에 와서야 태자책봉과 숙부에 대한 유조로 계위되었다. 특히 헌안왕이 문성왕의 숙부로서 유조에 의하여 평화적으로 계승한 것은 특수한 사례이다.[52] 신라사에서 숙부의 왕위계승은 비정상적인 상황에서나 가능한 것이었던 것이, 이제는 문성왕의 子가 있음에도 유조에 의한 평화적인방법으로 이루어졌다. 그리고 이것은 종전의 부자계승·형제계승에 비하면 상대적으로 왕위계승의 혈족범위를 그만큼 확대시킨 것이다.

결국 제2기는 '王位繼承 混亂期'였다. 그러면서도 왕위계승상의

---

51) 그러나 큰 범주에서는 모두 당시 왕족 내에서 왕과 가까운 혈족관계에 있는 자들이었다. 자세히 말하면 원성왕을 증조로 같이하는 혈족 내의 부계친(6촌 이내)에 의하여 이루어졌다(李鍾旭, 1985, 「新羅時代의 眞骨」『東亞研究』 6, 246쪽과 金昌謙, 1994, 「新羅 下代 王位簒奪型 叛逆에 대한 一考察」『韓國上古史學報』 17, 260쪽).

52) 신라사에서 숙부계승은 3차례 있었다. 또다른 사례인 上代의 제7대 逸聖尼師今은 조카인 제6대 祗摩尼師今에게 아들이 없기 때문이었고(『삼국사기』 권1, 지마이사금 23년), 또 하대의 제41대 헌덕왕은 조카인 제40대 애장왕으로부터 왕위를 찬탈한 비평화적인 왕위계승이다.

혼란을 방지하기 위한 비상조치적인 계승이 이루어져 왕위계승의
혈족범위에 변화를 낳았다.

3) 제3기의 왕실세력과 왕위계승
─경문왕계의 성립과 왕권·왕통의 재확립─

제2기에 있었던 왕위계승의 혼란상은 제48대 경문왕의 즉위로
일단락되었다. 다시 말하면 제2기 후반에 있었던 憲貞系와 均貞系
의 대립이 헌정계인 희강왕의 손자 경문왕과 균정계인 헌안왕의
딸 寧花夫人 사이에 혼인이 이루어지면서 왕위는 예외적으로 여
서계승이 되었다.53) 여서계승은 上代에는 제4대 脫解尼師今, 제13
대 味鄒尼師今, 제18대 實聖麻立干 등이 있었으나 부자계승이 확
립된 뒤로는 없었다. 그러다가 이때에 경문왕이 여서로서 계승하
였는데, 이 또한 왕위계승의 친족범위가 확대되는 현상인 것이다.
제3기 각 왕의 부계를 살펴보면 다음과 같다.

경문왕의 아버지는 啓明이며,54) 계명의 아버지는 희강왕이고,
희강왕의 아버지는 憲貞이고, 헌정의 아버지는 원성왕의 셋째 아
들 禮英이다. 그러므로 경문왕은 원성왕계 내의 예영계, 그 중에서
도 헌정계에 속한다. 경문왕의 즉위로 헌정계의 왕통이 굳어졌지
만, 그러나 그 뒤의 왕은 모두 경문왕의 子(제49대 헌강왕, 제50대
정강왕)·女(제51대 진성여왕)와 孫子(제52대 효공왕)가 계승하였
으므로 '경문왕계'라는 새로운 왕계가 형성된 것이다. 결국 제3기
의 왕실세력 중 부계는 원성왕의 후손이면서도 예영계 내의 헌정

---

53) 이보다 먼저 景文王의 아버지, 즉 僖康王의 아들 金啓明과 文聖王의
　　王妹 光和夫人의 혼인으로 憲貞系와 均貞系의 연합은 이미 이루어졌
　　다(李基東, 앞의 글, 169쪽).
54) 그는 848년(문성왕 10) 여름에 波珍湌으로서 侍中이 되었다.

계, 작계는 경문왕계라고 하겠다.

제3기 각 왕의 모계를 살펴보면 다음과 같다.

경문왕의 어머니는 光和夫人인데 신무왕의 딸이다.[55] 신무왕은 원성왕의 손자로서 均貞의 아들이다. 즉 균정의 두 부인 가운데 광화부인의 어머니는 貞繼夫人이다. 그러므로 경문왕의 어머니의 어머니는 정계부인으로 體明의 딸이다. 이처럼 경문왕의 어머니는 원성왕계 내의 예영계 중 균정계에 속한다. 그런데도 불구하고 그녀의 성을 朴氏라고 하여[56] 다소 혼란을 야기하나, 唐에 대한 외교상 박씨를 가칭한 것에 불과하고 실제는 김씨가 옳다. 즉 啓明과 光和夫人은 같은 원성왕계 내의 예영계로서 할아버지를 憲貞과 均貞의 친형제로 하는 6촌 남매간의 근친혼으로 맺어졌다.

한편 경문왕 이후의 왕들은 모두 그의 아들과 딸이므로 동일한 모계를 가졌다. 헌강왕의 어머니는 文懿王后인데,[57] 그녀는 경문왕 6년 정월에 文懿王妃로 봉해진[58] 寧花夫人 金氏이다. 경문왕의 첫째 왕비인 영화부인 김씨는 헌안왕의 첫째 딸로서, 그녀의 가계는 헌안왕의 가계이다. 결국 제3기의 왕실세력에서 모계는 헌안왕의 가계인 균정계이다.

제3기 각 왕의 비계를 살펴보면 다음과 같다.

경문왕에게는 2명의 왕비가 있었는데, 첫째 왕비인 寧花夫人(文懿王后)은 헌안왕의 큰딸로 즉위 전에 혼인하였고[59], 차비는 헌안왕의 작은딸로 863년(경문왕 3)에 혼인하였다.[60] 결국 경문왕은 같

---

55) 『삼국사기』 권11, 경문왕 즉위조와 6년 정월.
　　『삼국유사』 권1, 왕력.
56) 『삼국사기』 권11, 경문왕 6년.
57) 『삼국사기』 권11, 헌강왕 즉위조.
　　『삼국유사』 권1, 왕력.
58) 『삼국사기』 권11, 경문왕 6년 정월.
59) 『삼국사기』 권11, 헌안왕 5년 정월.

은 원성왕계 내의 예영계 중에서 균정계로 헌안왕의 딸이면서 자신의 7촌 姑母들과 혼인하였다.

사실 헌강왕에게는 여러 명의 妃嬪이 있었다. 정비는 懿明夫人인데,[61] 그녀의 성은 김씨이고, 아버지는 蘇判 金順憲이다. 김순헌은 金大城의 아들이고 金文亮의 令孫이다.[62] 결국 의명부인 김씨 역시 원성왕계이다.[63] 또 헌강왕에게는 정비 외에 媛妃(또는 脩媛의 嬪)가 있었다. 그녀의 성은 權氏인데, 헌강왕이 죽은 뒤에는 比丘尼가 되어 法號를 脩媛 또는 光學이라 하였다고 하나,[64] 정확한 가계는 알 수 없다. 그리고 효공왕을 낳은 김씨도 있었다.[65] 한편 정강왕비에 대해서는 가계를 밝히기 어려울 뿐만 아니라, 정강왕과의 사이에 출생한 아들도 없었다.[66]

진성여왕의 남편은 惠成大王으로 추봉된 魏弘이다.[67] 하지만 그를 여왕의 匹이라고는 하나 본래부터 남편이었던 것은 아닌 듯하다.[68] 위홍은 경문왕의 親弟로서,[69] 아버지는 金啓明이고 어머니

---

60)『삼국사기』권11, 경문왕 3년.
61)『삼국사기』권11, 헌강왕 즉위조.
　　『삼국유사』권1, 왕력.
62)「王妃金氏爲考繡釋迦如來像幡讚幷序」『崔文昌侯全集』, 219쪽. 보다 자세한 것은 제2장의 '13) 제49대 헌강왕의 가계'를 참조하기 바란다.
63)「낭공대사비」의 裏面 기록에 의하면 승려 讓景의 할아버지인 金藹는 원성왕의 表來孫이며 헌강왕의 外庶舅라고 한다. 여기서 外庶舅는 丈人, 즉 妻의 父를 지칭한다. 그렇다면 헌강왕비의 아버지인 金順憲과 金藹는 형제간임을 추측할 수 있다.
64)「大華嚴宗佛國寺毘盧遮那文殊普賢像讚幷序」『崔文昌侯全集』, 213~214쪽. 헌강왕의 後妃인 듯하다(文明大, 1976,「佛國寺金銅如來坐像二軀와 그 造像讚文(碑銘)의 硏究」『美術資料』19, 2쪽).
65)『삼국사기』권11, 진성여왕 9년 10월 및 권12, 효공왕 2년 정월 참조.
66)『삼국사기』권11, 정강왕 2년 5월.
67)『삼국유사』권1, 왕력.
68)『삼국유사』권1. 본래는 정식 남편이 아니고 私通한 情夫였다가 즉위 뒤에 남편이 된 듯하다.

는 신무왕의 딸인 光和夫人이다. 결국 진성여왕과 위홍은 叔父와 姪女간에 근친혼으로 맺어졌으니, 진성여왕의 夫系는 동시에 자신의 父系인 경문왕의 선대이다.

한편 효공왕비는 당시 정치계에 막강한 실력을 행사하던 乂兼(銳謙)의 딸이다. 예겸은 侍中을 역임하는 등 당시 정계의 실력자로서 그의 딸을 효공왕에게 출가시켰고, 또 헌강왕의 딸을 자신의 아들인 신덕왕과 혼인시켰다.[70]

제3기 각 왕의 비계(夫系 포함)는 모두 김씨가이다. 하지만 이들은 각각 다른 가계의 金氏이다. 경문왕비는 均貞系, 헌강왕비는 金大城의 가계이고, 진성여왕의 남편인 魏弘은 경문왕의 親弟이므로 경문왕계이고, 효공왕비는 乂兼의 딸이므로 김씨인 듯하나 보다 정확한 가계는 알 수 없다.

결국 제3기의 왕통은 경문왕계이다. 그러나 왕실세력에서 부계는 철저하게 경문왕의 直系로 고수되었지만, 妃系는 어떤 특정가계가 아니라 여러 가계의 女와 혼인함으로써 그들과 제휴, 연합하면서 왕권을 유지하려고 노력한 듯하다.

그리고 제3기 각 왕의 즉위는 모두 계위로서(선위 포함) 외형적으로는 평화적인 계승이다. 그러나 이들의 친족관계는 매우 다양하여, 경문왕은 여서계승, 헌강왕은 부자계승, 정강왕과 진성여왕은 형제계승을 하였다. 특히 진성여왕은 여제계승으로서, 중고기에 있었던 여자의 왕위계승이 재현된 것이다. 아마 당시 헌강왕·정강왕의 男子孫이 단절된 상황에서[71] 叔父 魏弘에게로 왕위를 계승시키지 않으려는 궁여지책으로 여제계승이 이루어진 듯하다. 한

---

69) 「皇龍寺九層木塔舍利函記」『譯註韓國古代金石文』3, 368쪽.
70) 銳謙에 대해서는 제2장의 '17) 제53대 神德王의 가계'를 참조 바란다.
71) 다만 헌강왕의 庶子 嶢가 있었으나 이때까지는 왕실에 알려지지 않았다(『삼국사기』 권11, 진성여왕 9년 10월).

편 효공왕은 姪로서 왕위를 계승하였다. 이 또한 신라 중대에는 없었던 것이다. 더구나 효공왕은 庶子 출신이므로 골품제적 신분이 진골이 아니었고, 모계 또한 한미하여 특별한 혈연적 세력이 없었다. 그럼에도 그가 즉위한 것은 진성여왕이 경문왕의 父系親으로 왕위를 계승해야 한다는 원칙을 고수한 결과인 듯하다.[72]

이처럼 제3기는 '王權 및 王統의 再確立期'였다. 여서계승으로 성립된 경문왕계는 단일가계에 의한 왕위계승을 재확립하였다. 그러나 왕통의 유지를 위하여 방법상으로는 유조에 의한 왕위계승이 대부분이었고, 계승자 또한 왕의 子는 물론 弟(妹)·姪 등 넓은 범위의 동일가계 내의 혈족들이었다. 아울러 경문왕의 여서계승은 제4기의 박씨왕계가 형성될 수 있는 先例를 제공하였다.

4) 제4기의 왕실세력과 왕위계승
─ 박씨왕의 왕위계승과 신라왕조의 멸망 ─

경문왕계 후손의 단절로 왕위는 박씨계로 넘어갔다. 이는 종전의 원성왕계 김씨왕통과는 완전 달리하는 것이다. 효공왕이 죽은 뒤 그와 가까운 친척으로는 妹壻인 景暉(제 53대 신덕왕)와 金孝宗이 있었는데, 景暉가 정치적 배경을 이용하여 왕위를 계승하였다.[73] 그는 본래 朴氏家系의 인물이었는데, 어머니의 改嫁로 金氏家系에 편입되어져 당시 막강한 세력가였던 義父 乂兼의 영향으

---

72) 진성여왕에게 良貝 등 아들이 있었던 점을 고려하면 그러하였을 것으로 추측된다. 그리고 신라시대 여왕의 아들은 父系制社會의 원리에 의하여 왕위계승권을 가질 수 없었다(李鍾旭, 1981,「新羅時代의 血族集團과 相續」『歷史學報』121, 63쪽)고 한다.

73) 曺凡煥,「新羅末 朴氏王의 登場과 그 政治的 性格」『歷史學報』128, 1991.

로 헌강왕의 딸과 혼인하였고, 또 이를 배경으로 하여 왕으로 즉위하였다. 하지만 朴氏王系도 신덕왕을 비롯하여 그의 아들인 제54대 경명왕과 제55대 경애왕 형제로 이어진 3代를 끝으로 단절되고, 다시금 제56대 경순왕의 즉위로 김씨왕계가 부활되기도 하였다.

제4기의 각 왕의 부계를 살펴보면 다음과 같다.

신덕왕은 박씨로서 阿達羅王의 遠孫이라고 한다.[74] 선덕왕의 아버지는 親父는 文元이고, 義父는 乂兼이었다.[75] 그의 친부인 文元伊干은 신덕왕 즉위후 興廉大王에 추봉되었으며, 문원의 아버지는 文官 海干이다. 당시 그들의 가계가 혈연적으로 朴氏姓을 사용하고 있었던 것이다. 이와 달리 이미 875년(헌강왕 1) 大阿飡의 관등으로 侍中에 임명된 적이 있는 乂兼이 朴氏라는 것은 납득하기 어려우며, 이에서 그가 신덕왕의 親父가 아니라 義父라는 기록을 사실로 받아들여도 될 것 같다. '의부'란 의붓아버지, 수양아버지, 義로써 맺어진 아버지 등의 뜻을 가지고 있는데, 이 모두가 친아버지는 아님을 나타낸다. 그렇게 볼 때 『삼국사기』에서 최고 지배층에 속하면서도 특별히 姓을 표기할 필요가 없는 인물은 관례상 대체로 왕족인 김씨이므로, 義父 乂兼도 김씨로 보아야 하겠다.[76] 결국 신덕왕의 부계는 친부계와 의부계로 나누어 생각할 수 있으며, 친부계는 박씨계였고 의부계는 김씨계였다.

한편 경명왕의 성은 朴氏[77] 또는 金氏라고[78] 하며, 전왕 신덕왕의 태자라고 한다. 그러나 신덕왕이 박씨이므로 그의 아들인 경명

---

74) 『삼국사기』 권12, 신덕왕 즉위조.
75) 『삼국유사』 권1, 왕력.
76) 乂兼이 眞聖女王・孝恭王代 대표적인 실력자의 한 명이었다는 점을 고려하면 汎元聖王系 내의 어느 소가계에 속한 듯하다.
77) 『삼국유사』 권1, 왕력.
78) 『구오대사』 권30, 『신오대사』 권74, 『오대회요』 권30의 신라전과 『책부원구』 권972, 외신부 조공5에는 '金朴英'이라 하였다.

왕 역시 박씨가 옳다고 하겠다. 결국 경명왕은 김씨라고 표기되고
김씨족의 일원으로 인정되었지만 실제는 박씨였고, 金乂兼의 義孫
子에 불과하였다.

경순왕의 아버지는 金孝宗이다.[79] 효종의 아버지는 헌강왕대에
第3宰相의 지위를 지닌 舒發翰 仁慶이고,[80] 仁慶(實虹)의 아버지
(경순왕의 증조부)는 金敏恭이며, 민공의 아버지(경순왕의 고조부)
는 金安인데, 김안은 문성왕의 아들이다. 그러므로 경순왕의 부계
는 문성왕→김안→김민공→김인경→김효종→경순왕으로 이어진
다. 결국 경순왕의 부계는 원성왕계 내의 예영계 가운데서도 균정
계에 속한다.

제4기 왕실의 父系는 크게는 朴氏家이다. 이들은 부계로는 하대
정통왕가인 원성왕계와는 무관하고, 다만 義父子關係를 배경으로
경문왕계의 여자와 혼인함으로써 즉위에 필요한 최소의 혈연적 고
리를 만들었다. 그리고 정치적 관계를 이용하여 추대를 통해 즉위
함으로써 박씨왕가가 성립되었다. 하지만 박씨왕가는 후백제의 甄
萱이라는 외부세력에 의하여 붕괴되고 다시금 김씨왕가가 부활되
었다.[81] 그러나 이 또한 신라의 멸망과 함께 단절되었다.

또 제4기 각 왕의 모계를 살펴보면 다음과 같다.

신덕왕의 어머니는 貞和夫人 박씨이다. 그녀의 아버지는 順弘
角干이고, 할아버지는 元弘 角干인데, 상대 阿達羅王의 遠孫이라

---

79) 『삼국사기』 권12, 경순왕 즉위조.
　　『삼국유사』 권1, 왕력.
80) 『삼국사기』 권48, 孝女知恩傳. 한편 그의 이름을 官□(『삼국유사』 권1,
　　왕력)・實虹(「신라경순왕전비」『조선금석총람』 하, 1264~1265쪽)이라
　　고도 하였다.
81) 申虎澈, 1989,「新羅의 滅亡과 甄萱」『忠北史學』 2.
　　음선혁, 1997,「新羅 景順王의 卽位와 高麗歸附의 政治的 性格」『全南
　　史學』 11.

고 한다.[82] 그렇다면 신덕왕의 어머니의 가계는 박씨족이다.[83] 朴氏家의 貞和夫人이 처음에는 박씨가의 文元과 혼인하였던 것 같다. 이는 乂兼이 신덕왕의 '義父'라는 기록에서 더욱 그러하다. 그러면서도 乂兼을 父라고 하였고,[84] 즉위 직후에 '宣聖大王'으로 추봉한 것에서[85] 보면, 신덕왕이 그를 실제 아버지로 모셨고 가족관계를 형성하였던 것을 의미하므로 繼父로 보아야 하겠다.

경명왕과 경애왕 형제의 어머니는 義成王后이다. 그녀는 헌강왕의 딸이며, 또 그녀의 어머니는 효공왕의 어머니 김씨가 아니라 헌강왕의 정비이다. 즉 경명왕과 경애왕의 모계는 경문왕계이다.

경순왕의 어머니는 桂娥太后이며 헌강왕의 딸이다.[86] 그러므로 계아태후의 부계는 곧 헌강왕의 부계이다. 그녀는 진성여왕대에 경순왕의 아버지 孝宗郞과 혼인하였다. 그러므로 경순왕의 모계 역시 경문왕계이고, 신덕왕비인 의성왕후와 김효종의 부인인 계아태후는 姉妹이다. 즉 경순왕은 경애왕과 姨從兄弟간이다.

결국 신덕왕이 헌강왕의 딸과 혼인하였으므로 경명왕·경애왕의 어머니는 헌강왕의 딸 김씨로서, 곧 경문왕계이다. 그리고 경순왕의 어머니 역시 경문왕계 김씨이다. 그러므로 제4기 왕실의 모계는 경문왕계(헌강왕계)이다. 이는 제4기의 왕실은 제3기 왕실세력인 경문왕계 출신의 모계에 의한 연장이었음을 뜻하는 것이다.

그리고 제4기 왕실의 비계를 살펴보면 다음과 같다.

신덕왕비는 義成王后이며, 그녀의 성은 김씨이고 아버지는 헌강

---

82)『삼국유사』권1, 왕력.
83) 그러나『삼국사기』권2, 벌휴이사금 즉위조에는 阿達羅尼師今에게 아들이 없다고 하였으므로, 그 후손여부는 문제점이 있다.
84)『삼국사기』권12, 신덕왕 즉위조.
85)『삼국사기』권12, 신덕왕 원년.
86)『삼국유사』권1, 왕력.

왕이다.[87] 그러므로 신덕왕의 비계는 헌강왕의 가계이다. 아마 그
녀는 헌강왕의 정비의 소생일 것 같다.[88] 또 경명왕비는 長沙宅인
데, 그녀의 아버지는 大尊 角干이고, 또 대존은 水宗 伊干의 아들
이다.[89] 長沙宅은 그 이름에서 추측컨대 신라의 35개 金入宅의 하
나로서 富豪일 뿐만 아니라 왕권에 비견될만한 유력한 귀족인 대
존의 딸이었다. 한편 경애왕비에 대한 기록은 甄萱의 침공을 받아
강제로 욕을 당했다는[90] 것 외에는 없다. 그래서 그녀의 이름과 성
이 무엇이지 알 수 없다. 그리고 경순왕비는 竹房夫人[91] 朴氏라고
하지만, 정확한 가계는 알 수 없다. 그러므로 제4기 각 왕의 비계에
신덕왕은 경문왕계 김씨이고, 경명왕은 유력한 김씨가였고, 경순왕
은 박씨계이다.[92]

결국 제4기의 왕통은 크게 보면 박씨왕계이다. 왕위계승의 양상
은 계위 2, 추대 2차례이고, 그 계승자는 계위는 왕의 子 1, 弟 1명
이고, 추대는 姉壻·妻男 1, 族弟 1명이다. 그런데 제4기는 비정상
적 왕위계승인 추대를 통한 妹壻·妻男의 계승으로 이루어졌기에
왕통의 대가계에 변화가 있었다. 또 새로이 성립한 박씨왕가는 변
화된 왕통을 유지하기 위하여 부자계승을 확립하고자 노력하였으
나 당시 혈연적·정치적 관계에 의해 부득이 형제계승이 행해지고,
결국 외부세력의 개입에 의하여 다시 왕통이 바뀌었다.

이처럼 신라왕조가 대내외적인 여건이 말기적인 상황으로 가면

---

87) 『삼국사기』 권12, 신덕왕 즉위조.
88) 이에 대해서는 제2장의 '17) 제53대 신덕왕의 가계'를 참조 바란다.
89) 『삼국유사』 권1, 왕력.
90) 『삼국사기』 권12, 경애왕 4년.
91) 『고려사』 권2, 태조 14년 5월.
92) 제4기 4명의 왕 중 왕비에 대한 자료는 2명밖에 없어 확신은 할 수 없
    으나, 朴氏王은 金氏系와, 金氏王은 朴氏系 여자와 혼인한 것처럼 보
    이지만, 여기에 특별한 혼인법칙이 있었던 것은 아닌 듯하다.

서 왕위계승 또한 대내적·대외적 요인에 의해 좌우되는 등 그것
의 자체적 유지가 불가능해 졌다. 그러므로 제4기는 '王位繼承 崩
壞·斷絶期'였다.

3. 왕실세력의 변천과 왕위계승의 성격

신라 하대를 왕실세력의 변화에 따라 세분해 본 결과 네 시기로
나눌 수 있었다. 그리고 각 시기별 왕실세력의 구성내용 및 변천과
왕위계승의 특징을 살펴본 결과는 다음과 같다.

하대 왕실세력에서 부계는 전체 20명의 왕 가운데 17명이 金氏
인데, 크게는 내물왕계의 후손이다. 그러나 그 중 1명(선덕왕)은 과
도적 존재로서 중대의 무열왕계가 단절되고 원성왕계가 성립되는
교량적 역할을 하였다. 그 외의 16명은 奈勿王系의 후손인데, 보다
좁은 범위에서는 원성왕을 中始祖로 하는 후손이므로 별도로 원성
왕계라고 칭할 수 있다. 그러나 이들도 세대가 내려가면서 또다시
분지화가 이루어져 서로 독립적인 소가계가 성립되었다.

하대 왕실세력에서 부계는 제1기는 '원성왕계의 인겸계', 제2기
는 '원성왕계내 예영계의 균정계', 제3기는 '원성왕계내 예영계내
균정계의 경문왕계'에 속한다. 한편 제4기는 박씨왕도 있는데, 이
들은 아달라이사금의 遠孫이라고는 하지만, 그보다는 별도로 '신
덕왕계'라고 할 수 있다. 그리고 마지막으로 한 명의 김씨왕이 있
었는데, 그는 '예영계내 균정계의 문성왕계'이다.

사실 하대 원성왕계의 분지화는 五廟制에서 직계손 의식과 깊은
관련이 있었다. 이 시기의 宗廟 구성에서, 제1기는 明德大王(孝讓)
및 원성왕과 惠忠大王(仁謙), 제2기는 원성왕과 惠康大王(禮英), 제

3기는 懿恭大王(啓明)과 경문왕, 제4기는 宣聖大王(銳謙)과 神德王
이 主神으로 모셔졌을 것으로 추측된다. 그리고 이들 주신을 父系
의 直系祖로 하는 소가계 간의 대립이 왕위쟁탈전의 원인이 되었
던 것이다.

하대의 왕실세력 중에서 모계는 대체로 김씨였다. 비록 박씨성
을 가진 4명의 왕모가 있으나,[93] 이들은 모두 찬탈이나 추대에 의
한 비정상적이고 비평화적으로 즉위한 왕들의 어머니이다. 이외의
대다수를 차지하는 16명의 왕모는 모두 김씨이다. 이들 중의 일부
를 중국사서에서 朴氏·叔氏·申氏라고 하였으나, 그것은 假姓에
불과하고 사실은 이들 모두 김씨이다.

제1기의 왕모들은 김씨이기는 하나 기록이 분명치 않아 어느 김
씨가계에 속하는지 알 수 없다. 제2기의 왕모 또한 그러하나, 다만
2명만은 원성왕계 내의 인겸계에 속함을 알 수 있다. 제3기의 왕모
는 모두 金氏이다. 5명의 왕이 있었지만 왕모는 3명인데, 그 중 2명
은 예영계의 균정계이다. 결국 제3기는 헌정계의 경문왕계와 균정
계의 혼인으로 맺어진 연합세력이었다. 제4기의 모계는 주로 경문
왕계 김씨 — 즉, 헌강왕의 딸이다. 그러므로 제4기의 왕들은 부계
에 의한 계승이 원칙이었지만 왕통의 변화로 인하여 실제로는 부
계보다는 모계에 의하여 연결된 왕위계승이다. 다시 말해 경문왕
계의 女系親 — 즉, 外孫들에 의한 연장이었다.

하대의 왕실세력 중에서 妃系 역시 대부분 김씨이다. 제1기 전
반기는 어느 가계의 김씨인지 정확히 알 수는 없다. 제1기 후반기
와 제2기 초는 같은 인겸계의 왕과 왕비, 인겸계의 왕과 예영계 왕

---

93) 한편 원성왕의 모, 희강왕의 모, 민애왕의 모, 신무왕의 모, 경문왕의 모
는 모두가 실제 김씨인데 박씨로 기록된 것으로 보는 견해도 있다(文暻
鉉, 앞의 글, 223~228쪽).

비, 또는 예영계 왕과 인겸계 왕비간에 근친혼을 하였다. 그리고 제3기와 제4기의 왕은 바로 앞 시기 왕계의 여자를 왕비로 취하여 왕위의 여서계승이 이루어지는 원인제공이 되었지만, 이 시기의 왕비 역시 대체로 김씨로 경문왕계에 속하였다.

결국 하대의 왕통은 제1기는 원성왕계 인겸계이고, 제2기는 예영계, 제3기는 경문왕계, 제4기는 박씨 신덕왕계이다.

한편 하대의 왕위계승은 양상을 살펴보면, 20명의 왕 중에서 평화적인 계승인 계위는 12차례(태자책봉 6, 유조 5, 선위 1)이고, 비평화적인 계승인 찬탈 5차례와 추대 3차례이다. 이를 시기별로 구분하면 제1기는 계위 3, 찬탈 2, 추대 1차례이고, 제2기는 계위 2, 찬탈 3차례이고, 제3기는 계위 5차례이고, 제4기는 계위 2, 추대 2차례이다.

이처럼 가장 비정상적이고 비평화적인 계승방법인 찬탈은 모두 5차례 있었지만, 그 중에서 제1기에 있었던 하대의 실질적 첫 왕인 원성왕의 탈취와 헌덕왕의 찬탈을 제외하면, 제2기의 희강왕·민애왕·신무왕의 즉위가 있었다. 다시 말해 찬탈에 의한 왕위계승은 제2기, 즉 가장 왕위쟁탈전이 심했던 시기에 집중되어 있을 뿐이다.

그리고 또다른 비정상적인 계승인 추대에 의한 즉위는 모두 3차례 있었다. 그 중에서 제1기는 하대의 원성왕계가 성립하는 과정에서 임시 과도적 왕이었던 선덕왕의 즉위와, 제4기는 제3기를 끝으로 실질적인 김씨왕조가 종말을 맞고 박씨왕이 등장하는 과정에서의 신덕왕의 즉위와 후백제 견훤에 의하여 박씨왕 대신에 옹립된 경순왕의 즉위가 있다. 그러므로 추대에 의한 왕위계승은 하대의 성립기와 하대 말, 즉 신라왕조의 종말기에 있었을 뿐이다.

신라 하대의 왕위계승이 혼란한 양상을 보이기는 하였으나, 계위와 유조에 의한 계승은 물론 추대에 의한 경우도 대개 부계와 모계가 범원성왕계 김씨 인물이 즉위하였다. 그러므로 하대의 왕실세력은 상대나 중대에 비하여 매우 협소화된 가계간의 혼인을 통한 결합이었고, 그 세력기반 또한 하대의 많은 가계 중 극소수 집단에 불과하여 특권층이라는 사회적 지위와는 반비례적으로 취약하였다. 다시 말해 하대의 협소화된 왕실세력을 중심으로 한 특정인들이 고위관직과 권력을 독점하여, 이들은 신라 지배층 전체의 대표성을 가진 집단이 아니라 일부 집권세력에 불과하였다.

이처럼 취약해진 왕실세력이 형성된 것은 바로 그들의 혼인관계를 제한시켰던 왕위계승상의 원인이 크게 작용하였다. 즉 매우 세분화되고 협소화된 가계만이 독점적으로 왕위를 계승하기 위하여 부자계승을 고집하던 제1기의 왕위계승이 도전을 받아 찬탈이 발생하였고, 새로이 왕위를 차지한 가계가 독점적 계승을 고집하는 가운데 제2기의 왕위쟁탈전은 계승원칙의 혼란을 낳았고, 특히 제3기에 있었던 경문왕계의 왕위계승의 고착은 男系孫의 소멸로 女弟繼承과 女壻繼承이 이루어지면서 왕통의 대변화를 초래하였다. 그러나 비록 찬탈에 의하여 즉위한 왕들도 실질적으로는 모두 당시 왕족 내에서 왕과 가까운 부계친에 의하여 이루어 졌다.

결국 신라 하대에는 왕위의 부자계승을 가장 이상적인 것으로 하였으나, 혈연상 직계손의 절멸과 당시 정치적 상황, 골품제적 이유 등에 의하여 弟·女壻·叔父·姪 심지어는 女弟에게 계승되는 변칙적 현상이 나타났고, 또 이에 대항하여 찬탈과 추대 등 비정상적인 왕위계승이 유발되어 소가계간의 더욱 잦은 왕통의 변화를 가져왔다.

하대의 왕실세력은 시기가 후대로 내려올수록 점차 분지화되고 협소해 졌다. 그 과정에서 왕실은 신성화를 추구하면서 점차 골품제를 초월한 가계로 격상되고자[94] 노력하였다. 그러나 신라사회 내에서 진골귀족층 전체가 아닌 일부 집권세력에 불과한 왕실과 그 추종집단의 지지를 바탕으로 추구한 왕과 왕족의 지위향상과 이를 위한 가계의 협소화 및 신성화 기도가 결국 왕실의 위약화와 王孫의 절멸을 가져왔다. 그리고 이러한 현상은 골품제의 붕괴뿐만 아니라 마침내는 신라사회의 해체와 신라왕조의 멸망으로 이끌었으며, 이는 한국사에서 새로운 단계로의 진전이었다.

Ⅱ. 왕위계승과 骨品制의 기능 상실

1. 非眞骨王 출현의 前兆

1) 왕권 강화 추구

이미 신라 중대에도 골품제 규정이 예외적으로 적용되는 현상은 있었다. 삼국통일을 통하여 기존 진골귀족들의 견제에서 탈피할 수 있는 단서를 연 무열왕계는 점차 전제적인 왕권을 형성하여 갔다. 이 과정에서 유교적 정치이념의 실현은 골품제의 규정에 배치되는 양상을 가져왔다.

유학의 교양에 따른 관리의 임용은 전통적인 골품제의 혈연신분제에 의하지 않았다. 특히 무열왕계는 왕위의 嫡長子繼承을 실현, 고수하면서 이에 저해되는 진골귀족들을 무참히 숙청하여, 드디어 신문왕대에는 전제적 왕권의 성립에 성공하였다.[95] 더욱이 682년

---

94) 金昌謙, 1999,「新羅 元聖王系 王의 皇帝・皇族的 地位와 骨品 超越化」『白山學報』52.

(신문왕 2)에는 國學을 설치하였는데, 이는 곧 관료의 임용에서 골
품제의 신분만이 아니라 이제는 이들에게 유학적인 소양도 함께
요구하겠다는 의미를 갖는 것이다.[96] 그리고 687년(신문왕 7)에는
관리들에게 官僚田을 주고, 689년(신문왕 9)에 祿邑을 폐지하는 대
신 歲租를 차등있게 지급하였다. 이 또한 진골귀족들의 혈연적인
특권을 박탈하려는 의도가 개재된 것이다.[97]

그러나 이러한 중앙집권화정책의 추진과 아울러 傍系貴族들을
도태시키면서 강화되고 있던 중대 왕실의 전제적인 노력도 중대
말기에 이르러 그 한계점에 도달하였다. 그리하여 경덕왕은 귀족
세력의 억제를 위한 최후의 시도로 여러 가지 개혁을 감행하였다.
우선 747년(경덕왕 6) 정월에 유교 교육의 강화를 위하여 國學에
諸業博士와 助敎를 두었다. 또 748년(경덕왕 7)에는 百官의 糾正을
위한 偵察 1인을 설치하였으며, 759년(경덕왕 18)에는 官制를 개혁
하여 귀족회의 정치체제를 떠나 전제적인 지배를 도모하였다.

하지만 이러한 중대 왕실의 노력도 혜공왕의 즉위를 계기로 실

---

95) 신문왕은 왕비의 아버지인 金欽突의 謀逆事件을 진압한 것을 계기로
兵部令 金軍官 등 많은 귀족들을 숙청하였고, 또 중앙의 정치기구와
군제를 정비하고 9州 5小京을 기본구조로 하는 지방제도를 조직하면
서 전제왕권을 이루었다(金壽泰, 1992, 「新羅 神文王代 專制王權의 확
립과 金欽突亂」『新羅文化』 9, 157~179쪽).

96) 金義滿, 1993, 「新羅 國學의 成立과 運營」『素軒南都永博士古稀紀念
歷史學論叢』.
고경석, 1997, 「신라관인 선발제도의 변화」『역사와 현실』 23.
李喜寬, 1998, 「新羅 中代의 國學과 國學生」『新羅의 人材養成과 選
拔』, 동국대학교 신라문화연구소.

97) 이희관, 1990, 「신라의 녹읍」『韓國上古史學報』 3.
趙二玉, 1993, 「統一新羅 景德王代 專制王權과 祿邑에 관한 硏究」『東
洋古典硏究』 1.
전덕재, 2000, 「신라시대 녹읍의 성격」『韓國古代史論叢』 10.

패하였다.98) 나이 어린 혜공왕이 즉위하게 되어 攝政을 맡은 太后
와 외척세력이99) 전권을 독점하는 모습을 보이자 이에 대한 진골
귀족들의 반발이 나타났다. 이에 혜공왕은 정권을 유지하기 위하
여 姑從兄弟 金良相을 등용하였으나, 그 결과는 무열왕계 방계귀
족의 등장을 초래하였고, 결국에는 귀족들의 반란으로 중대의 전
제적인 체제는 몰락하고 말았다. 그리고 곧 하대가 시작되었다.

실질적인 하대 왕통을 연 원성왕은 새로운 왕실의 지위를 확보
하고자 노력하였다. 비록 그의 선대가 내물왕계로서 侍中·將軍의
관직을 역임하는 등 중대 진골귀족사회에서 일정한 위치를 차지하
고는 있었던 것 같으나,100) 그리 대단하게 두드러졌던 가계는 아니
었다.101) 그리하여 그는 즉위와 동시에 왕실의 神聖化에 부심하였
다. 이는 원성왕도 12세손이라고 자처한 만큼 내물왕의 후손이라
는 점에서는 중대 왕실과 공통의 혈연의식을 가졌으면서도 오히려
타가계에 대하여 分派意識을 보여 차별화를 꾀한 것이다.102)

그리고 하대에는 왕권의 진골귀족에 대한 특전의 배제를 위한
노력이 심화되고 있었다. 특히 하대의 성립과 함께 이루어진 왕통
의 변화는 이를 더욱 필요로 하였다. 일반적으로 신라시대 왕은 중
대 이전에는 골품제에 있어 성골, 중대 이후에는 진골신분을 가졌
던 것으로 이해되고 있다.103) 그리고 제36대 혜공왕의 피살로 중대

98) 李基白, 1958,「新羅 惠恭王代의 政治的 變革」『社會科學』2 ; 1974,
   『新羅政治社會史硏究』, 一潮閣.
99) 朴海鉉, 1997,「惠恭王代 貴族勢力과 中代王權」『全南史學』11.
100) 李基東, 1984,「新羅 下代 王位繼承과 政治過程」『新羅骨品制社會와
   花郎徒』, 一潮閣, 151쪽.
101) 崔柄憲, 1978,「新羅 下代社會의 動搖」『한국사』3, 국사편찬위원회,
   431쪽.
102) 李基東,「新羅 奈勿王系의 血緣意識」, 앞의 책, 88쪽.
103) 신라 中古期에 骨品制가 갖추어진 뒤부터는 聖骨로 칭해지던 金氏의
   王統이 이어지다가, 聖骨男子가 소멸되어 善德·眞德女王의 재위를

무열왕계의 왕통이 끝나고, 새로 즉위한 제37대 선덕왕은 내물왕의 10대손, 제38대 원성왕은 내물왕의 12대손이라고 하였는데, 이들 역시 진골이었다.

실질적인 하대의 시작과 함께 진골 김씨의 원성왕계 왕통이 성립되어 이들 가계 내에서 왕위계승이 이루어졌다. 그러나 이제는 일반 진골귀족이 아니라 왕실을 이루게 된 원성왕의 가계로서는 새로운 왕족으로서 자존적 의식을 가지면서 여타 진골과는 차별화를 꾀할 필요를 느끼게 되었다.

원성왕은 즉위 직후부터 왕권을 강화하고, 자신의 가계를 신성화하기 위하여 노력하였다. 먼저 즉위 직후에 先代를 大王으로 추봉하고, 祖父와 考를 포함하는 五廟를 새로 정하고, 아들 仁謙을 王太子로 삼아 왕실로서 면모를 갖추었다.[104] 이는 왕위계승에서 直系相續이 중요시되었고, 直系의 존숭은 자연히 傍系와 차이를 강조하여 점차 가족 규모의 分枝化의 요인이 되었다.[105]

한편 원성왕은 종래의 족적 전통이 정치적인 규제로서 부적당함을 자각하고, 새로운 王者의 권위를 안정시키고 중앙집권체제의 성립을 위하여 개혁을 시도하였다. 우선 788년(원성왕 4) 讀書三品科를 정하여 유교적 학식을 갖춘 자는 등급을 밟지 않고 등용하는 제도를 마련하였다.[106] 이는 종전까지 다만 활 쏘는 것으로 인물을

거처, 어쩔 수 없이 眞骨男子에게로 왕위가 계승되어 제29대 太宗武烈王이 즉위함으로써 眞骨金氏인 무열왕계의 왕통이 형성되었다.

104) 『삼국사기』 권10, 원성왕 즉위년 2월. 특히 五廟制의 시행은 하대 왕실도 奈勿王의 直系孫이면서도 타가계와의 分派意識을 보인 것은 차별화를 꾀한 것이다. 이는 앞서 선덕왕은 그렇지 못하였던 것과는 다르다(申瀅植, 1971, 「新羅王位繼承考」 『柳洪烈博士華甲紀念論叢』).

105) 李基東, 「新羅 下代의 王位繼承과 政治過程」 앞의 책, 179~180쪽.

106) 洪起子, 1998, 「新羅下代 讀書三品科」 『新羅의 人材養成과 選拔』, 동국대학교 신라문화연구소, 117~140쪽.

선발하던 것을 고친 것으로,[107] 즉 종전까지는 인재등용을 단순한
신체적 내지는 武的 기초능력만을 시험하여 그들의 골품제적 신분
에 따라 등용하던 것을 지양하고자 하였다.[108]

이러한 조치는 진골에게 유교적 지식을 강요함으로써 원성왕 정
권에 대한 순응을 요구하는 것이며, 기타 신분에게는 어느 정도의
골품제적 규제가 완화되는 듯한 희망을 갖게 하여 정권에 협조하
게 유도하고, 나아가서는 원성왕계를 새로운 왕족으로 인정하도록
이끌어 가는 노력이었다.

그리고 점차 자신의 손자 俊邕,[109] 崇斌,[110] 彦昇을[111] 차례로
侍中에 임명하였고, 또 俊邕과[112] 彦昇을[113] 兵部令에 임명하였
다. 이처럼 원성왕은 상대등·병부령·재상 등 중앙 요직을 가까
운 친족들에게 맡겨 왕과 왕태자를 정점으로 하는 극히 좁은 범위
의 소가계 친족에 의한 권력독점을 통하여 왕권을 강화해 나갔
다.[114] 그리하여 마침내는 자신의 가계를 여타의 진골가계보다 초
월적 존재로 부각시키기 위하여 皇室을 표방하였다.[115]

---

107) 『삼국사기』 권10, 원성왕 4년.
108) 독서삼품과 설치의 정치적 목적은 중앙귀족의 수효가 증가하여 단순
히 골품에 의해 관리를 채용하기가 곤란하고, 또 관직을 가지고 싸우
는 族閥的인 대립을 제거하는 새로운 기준을 모색한 것이다(崔柄憲,
앞의 글, 439쪽).
109) 『삼국사기』 권10, 원성왕 7년 10월.
110) 『삼국사기』 권10, 원성왕 8년 8월.
111) 『삼국사기』 권10, 원성왕 10년 2월.
112) 太子로 책봉되기 전에 兵部令을 역임하였다(『삼국사기』 권10, 소성왕
즉위조).
113) 『삼국사기』 권10, 원성왕 12년 4월.
114) 李基東, 앞의 글, 151~153쪽.
115) 「葛項寺石塔記」에 의하면 '敬信大王·昭文皇太后'을 칭하였고, 또
『삼국사기』 권11, 문성왕 19년의 遺詔에 '先皇'이라는 표현이 있는 것
등에서, 원성왕이 스스로 황제와 대등한 입장을 취하였음을 추측할

또 애장왕대에도 개혁정치의 시행을 통하여 이러한 노력이 계속되었다. 805년(애장왕 6) 公式二十餘條를 頒示하여 왕권의 권력집중을 도모하고, 806년(애장왕 7)에는 佛寺의 新創과 奢侈를 금지하는 敎書를 발표하였다. 이 당시 願刹은 바로 一族一門 내지 한 개인의 祈福禳災를 위한 것이므로, 이와 같은 조치는 이들이 귀족들의 정치싸움에 직접 개입하는 것을 금지하고, 원성왕계 스스로 좁은 범위의 족벌정치를 행하여 타가계와 구분화를 시도한 것이다. 그리고 사치의 금지는 진골귀족들의 향락과 사회적 부패상을 제거하여 사회기강을 확립함으로써 정치적 불안을 제거하고 왕권안정의 기반을 조성하고자 한 것이다.[116]

한편 애장왕을 시해하고 즉위한 헌덕왕·흥덕왕도 여러 가지로 개혁을 시도하였다. 우선 822년(헌덕왕 14) 인사제도의 개혁을 추진하였다. 헌덕왕은 아우 秀宗을 副君으로 삼아 月池宮에 들게 하고, 대신 상대등을 맡은 金忠恭이 政事堂에서 人事를 관장하였다. 이때 祿眞이 "인사가 私에 徇하고 公에 滅하여 사람을 위하여 벼슬을 택하니, 좋아하면 비록 인재가 아니라도 높은 자리로 끌어올리고, 미워하면 비록 유능한 인물이라도 구렁텅이로 빠지고 있습니다." 하면서 시정을 요구한 건의가 받아 들여졌다. 즉 능력에 근거하지 않고 골품에 기준으로 하는 것을 비판함이 수용되었다는 것은 흥덕왕과 김충공이 일부이기는 하지만, 당시 지배층에서도 골품제도의 모순을 자각하였음을 알 수 있다.[117]

수 있다(金昌謙, 1999,「新羅 元聖王系 王의 皇帝·皇族的 地位와 骨品 超越化」『白山學報』52).

116) 그런데 개혁의 주체는 金彦昇과 金秀宗이므로 애장왕의 왕권강화를 위한 것이라기보다는 이 兩人勢力의 强固化를 위한 것이다(金東洙, 1982,「新羅 憲德·興德王代의 改革政治」『韓國史硏究』39, 34쪽).

117) 특히 788년(원성왕 4) 讀書三品科의 설치를 통한 下級官吏의 양성과 789년(원성왕 5) 9월 子玉을 少守 임명시 보여준 원성왕의 유교적 소

그리고 834년(홍덕왕 9)에는 사치금지령을 반포하였다. 그 내용은
골품의 높고 낮음에 따른 服色・車騎・器用・屋舍의 제한규정으
로, 그 목적은 사치금지와 골품제도의 재정비였다. 이는 해이해진
사회기강을 바로잡고 무너져 가는 골품제를 재정비하기 위한 것이
면서도, 좀더 근본적인 의도는 진골과 그 이하 신분의 생활규정을
정하고 제약을 가하여 왕실과 차별화 시키려는 의도였다. 결국 헌
덕왕・홍덕왕대의 개혁은 王室一門에 의한 專制主義의 지향이었다.
그리하여 이러한 제한규정에 구속받지 않는 왕실의 지위를 상대적
으로 상승시켜 골품제를 초월하게 해준 것으로 보아도 되겠다.[118]
그 결과 신라 하대의 왕족은 진골 이상의 신분층으로 격상하였다.
최치원은 신라 하대의 신분제를 다음과 같이 보았다.

양을 가진 자를 地方官에 임명하려는 의지 등에서 추측컨대, 당시 6
두품을 중심으로 한 유학자들의 정치사상이 왕의 통치에도 상당히 반
영되어 실현화되고 있었다고 보겠다.

118) 특히 834년(홍덕왕 9)의 규정 반포 이후 시기의 新羅王은 골품제를 초
월하는 中國 皇帝의 지위에 대응하는 존재로 대두하였고, 그 의미에
서 신라 고유의 골품제 자체가 스스로 부정되어 가는 과정에 있었다
고 하겠다(武田幸男, 1975, 「新羅骨品制の再檢討」『東洋文化硏究所
紀要』67, 111~214쪽). 그리고 이미 원성왕계의 성립 직후부터 강화
된 타가계에 대한 억제조치는 또다른 파급효과를 가져왔다. 즉 하대
에 들어서면서 金周元系의 溟州地方으로 이주와 金仁問 直系孫의 保
寧地方으로 이주를 비롯한 중앙진골귀족들이 지방에 퇴거하여 莊園
을 근거로 하여 지방세력화하는 경우가 많았는데, 이들이 세력기반이
있는 곳을 本貫으로 하면서 分派를 이루어 나가게 되었다. 이와 같은
경향은 엄격하였던 신분제도인 골품제도에도 변동을 주어 중앙과 지
방귀족간의 身分區分觀念이 희미하게 되었고, 이것이 지방세력들의
중앙귀족에 대하여 가지는 自主性의 度가 높아지게 자극한 것이었다
(崔柄憲, 앞의 글, 461~462쪽). 그리고 이때 행하여진 진골귀족에 대
한 生活規制(사치금지)와 중앙에서의 경제적 기반에 대한 剝奪을 의
미하는 이러한 조치 역시 이들에게 반발과 위기의식을 더해 주어, 이
들의 反王室化現像은 생존을 위한 자기독립화를 초래하였다.

國有五品 曰聖而 曰眞骨 曰得難 言貴姓之難得 文賦云 或求易而
得難 從言 六頭品數多爲貴猶一命至九 其四五品不足言(「성주사낭혜
화상비」)

연구자에 따라 이 문구에 대한 해석은 차이가 있다.[119] 여기서
'聖而'에 대해서는 종래 신라 골품제도의 聖骨로 본 견해도 있으
나,[120] 이는 사실과 다르다고 보겠다. 성골은 이미 중고기의 진덕
여왕을 끝으로 소멸되었다. 그러므로 약 250년이 지난 지금, 즉 9
세기 말엽에 와서 존재하지도 않는 성골을 신라의 신분계층으로
언급하지는 않았다고 보겠다. 그러나 이때의 '聖而'란 바로 뒤이어
언급된 진골보다는 높은 신분을 의미하는 것은 분명하다.

그러면 성골이 존재하지 않는 상황에서 진골보다 상위에 해당하
는 계층은 누구인가? 이는 당시 왕족으로 보아야 하겠다.[121] 다시

---

119) 尹善泰, 1993,「新羅 骨品制의 構造와 機能」『韓國史論』30, 서울대
학교 국사학과, 11∼18쪽.
趙仁成, 1994,「崔致遠撰述碑銘의 註釋에 대한 一考」『加羅文化』11,
경남대학교, 92쪽.
徐毅植, 1995,「9세기말 신라의 '得難'과 그 성립과정」『한국사의 시
대구분』, 한국고대사학회.
南東信, 2002,「聖住寺 無染碑의 '得難'條에 대한 考察」『韓國古代史
研究』28.
120) 今西龍, 1970,「新羅骨品'聖而'考」『新羅史研究』, 國書刊行會.
田美姬, 1998,『신라 골품제의 성립과 운용』, 서강대학교 박사학위논
문, 30∼32쪽.
金基興, 1999,「新羅의 聖骨」『歷史學報』164, 36∼37쪽과 61∼63쪽.
121) 李鍾旭, 1985,「新羅時代의 眞骨」『東亞研究』6, 288쪽. 한편 徐毅植
은 위의 인용문에서 聖而와 眞骨 사이의 '曰'字는 崔致遠의 원고에
없던 글자인데, 立碑가 완료된 이후의 후대인에 의해 임의로 추기된
것으로 추측하여 '聖而眞骨'로 보면서, 이는 '王과 王族인 眞骨'이라
해석하고자 하였는데(앞의 글, 244∼254쪽), 그러면 왕족이 아닌 나머
지 진골귀족은 어디에도 속하지 못하는 문제점이 생긴다.

말하면 하대의 어느 시기에 이르러 국왕을 비롯한 왕족은 일반 진
골귀족으로부터 超越된 지위에 있었음을 말해주는 것이다.[122]

그리하여 결국에는 실제로 진성여왕대 직후에는 왕위계승이[123]
진골이라는 신분과는 무관하고, 왕족이라는 혈연적 요인과 당시의
정치적 요인에 의해서만 이루어지게 되었다. 이는 찬탈과 추대, 유
조 등의 방법을 통하여 즉위한 왕들에 의하여 하대 초기부터 꾸준

---

122) 하대의 원성왕계 왕들이 황제를 표방하고 황족의식을 취한 배경과 목
적은 중대에는 하나의 일반 진골귀족에 불과한 가계에서 비정상적인
방법으로 즉위한 원성왕이 자신의 위상을 높이고 왕권을 강화할 목적
에서 취한 하나의 방법이었다. 그리하여 원성왕계는 황제·황족의식
을 표현한 결과 이들은 종래 일반진골에서 분화, 격상된 '聖而'로 지
칭된 초월적 신분이 되었고, 드디어는 원성왕계의 후손이면 그 신분
이 비진골이라도 왕위를 계승할 수 있게 되었다. 그리하여 하대의 왕
은 진골에서 초월화하여, 제도적으로는 황제라는 외투로 장식하고 실
질적으로는 진골이라야 한다는 골품제 제약에서 벗어나, 오로지 왕손
이라는 혈연적 요인에 의해 왕위를 계승케 되었다. 결국 신라는 대외
적으로는 중국 당에 대하여 제후국을 취하면서도 국내적으로는 하나
의 독립된 황제국의 지위를 가졌던 이중체제의 국가였다(金昌謙, 앞
의 글, 868쪽).
123) 진성여왕 이후의 왕위계승에 대해서는 아래의 글을 참조 바란다.
井上秀雄, 1968,「新羅朴氏王系の成立」『朝鮮學報』7.
李培鎔, 1985,「新羅 下代 王位繼承과 眞聖女王」『千寬宇先生還曆紀
念 韓國史學論叢』.
全基雄, 1989,「新羅 下代末의 政治社會와 景文王家」『釜山史學』
16.
全基雄, 1994,「新羅 下代의 花郎勢力」『新羅文化』10·11합집, 동국
대학교 신라문화연구소.
曺凡煥, 1991,「新羅末 朴氏王의 登場과 그 政治的 性格」『歷史學
報』129.
음선혁, 1997,「新羅 敬順王의 卽位와 高麗 歸附의 政治的 性格」『全
南史學』11.
金昌謙, 1999,「新羅 孝恭王의 卽位와 非眞骨王의 王位繼承」『史學
研究』57·58합집.

히 계속된 왕실의 타진골가계와 차별화를 통한 신성화 노력의 결과이다. 이 과정에서 왕실은 골품제로부터 초월하였고, 왕위계승에서 골품제 규정은 기능을 상실하였다.

그러나 원성왕계 내에서도 직계와 각 방계 사이에 점차 차이가 생기면서 이들간에 왕위계승권을 갖는 가계와 이에서 멀어진 가계 간에 왕위계승을 둘러싸고 정치적 대립이 야기되었다.[124] 그리하여 정상적 계승이건 비정상적 계승에 의하였거나 일단 왕위를 가진 특정가계는 왕위계승권을 독점화하기 위하여 근친혼 등을 통하여 왕실세력의 범위를 협소화시켰다. 또 그 혈족이 상대등을 비롯한 여러 관부의 장관직 등의 겸직과 관원의 복수제를 통하여 중앙의 중요 관직을 독점화하여 특정가계 중심의 왕권을 추구하였다.

2) 골품제 운용의 변질

신라는 골품제에 기초한 사회로서 『삼국사기』 권38, 직관 上의 첫머리에 보이듯이, 사회생활은 물론 관직임용도 골품제 규정에 의하여 제한을 받았다. 그래서 신라인들 사이에는 薛罽豆의 경우처럼 이에 대한 불만이 대단히 컸다.[125]

그러나 신라 하대에 이르면 이 규정이 엄격히 지켜지지 않는 경

---

124) 이러한 왕위쟁탈전의 발생은 왕실의 5묘제를 확립하는 과정에 그 원인이 있다. 왜냐하면 이로써 왕위계승에 있어 직계상속이 무엇보다도 중요하게 인식되었고, 나아가 이러한 직계 존중은 자연히 방계와 차별성을 강조하는 결과를 낳게 되어, 奈勿王系 혹은 武烈王系라고 하는 광범위한 씨족 연대의식을 약화시키게 됨은 물론, 원성왕계 내부의 혈족집단 자체를 점차 가족 규모의 작은 단위로 分枝化시킨 요인이 되었기 때문이다. 실로 830년대 후반의 가열한 왕위쟁탈전의 원인은 여기에 있었다고 할 수 있다(李基東, 1984,「新羅下代의 王位繼承과 政治過程」, 앞의 책).

125) 『삼국사기』 권47, 薛罽頭傳 참조.

우가 있었다. 비정상적이고 비평화적인 왕위계승과 즉위후 왕권의 강화과정에서 새로운 왕에게 적극적인 협조자는 특별 褒賞을, 반란을 일으키는 등의 반대자에 대해서는 罰則을 가하였다. 이 과정에서도 골품제의 운용에 변질이 나타났다.

특히 포상의 경우에는 종전의 골품제에 의한 관등제 규정이 무너지는 현상이 나타났다. 그 실례의 하나로 祿眞의 경우를 살펴보자.

> 뒤에 熊川州 都督 憲昌이 반란을 일으킴에 왕이 군대를 출동시켜 토벌하였는데, 祿眞이 從事하여 공이 있어 왕이 大阿飡의 관위를 주었으나 사양하고 받지 않았다(『삼국사기』 권45, 祿眞傳).

이는 헌덕왕대의 사실이다. 祿眞의 姓과 字는 자세하지 않으나 그는 6두품이었으며,[126] 23세에 비로소 관직에 나아가 여러 차례 관직을 역임하다가 드디어 818년(헌덕왕 10)에는 執事侍郎에 보임되었다. 그리고 822년(헌덕왕 14) 상대등 忠恭의 인사행정문제에 대한 해결책을 제시하여 크게 인정을 받았고,[127] 또 뒤에 金憲昌의 난을 진압하는 과정에서 공을 세우자 헌덕왕은 그에게 大阿飡의 관등을 제수하였다.

그러나 대아찬은 신라 17관등 가운데서 제5위에 해당하는 것으로 오직 진골만이 가질 수 있는 관등이다. 그러므로 6두품인 녹진이 가질 수 있는 최고의 관등은 제6위 阿飡이었으며, 특별 승급을 한다 하더라도 重位制에 의하여 重阿飡을 가져야 한다.[128] 그럼에도 불구하고 진골에게 주어지는 것을 원칙으로 하던 관등인 대아찬을 제수하여 골품제의 관등제 규정을 예외로 하였다.

---

126) 李基白, 1971,「新羅 六頭品 研究」『省谷論叢』2 ; 앞의 책, 53쪽.
127) 『삼국사기』 권45, 祿眞傳 참조.
128) 『삼국사기』 권38, 職官 上.

한편 신무왕(김우징)은 왕위쟁탈과정에서 중앙에서는 정치적·군사적으로 열세여서 부득이 淸海鎭의 張保皐에게 망명하였고, 드디어는 그의 군사력을 지원받아 왕으로 즉위할 수 있었다. 신무왕은 즉위 뒤, 자신의 찬탈시에 가장 큰 공헌을 한 장보고에게 포상하면서 골품제의 규정을 무시하였다.

① 4월 청해진 대사 弓福은 성은 張氏인데[일명 保皐], 당나라 徐州에 들어가 軍中小將이 되었다가 뒤에 본국에 돌아와 왕을 뵙고 군사 1만 명으로 淸海를 지켰다(『삼국사기』권10, 흥덕왕 3년).

② 청해진대사 弓福을 봉하여 感義軍使를 삼는 동시에 그에게 식읍 2,000호를 봉하여 주었다(『삼국사기』권10, 신무왕 즉위조).

③ 8월 죄수를 大赦하고, 교서를 내리기를 "淸海鎭大使 弓福은 일찍이 병력으로 神考(신무왕)을 도와 先朝(희강왕)의 큰 적(민애왕 일파)을 멸하였으니, 그 功烈을 어찌 잊을 수 있으랴." 하고, 곧 그를 鎭海將軍으로 삼고, 아울러 章服을 내렸다(『삼국사기』권11, 문성왕 즉위조).

④ (鄭)年이 왕경에 들어가 叛者(민애왕)를 죽이고 (신무)왕을 세웠다. 왕이 保皐를 불러 相을 삼고, 鄭年으로 대신 淸海鎭을 지키게 하였다(『삼국사기』권44, 張保皐傳).

⑤ 왕이 드디어 保皐를 불러 相을 삼고, 鄭年으로 대신 淸海鎭을 지키게 하였다(『신당서』권220, 동이전 신라조).

기록의 내용상 그 사실여부에는 좀더 검토해 볼 여지가 있기는 하나, 장보고는 당에서 신라로 돌아와 흥덕왕으로부터 淸海鎭大使를 받았고, 신무왕의 즉위에 지대한 공을 세운 대가로 王京에 들어가 感義軍使의 직함을 받고 宰相이 되었으며, 또 문성왕의 즉위에 이르러서는 鎭海將軍에 임명되었다고 한다.

신라에서 宰相이나 將軍에 임명되려면 골품제 규정상 진골의 신분이라야 한다.[129] 하지만 장보고는 잘 알려졌듯이 海島人으로 미천한 신분이었기에 결코 진골이 아니었다. 다시 말해 장보고는 '해도인', 즉 바닷가 출신의 平民·百姓 또는 그 이하의 하층계급 출신으로,[130] 신라 왕경 출신도 아니었고 골품제에 편입된 계층의 신분도 아니었다. 그럼에도 장보고가 진골만이 차지할 수 있는 將軍 혹은 相에 임명되었다는 것은,[131] 곧 관직제수에 있어서 골품제 규정이 무시되었음을 나타내는 것이다.[132]

또 문성왕대에는 張保皐(弓巴·弓福)의 피살사건이 있었다.[133]

① 제45대 神武大王이 왕이 되기 전에 俠士 弓巴에게 말하기를 "나에게 불공대천의 원수가 있는데, 네가 나를 위하여 제거해 준다면 임금이 된 뒤에는 너의 딸을 왕비로 삼겠다." 하였다. 弓巴가 이를 허락하고 함께 힘과 마음을 협력하여 군사를 일으켜 王京을 침공하여 일을 성공할 수 있었다. 왕위에 오른 뒤에 弓巴의 딸을 왕비로 삼고자 하였더니, 여러 신하들이 "궁파는 側微하여 임금께서 그의 딸을 맞아 왕비로 삼는다는 것은 옳지 못하다."고 말함에 왕이 이에 따랐다. 이때 궁파는 淸海鎭을 지키고 있었는데, 왕이 약속을 지키지 않음을 원망하여 반란을 도모코자 하였다(『삼국유사』권2, 神武大王 閻長弓巴).

② 3월 淸海鎭大使 弓福의 딸을 취하여 次妃를 삼으려 하자 朝臣들이 諫하기를 "夫婦의 道는 인간의 큰 윤리이다. 그러므로 夏(禹)는 塗山氏(禹의 부인)로 인하여 일어나고, 殷(湯)은 新氏(湯의 부인 有華氏)로 인하여 창성하였으며, 周는 褒姒(幽王의 寵妃)로 망하고, 晉은 驪姬(獻公의 妃)로 문란하였다. 즉 나라의 존망이 이에

---

129) 『삼국사기』권40, 직관 下.
130) 李基東, 1985, 「張保皐와 그의 海上王國」『張保皐의 新研究』, 莞島文化院.
131) 이처럼 장보고를 예우한 것은 국왕인 자신과 장보고와의 사이에 君臣關係를 맺으려는 시도라고 한다(李基東, 앞의 글, 115쪽).
132) 장보고는 청해진대사가 될 때부터 골품제의 통제를 벗어난 세력이었다는 견해도 있다(李鍾旭, 1999, 『新羅骨品制研究』, 一潮閣, 357쪽).
133) 金昌謙, 2002, 「8~9세기 新羅 政治社會의 變化와 張保皐」『대외문물교류연구』창간호, 181~186쪽 참조.

있으니 어찌 삼갈 일이 아니랴. 지금 弓福은 海島人이거늘 그의
딸로 어찌 왕실의 배필로 삼겠는가!" 하니, 왕이 그 말에 따랐다
(『삼국사기』 권11, 문성왕 7년).

위의 인용문에 따르면, 이 사건은 장보고가 왕이 그의 딸을 왕비
로 취하기로 한 약조가 지켜지지 않음을 원망하여 叛亂을 도모한
것이 이유가 되었다고 하였다.[134]

여기서 유의할 점은 당시 중앙 朝臣들이 장보고의 納妃를 반대
한 이유로 그의 신분이 海島人으로 側微함을 내세웠다는 사실이
다. 물론 이러한 반대에는 정치적 이해관계도 작용하였지만, 이는
당시 골품제가 비록 부분적으로 붕괴되고 있었으나 왕위계승과
왕실혼인에서는 그 기능을 작용하고 있었음을 보여주는 것이다.
만약에 정통적인 골품제의 규정에 따르면, 왕위를 이어갈 진골의
아들을 얻으려면 진골여자를 왕비로 취해야만 하였다.[135] 그럼에
도 진골은 물론 두품체제에조차 속하지 못한 신분인 장보고의 딸
을 왕비로 취하려 했다는 것은 문성왕 스스로가 전통적인 골품제
에 의한 혼인규정을 무시하고 있음을 보여주는 것이라 하겠다.

앞에서 살펴보았듯이 장보고는 흥덕왕·신무왕·문성왕으로부
터 골품제의 규정을 예외로 하는 관직의 제수와 대우를 받았다. 그
리고 이제는 문성왕이 장보고의 딸을 왕비로 취하려 하자 중앙의
귀족들은 골품제의 규정을 원용하여 이를 반대하고 있다.[136] 다시

---

134) 그 시기와 왕에 대해서는 신무왕과 문성왕으로 차이가 있으나, 『삼국
　　사기』의 기사가 더 신빙성이 있으므로 문성왕대의 사건으로 봄이 옳
　　다(金庠基, 1948, 「古代의 貿易形態와 羅末의 海上發展에 대하여」
　　『東方交流史論攷』, 乙酉文化社, 36쪽).
135) 중대의 신문왕, 성덕왕, 경덕왕, 혜공왕은 아들을 얻고자 진골 여자를
　　둘째 왕비로 취하였다.
136) 李永澤, 1979, 「張保皐 海上勢力에 관한 考察」『한국해양대학논문집』
　　14, 70쪽.

말하면 이 사건은 정치적 갈등이 개재되어 있지만, 종래 골품제적 신분체제를 지속시키려는 기득권을 가진 중앙의 진골귀족층과 이를 부인하려는 새로이 등장한 지방세력가 사이에 있었던 갈등의 표출이었다.

결국 장보고 딸의 납비는 중앙 진골귀족들의 반대로 실패하였지만, 이는 골품체제 자체가 위에서부터 무너져가고 있었음을 단적으로 보여주는 것이다. 그리고 이것은 이미 골품제의 기본성격이 변질되고 있음을 반영한 것이며,[137] 아울러 골품제가 붕괴과정에 접어든 것임을[138] 알 수 있다.

이외에도 골품제와 관등제 규정에 배치되는 경우가 더러 있었다.

① 신라의 大夫(혹은 太大)角干 崔有德이 私第를 희사하여 절을 삼았다(『삼국유사』 권3, 有德寺).

② 중 惠通의 氏族은 未詳이다. … 혹은 혜통의 俗名은 尊勝 角干이라고 한다(『삼국유사』 권5, 惠通降龍).

③ 慈藏이 신라에 돌아왔을 때 淨神大王의 太子 寶川과 孝明 두 형제가 河西府에 이르러 世獻 角干의 집에서 하루를 잤다(『삼국유사』 권3, 臺山五萬眞身).

④ 天祐 2년(905, 효공왕 9) 6월에 물러나 武州의 會津으로 돌아왔다. 이때 이 주를 맡고 있던 蘇判 王池本이 …(「無爲寺先覺大師遍光塔碑」『韓國金石全文』, 348쪽).

⑤ (閻)長이 이끌고 王京에 와서 復命하기를 '이미 弓巴를 베었다.'

---

137) 朱甫暾, 1984, 「新羅時代의 連坐制」『大丘史學』 25, 46쪽.
138) 골품제를 존중하던 신라에서 微賤한 장보고의 女에 대하여 납비문제가 일어난 것은, 그 사실의 성질로 보아 문성왕 7년에 이르러 비로소 돌발한 것이 아니었을 것이며, 『삼국유사』에 보임과 같이 이미 祐徵(신무왕)이 청해진에 있을 때부터 장래의 태자비로서 약속을 하였던 듯하다. 그리고 장보고 女의 납비문제는 실제에 있어 골품제의 동요를 의미하는 것이다.

하니, 왕이 기뻐하여 상을 주고 阿干을 내렸다(『삼국유사』 권2,
神武大王閻長弓巴).

⑥ 公의 姓은 柳氏이며, 諱는 邦憲이고, 字는 民則인데, 全州人이다.
曾祖의 諱는 其休인데, 성품이 검소하고 곧으며, 벼슬이 角干에
이르렀다(「柳邦憲墓誌」『조선금석총람』 상, 265쪽).

⑦ 『聖源錄』에 昕康大王[즉 懿祖]의 부인 龍女는 平州人 豆恩坫 角
干의 딸이라고 하였다(『高麗史』 고려세계)

위의 인용문에서 보듯이 신라 하대에 이르러 角干과 蘇判의 관
등을 崔氏와 柳氏 및 地方人 또는 씨족미상의 인물이 보유하였다
는 것은 전통적인 골품제에는 어긋나는 사항이다.

신라시대 최씨는 대표적인 6두품이라고 한다. 그러나 인용문 ①
에서는 崔有德의 관등이 角干(혹은 太大角干)으로 되어 있어, 신라
시대 관등규정에 의하면 최유덕은 진골이었다는 이야기가 된다.
만약 이것이 사실이라면, 이는 오히려 최씨 세력이 뒤에 진골과 相
等할 정도까지 성장해 나갔다는 하나의 증거가 되기 때문에 흥미
롭다고 할 것이다.[139]

그리고 신라 말에 이르러 武州 출신의 염장이 장보고를 암살한
공로로 阿飡의 관등을 받았고, 또 柳氏와 氏族未詳의 지방인이 角
干과 蘇判의 관등을 가진 것 또한 이미 골품제에 의한 관등제 규
정이 지켜지지 않았음을 보여주는 것이다. 이러한 양상은 곧 골품
제의 붕괴, 특히 관등제와 골품제의 관계를 스스로 부정하는 뜻이
며, 이는 골품제 자체가 변질되고 있음을 반영한 것이다.[140]

사실 흔히 신라 골품제에 한계를 느끼고 속세를 등진 것으로 이
해되고 있는 최치원의 경우를 보면 재미있는 사실을 확인할 수 있

---

139) 李基白, 앞의 글, 47쪽.
140) 朱甫暾, 1984, 앞의 글, 45쪽.

다. 최치원이 당에서 신라로 귀국한 뒤에 관직은 885년 承務郎, 893년(「봉암사지증대사비」) 朝請大夫, 894년(『삼국사기』 진성여왕 8년) 阿飡, 894~898년(「심원사수철화상비」) 將軍의 관직을 보임하였다고 한다. 더 이상의 직함도 있었는지는 모르나 최치원이 받은 장군직은 비록 散職이지만 진골만이 받을 수 있는 관직이었다. 그렇다면 최치원은 885년(헌강왕 11) 장군직을 제수받아 진골의 직위까지 올랐다는 것이 되는데, 이에서 헌강왕 무렵에는 골품제가 와해되어 관료제와 뒤섞여 운용되었음을 알 수 있다.[141]

신라 말에 보이는 職名과 官等名을 私稱으로 보려는 경향은 재고되어야 한다. 일부에서는 사칭의 경우가 없지 않겠으나 대부분은 공적 인정을 얻은 것이라고 생각되며, 사칭 그 자체가 본래의 직명이 존재하고 있다는 반증이 되는 것이다.[142] 그리고 종래 4두품, 5두품에 해당하는 대우를 받았던 村主들이 하대에 오면서 大奈麻, 級干, 沙干, 三重沙干 등으로 나타나고 있어 6두품의 관등을 소유하는 예가 두드러지게 증가하고 있다. 이것은 신라사회의 엄격한 골품체제 하의 신분질서가 변질되고 붕괴되는 현상이다.

그리고 신라 하대에 있었던 文散階와[143] 魚袋制, 그리고 行守制의 시행은[144] 더욱 이를 잘 보여준다.[145]

---

141) 秋萬鎬, 1994, 「신라 하대 사상계의 동향」 『한국사』 4, 한길사, 342~344쪽.
　　崔敬淑, 1997, 「崔致遠의 歷史認識」 『고운의 사상과 문학』, 파전한국학당, 29쪽 주1.
142) 全基雄, 1987, 「羅末麗初의 地方社會와 知州諸軍事」 『慶南史學』 4, 16쪽 주49.
143) 신라 하대의 금석문에는 朝請大夫(성주사낭혜화상비), 儒林郎(보림사보조선사비), 朝請郎(월광사원랑선사비) 등의 문산계가 보이며, 또 이에 대해서는 黃善榮의 글(1995, 「金石文에 보이는 新羅 下代의 文散階」 『釜山史學』 29)을 참조 바란다.
144) 『韓國金石全文』 175쪽, 「昌林寺無垢淨塔願記」. 그리고 이에 대한 검

한편 처벌을 할 때도 있었는데, 이 경우에도 골품제의 변질을 낳
았다. 그 대표적인 사례가 朗慧和尙의 가계가 降等된 경우이다.

> 아버지는 範淸인데 族이 眞骨에서 한 등급 떨어져서 得難이 되었
> 다(「聖住寺朗惠和尙白月保光塔碑」『조선금석총람』상, 74쪽).

신라 하대의 정치적 상황을 고려하면 진골에서 강등한 경우는
더 많이 있었을 것이지만, 範淸의 경우처럼 특정가계를 族降시킴
으로[146] 인하여 같은 가계 내에서 종전의 신분을 유지하는 소가계
와 탈락하는 소가계간에 구분이 생기면서 가계의 分枝化는 촉진되
었다. 특히 벌칙을 가함에 있어 연좌제를 적용시키는 범위가 하대
에는 축소되었는데, 이는 가계의 분지화에 의하여 골품제 사회 자
체의 변화에 기인한 것이다.[147]

그리고 825년(헌덕왕 17) 1월에는 金憲昌의 아들 梵文이 高達山
賊 壽神 등 100명과 더불어 모반하였는데, 이것은 김헌창의 난과
같은 성격의 사건이라 하겠다. 그러면서도 여기에 농민출신의 도
적들이 가담하고 있었다는 것은 양자의 이해관계는 비록 상반되었

토로는 末松保和의 글(1934,「昌林寺無垢淨塔願記」『靑丘學叢』15 ;
1954,『新羅史の諸問題』, 東洋文庫)이 있다. 그리고 신라 하대의 행수
제와 관련해서는 李賢淑의 글(1992,「新羅末 魚袋制의 成立과 運用」
『史學硏究』43·44합집)에도 언급되어 있다.

145) 이는 留學生들이 출세사관의 평등주의를 唐에서 배워온 까닭에 그 숫
자가 증가하면 할수록 골품제에 대신하여 唐의 자유로운 사회조직이
반영될 수밖에 없었던 결과이며, 나아가 이러한 것은 신라 멸망의 한
원인이 되었다(藤田亮策, 1953,「新羅九州五京攷」『朝鮮學報』25 및
李基東, 1981,「新羅 衰亡史觀의 槪要」『韓㳓劤博士停年紀念 史學論
叢』, 143쪽).

146) 그 원인은 金範淸이 822년(헌덕왕 14) 김헌창의 난에 연좌됨으로 인한
듯하다(金杜珍, 1973,「朗慧와 그의 思想」『歷史學報』57, 26~27쪽).

147) 朱甫暾, 앞의 글, 47쪽.

다 하더라도 골품제라는 족적 구분관념에도 어떤 변동을 주는 계기가 되었을 것이다.[148]

하대에 들어서면서 金周元처럼 중앙에서 지방으로 이주한 귀족들이 그전부터 가지고 있던 莊園을 근거로 하여 지방세력화하는 경우가 많았는데,[149] 이들이 세력기반이 있는 곳을 뒷날 本貫으로 한 것에서 보여주듯이 分派를 이루어 나가게 되었다. 이러한 경향은 골품제도에도 변동을 주어 중앙과 지방귀족간의 신분구분관념을 희미하게 하였고,[150] 지방세력들의 중앙귀족에 대하여 가지는 자주성의 도가 높아지게 자극한 것이었다.[151]

신라 하대에 이르면 하층에서는 流亡 등에 의한 기존 신분체제로부터 이탈현상과 지방세력의 자기 독립화 현상에서 시작된 골품제의 붕괴현상이 있었다. 그리고 중앙에서는 왕실의 지위상승을 위한 여타 진골귀족과의 차별화 노력과 정쟁에서 실패한 진골가계의 몰락 및 퇴거한 진골들의 非眞骨化現像은 진골층을 도태시켜나가 골품제의 구조적 변동을 가져왔다. 또 협소화된 왕실이 추진한 왕권강화의 과정에서 소수 왕족에 의한 고위관직 독점화, 관등제와 관직제 규정의 무시와 더불어 행수제의 시행, 문산계의 도입, 그리고 연좌제에서 연좌 범위의 축소 등은 골품제의 운용 및 구조상의 변동을 초래하여, 하대에는 전반적으로 골품제도가 붕괴되어가고 있었다.

---

148) 崔柄憲, 앞의 글, 448쪽.
149) 金昌謙, 1997,「新羅 '溟州郡王'考」『成大史林』12·13合輯, 성균관대학교, 35∼58쪽
150) 일반적으로 宗家에서 일정한 범위 밖으로 傍系化한 집단은 族降을 하였는데, 그들은 居住地도 다른 곳으로 옮길 수 밖에 없었다고 한다(李鍾旭, 1985,「新羅時代의 眞骨」『東亞研究』6, 265쪽).
151) 崔柄憲, 앞의 글, 461∼462쪽.

3. 하대 왕의 非眞骨化

경문왕의 즉위는 眞骨男子 王族의 소멸을 보여주는 하나의 사례이다. 헌안왕에게 아들이 없어 女壻인 경문왕이 즉위하였다.

> 정월 왕은 병이 위중하여 左右에게 말하기를 "寡人은 불행히 아들이 없고 딸만 있으니, 우리나라의 故事에는 비록 善德·眞德 두 여왕의 예가 있으나 이는 牝鷄의 晨에 가까운 것이라 가히 본받을 일이 되지 못한다. 사위 膺廉은 나이 비록 적으나 노성한 덕이 있으니, 卿 등은 이를 세워 섬기면 반드시 祖宗의 令緖를 떨어뜨림이 없을 것이므로 과인은 죽어도 썩지 않겠다." 하였다(『삼국사기』권11, 헌안왕 5년).

보다 앞 시기에 신무왕의 찬탈로 均貞系 왕통이 성립되었다. 그렇지만 신무왕을 이어 즉위한 문성왕이 책봉하였던 태자는 일찍 죽고, 대신에 숙부 헌안왕에게 왕위가 계승되었다. 그러나 헌안왕 또한 아들이 없어 직계에 의한 남자의 왕위계승은 불가능해 졌다. 이 경우 신라 중고기에는 '聖骨男盡'을 이유로 여왕이 즉위하였다. 만약 헌안왕도 본인의 말처럼 이 원칙을 준용한다면 딸에게 왕위를 계승시켜야 한다. 하지만 신라 중대이래 왕위의 부자계승이 확립되었고, 이것이 어려운 경우라 하더라도 반드시 왕위는 부계친의 남자계승이 원칙이었다. 그러므로 헌안왕은 子 또는 兄弟에게 계승케 함이 원칙이나, 이것이 불가능한 까닭에 중고기의 善德女王과 眞德女王의 故事에 따라 딸이 계승할 수도 있다고 하면서도, 약 150여년 전에 중국에서 있었던 牝朝(則天武后期, 684~705)의 폐해를 이해한 신라 지배계층에 일반화된 유교적인 관점에서 이를 거부하고, 남자계승의 원칙을 적용하여 부득이 女壻이면서 再從孫인 부계친의 膺廉(경문왕)에게 계승케 하였다.[152]

이와 같은 경문왕의 왕위계승은 비록 큰 범주에서는 원성왕계내 禮英系로 同姓親繼承이기는 하나, 중대 이후 확립된 父系親 男孫 繼承의 원칙을 무시한 조치이며, 또 중고기에 행하여진 골품제 규정에 의거한 왕위계승의 변형적인 현상이다. 그리하여 신라의 골품제가 법제화된 뒤로는 행해지지 않았던 왕위의 여서계승이 다시 등장하게 되었다. 이것은 헌안왕이 左右에게 부탁하였듯이, 왕위 쟁탈전의 재발을 방지하고 좀더 큰 범주의 예영계 내에서나마 왕통을 유지시키려는 정치적 배려에서 나타난 하대의 왕위계승에서 특수한 현상이다.153)

헌안왕의 유조에 의한 경문왕의 즉위로 이른바 경문왕계 왕통이 성립되었다. 경문왕도 즉위 초에는 다른 진골귀족들의 도전을 받았으나 이를 무력으로 진압하면서, 한편으로는 범원성왕계의 결속,154) 제도의 개혁,155) 황룡사9층탑 중수와 願塔의 조영,156) 유학 지식인의 등용,157) 불교세력과 제휴를158) 꾀하고, 또 少昊金天氏 후손이라는 神聖族意識을 내세워 기존의 왕실 및 여타 김씨와의 차별성을 강조하여159) 왕권과 왕통의 확립을 위해 노력하였다.

---

152) 『삼국사기』 권11, 헌안왕 5년 정월.

153) 한편 경문왕이 진골이 아니라는 견해도 있으나(李鍾恒, 1975, 「新羅의 下代에 있어서의 王種의 絶滅에 대하여」 『法史學硏究』 2), 아직 신라의 골품제가 완전히 소멸되지 않았고, 또 그의 아버지 啓明이 희강왕의 아들이고 어머니가 신무왕의 딸로 6촌 남매간의 근친혼에 의해 출생한 경문왕 역시 예영계 왕족이므로 진골로 보아야 한다.

154) 金昌謙, 1988, 「新羅 景文王代 修造役事의 政治史的 考察」 『溪村閔丙河敎授停年紀念 史學論叢』.

155) 李基東, 앞의 논문, 1984.

156) 丁元卿, 1984, 「新羅 景文王代의 願塔建立」 『年報』 5, 釜山市博物館.

157) 田美姬, 1989, 「新羅 景文王·憲康王代의 '能官人' 登用政策과 國學」 『東亞硏究』 17.

158) 曺凡煥, 1999, 「新羅 下代 景文王代의 佛敎政策」 『新羅文化』 16.
    金志垠, 2002, 「新羅 景文王의 王權强化政策」 『慶州史學』 21.

그러나 이러한 노력에도 불구하고 또 한번 왕통의 절멸이라는 위기를 맞았다. 경문왕의 사후 아들 헌강왕이 즉위하였다. 그러나 헌강왕은 적합한 嗣子를 두지 못하고 죽자 아우 정강왕이 계승하였다. 하지만 정강왕 역시 재위 1년만에 죽었다. 그리하여 경문왕의 후손으로서 진골남자는 절멸되었다. 이에 어쩔 수 없이 정강왕의 女弟 曼이 왕위를 계승하였다.

> 여름 5월 왕이 질병에 걸려 侍中 俊興에게 말하기를 "내 병이 위급하여 다시 일어나지 못할 것이다. 불행히 왕위를 이을 아들이 없으나 나의 누이 曼은 타고난 자질이 밝고 예리하며 骨法이 丈夫와 같으니, 卿 등은 마땅히 善德·眞德의 옛 일을 모방하여 세우는 것이 좋겠다." 하였다(『삼국사기』 권11 정강왕 2년).

위의 인용문에 실린 정강왕의 유조에 의하면 그에게 嗣子가 없어 중고기에 있었던 선덕여왕·진덕여왕의 故事를 모방하여 여제 曼(진성여왕)이 왕위를 계승토록 하라고 하였다.

이 경우는 앞에서 살펴본 경문왕의 즉위과정과는 정반대적인 내용이다. 즉 경문왕계의 男孫이 절멸되는 위기에 이르자 왕통의 유지를 위하여 여왕의 옹립이라는 비상수단을 강구하고 있다. 이는 신라 골품제적 왕위계승법의 부활을 추구하는 것이기는 하나, 반드시 진성여왕이 진골이라는 것만으로 왕위계승자가 결정된 것은 아니다. 정강왕은 유조에서 女弟에게 왕위를 계승시키면서 그녀의 骨法을 강조하고 있다. 그런데 여기서 골법이 丈夫와 같다고 한 것은 骨格·骨相이 건강한 남자와 비슷하다는 뜻이지, 진골의 신분을 의미하는 것은 아닌 듯하다.

이처럼 정강왕이 진성여왕의 신체적 특성을 강조하면서 侍中 俊

---

159) 李文基, 1999,「新羅 金氏 王室의 少昊金天氏 出自 觀念의 標榜과 그 變化」『歷史敎育論集』 23·24합집, 678쪽.

興에게 顧命함은 상당한 정치적 배려를 염두에 둔 것이라 보겠다. 앞서 있었던 헌안왕과 경문왕의 왕위계승에 준하면 당시 왕위계승할 자격이 있는 남자는 숙부인 魏弘을 비롯하여 헌강왕의 사위인 同姓親 金孝宗(경순왕의 父)과 異姓親 朴景暉(신덕왕)와, 아직까지 궁궐에는 알려지지 않은 상태인 헌강왕의 庶子 嶢가 있었다. 그럼에도 불구하고 굳이 여제인 曼에게 계승시킨 것은 경문왕계의 왕통을 고수 유지하려는 강한 집착을 보여주는 것이다.

결국 여제 曼이 왕위계승자로 선택된 것은 비록 여자이지만 혈통이 경문왕계이고 이에 더하여 정강왕과 같은 行列의 인물로서 진골신분의 왕족이기에 결정된 것이라 하겠다. 또 진성여왕의 왕위계승은 경문왕계가 直系父系親의 계승으로 왕위를 독점화하면서 여제라도 내세워 王種임을 강조하여 왕위를 계승시켜 왕통의 연장을 통한 경문왕계의 고착화를 꾀한 것이었다.[160]

그러나 진성여왕의 즉위는 오히려 중대 이후 확립된 父系親 男

---

160) 진성여왕의 즉위는 헌강왕계 왕통을 유지하기 위해서 경문왕의 親弟인 魏弘의 즉위를 막고 헌강왕의 庶子 嶢가 성장할 동안 진성여왕을 내세워 왕위를 지키기 위한 과도적 임시방편의 역할이었고, 그리하여 진성여왕의 즉위후 위홍은 정강왕대에 누렸던 세력을 만회하기 위하여 여왕에게 접근하여 남편이 되었을 것이란 추측과(李培鎔, 앞의 논문, 350쪽), 정강왕과 진성여왕의 즉위는 임시적인 것으로서 헌강왕의 유일한 嗣子인 嶢가 왕권을 행사할 수 있는 일정한 연령이 될 때까지 과도체제로 나라를 이끌어 가겠다는 유형·무형의 합의가 있었기에 가능했을 것이라는 추측이 있다(崔英成, 1999, 『譯註崔致遠全集』2 - 孤雲文集 - , 亞細亞文化社, 102쪽의 주88). 그러나 진성여왕의 즉위시에는 嶢의 존재가 王室에 알려지지 않은 상태였으므로, 이는 왕위계승상 나타난 결과를 가지고 원인 배경으로 연결시킨 무리한 추론이라 하겠다. 오히려 왕위계승원칙상 부자계승이 불가능하면 형제계승을, 그것마저 어려우면 숙부계승함이 순서였기에, 숙부 위홍보다는 여제 진성여왕이 먼저 유조를 받았던 것으로 봄이 옳을 듯하다. 그리고 이를 인정한 위홍은 진성여왕의 즉위후 攝政者的 역할을 한 듯하다.

孫의 왕위계승원칙을 무너뜨린 것으로서, 중고기의 왕위계승을 모방한 하대의 왕위계승에서 있었던 하나의 특수현상이었고, 그 결과 경문왕계 왕통의 단절을 가져왔다.

4. 효공왕의 즉위와 신분

1) 효공왕의 즉위배경과 과정

진성여왕은 즉위 초에는 숙부인 魏弘의 보좌를 받아 국정을 운영하였다. 그러나 888년(진성여왕 2) 2월 위홍이 죽은 뒤로는 정치가 극도로 문란해졌다. 진성여왕은 崔致遠의 時務十餘條 건의 가납, 불교사상의 원용, 왕실의 신성화 추구, 고유사상과 화랑도의 이용 등으로 왕과 왕실의 권위회복에 노력하였으나 큰 효과를 보지 못했다. 오히려 조세 독촉으로 인한 농민반란의 발생, 梁吉·箕萱·甄萱·弓裔 등의 봉기와 신라영토 침탈 등으로 헤어날 수 없는 국면을 맞이하였다.

이러한 상황에서 진성여왕은 말년에 가까운 895년(진성여왕 9) 10월 母兄인 헌강왕의 서자 嶢(효공왕)를 태자로 책봉하였다.

  겨울 10월에 憲康王의 庶子 嶢를 세워 太子로 삼았다. 처음에 헌강왕이 觀獵하다가 지나가는 길가에서 아름다운 한 여자를 보고 왕이 마음속으로 사랑하여 뒷수레에 태워 行宮에 이르러 野合하였는데, 곧 임신을 하여 아들을 낳았다. 그가 성장하매 체격이 크고 용모가 뛰어났으며 이름을 嶢라 하였다. 진성여왕이 듣고 궁내로 불러 손으로 그의 등을 어루만지며 말하기를 "나의 형제자매의 骨法은 다른 사람과 다르다. 이 아이의 등에 두 뼈가 솟았으니, 진실로 헌강왕의 아들이다." 하고, 有司에 명하여 예를 갖추어 높이 봉하였다(『삼국사기』 권 11, 진성여왕 9년).

헌강왕의 서자인 嶢를 경문왕계 왕족의 일원으로 인식하게 된 것은 진성여왕대에 이르러서이다. 만약 헌강왕과 정강왕이 생전에 요의 존재를 알았다면 그때 태자로 책봉하였을 것이다. 설령 태자 책봉이 왕위계승자를 의미하는 것이라 어린 요에게 왕위를 물려줄 수가 없어 책봉치 않은 까닭에 진성여왕이 대신 즉위하였다면 그 녀는 즉위직후에 곧 요를 책봉하였을 것이다. 하지만 진성여왕 9년 에 이르러서야 비로소 태자로 책봉한 것은 이때까지 嶢의 존재를 모르고 있다가 직전에야 왕실에 알려졌기 때문이라고 보겠다.

그러면 우선 진성여왕이 헌강왕의 서자 요를 태자로 책봉하고 그에게 선위한 이유와 배경부터 살펴보자. 신라시대 왕위계승에서 가장 중요한 요건으로는 전왕과의 혈연적 관계(친족관계) 및 골품 제적 신분과 더불어 당시의 정치적 요인을 들 수 있다. 그러므로 효공왕의 경우도 혈연적 요건부터 살펴볼 필요가 있다.

효공왕은 진성여왕의 姪男이다. 그러므로 효공왕의 아버지는 헌 강왕이고,[161] 할아버지는 경문왕, 증조는 啓明, 고조는 憲貞, 5대조 는 禮英, 6대조는 원성왕이다. 결국 효공왕의 부계는 원성왕계의 예영계내 헌정계이며, 나아가 좁게는 경문왕계의 헌강왕가이다.

효공왕은 헌강왕의 庶子라고 한다. 즉 효공왕의 어머니는 헌강 왕의 정비가 아니었다. 헌강왕에게는 여러 명의 后妃가 있었던 것 같다. 정비는 懿明夫人(義明夫人·義明王后) 김씨였다.[162] 그런데 효공왕의 어머니 역시 김씨이고, 이름은 義明王太后 또는 文資王 后라고 한다.[163] 만약 헌강왕의 正妃 이름이 義明王后라면 효공왕

---

161) 『삼국사기』 권12, 효공왕 즉위조.
　　　『삼국유사』 권1, 왕력.
162) 『삼국사기』 권11, 헌강왕 즉위조와 『삼국유사』 권1, 왕력 참조. 그리 고 懿明夫人은 蘇判 金順憲의 딸인 듯하다(崔致遠,「王妃金氏爲考繡 釋迦如來像幡讚幷書」『崔文昌侯全集』, 成均館大學校, 219쪽).

의 어머니 이름은 다른 것일 것이다. 반면 효공왕의 어머니 이름이
정녕 義明王太后라면 헌강왕의 정비 이름은 다른 것이다.

그러면 효공왕 어머니의 가계는 어떠한가? 헌강왕이 사냥을 나
갔다가 그녀와 野合하여 효공왕을 낳았다. 그러나 효공왕은 처음
에는 밖에서 성장하다가, 진성여왕이 그 아이의 소문을 듣고 궐내
로 불러들여 태자로 책봉하였다고 한다. 그러므로 아마 헌강왕이
말년에 효공왕의 어머니와 野合하여 임신한 사실조차 모르고 죽
었거나, 혹은 그녀가 헌강왕이 죽기 전에 효공왕을 출산했음에도
왕에게 알리지 못하였던 것이다. 이는 그만큼 당시 정치적 사정이
복잡했기 때문일 수도 있지만, 이에 더하여 그녀의 집안이 微賤하
여 왕실에 접근할 수 없었음에도 더 큰 이유가 있었던 것 같다.[164]
설령 효공왕의 어머니 이름이 義明王太后이고, 김씨라는 것이 사
실이라[165] 할지라도 그녀의 신분은 진골이 아니었을 것같다.

한편 효공왕이 즉위 2년 뒤인 899년(효공왕 3) 3월에 맞아들인
왕비는 乂兼(銳謙)의 딸이다. 예겸은 김씨인데,[166] 875년(헌강왕1)
헌강왕의 즉위와 더불어 魏弘의 상대등 임명과 동시에 侍中에 임
명되었다가 880년(헌강왕 6) 퇴임하는 등 당시 정치계의 막강한 실

---

163) 하지만 文資王后는『삼국유사』왕력에 의하면 孝恭王에게는 할머니
　　가 되는 憲康王의 어머니, 즉 景文王의 첫째 王妃인 寧花夫人의 追諡
　　이므로, 여기서 효공왕의 어머니라 함은 잘못된 것이라 따를 수 없다.
　　또 義明王太后란 칭호도『삼국사기』와『삼국유사』에서 憲康王妃를
　　懿明夫人이라 하면서도, 한편『삼국유사』에는 義明王后라고도 한 기
　　록이 있어 좀더 검토를 요한다.

164) 최근에 金基興은 효공왕은 處容과 동일인이며, 그의 신분은 6두품이
　　라는 견해를 제기하였다(2001,「新羅 處容說話의 역사적 진실」『歷史
　　敎育』80, 123~148쪽).

165)『삼국사기』권12, 효공왕 2년 정월. 하지만 그 진위는 좀더 고려해 보
　　아야 한다.

166) 제2장의 '제37대 신덕왕의 가계'를 참조 바람.

력자였다. 또 899년 3월 그의 딸을 효공왕에게 출가시켰고,[167] 아울러 헌강왕의 딸(義成王后)을 자기의 아들인 景暉(신덕왕)와 혼인시켰다.[168] 그러나 효공왕의 혼인은 재위 3년에 이르러서야 이루어진 것이라, 이것이 그의 즉위에 직접적인 배경으로는 작용하지 못했을 것이다.

진성여왕은 嶢를 태자에 책봉하면서 그가 헌강왕의 아들이 분명함을 강조하였다.[169] 진성여왕이 嶢의 骨法이 남과 다름을 내세우며 이를 헌강왕계 혈통의 근거로 삼아 그를 태자로 책봉하였다. 골법에 대해서는 이미 진성여왕 자신의 즉위시에도 가장 중요하게 작용한 왕위계승의 요건으로 거론된 바 있다. 하지만 진성여왕의 경우는 골법이 丈夫와 같다는 것을 내세워 여왕의 왕위계승을 정당화시켰지만, 요의 태자책봉에는 그의 골법이 진성여왕이 속한 경문왕계의 인물들과 같다는 동질성을 내세워 그를 헌강왕의 아들로 인정하는 근거로 삼고 있다.[170] 즉 嶢를 경문왕계 인물로 정당화시키는 요건으로 골법을 이용하였다. 이는 진성여왕의 경우와 마찬가지로 반드시 골품제적인 신분을 말하는 것이라기보다는 骨相 내지는 骨格으로써 혈통을 강조하는 것이다.

이처럼 진성여왕이 형제의 골격이 남다르다는 특수성을 내세운 것은 경문왕가의 특이성을 강조한 독특한 왕족의식으로, 결국 경문왕가와 여타 김씨의 차별성을 부각시키기 위한 것이며, 곧 경문왕계를 고수하려는 의도가 내포된 것이다. 이로써 효공왕이 왕위

---

167) 『삼국사기』 권12, 효공왕 3년조.
168) 이 혼인은 乂兼의 侍中 재임기(헌강왕 1~6)에 이루어진 듯하다.
169) 『삼국사기』 권11, 진성여왕 11년 10월조.
170) 여기서 골법이란 王室血統을 의미하는 동시에 일정 家系에 나타나는 신체적 특징으로써 왕실혈통의 巫的 神聖性과 결부되어 강조되었다 (全基雄, 1996, 『羅末麗初의 政治社會와 文人知識層』, 혜안, 33쪽).

를 계승하였다.

이상에서 살펴보았듯이 효공왕의 모계는 미미하였고, 비계는 막강한 정치세력가였지만, 효공왕의 혼인이 즉위에 직접적으로 작용하지는 않았다. 결국 효공왕의 가계 중에서 즉위에 결정적으로 작용한 것은 부계뿐이었고, 이러한 혈연적 요인으로 그는 태자로 책봉되었다.

한편 효공왕의 즉위에는 헌강왕의 아들이라는 혈연적 요인과 더불어 당시의 정치사회적 요인이 크게 작용한 것으로 보인다. 비록 진성여왕이 요에게 태자책봉이라는 정상적인 왕위계승 절차를 통하여 禪位하였지만, 그 이면에는 또다른 배경이 있었던 것 같다. 진성여왕의 선위가 자발적인 것처럼 보이지만, 실제는 失政에 대한 책임을 지고 강제로 퇴위한 사건이었다. 진성여왕은 선위의 이유를 자신이 임금자리에 있는 동안 백성이 곤궁하고 도적이 봉기하여 정국이 혼란함을 책임지고 왕위에서 물러난다고 하였다.[171]

『삼국사기』와 『삼국유사』를 비롯한 여러 기록에는 진성여왕대를 대단히 혼란했던 시기로 기록하였다. 그 중에서 가장 심각한 것은 중앙정치의 문란과 지방에서 발생한 도적의 봉기였다. 특히 888년(진성여왕 2) 진성여왕의 夫君(匹)이자 숙부인 魏弘이 卒去한 뒤 정치기강이 문란해지기 시작하였다. 이를 계기로 종래부터 누적되어온 신라사회의 여러 모순점이 전국적인 농민반란의 형태로 표출되었다. 889년 沙伐州에서 일어난 元宗·哀奴의 난을 필두로 하여, 전국 곳곳에서 조세 납부에 저항하는 농민반란이 일어났다. 처음 농민반란이 발생하였을 때는 草賊에 불과하였으나, 점차 그 규모가 전국적인 것으로 확대되어 이제는 중앙세력에 항거하는 지방반란으로 발전해가고 있었다. 그리고 이들 초적을 이용하여 지방

---

171) 이에 대해서는 『東文選』 권33, 「謝嗣位表」에 잘 표현되어 있다.

세력가로 대두하는 자들이 생겼는데, 北原의 梁吉, 竹州의 箕萱, 完山州의 甄萱, 그리고 梁吉의 부하 출신의 弓裔 등이 대표적이다. 이 중에서도 견훤과 궁예는 새로운 왕조를 건국하였다.

아마 진성여왕과 위정자들의 실정에 대하여 당시 정치권 내에서는 王巨仁으로 대표되는 6두품 지식인층과 흔히 '國人'으로 표현되는 정치집단이나 관료들, 혹은 귀족세력 내지는 王京의 중심을 형성하는 일반 왕경인계층의 강력한 비판과[172] 책임추궁 및 퇴진 요구가 있었을 것이다. 이에 진성여왕은 여왕으로서 가진 한계와 실정의 심각성 때문에 더 이상 왕위를 유지하기가 어려움을 인식하였다. 그리고 선위 후 자신의 안전을 보장받으려는 목적에서 반대적 입장이 아닌 자를 왕위계승자로 찾게 되었을 것이다.

다시 말하면, 부자계승이 일반화되었음에도 불구하고 여왕으로 즉위한 비정상적인 왕위계승과 실정에 따른 많은 문제점을 경험하였기에, 정치사회적으로 복잡한 상황에서 자신의 아들에게 왕위를 물려주기에는 어려움이 있음을 알았던 것이다.[173] 그러던 차에 헌강왕의 서자 요가 알려지자 진성여왕은 그를 태자로 세워 경문왕의

---

172) 『삼국사기』 권11, 진성여왕 2년 2월조.
　　全基雄, 앞의 책, 42~48쪽.
173) 요의 태자책봉은 신라시대 기존의 사례와 분명히 다른 모습이다. 지금까지는 太子란 일반적인 성격 그대로 왕 자신의 아들이 원칙이었고, 특별한 경우에는 왕의 孫子나 弟가 책봉되었다. 설화적 요소가 있지만, 진성여왕의 막내아들 阿飡 良貝가 唐에 使行을 갈 정도였으니, 진성여왕에게는 여러 아들이 있었고 또 양패의 형들은 이미 장성한 상태였을 것으로 추측된다(『삼국유사』 권2, 진성여왕거타지조). 그럼에도 불구하고 겨우 나이가 志學(15세, 한편 『증보문헌비고』 권42, 帝系考3 儲嗣에는 11살이라는 기록도 있는데, 이는 886년에 헌강왕이 죽었음으로 고려해봄직한 기록이다)에 미치지 못한 요를 태자로 삼았다. 그리하여 姪男을 태자로 책봉하는 변형적인 사례를 남겼다(金昌謙, 1993, 「新羅時代 太子制度의 性格」 『韓國上古史學報』 13).

후손(헌안왕의 아들)을 찾아 정통을 회복하였다는 명목으로 실정에
대한 책임을 면하고자 하였다. 그리하여 정치개혁의 의미에서 경문
왕의 남자후손인 요를 내세운 것이다. 그 이유를 후계자를 밖에서
구하지 않고 안에서 천거하였다고 하였다. 여기서 밖에서 구하지
않는다는 것은 출가한 헌강왕의 두 딸은 물론 타가계인 사위 孝宗
과 景暉를 택하지 않고 비록 진성여왕의 직계손은 아니지만 같은
혈통인, 즉 요가 자신과 같은 경문왕계의 인물임을 내세우고 있는
것이다.[174] 이것은 정치적·사회적 난국을 감당할 자신감을 상실한
진성여왕의 고뇌에 찬 선택이었다. 897년(진성여왕 11) 6월에 진성
여왕은 左右에게 말하기를 태자 嶢에게 선위한다고 하였다.

> 여름 6월에 왕이 左右에게 말하기를 "근년 이래로 백성이 곤궁하
> 고 도적이 봉기하는데, 이는 나의 부덕한 까닭이다. 어진 자에게 임금
> 자리를 넘겨주려는 나의 뜻이 결정되었다."하고, 太子 嶢에게 禪位하
> 였다. 이때 사신을 唐에 보내어 표로 아뢰기를 "臣 某는 알린다. 羲仲
> 의 官(堯時의 東方을 관장하는 日官)에 있는 것은 나의 본분이 아니
> 다. 延陵의 節을 지키는 것이 신의 좋은 방도이다. 신의 姪男 嶢는 신
> 의 죽은 형 晸의 자식으로 나이가 거의 志學(15세)이고, 그 바탕은 가
> 히 조종을 일으킬 만하기에 달리 밖에서 구하지 않고 안에서 천거하
> 여 근래 이미 나라의 일을 임시로 맡겨서 국가의 재앙을 진정하려 하
> 고 있다." 하였다(『삼국사기』권11, 진성왕 11년).

이 선위 명령은 실질적으로는 고명(유조)의 성격을 갖고 있다.
왕위계승에서 전왕의 아들이 없거나, 있더라도 골품제 규정상 진
골이 아니기에, 또는 幼少하여 정치적 상황이 불안하다고 판단될
경우에는 유조를 내려 왕위계승자를 지명하거나 혹은 그 지위를

---

174) 黃善榮은 여기서 '밖'이라면 넓은 범위의 '王族'을, '안'이라면 좁은
    血族集團으로서 '景文王家'를 가리키는 말로 보았다(1988,『高麗初期
    王權硏究』, 동아대학교 출판부, 21쪽).

정당화·합법화시켜 주어 확실하게 보장해주는 특성이 있음을 고
려하면,[175) 진성여왕의 유조가 있었다는 사실은 효공왕 즉위가 그
만큼 문제가 많았음을 짐작할 수 있다. 그리고 이 사건에는 퇴위
하는 진성여왕과 정치세력간에 모종의 타협과 묵계가 있었던 듯
하다.

비록 진성여왕이 실정을 책임지고 물러나는 상황이지만, 군주
국가에서의 최소한 권위와 결정권은 행사하였을 것이다. 진성여
왕이 죽은 것도 아니고, 비록 그녀가 무능한 왕이지만 재임중에
미리 왕위계승예정자로 책봉한 태자 요의 존재를 당시 귀족들은
물론 정치권에서도 인정하였을 것이다. 이를 부정하였다면 일종
의 政變으로서 군사적 행동이 있거나, 또는 그녀에 대한 처벌을
가했을 것이다. 하지만 진성여왕은 퇴위 뒤에도 上王으로[176) 자
연 壽를 누리다가 같은해 12월 北宮에서 죽었다.[177) 그러므로 진
성여왕이 퇴위하는 선에서 귀족 및 정치세력과 합의가 이루어졌
던 것으로 추측된다.

지금까지 살펴본 바에 따르면 효공왕의 왕위계승은 자신의 자격
이나 능력보다는 진성여왕의 의지와 당시 정치권에서 모종의 타협
에 의하여 이루어진 것이다. 효공왕 자신이 가졌던 왕위계승할 수
있는 요건은 단지 헌강왕의 혈통으로서 진성여왕과 같은 경문왕계
에 속한다는 이유뿐이다. 그러나 효공왕은 비록 경문왕계라고는
하지만 진골신분이라야 한다는 왕위계승의 요건의 하나인 골품제
적 자격을 갖추지 못하였다. 그럼에도 불구하고 진성여왕이 실정

---

175) 金昌謙, 2002,「新羅 下代의 王位繼承과 遺詔」『白山學報』56, 227쪽.
176)『增補文獻備考』권42, 帝系考3 太上王의 첫머리에 '新羅眞聖女王'을
　　들었다.
177)『삼국사기』권11, 진성왕 11년조.
　　『梅溪集』권4,「書海印寺田券後」.

및 정치적·사회적 혼란을 책임지고 물러나면서 반드시 경문왕계 인물에게 왕위를 물려주겠다는 강력한 의지를 가지고 그를 태자로 책봉하였다. 이에 요는 임시로 국사를 맡았다가 이때에 이르러 선 위하였다.[178] 결국 효공왕의 즉위는 신라의 여러 가지 왕위계승 요 건 중에서 王孫이라는 혈연적 요인과 더불어 정치적 요인이 보다 크게 작용한 왕위계승이었다.

2) 효공왕의 골품제적 신분

효공왕은 헌강왕의 아들이라는 혈연요인과 당시 정치사회적 배 경에 의하여 진성여왕으로부터 태자책봉과 선위를 받았지만, 또다 른 왕위계승 요건인 골품제의 신분이 非眞骨이라는 하자가 있었 다. 앞에서 언급하였듯이, 더구나 그는 헌강왕의 생존시에는 헌강 왕의 아들은 물론 경문왕계 왕족으로조차 인정받지 못하였고, 겨 우 895년(진성여왕 9) 무렵에야 알려져 入宮하였다.

사실 요는 비록 헌강왕의 아들이기는 하나 庶子였다. 더구나 그 의 어머니는 신분이 진골귀족 출신이 아닌 — 어쩌면 미천한 출신 의 여자였으며, 또 헌강왕과 정식 혼인이 아닌 야합을 한 사이였다. 그러므로 효공왕의 신분은 신라 골품제의 원칙에 의하면 진골이 될 수 없다.

---

178) 이에 대해서는, 前王이 無子인 경우에 特定人을 지명하여 그의 능력 을 밝히고 그에게 계위 또는 선위하는 사례(崔在錫·安浩龍, 앞의 글, 47쪽), 또 진성여왕이 헌강왕의 直系로써 왕위를 계승시키고자 골품 제적 원리에 따른 의도(李培鎔, 앞의 글, 354쪽), 신라시대 여왕의 아 들은 부계제사회의 원리에 의하여 왕위계승권을 가질 수 없었다는 설 (李鍾旭, 1981,「新羅時代의 血緣集團과 相續」『歷史學報』121, 63 쪽), 당시 정치세력간의 대립과 타협의 결과(全基雄, 1996, 앞의 책, 58 쪽) 등 여러 설이 있다.

그 나라의 관제는 (왕의) 親屬으로 윗관직을 삼으며, 그 족의 이름
은 제1골과 제2골로 자연히 구분된다. 兄弟女 姑姨從姉妹를 모두 아
내로 맞아들일 수 있다. 왕족은 제1골이고, 아내도 역시 그 족이면 자
식을 낳으면 모두 제1골이 된다. 제2골의 女에게 장가들지 않으며 비
록 娶하여도 언제나 妾滕으로 삼는다. 관리로는 宰相・侍中・司農
卿・太府令 등 모두 17등급이 있는데, 제2골이 이것을 얻는다(『신당
서』 권220, 신라전).

여기서 제1골은 신라의 왕족인 진골을 말한다.[179] 즉 진골은 진
골과 혼인함을 원칙으로 하여 제2골과는[180] 혼인하지 않는다고 하
였다. 그러므로 골품제에서는 신분의 유지와 획득을 위하여 동일
골품내의 혼인을 하는 이른바 階級內婚制였다. 즉 진골은 진골대
로 그들의 혼인법칙을 준수하여 근친혼 혹은 족내혼을 하였을 것
이다. 그렇다면 진골남자와 진골여자가 혼인해야만 그 사이에서
태어난 자식이 진골의 신분이 되는 것이지, 여타 신분과 혼인하여
출생한 자식은 族降되었을 것이다.

진골신분의 획득은 기본적으로 출생에 의하였다. 부모 모두가
진골이면 그 자식은 진골신분을 갖게 되고, 그 부모의 신분이 다른
경우에는 변화가 있었다. 또 진골남자의 아들이라도 서자일 때에

---

179) 이 기사는 혜공왕대에 唐의 사신 일행으로 왔던 顧愔이 쓴 『新羅國
紀』에 의거하여 채록된 것이다(今西龍, 1922, 「新羅骨品考」 『史林』
7-1 ; 1970, 『新羅史硏究』, 國書刊行會, 198쪽).

180) 第二骨의 실체는 六頭品을 가리킨다는 견해(今西龍, 앞의 글, 215쪽)
와 6・5・4頭品을 아울러 말한 것이라는 견해(李基白, 1974, 「新羅 六頭
品硏究」 『新羅政治社會史硏究』, 一潮閣, 36～37쪽), 그리고 『신당서』
의 "王姓金氏貴姓朴氏"를 고려하면 朴氏姓일 것이라는 견해(李基東,
「新羅 中古時代 血緣集團의 特質에 관한 諸問題」, 앞의 책, 96쪽) 등
이 있다(제1골과 제2골의 신분비정에 관한 여러 견해에 대해서는 崔
在錫, 1986, 「新羅時代의 骨品制度」 『東方學志』 53, 77쪽 <표 3>을
참조 바란다).

는 그들의 母를 기준으로 하여 신분이 낮아질 수도 있었다.[181] 그
러므로 嶢의 경우는 비록 헌강왕이 진골왕족일지언정 진골이 아닌
여자와의 사이에서 태어난 서자이므로 진골왕족일 수가 없다.[182]
그런데도 진성여왕이 嶢가 헌강왕의 아들이라는 소문을 듣고 그를
宮內로 불러들여 骨法의 특이성을 근거로 하여 헌강왕의 아들로 인
정하고, 곧 태자로 책봉하였으며 마침내는 선위하였다.

　여기서 특이한 점은 요가 진골왕족이 아님에도 태자에 책봉되었
으며 실제 즉위하였다는 것이다. 만약 왕위계승에서 신분이 반드시
진골이라야 한다는 골품제적 규제가 지켜졌다면 그는 절대로 왕위
를 계승할 수가 없었다.[183] 그런데도 요가 즉위했다는 것은 이미 신
라의 왕위계승에서 골품제상 신분이 진골이라야 한다는 요건은 무
시되어 졌고, 다시 말하면 골품제 규정은 왕위계승상의 기능을 하지
못하였음을 말해주는 것이라 하겠다.

　이는「讓位表」에서 진성여왕이 양위의 이유를 '자신이 왕위에 있
는 것은 본분이 아니다.'한 것에서도 잘 알 수 있다.[184] 이 표현은
진성여왕 자신의 즉위가 신라의 父系親 男孫에 의한 왕위계승원칙
에 어긋남을 말하는 것이다. 비록 자신의 즉위는 정강왕이 가졌던
경문왕계 왕통을 연장하려는 목적의 성격을 띤 유조에 따라 왕위를

---

181) 李鍾旭, 1985,「新羅時代의 眞骨」『東亞研究』6, 252쪽 및 261쪽.
182) 李鍾旭, 1990,「新羅下代의 骨品制와 王京人의 住居」『新羅文化』7,
　　174쪽.
183) 池內宏, 1941,「新羅の 骨品制と 王統」『東洋學報』28-3, 355쪽.
184) 이는 당시 정치사회적으로 난세를 극복하지 못한 것을 겸양하여 말한
　　것으로 보이지만, 그러나 좀더 근본적인 것은 '邊居義仲之官 非臣素
　　分'과『삼국사기』권11, 진성여왕 즉위조에 인용된「謝追贈表」에서
　　'臣仲兄晃權統藩垣'이라 한 것을 보면, 진성여왕은 물론 정강왕의 즉
　　위도 임시적인 변통으로 보고 있다. 즉 정상적인 부자계승이 아니라
　　편법적인 형제자매계승으로 왕위에 오르고 재위한 것 자체가 본분이
　　아님을 말하며, 효공왕에게 양위한 타당성을 변명하고 있는 것이다.

계승하였지만, 그것이 예외적인 것임을 진성여왕이 인식하고 있었다는 것을 말해주는 표현이다.

그리고 진성여왕이 후계자를 '밖에서 구하지 않고 안에서 천거하였다(不假外求 爰從內擧).'는 말에서도 추측할 수 있다. 이 말은 경문왕계 진골남자가 소멸되어 다른 가계의 남자 진골왕족을 세워야 하지만 그렇게 하지 않고 안에서, 즉 헌강왕의 서자를 천거하여 이미 國事를 임시로 맡긴 상태임을 설명하는 것이다. 그리고 진골이 아닌 요를 태자로 책봉하여도 이에 반대하는 세력이나 인물이 있었다는 구체적인 기록을 찾을 수 없고, 특히 진성여왕의 子가 있었지만 그들도 용인하였던 것으로 보인다. 그렇다면 경문왕계 내의 왕위계승 자격을 갖춘 진골이 이미 소멸된 상황이었음을 추측할 수 있다.[185] 그 원인은 하대 전반기의 왕위쟁탈전에서 많은 진골세력이 도태되었고, 특히 왕계가 변경되면서 새로이 등장한 왕가는 왕통의 독점적 유지를 위하여 더욱 왕계를 세분화하면서 「낭혜화상비」에서 이른바 '聖而'로 표현되는 왕족의 범위는 협소해져 있었기 때문인 듯하다.[186]

결국 효공왕의 신분은 진골이 아니었다. 다만 효공왕의 즉위는 오직 骨法의 특이성이라는 왕실혈통의 신성성만을 왕위계승의 필요한 요건으로 내세워, 진성여왕의 경문왕계 왕통의 연장과 유지

---

185) 한편 신라 하대에는 골품제가 무너지고, 특히 제51대 진성여왕에 이르러서는 진골마저 완전히 絶種한 상태에 놓이게 되었다고 본 견해도 있지만(李鍾恒, 1974, 「新羅의 身分制度에 관한 研究」『法史學研究』創刊號, 59~60쪽), 낭혜화상비에서 崔致遠이 말하듯이 진골은 존재하였다.

186) 金昌謙, 1999, 「新羅 元聖王系 王의 皇帝·皇族的 地位와 骨品 超越化」『白山學報』52, 866~870쪽. 더욱이 왕통의 순수성을 유지하기 위한 왕계내의 근친혼은 유전학적 요인에 의하여 왕족의 단절과 극소수화를 초래했을 것이다(李鍾恒, 앞의 글, 211~212쪽).

를 위한 비상조치로써 이루어진 것이다.

좀더 구체적으로 말하면, 진골신분을 유지하고 있는 헌강왕의 딸이 있었음에도 불구하고, 진성여왕 자신이 여왕으로 즉위한 것이 본분이 아님을 인식하고, 男孫에 의한 왕위계승을 취하면서 이제는 골품제의 진골신분과는 무관하게, 즉 이를 초월하여 오직 왕족이라는 요건과 진성여왕의 실정에 따른 정치적 요인에 의하여 왕위계승이 이루어졌다.

이는 신라 왕위계승에서 혈연적 요건, 정치적 요인과 더불어 가장 중요한 작용을 하였던 골품제적 제한요건이 하대 후반기에 이르러 완전히 기능을 상실하고 실질적으로 소멸되었음을 의미한다.

3) 非眞骨 왕위계승의 추이

효공왕 또한 아들이 없이 죽었다. 그러자 신덕왕이 國人의 추대로 즉위하였다.

① 神德王이 즉위하였다. 성은 朴氏이고 이름은 景暉이며 阿達羅王의 遠孫이다. 아버지는 乂兼[혹은 銳謙]인데 定康大王을 섬기어 大阿飡이 되었다. 어머니는 貞和夫人이고, 妃는 金氏로 憲康大王의 딸이다(『삼국사기』권12, 신덕왕 즉위조).

② 제53 神德王은 朴氏로 이름은 景徽인데 本名은 秀宗이다. 어머니는 貞花夫人이며, 그녀의 아버지는 順弘 角干으로 추봉된 諡號는 成虎(武의 避諱)大王이고, (그녀의) 할아버지는 元弘 角干인데 곧 阿達羅王의 遠孫이다. 아버지는 文元 伊干인데 추봉된 興廉大王이고, 할아버지는 文官 海干이다. 義父는 銳謙 角干인데 宣成大王으로 추봉되었다. 妃는 資成王后 혹은 懿成 또는 孝資이다(『삼국유사』권1, 왕력).

그런데 신덕왕은 姓이 朴氏이므로, 부계로는 효공왕과 혈연적

관계가 없고, 妃系로 妻男·妹壻 사이이다. 이러한 異姓親간의 왕
위계승은 부자계승원칙은 물론 골품제적 요건을 완전히 무시한 것
이다. 다시 말하면 신덕왕은 김씨도 아니고 진골도 아니다.

신덕왕은 박씨인 아달라왕의 遠孫이라고 한다.[187] 그러나 아달
라왕에게는 후손이 없었다.[188] 그래서 박씨의 진위에 의문이 제기
되기도 하였지만,[189] 설령 신덕왕이 아달라왕의 원손이라 하더라
도 왕위계승권에서 벗어나 많은 세대와 약 700년이란 기간이 경과
한 뒤의 후손이 어떻게 진골의 신분을 유지할 수 있었을까 하는 문
제가 생긴다. 사실 하대 후반기에는 신라의 영토가 축소되어서 명
실상부하게 진골신분을 가진 가계는 王京에 거주하는[190] 일정 범
주의 金氏系에 불과하였고, 나머지는 宗家로부터 일정 세대의 경
과, 정치적 도태, 왕경을 벗어난 거주지 이전 등으로 族降되었거나
몰락한 이름뿐인 진골이었을 것이다.

신덕왕은 實父의 부계에 따르면 박씨로서 왕족 김씨도 진골도
아니었다. 다만 父兼이 義父라고 하니, 아마 父兼은 김씨일 것이

---

187) 『삼국사기』 권12, 신덕왕 즉위조.
188) 『삼국사기』 권2, 벌휴이사금 즉위조. 한편 신덕왕이 박혁거세를 시조
　　로 하는 박씨세력집단의 후손 중 한 사람으로 왕위에 오른 뒤 그의 계
　　통을 찾다 보니 박씨왕으로 마지막에 재위하였던 아달라왕에게 연결
　　시킨 것으로 본 견해도 있다(李鍾旭, 1980, 『新羅上代王位繼承研究』,
　　嶺南大學校 出版部, 127쪽).
189) 신덕왕이 박씨를 칭한 것은 外家에 기인한 것이고(末松保和, 1954,「新
　　羅三代考」『新羅史の諸問題』, 東洋文庫, 33~35쪽), 하대 박씨왕들은
　　실제는 박씨가 아니고 김씨였으며, 아울러 신라 박씨는 왕족도 왕비
　　족도 아닐 뿐만 아니라 眞骨도 아닌 頭品族이라는 견해도 있다(文暻
　　鉉, 1990,「新羅 朴氏의 骨品에 대하여」『歷史敎育論集』 13·14합집).
190) 진성여왕대는 국가 통치력이 지방에 미칠 수 없는 상황이라 골품제가
　　유지된 지역도 크게 줄었고, 王都에서도 제대로 유지되기 어려웠다
　　(李鍾旭, 앞의 글, 169~189쪽).

고,[191] 또 만약 진골김씨가 이때까지 존속하는 상황이라면 이에 속했을 가능성이 있다. 다시 말하면 신덕왕의 부계는 實父系와 義父系가 있었다. 하지만 전자는 박씨로 진골이 아니었다. 또 후자는 김씨로 혹시 진골일 가능성은 있지만, 養子制가 일반화되지 않은 당시에 비록 경휘가 예겸의 친족원으로 편입되었다 하더라도 그에게 진골의 신분까지 새로이 주어질 수는 없음으로, 신덕왕이 진골이라고 보기는 어렵다. 한편 그의 어머니는 박씨로서 아달라왕의 遠孫이라고 한다.[192] 그러므로 母系 또한 實父系와 마찬가지로 진골이 아니었다.

결국 신덕왕은 實父系도 母系도 진골이 아니었으므로 그 또한 진골의 신분이 아니었다. 그럼에도 그가 헌강왕의 딸과 혼인하고 또 효공왕의 뒤를 이어 즉위한 것은, 이제는 신라 왕실의 혼인과 왕위계승상에 있어 골품제 규정이 기본요건으로서 기능을 완전히 상실하였고, 나아가서는 골품제 자체가 소멸되어졌음을 나타내는 것이다. 그리고 신덕왕이 진골이 아니었으므로 그를 이어 즉위한 아들인 경명왕과 경애왕 또한 진골신분이 아니었다고 보겠다.

또 신라 마지막 왕인 제56대 경순왕 역시 반드시 진골이라는 신분에 의해서 즉위한 것은 아닌 듯하다. 오히려 진골의 신분을 초월하여 김씨왕족의 후손이라는 혈연적 자격에 의하여 즉위한 것으로 보인다. 경순왕은 전왕 경애왕과 族弟·表弟·外從弟의 관계로서 甄萱에 의하여 옹립되었다. 경애왕의 어머니가 헌강왕의 딸이고, 경순왕의 어머니 桂娥太后 역시 헌강왕의 딸이므로 이들 관계는 姨從兄弟이다.

경순왕은 『삼국사기』와 『삼국유사』에는 문성왕의 후예로, 할아

---

191) 末松保和, 앞의 글, 33쪽.
192) 『삼국유사』 권1, 왕력.

버지는 仁慶이고,[193] 아버지는 孝宗이라고 기록되어 있다. 그런데 「신라경순왕전비」에는 閼智의 후손으로, 19世 元聖王→20世 禮英 →21世 均貞→22世 神武王→23世 文聖王→24世 安→25世 敏恭 →26世 實虹→27世 孝宗→28世 敬順王으로 이어지는 세계를 밝혀 놓았다. 이를 종합하면 문성왕→김안→김민공→김인경(실홍)→ 김효종→경순왕으로 가계가 재구성된다.

문성왕에게 태자가 있었지만 그가 일찍 죽은 까닭에 신무왕의 異母弟인 헌안왕이 왕위를 계승하였다. 그리고 헌안왕은 즉위와 동시에 金安을 상대등에 임명하였다.[194] 이때의 金安이 경순왕의 선대인 金安과 동일인이라면[195] 그는 바로 문성왕의 아들이다. 그렇다면 김안이 상대등에 임명될 정도의 나이와 관등을 가졌음에도 불구하고 왕위를 계승하지 못하고, 헌안왕이 문성왕의 숙부로서 즉위한 것에는 어떤 이유가 있었을 것이다.

이는 당시 정치적 여건도 크게 작용하였겠지만, 아울러 아마 왕위계승상 골품제의 규정이 작용된 것으로 추측된다. 김안이 문성왕의 子이지만 嫡子가 아니거나, 모계가 진골이 아니어서, 그 또한 진골이 아니었기에 왕위계승상 진골이라야 한다는 골품제 규정에 벗어나 즉위치 못한 것으로 추측된다.[196] 이러한 추측이 가능하다면 김안의 후손들은 왕족이기는 하나 진골이 아니었으므로 직계손인 김민공·김인경·김효종은 물론 경순왕도 진골이 아니었다.

김민공은 880년(헌강왕 6) 2월에 시중에 임명되었고, 김인경은

---

193) 『삼국사기』 권48, 孝女知恩傳. 또는 官○이라고도 한다(『삼국유사』 권1, 王曆).
194) 『삼국사기』 권11, 헌안왕 즉위조.
195) 한편 「新羅敬順王殿碑」의 金安과 上大等 金安을 同名異人으로 보는 설도 있다(李基東, 앞의 책, 169쪽 주85 참조).
196) 대신 金均貞과 金忠恭의 딸 照明夫人 사이에서 태어난 신무왕의 異母弟인 헌안왕이 均貞系의 진골남자로서 왕위를 계승한 것이라 보겠다.

진성여왕대 제3재상을 지냈으며, 또 김효종은 정강왕과 진성여왕
대 화랑으로 활동하였고, 902년(효공왕 6) 2월 시중에 임명되었다.
상대등·시중·화랑을 역임하였으므로 이들의 신분이 진골이었다
고 생각할 수도 있다.

　물론 신라시대의 상대등 역임자는 대부분이 진골 이상의 신분이
었다. 그러나 하대의 상대등은 진골이라는 신분에서 주어지는 것
이라기보다는 왕과 가까운 친족이라는 혈연관계에 의한 것이라 하
겠다. 사실 하대의 상대등은 그들을 임명한 왕과의 혈연관계가 확
인되는 것만 해도 왕의 叔父 3명, 弟 4명, 從兄弟 1명, 從孫 1명, 姑
從兄弟 1명 등 대체로 가장 가까운 친족이었다.197) 특히 헌덕왕대
에는 왕의 아우들을 상대등에 임명하여 권력의 집중화를 꾀하였
다. 그리고 이보다는 뒤의 일이지만 경명왕은 즉위와 동시에 자신
의 아우인 魏英(경애왕)을 상대등에 임명하였지만, 위영은 박씨로
진골이 아니었다. 그리고 하대의 시중도 임명한 왕과의 혈연관계
가 확인되는 경우만 해도 왕의 孫 3명, 弟 1명, 叔父 2명, 姪 1명,
從弟 1명, 從叔 1명, 從姪 1명, 再從弟 1명 등으로 대부분 7촌 이내
의 부계친이었다. 이처럼 하대 후반기에는 상대등이나 시중은 진
골신분에 크게 구애됨 없이 재위중인 왕과의 혈연관계에 의하여
임명되었다. 그러므로 상대등과 시중의 관직을 역임한 것만으로서
그들의 신분이 진골이었다고 보기는 어렵다.

　또 효종이 화랑을 지낸 것에서 진골이라고 생각될 수도 있다. 화
랑이 대체로 진골이었던 것은 사실이다. 하지만 화랑도 하대가 되

---

197) 金昌謙, 2002,「新羅 下代의 王位繼承과 上大等」『백산학보』63. 이
　　 처럼 하대의 상대등은 왕과 가까운 친족관계를 기본 전제로 하여 임
　　 명하였고, 또 왕은 이것을 통하여 왕권을 강화 유지하였으며, 상대등
　　 은 왕과 가장 가까운 친족의 신분과 상대등직을 이용하여 정치적 기
　　 반을 확보한 뒤 왕으로 즉위하는 경우도 있었다.

면 많은 변화가 있었다. 특히 권력쟁탈전이 격심하던 시기에는 화
랑은 왕족과 귀족의 門客 내지는 私兵的 성격을 띤 집단으로[198]
변질되었는데, 이렇게 변질된 화랑이 반드시 진골신분이었다고 보
기에는 좀더 고려해볼 필요가 있을 듯하다. 그보다는 膺廉(경문왕)
과 孝宗은 모두 왕의 가까운 친족(royal family)과 특권권력층(power
elite)이었기에 화랑이 된 것으로 보인다.

이처럼 경순왕 선대의 상대등·시중·화랑 역임은 진골 신분에
의한 것이 아니라 골품제 규정이 작용치 않은, 즉 진골을 초월한
지위인 오직 왕족이라는 정치사회적 신분에 의한 것이다. 그리고
金傅는 김씨왕족과 헌강왕의 사위의 아들(외손자)이라는 신분을
가졌기에 甄萱에 의하여 정치적으로 이용되어 옹립되었다.[199]

신라 말기에는 관등·관직 수여에서는 물론 왕위계승에서조차
골품제 규정이 기능을 상실한 상태에 이르렀다. 이는 하대에 등장
한 원성왕계가 새로운 왕족으로 지위상승을 위하여 황제적 지위와
황족의식을 표방하는 등 일반 진골귀족과의 차별화와 골품제로부
터의 초월화를 꾀하였고, 또 근친혼을 통하여 혈통의 신성화와 함
께 협소화된 왕실을 형성한 결과였다. 그리하여 결국에는 자손의
단절현상으로 인하여 왕위계승상 골품제 규정은 무시되고 오직 혈
연적 요건만이 강조되고, 여기에 정치적 요인이 더하여져 왕위가
계승되었다.

이상에서 신라 하대 왕실세력의 변천과 아울러 그에 따른 하나

---

198) 盧泰敦, 1978,「羅代의 門客」『韓國史研究』21·22합집.
199) 경순왕의 즉위와 당시 정치상황과 연결한 연구로는 다음의 것이 있다.
　　申虎澈, 1993,『後百濟 甄萱政權研究』, 一潮閣.
　　음선혁, 1997,「新羅 景順王의 卽位와 高麗 歸附의 政治的 性格」『全
南史學』11.

의 특징으로서 골품제적 왕위계승원칙이 그 기능을 상실하여 가는 것을 살펴보았는데, 이를 요약하면 다음과 같다.

하대의 왕위계승은 부자계승을 가장 이상적인 것으로 유지하려 하였으나 당시 혈연적·정치적 사정에 의하여 弟·叔·姪 심지어 女壻繼承이라는 변칙적 현상이 나타났고, 또 이에 대항하여 찬탈·추대 등 권력쟁탈에 의한 비정상적인 왕위계승이 유발되어 소가계간의 더욱 잦은 왕통의 변화를 가져왔다. 이러한 하대 왕실의 자기 지위향상과 이를 위한 가계의 협소화 및 신성화 추구는 결국 왕실의 위약화를 초래하였고, 또 근친혼에 의한 유전학적 작용에 의하여 王孫의 絶滅을 낳았다. 이와 더불어 왕위계승상 골품제 규정도 점차 소멸되어 갔다.

그리고 중대의 일반 진골귀족에서 하대의 새로운 왕실로 등장한 원성왕계가 타가계와, 그리고 원성왕계 내에서 찬탈과 추대 및 유조를 통해 또다른 새로운 왕실이 된 소가계가 다른 소가계에 대한 차별화를 위하여 골품제를 초월하는 지위를 갖고자 가계의 신성화를 기도하는 과정에서 다른 진골귀족과의 항쟁을 낳았다. 더욱이 하대 전반기에 있었던 격심한 왕위쟁탈전의 결과 많은 진골왕족의 도태와 이탈현상은 신라왕실의 지지기반의 상실과 붕괴를 낳았고, 또 왕위를 차지한 가계는 왕위의 독점적 유지를 위하여 동일가계 내에서 근친혼을 행하면서 가계간의 분지화가 심화되어 왕통의 혈족범위를 협소화시켰고, 그리하여 王家의 고립화를 초래하였다.

그러자 이에 대한 대책으로 왕위계승의 비상조치를 취하면서 중대 이후 확립된 왕위의 父系男孫原則이 무너져 형제계승·숙부계승이 시행되기도 하였으나, 결국에는 이러한 男系繼承은 무너지고 女壻繼承과 女弟繼承이라는 예외적 현상이 나타낫다. 또 庶子 출신의 비진골신분의 왕이 즉위하기도 하고, 급기야는 여서계승을

표방한 異姓親에게로 계승이 이루어졌다. 그리고 외부세력에 의한
비진골왕의 추대가 있었다.

왕통의 연장을 위한 비정상적인 왕위계승의 시행은 마지막에는
골품제적 원칙을 무시해야만 하였고, 그 과정에서 왕위계승에 중
요하게 작용하였던 골품제의 기능은 자연히 상실 소멸되어 갔다.
그 시기는 아마 진성여왕대를 분수령으로 한 듯하다.

이는 신라 골품제의 마지막 소멸이며 나아가 신라 사회체제의
종말이다. 결국 신라의 멸망은 왕권과 귀족세력간의 갈등에서 왕
조의 존립이 어렵게 된 결과이다. 즉 진골의 族에서 독립된 家, 대
가계에서 또다시 분립하여 왕통을 독립하려는 소가계의 ― 여러
차례 바뀐 새로운 왕계들이 ― 골품제를 초월한 지위격상의 노력
은 태자책봉과 유조를 통한 왕위계승과 고위관직 독점, 그리고 근
친혼을 통하여 왕가의 독립과 그 범위의 협소화는 이루었다.

그러나 한편으로는 새로운 왕가가 된 소가계가 시도한 종래 왕
가였던 가계에 대한 정치적 조치 등을 통한 인위적이고 강제적인
차별화 추구는 그들로부터 계속적으로 지위를 보지하려는 반발과
도전을 유발하였고, 또 진골귀족층 내에서도 새로이 성립된 왕계
에 대한 이탈과 반발세력이 나타났다. 그리하여 이제 진골귀족층
은 물론 원성왕계 내에서조차 지지기반을 상실한 왕실은 소규모
의 추종세력만을 거느린 허약체가 되어 왕권의 약화를 낳았다. 그
리고 왕족의 단절로 인하여 결국 타가계로 왕통이 넘어갔다. 이러
한 왕통의 단절과 변화는 신라왕조에 대한 지지기반의 이탈과 국
가 통치체제의 이완을 낳았으며, 이는 밑에서부터 이루어진 다각
적인 골품제의 붕괴현상과 맞물려, 드디어는 신라 국가사회체제의
붕괴를 가져왔다.

제7장

高麗 太祖의 王位 父子繼承 意識

-「訓要十條」제3조를 중심으로-

高麗 太祖의 王位 父子 繼承과 意識

후삼국기의 혼란을 틈타 궁예정권 아래에서 세력을 확보해 나가던 왕건은 드디어 918년에 궁예를 몰아내고 직접 즉위하여 새로운 고려왕조를 개창하였다. 그리고 935년에 敬順王의 귀부를 받아 신라를 복속시키고, 936년에 후백제도 토평함으로써 마침내 후삼국 통일을 이루었다. 태조는 재위동안에 '一統三韓'은 물론 건국 초에 고려왕실의 기초를 튼튼히 하고자 다각적으로 노력하였다. 그러나 한 왕조의 기반을 건국자 당대에 완성하기란 어려운 것이었다. 그래서 태조는 자신의 정치적 이상을 후세의 왕들에게 전하려는 의도에서 「훈요십조」를[1] 親製하여 남겼다.

　　태조의 훈요는 모두 10조로 되어 있는데,[2] 그 중 제3조는 고려왕실의 왕위계승원칙에 대한 것이다. 그리고 그 내용은 장자계승을 기본으로 하는 부자계승원칙에 의한 왕위계승을 당부하는 것이다.

---

1) 혹은 太祖神聖大王訓要, 聖祖遺訓, 太祖之訓, 神聖垂訓, 太祖之垂訓, 太祖遺訓, 太祖正法 등으로 불리었다(文暻鉉, 1987, 「十訓要」『高麗太祖의 後三國統一硏究』, 螢雪出版社, 310쪽).

2) 비록 日本人에 의해 「훈요십조」의 後代 僞作說이 제기된 적이 있으나 (今西龍, 1912, 「新羅僧道詵について」『東洋學報』2-2 및 1918, 「高麗太祖訓要十條について」『東洋學報』8-3) 이미 국내학자들에 의하여 이것이 眞作임이 증명되었다(李丙燾, 1980, 「太祖와 圖讖」『高麗時代의 硏究』, 乙酉文化社 및 金庠基, 1959, 「高麗太祖의 建國과 經綸」『국사상의 제문제』2, 국사편찬위원회와 金成俊, 1985, 「十訓要와 高麗太祖의 政治思想」『韓國中世政治法制史硏究』, 一潮閣). 더구나 본 고에서 검토하고자 하는 제3조는 위작설의 提起者도 문제시하지 않았으므로 사실로 받아들여도 무방한 듯하다. 다만 최근에 또다시 위작설을 받아들여 靖宗 12년(1046), 문종 즉위년에 만들어졌다는 설도 있으나(文暻鉉, 앞의 책, 304~320쪽) 이에 대한 반박도 있다(崔根泳, 1990, 『統一新羅時代의 地方勢力硏究』, 신서원, 196~197쪽).

결국 태조가 이러한 당부를 남긴 것은 왕조국가를 유지하고 보존하는 것에는 왕위계승이 가장 중요함을 인식하고, 그에 대한 방법론을 제시하여 문제의 발생을 미리 방지함으로써 왕실이 천만대에 지속되기를 바라고 있는 것이다.[3] 비록 태조가 가졌던 왕위의 부자계승의식은 신라 중대 이래 중국으로부터 『禮記』를 비롯한 유교경전과 「唐律」의 전래를 통하여 도입된 宗法意識에[4] 의한 것으로도 볼 수 있지만, 보다 직접적 계기가 된 내재적 배경은 태조 자신의 직접간접 경험을 통하여 형성되었을 것이다.

그러면 여기에서는 고려 태조가 왜 왕위계승원칙을 특별히 제시하여 후손들에게 준수하게 하였을까 하는 의문을 풀고, 또 이것이 역사적으로 어떠한 의미를 갖는 것인지를 규명하도록 한다. 먼저 태조가 이 원칙을 제시한 역사적 배경이 무엇인가를 살펴보겠다. 그리고 제3조의 내용검토를 통하여 이 원칙의 제시로 신라 하대 및 고려 건국 초에 왕위계승원칙이 어떻게 변화를 하였는가를 알아보겠다. 그리하여 고려 태조에 의한 왕위 부자계승 원칙의 재확립이 갖는 의미를 살펴보고자 한다.

---

3) 태조가 「훈요십조」를 남긴 것은 후대의 君主들이 情慾을 방자히 하여 기강을 무너뜨릴까 크게 근심하기 때문에 남긴 10가지의 유언적인 규범, 즉 카리스마적 권위의 세습화를 위한 訓戒였던 것으로 推察된다(鄭景鉉, 1992, 「高麗太祖의 王權」『擇窩許善道先生停年紀念 韓國史學論叢』, 121쪽).

4) 신라시대의 宗法에 대해서는 金斗憲(1980, 『韓國家族制度研究』, 서울대학교 출판부)과 李迎春의 글(2002, 「新羅社會의 宗法的 要素에 관한 試論」『淸溪史學』16·17합집)을 참조하기 바란다.

I. 「훈요십조」 제3조 성립의 배경

먼저 태조가 「훈요십조」 제3조에서 왕위계승의 원칙을 제시한
배경에 대하여 살펴보겠다. 일반적으로 어떠한 하나의 사고가 형
성되는 데에는 직접간접의 경험에 의한 결과가 중요한 작용을 한
다. 태조의 「훈요십조」 역시 그러하다. 각 조의 내용을 보면 태조
자신의 경험이나 故事를 事例로 들면서 열 가지의 지켜야 할 원칙
을 제시하였다.

제3조 또한 마찬가지이다.[5] 중국의 堯舜의 왕위계승을 예로 들
고, 다음에 고려에서 지켜야할 왕위계승원칙을 제시하였다.

그러면 왜 이러한 왕위계승원칙을 제시하였을까? 진정 그가 堯
와 舜의 왕위계승과 같은 理想的인 禪讓을 바라서는 아닐 것이다.
또 중국의 儒敎的 宗法意識에 의한 것만도 그 기본적인 배경은 되
지 못하는 것 같다. 이보다 좀더 직접적인 원인은 태조 자신의 경
험에 의하여 이루어진 것이라 하겠다. 즉 이는 후백제의 왕위계승
상 분쟁에 따른 국력의 약화와 멸망, 그리고 궁예정권의 왕위계승
자 결정과정에서 분열로 인한 붕괴, 더 나아가서는 신라 하대 왕위
계승의 혼란에 따른 쇠퇴로 후삼국이 등장함을 직접적으로 경험한

---

5) 훈요 중 제3·7·9조의 내용은 보기에 따라서는 유교적 정치이념의 범주
에 속하는 것이므로, 이러한 말들은 太祖 王建의 주위의 儒士와 儒敎
經典을 통하여 알게 되었는지 모르지만 — 특히 제10조 "有國有家 徹
戒無虞博觀經史 鑑古戒令"이라 하였듯이 — 이보다는 오히려 그의 오
랜 정치적 경험에서 터득한 것이라고 봄이 옳을 것이다(金成俊, 앞의
책, 35쪽 및 李基東, 1981, 「新羅衰亡史觀의 槪要」『韓沽劤博士停年紀
念 史學論叢』, 145쪽).

왕건은 자신이 세운 고려왕조 역시 왕위계승에 따른 문제의 발생
으로 인하여 불행한 사태를 맞지 않을까 하는 우려에서 왕위계승
원칙을 특별히 제시한 것이라 하겠다.

그러면 태조가 경험한 신라 하대 및 후삼국기에 있었던 왕위계
승상의 문제점이 무엇이었는지를 간단히 살펴보도록 한다.

1. 신라 하대 왕위계승의 혼란

신라 하대의 왕위계승은 중대의 그것과는 상당한 차이를 보이고
있다. 우선 王系가 중대 무열왕계에서 이른바 하대 원성왕계로 바
뀌었다. 그리고 또다시 하대 내에서 같은 원성왕계이면서도 그 후
손의 分枝化에 의하여 여러 소가계 간에 왕위가 교체되면서, 왕위
는 부자계승을 기본으로 하는 부계친 내의 계승이었지만, 여러 차
례에 걸친 찬탈에 의한 왕위계승도 있어서[6] 중대에 엄격히 준수되
었던 왕위의 부자계승원칙이 변질되어 왕위계승원칙이 무너졌거
나, 있었더라도 非父子繼承이었던 것처럼 보이기도 한다.

신라 하대 20명의 왕위계승을 정리하면 제3장의 <표 1>과 같
다. 중복되는 감이 있지만 이를 간단히 소개하면 다음과 같다.

먼저 왕들의 계승방법을 살펴보면 모두 20명의 왕 중에서 정상
적인 계승은 태자책봉과 유조(고명)에 의한 계위 11차례와 선위 1
차례로 모두 12차례이고, 비정상적인 왕위계승은 찬탈 5차례와 추
대 3차례로 모두 8차례이다. 한편 왕들의 전왕과 혈연관계를 살펴
보면 20명의 왕 가운데 子 4명, 親弟(妹 포함) 4명, 孫子 1명, 叔父

---

6) 金昌謙, 1994,「新羅 下代 王位簒奪型 叛逆에 대한 一考察」『韓國上古
史學報』17.

2명, 姪 1명, 女壻 1명으로 3촌 이내의 부계친에 의한 왕위계승이
13차례 있었고, 堂姪 1명, 再從兄弟 2명으로 3촌 밖의 부계친에 의
한 왕위계승이 3차례 있었다. 그러면서도 姑從兄弟 1명, (母系從)
弟 1명, 女壻 1명, 妹壻 1명, 姨從弟(異姓族弟·表弟) 1명 등 여자
의 혼인으로 맺어진 女系親이 5차례 왕위를 계승하였다.

그리고 왕위계승의 외형적 방법과 계승자의 전왕과의 혈연관계
를 아울러 살펴보면 신라 하대 왕위계승의 혼란상을 보다 자세히
파악할 수 있다. 먼저 11차례의 계위와 1차례의 선위 가운데 태자
책봉의 형식을 밟은 경우는 자 4, 제 1, 손자 1, 질 1 등 7차례와 유
조를 통한 경우는 제 2, 매 1, 숙부 1, 여서 1 등 5차례로서 모두 12
차례의 평화적인 계승이 있었다. 이와는 달리 찬탈은 숙부 1, 당질
1, 재종형제 2, (모계종)제 1 등 5차례 있었고, 추대는 고종형제 1,
매서·처남 1, 이종제 1 등 3차례로서 결국 8차례의 비평화적인 계
승이 있었다.

이처럼 신라 하대의 왕위계승은 상당히 변질된 양상을 보였다.
이는 부계혈족집단에 의하여 부자계승을 가장 理想的인 것으로 준
수하려 하였으나, 특정한 소가계가 왕위계승을 독점하려 하다보니
나타난 결과이다. 즉 혈연적으로 자손의 단절과 정치적으로 왕위
를 둘러싼 분쟁 등으로 정상적인 계승조차 弟와 姪이 태자로 책봉
되거나,[7] 弟·妹·叔父 심지어 女壻도 유조를 통하여 왕위를 계
승하는 등 변형적인 양상을 보였다. 그리고 결국에는 이러한 왕위
계승으로 왕통이 변경되면서 드디어 朴氏王이 등장하여 신라 김씨
왕조는 종말을 맞았다.

---

7) 金昌謙, 1993,「新羅時代 太子制度의 性格」『韓國上古史學報』13.

2. 弓裔政權의 몰락과 왕위계승

궁예정권의 몰락 원인은 일반적으로 궁예 개인의 성격적인 결함
에 있었던 것처럼 이해되고 있다.

> ⓐ 善宗이 彌勒佛이라 자칭하여 머리에 금고깔을 쓰고 몸에 方袍를
> 입었으며, 맏아들을 靑光菩薩이라 하고 막내아들을 神光菩薩이라
> 하였다. 선종이 밖에 나갈 때면 늘 흰말을 타는데 비단으로 갈기
> 와 꼬리를 장식하고, … 貞明 元年 부인 康氏가 왕이 옳지 못한
> 일을 많이 한다 하여 정색을 하고 이를 말리자 왕이 미워하며 말
> 하기를 "네가 다른 사람과 간통을 하니 무슨 일이냐?" 하였다. 강
> 씨가 말하기를 "어찌 그런 일이 있겠는가?" 하니, 왕이 "나는 신을
> 통하여 보고 있다."고 하면서 뜨거운 불로 쇠공이를 달구어 그의
> 음부를 쑤시어 죽이고 두 아이를 죽였다. 그 뒤로 그가 의심이 많
> 고 갑자기 성내기를 잘하여 모든 관리·장수로부터 평민에 이르
> 기까지 죄없이 죽음을 당하는 일이 자주 있었으며, 斧壤과 鐵圓
> 일대의 사람들이 그의 박해를 견디어 낼 수가 없었다(『삼국사기』
> 권50, 궁예전).

『고려사』에도 이러한 내용의 기록이 있다. 하지만 궁예를 축출
하고 건국된 고려의 史家들이 고려건국의 정당성과 건국자 태조의
행위에 대한 당위성 부여라는 목적에서 史書를 서술하다 보니, 궁
예의 몰락에 대한 필연성을 강조하기 위하여 더욱 폄하시켜 놓은
것이기 때문에, 이 내용의 진위에 대해서는 좀더 고려되어야 한다.

그러면 궁예의 성격이 어떠했다는 것은 且置勿論하고, 우선 위
의 인용문에서 보면 궁예에게는 康氏夫人이 있고, 또 그녀의 소생
으로 두 아들이 있었다. 그런데 915년(정명 원년)에 강씨부인이 궁
예에게 옳지 못한 일을 하지 말라고 간하자 궁예는 오히려 강씨부
인을 죽이고, 또 '兩兒'로 표현된 두 아들도 죽였다. 위의 인용문

ⓐ에 의하면 '양아'란 앞의 청광보살과 신광보살을 지칭하는 것이므로, 궁예에게는 말년에야 겨우 나이 어린 아들 두 명이 있었던 것으로 표현되어 있다. 하지만 궁예는 왕으로 재위한 인물이고, 특히 즉위전에 在家和尙의 일반적인 형태와 흡사한 隨院僧徒를 거친 자로 이해되기도 하기 때문에[8] 훨씬 일찍부터 부인이 있었을 것이다. 그럼에도 기록에는 말년에야 '兒'로 표현될 정도의 아들만이 언급되어 있는 것은 좀더 검토할 여지가 있다.

현전하는 여러 성씨 중에는 궁예의 후손을 자칭하는 경우가 더러 있다. 예를 들면 光山 李氏와 順天 金氏가 바로 그러하다.[9] 그러면 『삼국사기』의 기록이 궁예가 강씨부인과 두 아들을 모두 죽였다고 함에도 불구하고, 후대에 궁예의 후손을 칭하는 성씨가 있다는 것은 무엇을 의미하는가? 이는 아마 강씨부인 외에 다른 부인이 있었고, 그 소생의 아들이 있어서 後裔가 이어졌음을 말해주는 것이라 보아도 무리가 없을 것이다.[10] 이러한 추측이 허용된다면, 그 이름을 알 수 없는 부인은 강씨부인보다 먼저 궁예와 혼인하였을 것이고, 그녀의 아들 역시 청광보살·신광보살보다는 연령이 많았을 것이다.

이러한 사항을 고려하여 915년에 궁예가 부인과 두 아들을 살해한 사건에 대하여 살펴보면, 그 살해의 배경과 이유는 물론 사건의 성격을 한층 더 확연히 알 수 있다.

이 사건이 있기 이전부터 궁예의 왕건에 대한 견제는 시작되었

---

8) 李在範, 1992, 『後三國時代 弓裔政權의 硏究』, 성균관대학교대학원 박사학위논문, 15～16쪽.
9) 『光山李氏世譜』 및 『順天金氏世譜』 참조.
10) 이는 당시의 건국자인 王建과 甄萱이 모두 여러 명의 부인을 두고 있었던 기록이 있는 만큼 궁예 또한 마찬가지였을 것은 충분히 가능한 것이다(李在範, 앞의 글, 113～118쪽).

다.11) 그리고 916년에 궁예가 국가통치와 왕권강화의 의미로 연호를 水德萬世에서 政開로 고친 뒤에 왕건을 百船將軍으로 삼아 수군을 거느리고 羅州에 출진케 하였다. 이와 같은 상황은 이미 왕건의 세력이 상당히 성장하여 궁예가 왕건에 대한 견제를 보였고, 왕건은 자신에게 미칠 위험을 감지하고 外方으로 나가 군사력을 기르고 있었음을 말해주는 것이다.12) 특히 왕건은 913년 淸州人 阿志泰를 제거하고 세력을 더욱 강화시켰다. 그러자 당시 轅門將校 宗室勳賢 智計儒雅의 무리가 모두 그를 따랐다고 하니,13) 이미 왕건의 세력은 막강해져 있었음을 알 수 있다.

이때 종실도 왕건을 따랐다고 하였는데, 여기서 종실은 어느 가계일까? 궁예는 신라왕실 출신으로 태어나자마자 곧 죽음을 피하여 도망하였으므로 그의 건국을 도운 父系親은 없었을 것이다. 혹시 母系親이 있었다면 혈연적·정치적 이해관계상 그들이 궁예를 따르지 않고 왕건을 추종할 리가 없다. 결국 이때의 종실은 궁예의 妃系親들이라 보아도 좋을 것 같다.14)

---

11) 이 해 왕건은 侍中에 임명되었으나 곧 자신에게 화가 미칠 것을 두려워하여 外職을 구하였다(『고려사』권1, 태조세가 梁 開平 3년조).

12) 이에 대해 李在範은 궁예가 국호를 고려에서 摩震으로 바꾸면서 大東方國으로의 통일노선을 취하자, 고구려의 부흥을 꾀하던 고구려계 호족들과 마찰이 있었다고 하였으며, 그리고 906년에 이미 왕건은 궁예로부터 이탈하여 독자적 세력을 형성하려 하였다고 보았다(앞의 글, 56~60쪽). 한편 이와는 달리 911년 이후부터 궁예와 왕건의 대립이 시작되었다는 견해도 있다(申虎澈, 1972,「弓裔의 政治的 性格」『韓國學報』29, 45쪽).

13) 『고려사』권1, 태조세가 乾化 3년조.

14) 劉璟娥는 轅門將校를 왕건과 해상전투에 참여했던 일부 士兵과 武將勢力, 宗室勳賢을 康氏夫人을 비롯한 궁예의 외척세력, 즉 信川康氏로서 개성근처의 호족, 智計儒雅는 골품제 사회의 모순에 대한 반발에서 궁예정권에 투항해온 신라 6두품계 지식인으로 파악하였다(1991,「王建의 勢力成長과 對弓裔關係」『考古歷史學志』7, 334~338쪽).

그러면 이때 왕건을 추종한 妃系는 궁예의 부인 가운데 어느 가계일까? 이는 강씨부인의 가계세력들일 것이다. 그 결과 강씨부인이 어떠한 문제를 건의하자 궁예는 강씨부인과 두 아들을 모두 죽이게 된 것이다.[15] 그러나 이들 강씨세력이 처음부터 왕건의 찬탈에 대해서까지 동조한 것은 아니었다. 다만 그들은 왕건의 힘을 빌려 강씨부인의 아들 중 하나로써 궁예의 뒤를 이어 즉위케 하고자 왕건과 협조하였던 것 같다. 하지만 왕건세력의 확대를 견제하던 궁예는 자신이 죽은 뒤에 발생할 왕위다툼을 예방하고자, 또 예상되는 왕건의 정권장악을 방지하고자 강씨부인에게 간통죄를 씌우고 아울러 이에 두 아들도 연좌시켜 모두 죽였을 것이다.[16]

915년 궁예가 강씨부인과 두 아들을 살해한 사건은 곧 왕위계승

---

15) 한편 이 사건은 당시 궁예의 神政的 專制主義를 康氏夫人이 비판하자 죽였으며, 朴儒가 東宮記室을 지냈다는 것을 근거로 두 왕자 중 한 사람은 이미 태자로 책봉되어 있었다는 추측도 있다(趙仁成, 1991, 『泰封의 弓裔政權硏究』, 서강대학교대학원 박사학위논문).

16) 이 사건은 단순한 궁예의 카리스마적 권위의 손상에서 비롯된 분노에 의한 우발적인 것이라기보다는 다른 정치적 원인이 보다 크게 작용되고 있었던 것 같다. 다른 정치적 원인이란 강씨와 연결되어 있는 세력이 주로 西北系 豪族勢力이며, 궁예정부 조직내부의 비판세력이 존재하고 있었던 것이다. 결국 이러한 갈등이 궁예의 觀心法 등을 통한 정적의 숙청으로 연결되고 있었다(全基雄, 1996, 『羅末麗初의 政治社會와 文人知識層』, 혜안, 96쪽). 한편 이 사건을 궁예가 스스로를 彌勒佛로 두 아들을 靑光菩薩과 神光菩薩로 삼아 專制王權을 추구하면서 미륵불로서의 全知全能한 실체를 드러낸 다음, 이제는 전지전능한 미륵불의 거추장스러운 장식물에 불과한 두 협시보살마저 없애버리고 명실상부한 專制君主로서 발돋움하고 나선 것으로 본 견해도 있으나(洪承基, 1992, 「弓裔王의 專制的 王權의 追求」『擇窩許善道先生停年紀念 韓國史學論叢』, 87쪽), 만약에 다른 아들이 없는 상황이라면 왕권의 전제화를 위하여 자신의 왕위를 계승해야 할 두 아들 모두를 살해했다는 것은 납득하기 어려움이 있다. 그러나 어떻든 궁예의 이러한 행위는 오히려 民心의 離反과 王建의 쿠테타를 앞당기는 결과를 초래하였다.

과 연계된 문제였다. 그런데 이 왕위계승문제 또한 형제의 서열을 무시한 지지세력간의 세력다툼에서 발생한 것이었다. 그리고 왕위계승을 둘러싼 궁예와 왕건의 알력은 드디어 궁예의 몰락과 왕건에 의한 고려왕조의 개창으로 마무리되었다.

결국 궁예의 몰락 또한 왕위계승을 둘러싼 문제가 하나의 중요한 원인이 되었던 것이다. 궁예는 적어도 2명 이상의 부인과 그녀들의 소생이 있었다. 그 중에는 浿西勢力과 왕건의 후원을 받았던 것으로 추측되는 강씨부인과 아들은 왕위계승자 문제를 두고 궁예와 갈등을 빚어 죽음을 당한 것이라 하겠다. 하지만 궁예 또한 왕건의 쿠데타로 몰락하였다.

3. 後百濟의 멸망과 왕위계승

935년 신라가 고려에 귀부된 뒤, 936년에는 후백제 또한 고려와 전투에서 패하여 멸망하였다.

그런데 후백제의 몰락원인은 전투에서의 패배가 직접적인 것이지만 보다 더 근본적이고 중요한 것은 내부의 분열을 들 수 있다. 그 내부분열이란 바로 甄萱의 아들간에 왕위계승문제를 둘러싼 암투였다.

ⓑ-① 甄萱이 아내를 많이 얻어서 아들 10여명을 두었는데, 넷째 아들 金剛이 키가 크고 지혜가 많으므로 견훤이 특별히 그를 사랑하여 왕위를 그에게 전하고자 하였다. 그의 兄 神劍·良劍·龍劍 등이 이것을 알고 걱정하였다. 이때에 양검이 康州都督, 용검이 武州都督이 되었고, 신검이 견훤의 옆에 있었다. 伊飡 能煥이 사람을 시켜 강주와 무주에 가서 양검 등과 함께 음모를 꾸미고 있다가, 淸泰 2년 봄 3월에 이르러 波珍飡 新德·英順 등과 함께

> 음모를 꾸며 신검에게 권하여 견훤을 金山佛宇에 가두고 사람을
> 보내어 金剛을 죽였다. 신검이 스스로 大王을 칭하고 나라 안의
> 죄수를 크게 사면하였다(『삼국사기』 권50, 견훤전).

이는 견훤에게는 여러 명의 부인과 10여명의 아들이 있었는데,
그 중에서 넷째 아들 金剛에게 왕위를 물려주려 하자 이에 대한 반
발로 935년 맏아들 신검이 아우 양검·용검과 쿠데타를 일으켜 금
강을 죽이고, 아버지 견훤마저도 金山佛宇에 幽閉시키고 스스로
즉위하였다는 내용이다.

그렇다면 신검의 쿠데타는 분명히 왕위계승에 대한 불만에서 비
롯된 것이다. 신검은 長子로서 왕위계승에 대한 기대를 가지고 있
었으나, 견훤은 이와 달리 넷째 아들 금강에게 왕위를 물려주려는
뜻을 보였던 것이다. 즉 왕위의 장자계승이 지켜지지 않으려는 순
간이었다.

> ⓑ-② 王業을 거의 부흥하게 되었는데, 슬기로운 생각이 갑자기 잘못되
> 어져 어린 아들이 사랑을 받게 되고, 간사한 신하가 권세를 농락
> 하여 大君(견훤)을 晉 惠帝처럼 昏暗으로 인도하고, 慈父를 獻公
> 처럼 미혹함에 빠지게 하여 王位를 頑童에게 전하려 하나, 다행
> 히 上帝가 굽어보시고 君子의 허물을 고치시어 맏아들인 나에게
> 한 나라를 맡기시었다(『삼국사기』 권50, 견훤전).

이는 신검이 즉위한 직후인 淸泰 2년 10월 17일에 내린 敎書의
일부이다. 이에 따르면 신검은 자신의 쿠데타를 견훤의 혼미로 인
하여 왕위가 나이 어린 아들 금강에게 전해지려는 것을 하늘이 고
쳐주어 맏아들인 자신이 즉위하게 되었다고 하면서 정당화시키고
있다. 즉 장자계승이 가장 정상적인 것임을 표현하고 있다.

그러면 왜 가장 보편적인 嫡長子繼承을 무시하고 나이 어린 넷
째 아들 금강에게 왕위를 계승시키려 하였을까? 앞의 인용문 ⓑ-

①에서는 '金剛이 키가 크고 지혜가 많아(身長而多智)'서 견훤이
특히 사랑하였다고 하였으나, 뒤의 인용문 ⓑ-②에는 '슬기로운
생각이 갑자기 잘못되어 어린 아들이 사랑을 받게 되고 간사한 신
하가 권세를 농락하여(智慮忽其一失 幼子鍾愛 姦臣弄權)'라고 하
여 당시 상황을 좀더 구체적으로 설명하고 있다. 사실 후자에 의하
면 어린 아들 금강의 배후에는 그를 추대하려는 신하들이 있어 정
권의 주도권을 행세하였던 것 같다. 그리하여 후백제 정치권 내에
신검의 지지세력과 금강의 지지세력이 암투를 보이고 있었다.17)
그리고 그 세력은 신검과 금강이 異腹兄弟였기에 이들 각각을 지
지하는 외척세력들 — 光州地方의 호족세력과 全州地方의 호족세
력 — 이었으며, 이들간의 정치적 갈등이 표출된 것이 바로 935년
의 甄萱幽閉事件이었다. 그리고 이것은 견훤정권의 몰락, 나아가
서는 후백제 멸망의 가장 결정적인 원인이 되었다.18)

  결국 후백제의 멸망은 왕위계승을 둘러싼 내부 분열이 가장 큰
원인이었다. 견훤이 장자 신검이 아닌 서자인 제4자 금강으로 왕위
를 계승케 하려하자, 이에 불만을 가진 신검의 지지세력이 금강을
살해하고 견훤을 金山佛宇에 유폐하였다. 이 과정을 통해 신검이

---

17) 이러한 대립은 이미 930년 이전부터 비롯된 것으로 보인다(申虎澈,
    1993,『後百濟甄萱政權研究』, 一潮閣, 149쪽).
18) 申虎澈, 앞의 책, 146~175쪽. 한편 이와는 달리 金剛이 원래 神劍과 同
    一人이며(朴漢卨, 1973,「後百濟 金剛에 대하여」『大丘史學』7·8합집,
    17쪽), 또 후백제의 멸망원인은 왕족간의 왕위쟁탈전에 있었던 것이 아
    니라 견훤이 고려에 대하여 타협적인 정책으로 변한 데 반하여, 신검
    등이 강경책을 견지하려는 데서 나온 내분에 있었다는 견해도 있다(朴
    漢卨, 1978,「後三國의 成立」『한국사』3, 국사편찬위원회 및 金光錫,
    1984,「高麗太祖의 歷史認識 Ⅱ」『白山學報』28). 하지만『삼국사기』
    에 실린 신검의 卽位敎書 내용을 역사적 사실로 인정한다면, 견훤과
    신검의 갈등의 보다 근원적인 배경은 왕위계승문제에서 비롯되었고,
    그 대상은 '어린 아들'과 '頑童'으로 지칭된 金剛이란 아들이었다.

즉위하였으나 후백제의 왕실과 조정은 분열되어, 마침내 고려와의
전투에서 패하여 멸망하였다.

Ⅱ. 「훈요십조」 제3조와 왕위계승

 신라 하대 및 후삼국기 태봉과 후백제의 왕위계승상 혼란과 무
원칙으로 인하여, 결국 그들이 멸망함을 직접 경험한 태조는 고려
에서는 이러한 현상이 재발하지 않기를 바라는 마음에서 왕위계승
원칙을 후손들에게 제시하였다.

 그러면 태조의 이러한 역사적 경험에 의하여 親製된「훈요십조」
제3조에 대하여 살펴보기로 한다. 이 검토를 통하여 태조가 제시한
고려의 왕위계승원칙이 어떤 것인가를 살펴보고, 또 그것이 고려
의 왕위계승에 어떻게 반영되어 현상화되었는지 밝히도록 한다.
이와 더불어 태조 자신이 왕위를 어떠한 원칙에 의하여 계승시키
려고 하였는지도 검토하기로 한다. 이러한 작업은 제3조의 내용과
그것을 태조 당대와 고려시대에 준수하였던가에 대한 검토이므로,
제3조의 진위성 여부를 밝히는 하나의 기초작업이 될 것이다.

1. 제3조의 내용

 지금부터 태조가 제시한 왕위계승원칙은 어떠한 것이었는지를
알아보기 위하여 제3조의 내용을 분석하도록 한다.

ⓒ 其三曰 赤子에게 나라를 전하는 것이 비록 常禮이기는 하지만, 그
러나 丹朱가 不肖하므로 堯가 舜에게 禪讓한 것은 참으로 공명정
대한 마음이었다. 만약에 元子가 불초하면 그 次子에게 줄 것이고,
차자 또한 불초하면 그 兄弟의 무리에서 여러 사람의 推戴를 받는
자에게 주어 大統을 잇게 하라(『고려사』 권2, 태조 26년 4월)

이에 의하면 태조는 나름대로의 왕위계승원칙을 제시하고 있다.
즉 태조는 ①赤子의[19] 계승이 가장 理想的인 것이라 말하여 長子
繼承의 원칙을 일반적인 것으로 보고 있다. ②그러면서도 堯임금
이 아들 丹朱가 불초하여 歷山에서 밭갈이를 하던 舜임금에게 선
양한 고사를 들어 만약에 元子가 불초하면 次子, ③차자 또한 불
초하면 그 형제 가운데서 여러 사람의 추대를 받은 아들에게 왕위
를 계승케 하라고 부탁하고 있다.[20]

이는 앞에서 살펴본 신라 하대, 태봉, 후백제의 왕위계승과는 다
른 것이다. 특히 신라 하대에는 왕의 弟・女弟・姪・女壻까지도
평화적으로 왕위계승을 한 것에 비하여, 제3조에서는 왕의 子만으

---

19) 여기서 '嫡子'는 정실 소생의 아들로 볼 수도 있지만, 그보다는 문장상
곧이어 '次子'라는 지칭이 있는 것으로 보아 長子의 개념으로 봄이 옳
다(古者 諸侯之世子曰赤子 餘者謂之庶子 『徐源說文解字注箋』).

20) 이 문구의 해석에는 좀더 생각해 볼 여지가 있다. 우선 '其兄弟'에서 其
가 무엇을 지시하는 것인지, 즉 앞의 '其次子'에서 其가 왕이라면 其가
왕인지 아니면 바로 앞의 차자인지 살펴보아야 한다. 일반적으로 후자
로 보아 왕의 元子, 次子 그리고 그들의 兄弟로 해석하는 입장과(동아
대학교 고전연구실, 1965, 『譯註高麗史』 및 사회과학원 고전연구소,
1962, 『고려사』와 李丙燾, 1991, 「훈요십조」『한국민족문화대백과사
전』 25와 金庠基, 1985, 『新編高麗時代史』, 서울대학교 출판부), 이와
는 달리 이를 왕의 형제들이 兄弟相續을 하는 것으로 보는 입장도 있
다(黃雲龍, 1978, 『高麗閥族에 관한 研究』, 親學社, 44쪽과 文暻鉉, 앞
의 책, 314쪽). 그러나 전체 문장상 이때의 其는 次子를 지시하며, 장자
와 아우들을 합쳐 그 兄弟라 표현한 것으로 보는 것이 옳은 듯하여, 전
자의 해석에 따른다.

로, 즉 왕의 直系孫으로 왕위계승의 혈족범위를 국한하였다. 특히 장자계승원칙을 제시하여 후백제의 庶子인 제4자 계승이나 태봉에서 있었던 왕위계승상 문제점 같은 것들이 재현되지 못하게 하였다. 그러나 부득이 한 경우에는 예외를 인정하는데, 그 근거로 堯舜간의 禪讓을 들어서 원자가 불초하면 차자로 하라는 것이다. 즉 장자가 가장 우선의 당연 순위이고, 다만 장자에게 문제가 있으면 차자로 하라는 것이다. 여기서도 형제계승이나 숙부계승은 인정되지 않았고, 오직 직계자계승만으로 한정하고 있다.

한편 ①·②가 어려운 경우는 예외적으로 장자와 차자를 제외한 여러 사람의 추대를 받은 자, 즉 당대의 여건상 왕족과 群臣들로부터 가장 신망을 받은 子가 왕위를 계승하여 다른 세력들의 도전을 피할 수 있도록 하여 왕통을 보존코자 하고 있다. 그러나 여기서도 왕의 子로 한정하여 형제·숙부·질 등 방계의 계승을 허용하지 않고 오직 직계계승만을 하도록 하였다. 더욱이 왕위의 장자계승제는 전제왕권의 확립과 밀접한 관계를 지닌 것이므로, 건국 초의 태조로서는 가장 실현하고 싶었던 것 중의 하나였을 것이다.

이상에서 볼 때 왕위계승 순위는 ①長子, ②次子, ③가장 여러 사람의 추대를 받는 아들 순이다. 결국 왕위계승의 혈족범위는 어떠한 경우라도 子만이지 弟와 叔父·姪은 물론 女의 계승은 인정하지 않았다. 고려 태조가 제시한 이러한 왕위계승원칙은 장자계승이 가장 이상적인 것이고, 특별한 경우에는 다른 아들의 계승을 허용하였지만, 반드시 부자계승만을 지킬 것을 규정한 것이다. 이는 중국에서 전래된 宗法에 따른 것이며,[21] 동시에 태조 자신의 직접간접 경험을 통하여 형성한 정치사상의 실천, 추구였다.

---

21) 신라 중대 이후 당과의 빈번한 접촉에 의하여 문화의 발전이 현저하였으며, 왕위계승도 점차 봉건적 세습제인 부자계승이 확립, 시행되었다.

2. 제3조의 준수

태조는 즉위 초부터 왕위를 장자에게 계승시키려는 강한 의지를 갖고 있었다. 아직 건국 초인지라 반대세력들의 도전과 독자적인 세력을 보유한 채 왕건과 혼인을 통하여 연결되어 있는 여러 부인들의 배후세력으로부터 위협이 존재하는 상황에서 장자 武를 太子(正胤)로 책봉하였다.

> ⓓ 惠宗이 일곱 살 때 태조가 세우고자 하였으나 그 어머니 吳氏가 側微한 사람이기 때문에 세우지 못할 것을 두려워하여 낡은 상자에 拓黃袍를 담아 오씨에게 내리니, 오씨가 述熙에게 보였다. 술희가 태조의 뜻을 짐작하고 혜종을 세워 正胤을 삼기를 청하니, 正胤은 곧 太子이다(『고려사』 권92, 박술희전).

이는 태조 3년 12월 10일의 일이다. 그러므로 태조는 즉위 직후부터 장자에게 왕위를 계승시킬 의사를 가지고 있었음을 알 수 있다. 그러나 長子 武의 나이가 겨우 7세에 불과하고 또 그의 어머니 吳氏의 측근세력이 다른 여러 后妃에 비하여 미약하였다.[22] 이에 태조는 아들 무가 과연 즉위할 수 있을까 염려가 되어, 가만히 그의 뜻을 암시하여 당시 세력가의 하나인 朴述熙를 후견인으로 정하고, 921년(태조 4) 무를 정윤(태자)으로 책봉하였다.[23]

이는 아직 왕위 자체가 불안한 상황이어서 당시에 장자 왕위계승의 제도가 철저하게 지켜질 수 있는 형편이 아니었기에 취한 조치인 것이다.[24]

---

22) 河炫綱, 1968,「高麗 惠宗代의 政變」『史學研究』20, 198쪽.
23) 자세한 것은 『고려사』 권92, 朴述熙傳을 참조 바람.
24) 태조가 그의 長子를 太子로 삼는다는 것은 중앙 정계에서 활약하던 여

그런 다음에 正胤 武를 직접 전투에 데리고 다니며 武將으로서
의 용맹과 위엄을 길러주고,[25] 太子師傅를 정하여 학문적 소양을
갖추게 배려하였으며,[26] 왕의 대리자 역할을 하게도 하고,[27] 또 직
접 정치에 참여토록 하여 예비 왕으로서 실무를 경험케 하였다.[28]

하지만 태조는 장자가 왕위를 계승하도록 하기 위하여[29] 생전에
여러 가지 예비조치를 취하고도 만약 자신의 사후 그것이 지켜지
지 않을까 바 염려하였다. 특히 후백제 멸망과정에서 발생한 935년
신검의 政變을 직접간접으로 경험한 바 있고, 또 자신의 혼인정책
에 따른 半獨自的인 세력을 가진 여러 호족들의 존재함은 상당한
우려가 되는 것이었다. 그래서 그는 죽기 직전에 무의 태자책봉에
큰 역할을 하였던 박술희를 다시 불러 태자를 잘 보좌하도록 유명
을 내렸고,[30] 또 제3조의 왕위계승원칙을 포함한 「훈요십조」를 전
해 주었다.[31] 그리고 죽으면서도 내외백관들에게 유언하여 다 東

러 豪族勢力들의 반대를 각오한 것으로, 아직 건국 4년에 불과한 상황
에서 겨우 7살의 장자를 태자로 책봉하여 앞으로 닥쳐올 아들들 사이
의 왕위계승전을 막는다는 의미가 있고, 나아가 왕위를 태조의 후손들
로 고정시키는 결과도 가져왔다(李鍾旭, 1981, 「高麗初 940年代의 王位
繼承과 그 政治的 性格」『高麗光宗硏究』, 一潮閣, 17~18쪽).

25) 혜종은 後梁 乾和 2년(912) 壬申에 태어났고, 태조 4년(921)에 正胤으로
책봉되었으며, 뒤에 태조를 따라 후백제를 토벌하는 전쟁에서 용감하
게 적진에 들어간 功으로 제1등 공신으로 책록되었다(『고려사』권2, 혜
종 즉위조).

26) 崔彦撝는 태조가 開國하자 가족을 거느리고 와서 태조의 명으로 太子
師傅가 되었다(『고려사』권92, 崔彦撝傳).

27) 崔凝이 병들어 누웠을 때 東宮이 태조를 대리하여 문안하고 肉食을 권
하였다(『고려사』권92, 崔凝傳).

28) 오랫동안 東宮에 있어 여러번 監務를 겪었다(『고려사』권93, 崔承老
傳).

29) 黃雲龍, 앞의 책, 44~45쪽.

30) 『고려사』권92, 朴述熙傳.

31) 바로 이는 태조의 遺言을 쓴 글을 어느 특정 王族이 아니라 다음 王을

宮의 처분을 받게 하였다.[32) 이러한 태조의 일련의 조치는 바로 장
자계승의 실행이었다.

왕위의 부자계승을 확립하고자 하는 태조의 바램은 혜종의 즉위
로 실행되었다. 하지만 태조의 생전에 이러한 여러 조치와 노력에
도 불구하고 혜종 재위시에 왕위를 둘러싼 심각한 정치적 갈등이
있었고, 결국에는 945년(혜종 2) 9월에 혜종이 병으로 죽고 그의 아
우 정종이 여러 신하들의 추대를 받아 즉위하였다. 또 정종은 재위
4년만에 병이 위독하자 미리 아우 광종에게 왕위를 물려주고 죽었
다. 이처럼 정종과 광종의 즉위는 형제계승으로 이루어 졌다.[33) 이
는 아마 당시 정치적인 여건상 혜종의 아들과[34) 정종의 아들이 너
무 어려 왕위를 계승하기에는 많은 문제점을 수반함으로써 부득이
태조의 부자계승 의지가 반영되지 못하고 형제계승이 행하여졌던
것으로 보겠다. 그러다가 965년(광종 16) 2월에 광종이 아들 伷를
왕태자로 책봉하여, 975년 5월 伷가 즉위하니 바로 경종인데, 이러

보좌할 인물에게 줌으로써 왕위를 찬탈코자 하는 자가 고의로 소멸시
킬 수 있는 가능성에 대비한 것이라 하겠다.
32) 『고려사』 권2, 태조 26년 5월조.
33) 고려 초기의 왕위계승에 대한 연구로는 다음과 같은 것이 있다.
　池內宏, 1913, 「高麗太祖の薨後に於ける王位繼承上の一悲劇」 『史林』
　3-2.
　瀨野馬熊, 1926, 「高麗太祖朝の內亂」 『史學雜誌』 37-10.
　河炫綱, 1968, 「高麗 惠宗代의 政變」 『史學研究』 20.
　河炫綱, 1974, 「高麗王朝의 成立과 豪族聯合政權」 『한국사』 4, 국사편
　찬위원회.
　姜喜雄, 1977, 「高麗 惠宗朝 王位繼承亂의 新解釋」 『韓國學報』 7.
　金杜珍, 1979, 「高麗 光宗代의 專制王權과 豪族」 『韓國學報』 15.
　李鍾旭, 앞의 글.
34) 唯惠景二宗嗣位 皆自春宮 人無異望 至於兄弟之間 非有分明付托 則
　爭端必起 惠宗 兩年侵疾而終 有子曰興化郎君而年少 又不能囑後事於
　諸弟 定宗自被群臣翊戴 以纂大業(『고려사』 권93, 崔承老傳).

한 경종의 즉위에 의하여 다시 부자계승이 실행되었다.[35]

그러면 왕위의 부자계승원칙이 과연 고려시대에 준수되었는지를 살펴볼 필요가 있다. 이 원칙이 준수되었다면 그것은 바로 태조에 의하여 제3조가 제시된 것이 사실이고, 또 제3조가 태조에 의하여 제시된 것이 사실이라면 그것은 나아가서 「훈요십조」가 태조의 진작임을 밝히는 한 가지 기초적인 작업이 될 것이다.

먼저 고려시대 왕들의 왕위계승을 방법에 따라 분류하여 정리하면, 太子·世子冊封에 의한 경우 13차례, 內禪·禪位·傳位·襲位 6차례,[36] 遺詔·遺命·顧命 4차례,[37] 推戴 11차례[38] 등이다. 그리고 전왕과 혈연관계에 근거하여 분류하면 父子繼承 18차례, 兄弟繼承 8차례, 再從兄弟繼承 2차례, 叔父繼承 1차례, 堂姪繼承 1차례, 기타 1차례 등이다. 이처럼 고려시대 왕위계승은 초기 왕권의 불안정, 武臣政權期의 집권자들에 의한 왕의 교체, 蒙古干涉期 元勢力에 의한 왕위 교체 등 제3세력의 개입으로 인한 여러 가지 정치적 요인의 작용으로 비정상적인 계승이 빈번하였음에도 불구

---

35) 그런데 여기서 附記할 것은 고려시대 태자제이다. 고려에 있어 일반적 의미의 태자제가 확립된 것은 1022년(현종 13)이다(『고려사』권77, 백관지2 동궁관조). 물론 그 전에도 태자는 있었다. 하지만 이때의 태자는 왕의 모든 아들을 다 태자라 칭하여 왕위계승자로서의 태자와는 다르다. 오히려 이 시기에는 왕위계승예정자를 正胤·東宮·春宮 등으로 불러 일반 태자와 구분하였다. 즉 신라 하대와 고려 초에는 독특한 태자제도가 시행된 적이 있다(金昌謙, 1993, 「新羅時代 太子制度의 性格」 『韓國上古史學報』13).

36) 다만 제21대 熙宗은 태자로 책봉되고 또 內禪을, 제28대 忠惠王은 世子로서 傳位를 받아 즉위하였으나, 여기서는 태자책봉사례로 분류하였다.

37) 다만 제2대 惠宗과 제18대 毅宗은 태자로 책봉되었고 더하여 遺命을 받았으나, 여기서는 태자책봉사례로 분류하였다.

38) 다만 제22대 康宗은 태자로 책봉되었지만 당시 崔忠獻에 의하여 追放 되었다가 다시 推戴되어 즉위하였으므로 추대사례로 분류한다.

하고 장자계승을 주로 한 부자계승이 약 55%를 차지할 정도로 기
본이었고 준수되었다.[39)]

그러므로 태조 이후 고려의 왕위계승에 있어서는 태조가 제시한
「훈요십조」 제3조를 엄수하였음을 알 수 있다.[40)] 또 역대 왕들은
이 원칙에 따라 왕위를 계승시킬 목적으로 아들을 얻고자 여러 명
의 왕비와 부인을 취하였으며, 그리고 이들 소생의 많은 아들과 딸
을 두었다.[41)]

왕위의 부자계승원칙에 대한 인식은, 고려사회 내에서 유교적인
예법의 시행과 더불어, 이미 당시 왕실을 비롯한 정치권에서 일반
화 내지는 보편화되어 있었다. 그리하여 992년(성종 11) 11월에 昭

---

39) 후대의 柳重敎는 「帝王承統考」(『省齋集』 권47~48)에서 중국과 우리
   역대 왕조의 왕위계승에서 子가 父를 계승하는 경우가 아닌 비정상적
   계승사례들을 역사기록을 통하여 일일이 고증하고, 이에 따른 宗廟에
   祭享되는 배치의 位次圖를 제시함으로써 왕통의 계승에 정당성 여부
   를 확인하였는데, 이에 고려시대 왕위계승에 대해서는 弟繼兄(從弟 포
   함) 10차례, 姪繼叔 1차례, 叔繼姪(從叔 포함) 3차례로 보았다.

40) 한편 여러 차례에 행하여진 형제계승의 사례에 의거하여 고려는 부자
   계승제보다 형제계승제(崔在錫, 1982, 「高麗朝의 相續制와 親族組織」
   『東方學志』 35, 37쪽)가 더 보편화된 왕위계승제였다고 하면서, 제3조
   는 형제계승을 합리화·합법화시키는 조항이라고 보는 견해도 있다(文
   暻鉉, 앞의 책, 314쪽). 그러나 고려시대의 형제계승은 건국 초기 외척
   세력의 개입을 비롯한 왕실 내부의 갈등과 왕통의 유지, 무신정권 하에
   서 집권자의 실력행사에 의한 왕의 교체, 원간섭기 元에 의한 고려왕의
   교체 등 대체로 혈연적 요인보다는 정치적 요인에 의하여 비상조치로
   나타난 것이다.

41) 고려 역대왕들이 많은 부인을 거느린 것을 고려사회가 一夫多妻制였
   다는 근거의 하나로 보는 수도 있으나(崔在錫, 1983, 『韓國家族制度史
   硏究』, 一志社, 223쪽과 226쪽 참조), 왕실의 혼인은 왕권강화라는 정치
   적 목적과 깊은 관련을 가지면서 근친혼을 하는 등 일반 혼인제와는
   별개의 원리로서 운용된 것이므로 달리 볼 필요가 있다(張炳仁, 1990,
   「高麗時代 婚姻制에 대한 再檢討」『韓國史硏究』 71, 2쪽).

穆의 位次를 정하고, 1036년(정종 2) 12월에는 宗廟의 소목문제로 심각한 논쟁을 벌이기도 하였으며,[42] 11세기 중엽에는 적장자계승 원칙이 확고하게 되었다.

> ⓔ-① 11월 己丑에 制하기를 "『書經』에 이르기를 '一人(임금)이 훌륭하면 萬邦이 바르게 된다.'고 하였다. 태자는 국가의 근본인 바 후계자를 정함에 적서의 차별이 있는 것은 나라의 정통을 소중히 여기고 민심을 하나로 하려는 것이다. 무릇 국가를 가진 자는 오로지 이를 긴급히 해야 한다."고 하였다(『고려사』 권7, 문종 7년).
>
> ② 2월 癸卯에 勳을 王太子로 책봉하였다. 册文에 이르기를 "백성이 있은 뒤에 임금을 두어 모든 일을 보살피고 다스리게 하고, 後嗣를 세우되 반드시 그 아들로 함은 百世를 지나도 변치 않는 원칙이지 사사로운 애정에 연유함이 아닌 것이다. …" 하였다 (『고려사』 권7, 문종 8년).

인용문에서 '태자를 정함에 적서의 차별이 있다(定立儲副嫡庶有別).', '종통을 소중히 한다(重宗統).' 또 '후사를 세우되 반드시 아들로 한다(立嗣必子).' 등의 문구는 고려왕실의 宗法意識을 보여주는 것으로, 이는 곧 왕위의 적장자계승을 강조하고 있는 것이다.

다시 말하면 비록 고려 초에는 여러 가지 정치적 원인에 의하여 왕위의 형제계승이 있었지만, 昭穆論爭을 통하여 왕실의 正統과 傍系에 대한 인식이 새롭게 되었고, 점차 왕위계승에서 형제계승이 지양되고 적장자계승이 다시 강조되고 실천됨을 알 수 있다.

이러한 고려시대의 왕위계승의식은 12세기 중엽에 유교사관에 의해서 편찬된 『삼국사기』에는 보다 강하게 반영되어 있다.

> ⓕ 論하여 말한다. 내가 들으니 옛날에 女媧氏가 있었으나 그가 바로 天子가 아니라 그는 伏羲를 도와 9州를 다스렸을 뿐이요, 呂雉와

---

42) 『고려사』 권61, 지15 禮3 諸陵條.

武瞾같은 경우는 어린 임금을 맞았으매 조정에 나앉아 임금의 일
을 대리하였으나, 역사서에서는 공공연히 임금이라 일컫지 아니
하고, 다만 高皇后 呂氏, 則天皇后 武氏로만 기록하였다. 하늘을
두고 말한다면 陽은 强하고 陰은 부드러운 것이요, 사람을 두고
말한다면 남자는 높고 여자는 낮은 것이다. 어찌 늙은 할머니가
안방으로부터 나와 국가의 정사를 처리하는 것을 허락할 수 있겠
는가? 신라는 여자를 세워서 임금자리에 앉게 하였으니, 나라가
망하지 아니한 것이 다행이었다.『詩經』에 이르기를 '암탉이 새벽
에 운다.' 하였고,『周易』에 이르기를 '암퇘지가 껑충껑충 뛴다.'
고 하였으니, 어찌 경계하지 아니할 것인가(『삼국사기』권5, 선덕
왕본기 末尾 論).

이는『삼국사기』에 실려 있는 신라 선덕여왕에 대한 史論이다.
『삼국사기』는 왕명에 의하여 1145년(인종 23)에 편찬된 것이며, 이
에 기록된 사론은 대부분이 金富軾을 중심으로 한 당시 편찬자들
에 의하여 이루어 졌다. 그리고 이러한 사론은 贊者의 당시, 즉 12
세기 고려사회에 보편화되어 있던 시대적 의식과 관념의 표현이었
다.[43] 그러므로 이 당시에는「훈요십조」가 제시한 왕위의 부자계
승원칙, 특히 男系繼承原則은 고려사회 내에 중국에서 전래된「唐
律」을 바탕으로 한 종법의식 등 유교사상의 확산으로 인하여 더욱
불변의 법칙으로 강고화되어 있었음을 알 수 있다.

결국 고려 태조에 의하여 제시된 왕위의 부자계승원칙은 이미
태조 자신에 의하여 적극적으로 실천되었으며, 이후 왕들의 왕위
계승에서도 준수되었다. 그리고 이는 통치이념으로써 유교사상(종
법의식)이 확산됨에 따라 더욱 강고화되었고, 또 실천하려고 노력
하였다.

---

43) 高柄翊, 1969,「三國史記에 있어서의 歷史敍述」『金載元博士回甲紀念
論叢』, 61~70쪽.
申瀅植, 1981,『三國史記硏究』, 一潮閣, 356~357쪽.

이상에서「훈요십조」제3조를 중심으로 고려 태조가 왕위계승
원칙을 제시한 의미에 대하여 살펴본 결과, 다음과 같은 사실을 확
인하였다.

고려 태조는 親製한「훈요십조」제3조에서 왕위의 부자계승원
칙을 제시하였다.「훈요십조」는 태조 자신의 오랜 경험에 의한 결
과물이므로 왕위계승원칙을 제시한 제3조 역시 그러하다. 그리고
태조의 경험이란 직접적인 것도 있고 간접적인 것도 있는데, 직접
적인 것은 대체로 자신의 일생 동안 습득한 것으로 주로 신라 하대
및 태봉·후백제에서 있었던 역사적 사실과 자신의 재위시에 경험
한 사실들이고, 간접적인 것은 書籍과 求言을 통한 것들이었다. 여
기에는 물론 신라 하대 및 태봉과 후백제에서 있었던 왕위계승의
양상도 포함되었다.

고려 태조는 중국의 유교경전에서 습득된 종법의식과 더불어 직
접간접의 역사적 경험을 바탕으로 고려왕실의 무궁한 지속을 당부
하는 뜻에서「훈요십조」의 제3조를 통하여 왕위계승원칙을 제시
하였다. 그리고 태조의 부자계승에 대한 강한 의지의 결과 혜종이
장자계승으로 즉위하였다.

「훈요십조」제3조의 내용은 왕위는 장자계승을 常禮로 하고, 부
득이 한 경우 차자계승, 그것 또한 어려울 경우에는 여러 아들 중
에서 추대를 받은 자가 계승하라는 것이다. 이는 왕위계승은 장자
계승이 가장 이상적인 것이고, 만부득이한 경우라도 부자계승을
하라는 것이니, 결국 왕의 直系男子孫만이 계승할 것이지 叔父·
弟·姪 등의 傍系男子孫이나 女系親 또는 女壻에게는 계승하지
말라는 것이다. 이는 신라 하대 및 태봉·후백제의 왕위계승양상
과는 큰 변화와 차이를 보이는 것이며, 아울러 왕위계승의 친족범
위를 축소화시켜 왕위계승을 둘러싼 왕족간 분쟁의 소지를 대폭

약화시켜 놓은 것이다.

사실 고려 전시대를 통하여 왕위계승에서 장자계승원칙은 대체로 기본적인 것으로 준수되었다. 또 왕들은 이 원칙을 준수하기 위한 하나의 수단으로 많은 아들을 出産하려는 목적에서 여러 명의 왕비와 부인을 취하였다.

아울러 「훈요십조」 제3조가 태조 이후 고려의 왕들이 준수하였다는 것은 이들이 그것을 태조의 진작으로 신봉하였음을 의미하며, 제3조를 진작으로 받아들였다는 것은 좀더 크게 보아 「훈요십조」 자체를 태조의 진작으로 믿었음을 의미한다.[44] 그러므로 이는 「훈요십조」가 후대의 위작이 아니라 태조의 진작임을 나타내는 하나의 證參이라 하겠다.

---

44) 물론 「훈요십조」의 진위여부에 대한 검토는 특정한 하나의 조항에 대한 검토보다는 자체에 대한 검토를 통하여 이루어져야 할 작업이다. 그러나 이러한 작업은 이미 기존의 연구에서 행해진 바 있으므로(주2의 글들을 참조 바람), 그리고 본고에서는 이는 부차적인 목적이기에 논외로 한다.

제8장

結 論

　이 연구는 신라 하대에 있었던 왕위계승의 특성과 그 의의를 살펴봄으로써 신라말 고려초의 시기에서 왕위계승이 어떻게 변화했는가를 밝히는 데 목적을 두고 이루어졌다.

　신라 중대에는 부자계승원칙에 의하여 前王의 子가 왕위를 계승하던 것과는 달리, 하대에는 왕의 子 뿐만 아니라 弟·妹·叔父를 비롯하여 女壻·姪·妻男妹壻까지 다양한 혈연관계에 있는 자들이 왕위를 계승하였다. 그래서 마치 부자계승원칙이 무너졌거나 혹은 원칙이 없거나 시기별로 달랐던 것처럼 보이기도 하지만, 필자는 앞에서 진행한 연구를 통하여 하대의 왕위계승도 부자계승을 기본으로 하는 부계친 내의 계승이었음을 밝혔다.

　먼저 제2장에서는 하대의 왕위계승에 대한 연구를 수행하기 위한 기초작업으로 이 시기에 재위한 각 왕의 가계를 검토하였다. 그 방법으로는 『삼국사기』와 『삼국유사』 및 금석문자료와 시문집 등의 국내자료와 중국과 일본의 문헌자료에 보이는 하대의 왕위계승 관련기사를 검출하여 비교 분석하였다. 그 결과 비록 각 기사간에

서로 다른 경우도 있었지만, 이 과정에서 왕실가계를 재구성할 수 있는 몇 가지 새로운 사실을 찾았다. 그리고 이러한 사실을 근거로 하여 <그림 3> 신라 하대 왕실세계도를 재구성, 복원하였다.

제3장에서는 하대 왕위계승을 양상별로 나누어 그 특징을 살펴보았다. 신라의 왕위계승에는 혈연적 요인과 정치적 요인, 골품제 규정이 동시에 작용하였다. 특히 하대에는 비정상적이거나 비평화적인 왕위계승이 더러 있어서, 때로는 이들 세 요소 중 어느 하나가 다른 것에 비하여 좀더 강하게 작용한 경우가 있었다. 그래서 하대의 왕위계승에 이 세 가지 요인이 어떻게 작용하였는지를 각 왕의 계승방법에 따라 태자책봉과 유조에 의한 계위와 찬탈 및 추대에 의한 계승으로 유형을 분류하여 그 특징을 살펴보았다.

첫째, 태자책봉에 의한 왕위계승은 20명의 왕 가운데 7명이었는데, 실제 책봉되었던 태자는 13명 있었다. 태자는 재위중인 왕의 子・孫・弟・姪 등 모두가 부계 지근친으로, 부계혈족집단의 범주에 속하는 남자만을 대상으로 하였다. 그리고 때로는 정치적・혈연적 사정에 의하여 子가 아닌 孫・弟 심지어 姪까지도 태자로 책봉되었다. 그리하여 이 시기의 태자는 재위중인 왕과 어떤 혈족관계이든, 다만 왕위계승자라는 법제적 의미만을 가진 하대의 독특한 것으로 변화하였다. 결국 태자책봉을 통한 왕위계승은 이상적으로는 부자간의 계승과 같이 세대간의 垂直繼承의 원리가 있었고, 다만 이것을 지킬 수 없을 때만 형제간의 계승과 같은 水平繼承도 있었다. 즉 태자책봉에 의한 계승에는 혈연적 요인이 가장 크게 작용하였지만, 경우에 따라서는 정치적 요인도 함께 작용하였다. 골품제 규정은 전기에는 엄격히 지켜졌으나 말기에는 기능을 완전히 상실하였다.

둘째, 유조에 의한 왕위계승은 20명의 왕 가운데 5명이 있었다.

유조는 전왕이 죽기 직전에, 직계자손이 없거나 있더라도 幼少하여 왕위를 감당할 수 없는 정치적 상황이 고려될 때 있었으며, 그 대상은 대체로 왕과 가장 밀접한 혈연관계에 있는 인물 — 숙부·제(여제 포함)·여서 등 3촌 이내 부계친의 남자를 대상으로 하였다. 즉 이것은 하대에도 왕위의 부자계승을 가장 이상적인 것으로 고수하려고 노력하였지만, 直系孫의 단절이라는 혈연적 원인과 왕위쟁탈전으로 야기된 정치적 원인으로, 특정가계의 왕통을 보존 유지하려는 의지의 표현으로 행한 예외적인 비상조치에 의한 방법이었다. 그 결과 외형상 형제계승·숙부계승 등의 현상이 나타났다.

셋째, 찬탈에 의한 왕위계승은 20명의 왕 가운데 5명 있었다. 이들은 전왕의 叔父·再從兄弟·堂姪·(母系從)弟 등으로, 하대 왕실을 연 원성왕을 제외하고는, 모두가 전왕과는 6촌 이내의 부계친이었다. 그러므로 찬탈의 결과로 왕통이 소가계는 바뀌어도 큰 범주의 변동이 없는 원성왕계에 의한 계승이었으며, 왕조의 교체는 발생하지 않았다. 이에서 하대의 왕위계승은 부계친에 의하였음을 알 수 있다. 다시 말해 비록 하대 전반기에 잦은 왕위쟁탈전과 실제 찬탈이 더러 있었지만, 이것이 신라 김씨왕조의 멸망을 가져온 직접적인 사건은 아니었다. 그리고 찬탈에 의한 왕위계승은 정치적 요인이 가장 크게 작용하였지만, 혈연적 요인이 전제된 위에서 이루어져 혈연적 관계는 왕위계승의 필요요인이었고, 정치적 관계는 행위요인에 불과하였다.

넷째, 엄밀한 의미에서 신라 하대의 추대에 의한 왕위계승은 20명의 왕 가운데 3명 있었다. 이들의 전왕과 혈연관계는 姑從兄弟·妹壻·姨從弟 등으로 모두 당시 왕과는 傍系 또는 女子들의 혼인으로 맺어진 姻戚들로서 부계친이 아니었다. 즉 추대에 의한 왕위계승은 대단히 큰 범위의 혈족, 심지어는 이성친 사이에 계승이 이루어져 신라 김씨왕조의 멸망을 가져온 직접적인 사건이 되었다. 이 경우는 國人과 群臣으로 표현되는 일정한 세력집단의 합의에 의한 추대라는 정치적 요인이 가장 결정적으로 작용하였고, 혈연적 관계 는 찬탈의 경우에서보다 오히려 부차적 요인으로 작용되었다. 그러 나 이러한 예외적이고도 비상조치에 의하여 이루어진 단 몇 차례의 왕위계승을 근거로 하여 하대의 왕위계승원칙이 부자계승이 아니 었다고 할 수는 없다.

결국 신라 하대의 태자책봉과 유조에 의한 정상적이거나 평화적 인 왕위계승의 경우 여러 가지 여건상 정치적 요인도 작용하였지 만, 그보다는 기본적으로 혈연적 요인이 우선적으로 작용되었다. 그리고 혈연관계를 우선적으로 고려하여 왕위계승자가 결정되었 는데, 그 순위는 왕을 정점으로 하여 그의 ①子와 ②孫의 直系子 孫을 최우선으로 하고, 만약 이것이 어려울 경우에는 ③弟, ④叔 父, ⑤姪로 남자 중심으로 계승되었으나, ⑥아들이 없는 경우 특 수하게 이에 대응하는 딸의 남편인 사위(女壻)가 계승하기도 하고, 혹은 부득이 女弟가 계승하는 등 모두 부계친을 원칙으로 하였다.

한편 비정상적인 왕위계승에는 혈연적 요인과 더불어 정치적 요 인도 강하게 작용하였다. 신라 하대의 정치적 요인이라면 크게는 國人과 群臣의 결정은 물론 上大等과 侍中·兵部令 등 고위관직 의 역임과 그에서 발생하는 세력과 또 직접 행동화할 수 있는 군사 력을 들 수 있다.

제4장에서는 고위관직과 하대의 왕위계승에 대하여 살펴보았다.

먼저 상대등을 역임한 자로서 즉위한 하대의 왕은 7명 있었다. 이들을 상대등에 임명한 왕과의 혈연관계는 姑從兄弟 1명, (母系 從)弟명, 叔父 2명, 同母弟 2명, 再從兄弟 1명 등이고, 계승방법은 계위 3명, 추대 1명, 찬탈 3명이었다. 그리고 하대 상대등은 왕의

叔父・弟・從兄弟・再從兄弟・從孫・姑從兄弟・(母系從)弟의 관계에 있는, 대부분이 부계친과 약간의 모계친으로 왕과는 대단히 가까운 친족들이 임명되었다. 이는 당시 왕들의 왕권이 약했던 까닭에 소가계 중심으로 왕권을 유지하기 위하여 권력의 집중화를 꾀하는 하나의 방법이었다. 하대의 상대등은 재위중인 왕의 가까운 혈족이었기 때문에, 정상적인 왕위계승자가 없는 경우에는 무엇보다도 그들의 혈연적 요건이 원인이 되어, 간혹 계위 또는 유조에 의하여 왕위를 계승하였다. 다만 상대등이 2차례에 찬탈을 하였는데, 이 경우는 왕과 정치적 대립도 있었지만 그보다는 당시 왕이 유약함에 같은 부계친으로서 다른 가계의 도전으로부터 왕통을 유지하기 위하여 찬탈을 하였다. 그러나 크게는 하대의 상대등도 왕과 권력의 대립자가 아니라 왕에게 종속된 행정관료로서 王政의 補助者였다.

또 侍中을 역임한 자로서 왕위에 오른 자는 6명 있었다. 하대의 시중들은 왕의 孫・弟・叔父・姪・從弟・從叔・從姪・再從弟 등으로서 대체로 7촌 이내의 부계친과 妹壻, 査頓, 姪婦의 父 등 약간의 혼인으로 맺어진 인척들이었다. 그리고 이들은 왕의 가까운 인척으로서 왕권을 보좌하는 위치에 있었다. 왕위에 오른 6명의 시중 역임자 중 4명은 상대등으로 승진한 뒤에 즉위하였고, 나머지 2명 가운데 1명은 태자책봉을 통하여, 1명은 찬탈에 의하여 즉위하였다. 그러나 이들의 왕위계승은 혈연적 관계가 결정적 요인이었고, 시중 역임이 특별히 결정적으로 크게 작용하지는 않았다.

兵部令을 역임한 자로서 왕위에 오른 자도 2명 있었다. 신라 하대 병부령은 왕과 혈연관계상 嫡孫・叔父・從弟 등 매우 가까운 부계친이었고, 예외로 國舅가 있었다. 그리고 병부령은 대체로 4촌 이내의 부계친이 임명되어 왕권을 보좌하는 위치에 있었지 反王的

인 존재는 아니었다. 실제 왕으로 즉위한 병부령 역임자는 왕의 嫡孫과 叔父였다. 그러므로 이들이 왕위계승을 한 것은 혈연적 요인이 먼저 전제요인이었고, 이에 더하여 병부령의 경력을 통한 당시 정치권 내의 위치가 보조원인으로 작용하였다.

결국 신라 하대에 상대등·시중·병부령 등의 고위관직을 역임한 자가 즉위한 경우가 있었지만, 이는 관직에 의한 것이 아니라 그들의 혈연관계에 의한 것이었다. 그들은 혈연관계를 바탕으로 이들 관직에 임명되어 점차 昇進하거나 兼職을 하였다. 즉 신라 하대의 정치는 왕실을 중심으로 한 특정가계의 인물들이 중요관직을 독점하였고, 또 이들에 의하여 운용되었다. 그러므로 상대등을 비롯한 고위관직의 보유자체가 왕위계승의 후보순위를 가졌던 것이 아니고, 다만 몇 차례 예외적으로 혈연관계라는 필요요인을 바탕으로 고위관직이 가진 정치적 관계를 행위요인의 한 수단으로 하여 즉위한 것에 불과하다.

또다른 정치적 요인에는 무력을 동원한 반역을 거치는 경우가 있으므로, 제5장에서는 왕위계승과 반역에 대해서 살펴보았다.

직접 왕위도전을 목적으로 일어난 반역은 주로 하대 前半期에 있었다. 이는 특히 王系가 바뀐 직후의 王代에 집중적으로 발생하였다. 전체 18차례의 왕위찬탈형 반역이 있었다. 이 중에서 5차례는 성공하여 실제 왕위를 차지하였다.

반역의 주체자들의 혈연적 요건은, 즉 왕위쟁탈전에 참여할 수 있는 최소한 조건은 전대의 왕 또는 재위중인 왕과의 부계친의 관계에 있는 인물이라야만 했지, 기존의 이해처럼 힘만 있으면 진골 귀족 누구라도 왕이 될 수 있었던 것은 아니었다. 그러면서도 이들은 이찬·일길찬 등의 관등과 次宰·御龍省私臣·上大等·侍中·都督·小京仕臣 등의 고위관직을 가졌던 당시 정치사회권 내에서 최고집권층의 신분에 속한 자들이었다.

반역의 원인은 찬탈이나 혼인에 의하여 왕위계승상 소가계가 바뀌게 되면 종래 기득권을 행사하던 소가계에서 무력을 동반하여 비평화적으로 왕위계승권을 되찾으려는 사건들이었다. 그리고 이들이 반란을 일으킨 시기는 크게는 왕실의 변동 직후이지만, 좀더 직접적인 계기가 된 것은 재위중인 왕이 태자를 책봉하여 왕권강화를 도모하려할 때, 또는 이와 반대로 정치권의 세력다툼이나 사회적 혼란 등으로 위기적인 분위기가 형성되었을 때였다. 그러면서 이들도 점차 지방을 근거지로 하여 새로운 왕조를 개창하여 종전의 王統을 부활하려고 시도하였다. 그런데 이 경우도 반란주동자의 혈연적 관계가 먼저 기본적으로 전제되고, 이를 바탕으로 하여 정치군사력이 동원되어 왕위에 도전한 것이지 정치적 요인만에 의한 것은 아니었다. 그러므로 여기서도 하대의 왕위계승은 부계친의 범주 내에서의 계승이었음을 알 수 있다.

제6장에서는 신라 하대의 왕위계승과 왕실세력의 변천 및 골품제의 기능상실에 대하여 살펴보았다.

신라 하대는 중대와 왕통을 달리하였다. 즉 중대는 무열왕계였으나 하대는 내물왕 후손에 의해 원성왕계라는 새로운 왕통이 형성되었다. 그런데 하대 전시기를 김씨왕만이 재위한 것이 아니고, 또 원성왕계 내에서 다시 그의 후손들에 의하여 소가계가 분리·독립되어 왕위를 계승하였으며, 또 말기에는 박씨왕이 등장하였으므로, 왕통을 기준으로 4시기로 세분된다.

각 시기의 왕들의 父系·母系·妃系를 종합하여 왕실세력의 변천과정을 살펴본 결과는 다음과 같다.

먼저 하대의 왕실세력에서 父系는 전체 20명의 왕 중 17명이 김씨로서 크게는 내물왕계의 후손이다. 그러나 처음의 선덕왕은 과

도적 존재로서 중대 무열왕계가 단절되고 원성왕계가 성립되는 교량적 역할을 하였고, 나머지 16명은 내물왕계이기는 하나 모두 원성왕의 후손으로 '원성왕계'라고 칭할 수 있다. 그러나 이들도 세대가 내려가면서 또다시 분지화가 이루어져 서로 독립적인 소가계가 성립되었다. 즉 제1기는 '원성왕계의 仁謙系', 제2기는 '원성왕계 내 禮英系의 均貞系', 제3기는 '원성왕계내 예영계내 균정계의 景文王系'에 속한다. 그리고 마지막으로 제4기는 朴氏王系의 '신덕왕계'이며, 예외적으로 예영계내 균정계인 文聖王의 후손 경순왕이 있었다.

한편 母系는 문헌자료에 朴氏·叔氏·申氏·眞氏·貞氏 등으로 표기된 것은 假姓에 불과하고 사실은 대체로 김씨이다. 20명의 王母 가운데 16명은 김씨이고 나머지 4명은 박씨이다. 제1기의 왕모들은 김씨이기는 하나 기록이 없어 어느 가계에 속하는지 알 수 없고, 제2기의 왕모 또한 그러하나 다만 2명은 원성왕계 내의 인겸계에 속한다. 제3기는 모두 김씨이고, 5명 중 2명은 예영계의 均貞系이다. 즉 제3기의 왕실세력은 憲貞系의 景文王系인 父系와 均貞系인 母系의 혼인으로 맺어진 연합이었다. 제4기는 주로 경문왕계 김씨, 즉 헌강왕의 딸이다. 그러므로 제4기의 왕들은 父系에 의한 왕위계승이 원칙이었기에 딸의 계승이 정상적이나 대신 女壻가 즉위하여 왕통이 변하였지만, 결국은 경문왕계 김씨성의 왕모에 의하여 경문왕계 왕통을 외손이 연장시킨 결과를 낳았다. 한편 이와 달리 기록상 보이는 4명의 박씨성의 왕모는 모두 찬탈이나 추대에 의한 비정상적인 왕위계승을 한 왕들의 어머니이다.

妃系 역시 대부분 김씨이다. 제1기 전반기는 김씨이지만 정확한 가계를 알 수 없고, 제1기 후반기와 제2기 초는 같은 인겸계의 왕과 인겸계의 왕비간에 근친혼을 하였으며, 제3기와 제4기의 왕비

는 바로 앞 시기 王系의 여자를 취하여 여서계승의 원인제공이 되었지만 이 시기 역시 대체로 김씨로 경문왕계에 속한다.

이상에서 볼 때, 신라 하대가 왕위계승이 혼란하였던 시기이기는 하나, 정상적인 계승은 물론 추대에 의한 경우에서조차 부계와 모계가 대체로 김씨인 인물만이 왕위계승의 대상이 되었다. 그러므로 이는 왕실세력이 상대나 중대에 비하여 매우 협소화된 가계간의 결합이었기에 그 세력기반 또한 하대의 많은 가계 중 극소수 집단에 불과하여 특권층이라는 사회적 지위와는 반대급부적으로 취약하였다. 그리고 이처럼 왕실세력이 취약해진 것은 그들의 혼인관계를 제한시켰던 왕위계승의 원인이 크게 작용하였다.

신라의 왕위계승에 결정적 작용을 하였던 또 하나의 중요한 요인으로는 골품제 규정을 들 수 있다. 그러나 하대는 이 요인이 점차 기능을 상실하다 마침내는 소멸되었다. 이는 하대의 새로운 왕실이 된 원성왕계가 중국 황족과 같은 입장을 가지고 신성화와 차별화정책을 취하여 「낭혜화상비」에서 '聖而'로 지칭될 정도로 왕족의식을 드러내면서 점차 골품제의 제한을 벗어나게 되었다.

이와 더불어 하대 전반기의 격심한 왕위쟁탈전의 결과 많은 진골귀족이 도태되고, 또 새로이 왕위를 차지한 가계는 왕통의 독점적 유지를 추구하는 과정에서 원성왕계 내에서 분지화가 심화되어 왕통의 혈족범위를 협소화시켰고, 특히 근친혼을 행하면서 유전학적 요인에 의하여 왕통의 단절현상이 나타났다. 그리하여 왕위계승권을 되찾으려는 타가계 진골귀족들의 도전이 계속되자, 왕위를 가진 소가계는 이에 대한 대책으로 왕위계승의 비상조치를 취하면서 중대 이후 확립된 왕위의 父系男孫原則이 무너져 여서계승과 여제계승이라는 예외적 현상이 나타났다. 또 서자 출신의 비진골 신분의 왕이 즉위하기도 하고, 급기야는 여서계승을 표방한 異姓

親에게 왕위계승이 이루어졌다. 그리고 외부세력에 의한 비진골왕의 추대가 있었다.

이와 같은 왕통의 연장을 위한 비정상적인 왕위계승의 시행은 마침내 골품제적 원칙을 무시해야만 하였고, 결국 왕위계승에서 골품제의 기능은 자연히 상실, 소멸되었다. 신라 골품제를 가장 표본적으로 유지하던 왕위계승에서 이러한 현상은 골품제의 완전한 소멸과정을 보여주는 일례이다. 결국 신라 말에 있었던 통치지배체제의 근간인 골품제의 붕괴는 신라 사회의 해체와 왕조 멸망의 가장 큰 원인의 하나로 작용하였다.

제7장에서는 고려 태조의 왕위 부자계승 의식에 대하여 살펴보았다. 태조는 말년에 「訓要十條」를 親製하여 남겼는데, 그 중 제3조는 왕위계승에 대한 것이다. 그 내용은 장자계승의 원칙을 기본으로 하되, 경우에 따라서는 次子나 다른 여러 아들 가운데서 선택하라고 하여 오직 아들만을 대상으로 하는 부자계승을 당부하였다.

「훈요십조」의 제3조는 태조가 신라 하대의 왕위계승에서 혼란한 양상과 그 결과 왕조의 쇠약과 멸망, 그리고 後百濟의 왕위계승상에서 분쟁과 멸망, 泰封의 왕위계승자 결정을 둘러싼 암투와 몰락을 경험한 결과물로써 제시된 것이다. 고려왕조의 무궁한 지속을 바라는 뜻에서 왕위계승원칙을 제시하였는데, 이것은 왕의 아들만을 왕위계승이 가능한 범위로 한정하는 부자계승만을 허용함으로써 신라 하대에 실제 왕위를 계승하기도 하였던 叔父·女弟·姪·女壻는 제외되었다. 그리고 이처럼 왕위계승의 친족범위를 축소화시킴으로써 분쟁의 소지를 대폭 약화시켜 놓았다.

결국 비록 신라사회에서 왕위가 아닌 다른 계층이나 신분의 지위계승에서는 반드시 부계혈연집단에 의한 부자계승만이 아닐 수도 있다는 가능성의 여지를 완전히 배제할 수는 없지만, 하대의 왕위계승은 父系血族集團에 의한 부자계승을 가장 이상적인 기본원칙으로 하였다. 그러면서도 특수하게 당시 왕위계승에 기본적 요건인 혈연적 요인, 정치적 요인, 골품제 규정 중에서 어느 하나가 좀더 결정적으로 작용한 왕위계승의 경우에는 예외적인 현상이 나타나기도 하였다. 아울러 왕위계승방법도 다양해져 非父子繼承現像이 나타났지만, 그러나 이들도 父系繼承의 범주에 속하였다. 그리고 이러한 과정에서 왕위계승상 골품제의 규정은 완전히 소멸되었다. 그리하여 혈연적 요인과 정치적 요인만으로 왕위계승을 결정할 수 있게 된 고려 태조에 의하여 부자계승원칙이「훈요십조」제3조를 통하여 제시되고 재확립되었다.

사실 태자제도가 도입 실시되면서 신라 중대이래 보다 정형화된 왕위의 부자계승제가 확립되었으나, 하대에 이르러 다소 혼란과 변질을 거친 뒤, 고려 태조에 의하여 재확립됨으로써 이후로는 일반화되었다. 신라 하대에 있었던 왕위계승의 변질적인 양상은, 비록 그 시대적 상황과 정치사회적 구조는 달랐지만, 이후의 그것에 큰 영향을 미쳤다. 특히 신라 하대로부터 후삼국과 남북국을 지나 고려의 초기에 이르는 시기의 왕위계승은 현대 한국의 남북한에서 최고통치자 선정과 취임방법에 시사적인 측면이 커서 흥미롭다.

참 고 문 헌

1. 기본사료

1) 한국사료

三國史記, 三國遺事, 三國史節要, 高麗史, 高麗史節要, 增補文獻備考, 圓宗文類, 東史綱目(安鼎福), 新增東國輿地勝覽, 崔文昌侯全集(崔致遠), 東文選(徐居正), 梅溪集(曺偉), 大東韻府群玉(權文海), 朝鮮金石總覽(朝鮮總督府, 1919), 韓國金石文追補(李蘭暎 編, 1976, 亞細亞文化社), 韓國金石遺文(黃壽永 編, 1976, 一志社), 韓國金石全文(許興植 編, 1984, 亞細亞文化社), 韓國金石文大系(趙東元 編, 1979~1989, 圓光大學校出版局), 韓國古代金石文資料集(국사편찬위원회, 1995), 慶州金氏世譜, 江陵金氏世譜, 光山李氏世譜, 順天金氏世譜.

2) 중국사료

晉書, 舊唐書, 新唐書, 舊五代史, 新五代史, 資治通鑑, 册府元龜, 唐會要, 五代會要, 唐律疏議.

3) 일본사료

日本書紀, 續日本紀, 日本後紀, 續日本後紀, 日本文德天皇實錄. 日本三代實錄.

2. 연구서

1) 한국서

姜仁求 외, 2002, 『譯註三國遺事』, 以會文化社.
高裕燮, 1975, 『韓國塔婆의 研究』, 同和出版公社.

郭丞勳, 2002,『통일신라시대의 정치변동과 불교』, 국학자료원.

국사편찬위원회, 1996,『한국사』11, 탐구당.

權悳永, 1997,『古代韓中關係史研究』, 一潮閣.

金斗憲, 1961,『韓國家族制度研究』, 서울大學校 出版部.

金庠基, 1948,『東方文化交流史論考』, 乙酉文化社.

金庠基, 1985,『新編高麗時代史』, 서울大學校 出版部.

金成俊, 1985,『韓國中世政治法制史研究』, 一潮閣.

金壽泰, 1996,『新羅中代政治史研究』, 一潮閣.

金英美, 1994,『新羅佛敎思想史研究』, 民族社.

金哲埈, 1975,『韓國古代社會研究』, 知識產業社.

金台植, 2002,『화랑세기, 또 하나의 신라』, 김영사.

東亞大學校 古典研究室, 1965,『譯註高麗史』.

文暻鉉, 1987,『高麗太祖의 後三國統一研究』, 螢雪出版社.

朴慶植, 1994,『統一新羅石造美術研究』, 學研文化社.

朴南守, 1996,『新羅手工業史研究』, 신서원.

白南雲, 1993,『朝鮮社會經濟史』, 改造社, 1933.

邊太燮, 1990,『改訂版韓國史通論』, 三英社.

사회과학원 고전연구소, 1962,『고려사』; 1991, 驪江出版社.

宋基豪, 1995,『渤海政治史研究』. 一潮閣.

申瀅植, 1981,『三國史記研究』, 一潮閣.

申瀅植, 1984,『韓國古代史의 新研究』, 一潮閣.

申瀅植, 1985,『新羅史』, 이화여자대학교 출판부.

申瀅植, 1990,『統一新羅史研究』, 三知院.

申虎澈, 1993,『後百濟 甄萱政權의 研究』, 一潮閣.

歷史學會 편, 1985,『韓國古代의 國家와 社會』, 一潮閣.

歷史學會 편, 1992,『韓國親族制度研究』, 一潮閣.

李光奎, 1977,『韓國家族의 史的研究』, 一志社.

李基東, 1984,『新羅骨品制社會와 花郎徒』, 一潮閣.

李基東, 1997,『新羅社會史研究』, 一潮閣.

李基白, 1974,『新羅政治社會史研究』, 一潮閣.

李基白, 1986,『新羅思想史研究』, 一潮閣.

李基白, 1990,『新修版韓國史新論』, 一潮閣.

李基白, 1996,『韓國古代政治社會史研究』, 一潮閣.

李德星, 1949,『朝鮮古代社會研究』, 正音社.

李明植, 1992,『新羅政治史研究』, 螢雪出版社.

李文基, 1997,『新羅兵制史研究』, 一潮閣.

李丙燾, 1977,『國譯三國史記』, 乙酉文化社.

李丙燾, 1980,『高麗時代의 硏究』, 乙酉文化社.

李佑成, 1995,『新羅四山碑銘』, 亞細亞文化社.

李樹健, 1984,『韓國中世社會史研究』, 一潮閣.

李仁哲, 1993,『新羅政治制度史研究』, 一志社.

李仁哲, 1996,『新羅村落社會史研究』, 一志社.

李鍾旭, 1980,『新羅上代王位繼承研究』, 嶺南大學校 出版部.

李鍾旭, 1999,『新羅骨品制研究』, 一潮閣.

李智冠, 1993,『校勘譯註歷代高僧碑文』-新羅編-, 伽山文庫.

全基雄, 1996,『羅末麗初의 政治社會와 文人知識人層』, 혜안.

田鳳德, 1968,『韓國法制史研究』, 서울大學敎出版部.

全海宗, 1976,『東亞文化의 比較史的 研究』, 一潮閣.

鄭求福 외, 1997,『譯註三國史記』, 한국정신문화연구원.

鄭淸柱, 1996,『新羅末高麗初 豪族研究』, 一潮閣.

崔根泳, 1990,『統一新羅時代의 地方勢力研究』, 신서원 ; 1993, 개정판.

崔根泳 외 編譯, 1994,『日本六國史 韓國關係記事 譯註』, 駕洛國史蹟
　　　開發研究院.

崔英成, 1987,『註解四山碑銘』, 亞細亞文化社.

崔英成, 1999,『譯註崔致遠全集 2-孤雲文集-』, 亞細亞文化社.

崔在錫, 1983,『韓國家族制度史研究』, 一志社.

崔在錫, 1987,『韓國古代社會史方法論』, 一志社.

崔在錫, 1987,『韓國古代社會史研究』, 一志社.

韓國古代史研究所編, 1992,『譯註韓國古代金石文』3, 駕洛國史蹟開發
　　　研究院.

한국사연구회 편, 1993, 『韓國史 轉換期의 問題들』, 지식산업사.

黃善榮, 1988, 『高麗初期王權研究』, 동아대학교 출판부.

黃善榮, 2002, 『나말여초 정치제도사 연구』, 국학자료원.

黃壽永, 1974, 『韓國의 佛敎美術』, 同和出版公社.

黃雲龍, 1978, 『高麗閥族에 관한 研究』, 親學社.

2) 일본서

今西龍, 1970, 『新羅史研究』, 國書刊行會.

旗田巍, 1951, 『朝鮮史』, 岩波書店.

吉村武彦, 1996, 『日本古代の社會と國家』, 岩波書店.

末松保和, 1954, 『新羅史の諸問題』, 東洋文庫.

濱田耕策, 2002, 『新羅國史의 研究』, 吉川弘文館.

三品彰英, 1975, 『三國遺事考證 上』, 塙書房.

三品彰英, 1953, 『朝鮮史概說』, 弘文堂.

鈴木靖民, 1974, 『古代の朝鮮』, 學生社.

井上秀雄, 1974, 『新羅史基礎研究』, 東出版.

荒木敏夫, 1985, 『日本古代の皇太子』, 吉川弘文館.

3. 연구논문

1) 국내 논문

姜鳳龍, 1995, 「6~8세기 신라의 왕위계승과 왕권」 『한국사의 王位繼承과 王權』, 한국역사연구회 제45회 연구발표회 발표문.

姜聲媛, 1983, 「新羅時代 叛逆의 歷史的 性格」 『韓國史研究』 43.

姜晉哲, 1969, 「新羅의 祿邑에 대하여」 『李弘稙博士華甲紀念 韓國史學論叢』.

姜喜雄, 1977, 「高麗 惠宗朝 王位繼承亂의 新解釋」 『韓國學報』 7.

고경석, 1997, 「신라관인 선발제도의 변화」 『역사와 현실』 23.

郭丞勳, 1995, 「新羅 元聖王의 政法典 整備와 그 意義」 『震檀學報』 80.

權英五, 1995,「新羅 元聖王의 즉위 과정」『釜大史學』19.

權永五, 2000,「新羅下代 왕위계승분쟁과 민애왕」『韓國古代史研究』19.

權永五, 2002,「新羅 下代 王位繼承과 上大等」『지역과 역사』10.

金光錫, 1984,「高麗太祖의 歷史認識Ⅱ」『白山學報』28.

金基興, 1999,「新羅의 聖骨」『歷史學報』164.

金基興, 2000,「골품제 연구의 현황과 전망」『한국고대사논총』9.

金基興, 2001,「新羅 處容說話의 역사적 진실」『歷史教育』80.

金東洙, 1982,「新羅 憲德・興德王代의 改革政治」『韓國史研究』39.

金杜珍, 1973,「朗慧와 그의 思想」『歷史學報』57.

金杜珍, 1979,「高麗 光宗代의 專制王權과 豪族」『韓國學報』15.

金庠基, 1934・1935,「古代의 貿易形態와 羅末의 海上發展에 就하야
      (1)・(2)」『진단학보』1・2.

金庠基, 1959,「고려태조의 건국과 경륜」『국사상의 제문제』1, 국사편
      찬위원회.

金相鉉, 1986,「古佛寺와 佛國寺의 研究」『佛教研究』2.

金相鉉, 1988,「新羅 誓幢和尙碑의 再檢討」『황수영박사고희기념 미
      술사학논총』

金相鉉, 1992,「黃龍寺九層塔考」『中齋張忠植博士華甲紀念論叢』역사
      편.

金壽泰, 1985,「新羅 宣德王・元聖王의 王位繼承」『東亞研究』6.

金壽泰, 1988,「新羅 聖德王・孝成王代 金順元의 政治的 活動」『東亞
      研究』3.

金壽泰, 1992,「新羅 神文王代 專制王權의 확립과 金欽突亂」『新羅文
      化』9.

金英美, 1988,「聖德王代 專制王權에 대한 一考察」『梨大史苑』22・
      23합집.

金潤坤, 1991,「羅代의 寺院莊舍」『考古歷史學誌』7, 동아대학교 박물관.

金毅奎, 1979,「新羅母系社會說에 대한 檢討」『韓國史研究』23.

金貞淑, 1984,「金周元世系의 成立과 그 變遷」『白山學報』28.

金鍾璿, 1989,「日本正倉院所藏 新羅帳籍의 作成年代와 그 歷史的 背

　　　　　景」『아시아문화』5, 한림대학교.

金志垠, 2002「新羅 景文王의 王權强化政策」『慶州史學』21.

金昌謙, 1988,「新羅 景文王代 修造役事의 政治史的 考察」『溪村閔丙
　　　　　河敎授停年紀念 史學論叢』.

金昌謙, 1993,「新羅時代 太子制度의 性格」『韓國上古史學報』13.

金昌謙, 1994,「新羅 下代 王位簒奪型 叛逆에 대한 一考察」『韓國上古
　　　　　史學報』17.

金昌謙, 1994,「高麗 太祖의 王位 父子繼承 意識」『嶠南史學』6, 嶺南
　　　　　大學校.

金昌謙, 1995,「新羅 元聖王의 卽位와 金周元系의 動向」『阜村申延澈
　　　　　敎授停年退任紀念 史學論叢』.

金昌謙, 1997,「新羅 '溟州郡王'考」『成大史林』12·13합집, 成均館大
　　　　　學校 史學會.

金昌謙, 1999,「新羅 元聖王系 王의 皇帝·皇族的 地位와 骨品超越化」
　　　　　『白山學報』52.

金昌謙, 1999,「新羅 下代 孝恭王의 卽位와 非眞骨王의 王位繼承」『史
　　　　　學研究』58·59합집.

金昌謙, 2001,「新羅 下代의 王位繼承과 遺詔」『白山學報』56.

金昌謙, 2001,「新羅 下代 王位繼承의 性格」『慶州文化研究』4, 慶州
　　　　　大學校.

金昌謙, 2001,「高麗建國期 流移民의 樣相」『李樹健敎授停年紀念 韓
　　　　　國中世史論叢』13.

金昌謙, 2002,「新羅 下代 推戴에 의한 王位繼承의 性格」『淸溪史學』
　　　　　16·17합집.

金昌謙, 2002,「新羅 下代 王位繼承과 上大等」『白山學報』63.

金昌謙, 2002,「8~9世紀 新羅 政治社會의 變化와 張保皐」『대외문물
　　　　　교류연구』창간호, (재)해상왕장보고기념사업회.

金哲埈, 1962,「新羅貴族勢力의 基盤」『人文科學』7, 연세대학교.

金哲埈, 1964,「後三國時代의 支配勢力의 性格」『李相佰博士華甲紀念
　　　　　論叢』.

金哲埈, 1968, 「羅末麗初의 社會轉換과 中世知性」『創作과 批評』 3-4.

金哲埈, 1968, 「新羅時代의 親族集團」『韓國史研究』 1.

金哲埈, 1978, 「文人階層과 地方豪族」『한국사』 3, 국사편찬위원회.

金羲滿, 1993, 「新羅 國學의 成立과 運營」『素軒南都永博士古稀紀念 歷史學論叢』.

金羲滿, 2003, 「新羅 和白會議의 人的 構成과 運營」『新羅文化』 21.

羅喜羅, 1996, 「신라의 종묘제 수용과 그 내용」『韓國史研究』 98.

나희라, 2002, 「신라의 즉위의례」『한국사연구』, 116.

南東信, 2002, 「聖住寺 無染碑의 '得難'條에 대한 考察」『韓國古代史研究』 28.

南載祐, 1992, 「新羅 上古期의 國人層」『韓國上古史學報』 10.

南豊鉉, 1993, 「新羅時代 吏讀文의 解讀」『書誌學報』 9.

盧明鎬, 1981, 「高麗의 五服親과 親族關係法制」『韓國史研究』 33.

盧明鎬, 1987, 「高麗時代 親族組織의 연구상황」『中央史論』 5.

盧明鎬, 1999, 「고려시대의 다원적 천하관과 海東天子」『韓國史研究』 105.

盧泰敦, 1978, 「羅代의 門客」『韓國史研究』 21·22합집.

文暻鉉, 1990, 「新羅 朴氏의 骨品에 대하여」『歷史教育論集』 13·14합집.

文暻鉉, 1992, 「神武王의 登極과 金昕」『趙恒來教授華甲紀念 韓國史學論叢』.

文明大, 1976, 「新羅 神印宗의 研究」『震檀學報』 41.

文明大, 1976, 「佛國寺 金銅如來坐像二軀와 그 造像讚文(碑銘)의 研究」『美術資料』 19.

文明大, 1981, 「金泉 葛項寺石佛坐像의 考察」『東國史學』 15·16합집.

閔泳珪, 1962, 「新羅興德王陵碑斷石記」『歷史學報』 17·18합집.

閔泳珪, 1965, 「佛國寺古今歷代記解題」『考古美術資料』 7.

朴南守, 1992, 「新羅 和白會議의 機能과 性格」『水邨朴永錫教授華甲紀念 韓國史學論叢』 上.

朴南守, 1992, 「신라 화백회의 관계기사의 검토」『何石金昌洙教授華甲

452 新羅 下代 王位繼承 研究

紀念 史學論叢』.

朴南守, 2003,「新羅 和白會議에 대한 再檢討」『新羅文化』21.

朴漢卨, 1978,「後三國의 形成」『한국사』3, 국사편찬위원회.

朴海鉉, 1997,「惠恭王代 貴族勢力과 中代王權」『全南史學』11.

배종도, 1989,「新羅下代의 地方制度 개편에 관한 고찰」『學林』11.

邊太燮, 1958,「韓國古代의 繼世思想과 祖上崇拜信仰」『歷史教育』
　　　　3·4.

邊太燮, 1964,「廟制의 變遷을 통하여 본 新羅社會의 發展過程」『歷史
　　　　教育』8.

徐榮敎, 1994,「9世紀 중반 新羅朝廷의 海上勢力 統制」『慶州史學』
　　　　13, 東國大學校.

徐榮敎, 2001,「淸海鎮과 西南海岸의 田莊·牧場」『STRATEGY 21』8.

徐毅植, 1989,「古代·中世初支配勢力研究의 動向과 國史教科書의 敍
　　　　述」『歷史教育』45.

徐毅植, 1995,「9세기말 신라의 '得難'과 그 성립과정」『한국사의 시대
　　　　구분』, 한국고대사학회.

申東河, 1979,「新羅 骨品制의 形成過程」『韓國史論』5, 서울대학교.

申奭鎬, 1996,「新羅王朝의 衰亡에 대하여」『申錫鎬全集』上, 신서원.

申政勳, 2001,「新羅 宣德王代의 政治的 推移와 그 性格」『大丘史學』
　　　　65.

辛鍾遠, 1987,「新羅 五臺山事蹟과 聖德王의 即位背景」『崔永禧先生
　　　　華甲紀念 韓國史學論叢』.

申瀅植, 1969,「宿衛學生考」『歷史教育』11·12합집.

申瀅植, 1971,「新羅王位繼承考」『柳洪烈博士華甲紀念論叢』.

申瀅植, 1974,「新羅兵部令考」『歷史學報』61.

申瀅植, 1977,「新羅史의 時代區分」『韓國史研究』18.

申瀅植, 1977,「武烈王權의 成立과 活動」『韓國史論叢』2, 성신여자대학.

申瀅植, 1990,「新羅 中代 專制王權의 展開過程」『汕耘史學』4.

申瀅植, 1990,「新羅 中代 專制王權의 特質」『國史館論叢』20.

申虎澈, 1982,「弓裔의 政治的 性格」『韓國學報』29.

申虎澈, 1989,「新羅의 滅亡과 甄萱」『忠北史學』2.

沈暎俊, 1965,「新羅王室의 婚姻法則」『趙明基博士華甲紀念 佛教史學論叢』.

吳　星, 1979,「新羅 元聖王系의 王位交替」『全海宗博士華甲紀念 史學論叢』.

劉璟娥, 1991,「王建의 勢力成長과 對弓裔關係」『考古歷史學志』7, 동아대학교 박물관.

尹炳喜, 1982,「新羅 下代 均貞系의 王位繼承과 金陽」『歷史學報』96.

尹善泰, 1993,「新羅 骨品制의 構造와 機能」『한국사론』30, 서울대학교.

尹熙勉, 1982,「新羅 下代의 城主・將軍」『韓國史研究』39.

陰善赫, 1997,「新羅 敬順王의 卽位와 高麗歸附의 政治的 性格」『全南史學』11.

李光奎, 1976,「新羅王室의 婚姻體系」『사회과학논문집』1, 서울대학교.

李光奎, 1981,「韓國古代社會와 親族制度」『韓國古代文化와 隣接文化와의 關係』, 韓國精神文化研究院.

李根直, 1998,「삼국유사 왕력의 편찬성격과 시기」『韓國史研究』101.

李基東, 1972,「新羅 奈勿王系의 血緣意識」『歷史學報』53・54합집.

李基東, 1975, 新羅 中古時代 血緣集團의 特質에 대한 諸問題」『震檀學報』40.

李基東, 1978,「新羅金入宅考」『震檀學報』45.

李基東, 1977,「新羅 骨品制 研究의 現況과 그 課題」『歷史學報』74.

李基東, 1978,「羅末麗初 近侍機構와 文翰機構의 擴張」『歷史學報』77.

李基東, 1979,「新羅 下代 賓貢及第者의 出現과 羅唐文人의 交驩」『全海宗博士華甲紀念 史學論叢』.

李基東, 1980,「新羅 下代 王位繼承과 政治過程」『歷史學報』85.

李基東, 1978,「新羅 太祖星漢의 問題와 興德王陵碑의 發見」『大丘史學』15・16합집.

李基東, 1980,「新羅 中代의 官僚制와 骨品制」『震檀學報』50.

李基東, 1981, 「新羅 衰亡史觀의 槪要」『韓㳞劤博士停年紀念 史學論叢』.

李基東, 1985, 「張保皐와 그의 海上王國」『張保皐의 新研究』, 莞島文化院,

李基東, 1987, 「骨品制度」『제2판 한국사연구입문』, 지식산업사.

李基東, 1991, 「新羅 興德王代의 政治와 社會」『國史館論叢』21, 국사편찬위원회.

李基東, 1996, 「신라 하대의 사회변화」『한국사』11, 국사편찬위원회.

李基白, 1957, 「新羅 私兵考」『歷史學報』9.

李基白, 1958, 「新羅 惠恭王代의 政治的 變革」『社會科學』2, 韓國社會科學研究會.

李基白, 1962, 「上大等考」『歷史學報』19.

李基白, 1964, 「新羅 執事部의 成立」『震檀學報』25·26·27합병호.

李基白, 1971, 「新羅 六頭品研究」『省谷論叢』2.

李基白, 1973, 「新羅時代의 葛文王」『歷史學報』58.

李基白, 1993, 「統一新羅時代의 專制政治」『韓國史上의 政治形態』, 一潮閣.

李明植, 1992, 「新羅 元聖王系의 分枝化와 王權崩壞」『中齋張忠植博士華甲紀念論叢』 역사편.

李文基, 1984, 「新羅時代의 兼職制」『大丘史學』26.

李文基, 1999, 「新羅 金氏 王室의 少昊金天氏 出自概念의 標榜과 그 變化」『歷史教育論集』23·24합집.

李文雄, 1985, 「新羅 親族研究에서 婚姻體系와 出系의 問題」『韓國文化人類學』17.

李培鎔, 1985, 「新羅 下代 王位繼承과 眞聖女王」『千寬宇還曆紀念 韓國史學論叢』.

李純根, 1980, 「新羅時代 姓氏取得과 그 意味」『韓國史論』6, 서울대학교.

李迎春, 2002, 「新羅社會의 宗法的 要素에 관한 試論」『淸溪史學』16·17합집.

李泳澤, 1979,「張保皐의 海上勢力에 관한 研究」『한국해양대학논문집』14.

李泳鎬, 1990,「新羅 惠恭王代 政變의 새로운 解釋」『歷史教育論集』13·14합집.

李泳鎬, 1992,「新羅 貴族會議와 上大等」『韓國古代史研究』6.

李龍範, 1975,「풍수지리설」『한국사』6, 국사편찬위원회.

李佑成, 1969,「三國遺事所載 處容說話의 一分析」『金載元博士華甲紀念論叢』.

李仁哲, 1989,「新羅骨品制社會의 親族構造」『정신문화연구』36.

李仁哲, 1991,「新羅의 群臣會議와 帝相制度」『韓國學報』65.

李仁哲, 1992,「8·9世紀 新羅의 支配體制」『韓國古代史研究』6.

李貞信, 2000,「신라하대 농민 항쟁의 특징」『Korean History』1, 고려대학교.

李在範, 1991,『後三國時代 弓裔政權의 研究』, 성균관대학교 박사학위논문.

이재석, 2002,「日本 古代 群臣層과 왕위계승」『史叢』55.

李鍾旭, 1974,「南山新城碑를 통하여 본 新羅의 地方統治體制」『歷史學報』64.

李鍾旭, 1981,「高麗初 940年代의 王位繼承과 그 政治的 性格」『高麗光宗研究』, 一潮閣.

李鍾旭, 1985,「新羅時代의 眞骨」『東亞研究』6, 서강대학교.

李鍾旭, 1985,「新羅 骨品制 研究의 動向」『韓國古代의 國家와 社會』, 一潮閣.

李鍾旭, 1987,「新羅時代의 血族集團」『歷史學報』115.

李鍾旭, 1987,「回顧와 展望 －古代－」『歷史學報』116.

李鍾旭, 1989,「新羅時代의 血族集團과 相續」『歷史學報』121.

李鍾旭, 1989,「신라 골품제 연구의 문제」『한국상고사』, 한국상고사학회.

李鍾旭, 1990,「新羅下代의 骨品制와 王京人의 住居」『新羅文化』7.

李鍾恒, 1975,「新羅의 下代에 있어서의 王種의 絶滅에 대하여」『法史學研究』2.

李賢淑, 1992,「新羅末 魚袋制의 成立과 運用」『史學硏究』43·44합집.

李喜寬, 1990,「新羅의 祿邑」『韓國上古史學報』3.

李喜寬, 1998,「新羅 中代의 國學과 國學生」『新羅의 人材養成과 選拔』, 동국대학교 신라문화연구소.

張炳仁, 1990,「高麗時代 婚姻制에 대한 再檢討」『韓國史硏究』71.

全基雄, 1987,「羅末麗初 地方社會와 知諸州軍事」『慶南史學』4.

全基雄, 1989,「新羅 下代末의 政治社會와 景文王家」『釜山史學』16.

全基雄, 1991,「羅末麗初 政治社會史의 理解」『歷史考古學誌』7, 동아대학교 박물관.

全基雄, 1994,「新羅 下代의 花郎勢力」『新羅文化』10·11합집, 동국대학교 신라문화연구소.

全德在, 1994,「신라 하대의 농민항쟁」『한국사』4, 한길사.

全德在, 1992,「新羅 祿邑制의 性格과 그 變動에 관한 연구」『역사연구』, 구로역사연구소.

田美姬, 1989,「新羅 景文王·憲康王代의 '能官人'登用政策과 國學」『東亞硏究』17.

田美姬, 1997,「新羅 骨品制의 成立과 運營」, 서강대학교 박사학위논문.

田鳳德, 1956,「新羅 高位官職 上大等論」『法曹協會雜誌』5-1·2·3합병호.

全海宗, 1970,「中國과 韓國의 王朝交替에 대하여」『白山學報』8.

鄭善如, 1997,「新羅 中代末·下代初 北宗禪의 수용」『한국고대사연구』12.

鄭景鉉, 1992,「高麗太祖의 王權」『擇窩許善道先生停年紀念 韓國史學論叢』.

丁元卿, 1984,「新羅 景文王代의 願塔建立」『年報』5, 釜山市立博物館.

丁仲煥, 1969,「新羅聖骨考」『李弘稙博士回甲紀念 韓國史學論叢』.

曺庚時, 1989,「新羅 下代 華嚴宗의 構造와 傾向」『釜大史學』13.

曺凡煥, 1991,「新羅末 朴氏王의 登場과 그 政治的 性格」『歷史學報』128.

曺凡煥, 1999, 「新羅 下代 景文王代의 佛敎政策」 『新羅文化』 16.

曺凡煥, 1999, 「新羅末 花郎勢力과 王位繼承」 『史學硏究』 57.

趙二玉, 1993, 「統一新羅 景德王代 專制王權과 祿邑에 관한 연구」 『東洋古典硏究』 1.

趙仁成, 1991, 『泰封의 弓裔政權硏究』, 서강대학교 박사학위논문.

趙仁成, 1994, 「崔致遠 撰述 碑銘의 註釋에 대한 一考」 『加羅文化』 11, 경남대학교.

趙仁成, 1994, 「新羅末 農民叛亂의 背景에 대한 一試論」 『新羅末 高麗初의 政治・社會變動』, 신서원.

趙仁成, 1996, 「彌勒信仰과 新羅社會」 『震檀學報』 82.

朱甫暾, 1984, 「新羅時代의 連坐制」 『大丘史學』 25.

朱甫暾, 1994, 「통일신라의 지배체제와 정치」 『한국사』, 한길사.

채미하, 2000, 「신라 혜공왕대 오묘제의 개정」 『韓國史硏究』 108.

崔敬淑, 1997, 「崔致遠의 歷史認識」 『孤雲의 思想과 文學』 坡田學堂.

崔根泳, 1989, 「8~10世紀 地方勢力 形成의 實際와 그 性格」 『史學志』 22.

崔根泳, 1992, 「後三國 成立에 관한 硏究」 『國史館論叢』 26, 국사편찬위원회.

崔柄憲, 1975, 「羅末麗初 禪宗의 社會的 性格」 『史學硏究』 25.

崔柄憲, 1976, 「新羅 下代 社會의 動搖」 『한국사』 3, 국사편찬위원회.

崔在錫, 1983, 「新羅王室의 王位繼承」 『歷史學報』 98.

崔在錫, 1986, 「新羅時代의 骨品制」 『東方學志』 53.

崔在錫, 1988, 「신라 골품제에 대하여」 『한국 고・중세 사회의 구조와 변동』 한국사회사연구회, 1988.

崔在錫・安浩龍, 1990, 「新羅 王位繼承의 系譜認識과 政治勢力」 『한국의 사회조직과 종교사상』, 한국사회사연구회논문집 17.

秋萬鎬, 1986, 「羅末 禪師들과 社會諸勢力과의 關係」 『史叢』 30.

추만호, 1994, 「신라 하대 사상계의 동향」 『한국사』 4, 한길사.

皮暎姬, 1979, 「Double Descent理論適用을 통해 본 新羅王의 身分槪念」 『韓國史論』 5, 서울대학교.

河炫綱, 1968,「高麗 惠宗代의 政變」『史學硏究』20.

河炫綱, 1974,「高麗王朝의 成立과 豪族聯合政權」『한국사』4, 국사편
　　　　찬위원회.

韓基汶, 1990,「高麗時代 官人의 願堂(上)」『大丘史學』39.

洪起子, 1998,「新羅下代 讀書三品科」『新羅의 人材養成과 選拔』, 新
　　　　羅文化祭學術發表會論文集 19, 동국대학교 신라문화연구소.

洪淳昶, 1982,「變動期의 政治와 宗敎」『人文硏究』2, 영남대학교.

洪承基, 1992,「弓裔王의 專制的 王權의 追求」『許善道停年紀念韓國
　　　　史學論叢』.

黃善榮, 1995,「金石文에 보이는 新羅 下代의 文散階」『釜山史學』29.

黃善榮, 1998,「新羅 下代 金憲昌 亂의 性格」『釜山史學』35.

黃壽永, 1969,「新羅 敏哀大王 石塔記」『史學誌』3, 단국대학교.

黃壽永, 1970,「新羅 法光寺 石塔記」『白山學報』8.

黃壽永, 1972,「新羅 黃龍寺 九層塔誌」『考古美術』116.

黃壽永, 1973,「新羅黃龍寺九層木塔擦柱本記와 그 舍利具」『東洋學』3.

1) 외국 논문

金鍾璿, 1977,「新羅花郎の性格について」『朝鮮學報』82.

今西龍, 1918,「高麗太祖訓要十條について」『東洋學報』8－3.

今西龍, 1922,「新羅骨品考」『史林』7－1.

今西龍, 1970,「新羅骨品'聖而'考」『新羅史硏究』, 國書刊行會.

旗田巍, 1960,「高麗王朝成立期の府と豪族」『法制史硏究』10.

吉村武彦, 1989,「古代の王位繼承と群臣」『日本歷史』496.

藤田亮策, 1953,「新羅九州五京攷」『朝鮮學報』5.

瀨野馬雄, 1926,「高麗惠宗朝の內亂」『史學雜誌』37－10.

末松保和, 1932,「新羅幢停考(附)上大等について」『史學雜誌』43－12.

末松保和, 1932,「新羅王代略考」『靑丘學叢』9.

末松保和, 1949,「新羅三代考」『史學雜誌』57－5・6合倂號.

末松保和, 1954,「新羅下古諸王薨年存疑」『新羅史の諸問題』, 東洋文庫.

木村誠, 1977,「新羅の宰相制度」『人文學報』118, 東京都立大學.

木村誠, 1978,「新羅上大等の成立過程」『末松保和記念 古代東アジア
　　　史論叢』上.

武田幸男, 1970,「新羅の滅亡と高麗朝の展開」『岩波講座世界歴史』9.

武田幸男, 1975,「新羅骨品制の再檢討」『東洋文化研究紀要』67, 東京
　　　大學.

三池賢一, 1971,「新羅內廷官制考(上)」『朝鮮學報』61.

鈴木靖民, 1967,「金順貞・金邕論」『朝鮮學報』45.

日野開三郎, 1960,「羅末三國の對大陸海上交通貿易(2)」『朝鮮學報』
　　　17.

井上秀雄, 1965,「新羅の骨品制度」『歷史學研究』304.

井上秀雄, 1968,「新羅朴氏王系の成立」『朝鮮學報』47.

井上秀雄, 1969,「三國史記にあらわれた新羅の中央行政官制につい
　　　て」『朝鮮學報』51.

池內宏, 1913,「高麗太祖の薨後に於ける王位繼承上の一悲劇」『史
　　　林』3－2.

池內宏, 1941,「新羅の骨品制と王統」『東洋學報』28－3.

浦生京子, 1979,「新羅末期の張保皐の擡頭と叛亂」『朝鮮史研究會論
　　　文集』16.

A Study on the Succession to the Royal Throne in the Latter Period of the Silla

Kim, Chang Kyum

The aim of this research is to find out the characteristics of the succession to the throne in the latter period of the Silla(新羅). This research is of great significance in that it leads us to figure out the structure of royal kinship as well as the political history in the latter period of the Silla, to keep track of the rise and fall of Kolpum(骨品) rules, and to know of the establishment of the law relating to the succession to the Royal Throne in the new－established state, the Koryo dynasty.

In chapter 2, I examined the royal family tree through the latter period of the Silla as a basis. Research materials are mainly the Samguksagi(三國史記) and the Samgukyusa(三國遺事); besides epigraphy, garland and Chinese historical literatures. Extracting articles relevant to the subject from these materials, we scrutinized each family of kings only to reconstruct the royal family tree in the latter period of the Silla.

In chapter 3, after classifying the types of the succession to the Royal Throne, I looked into their own characteristic based on blood relation. In the succession to the Royal Throne in the Silla were there three main factors — blood relation, political factor, and Kolpum rules. The succession to the Royal

Throne, especially in the latter period of the *Silla*, was often exceptional. There were sometimes under such circumstances that the way to succeed to the throne was exceptional, when any factor was superior to the other ones. According to the way to succeed to the throne, we classified to study the types of succession into nomination of the Crown Prince for the throne, the king's last will(in general, restricted within a relation in the third degree), and usurpation(mainly within the sixth degree of consanguinity). Three types of succession were due to the paternal lineage, and in case of recommendation were candidates for the king who were collateral relation by blood or matrimonial relatives of married gentlewomen. In case of nomination of the Crown Prince for the throne and the king's last will, blood relation had the greatest influence of all the various factors at that time on the succession to the throne. They had a suitable person as the king on the basis of blood relation. There was a correct order in having someone among may candidates as a successor to the throne — ① he who is in direct descent from the king; if not possible, ② younger brother, ③ uncle, ④ nephew with a king as the central figure. As I see, men from the paternal lineage has priority over women. But if the king has no son at all, king's son−in−law became a successor or king's sister could be a monarch under unavoidable circumstances.

In chapter 4, I researched into the way political factor has a greatest effect on the successive service in various official ranks or positions. What is especially noteworthy is that *Sangdaedung*(上大等), *Sijoong*(侍中), and *Byoungbooryoung*(兵部令) belonged to high−ranking officials in the latter period of the *Silla*. There was sometimes unusual cases in which one of those officials became a king, but it was not by a goverment post but by blood relation.

In chapter 5, I studied the social status of rebels who failed to seize the throne with the use of armed force, which is also another poticial factor. There happened these rebellions for the most part around the first half years of the latter period of the *Silla*, particulary during the period subsequent to the change of the royal families. Those who failed to challenge to the throne were of the same paternal lineage as ex—king. The time rebellions broke out was generally just after the change of the royal families. I can infer from these facts that the pattern of the succession to the throne in the latter period of the *Silla* is due to the paternal lineage.

In chapter 6, I made a minute inquiry of the extinguishing process of *Kolpum* rules, which were the most important conditions on the succession to the throne. The change of royal lineages in power can be divided into four periods. Though the latter period of the *Silla* was thrown into confusion, only descendants from the *Kim* clan on the mother's or father's side could be candidates for the throne. Compared with the early and middle periods of the *Silla*, the royal family tree was confined within narrow limits of marriage between high—restricted families in the latter period of it. The small group of royal family, however, came to have their power broken for all the privileged class. Moreover, *Kolpum* rules got weakened and extinct. The lineage of king *Wonsung*(元聖王), one of newly—risen families, met on the same ground as the Imperial Family of China, made their family holy and adopted a differentiating policy over the nobility of *Jingol*(眞骨). They were also called 'Sungee(聖而)', which showed a sort of national consciousness gone beyond Kolpum system. Such situations led *Kolpum* system to extinction. In addition to this phenomenon, struggles for the throne had *Kolpum* system collapsed, and a lineage who happened to supplant the throne felt mad about having power to itself, minimizing the scope of the royal family by consanguineous marriage, and having died away from a eugenic point of view. Exceptional practices of the succession to the throne has made *Kolpum* rules to be little more than a mere name without any effect on the matter of succession.

In chapter 7, I inquired into the law relating to the succession to the throne in the *Koryo* new — born just through the state of utter disorder in the course of the succession to the throne and *Taebong*(泰封) in the latter period of the *Silla*, the post — *Baekje*(後百濟) in which that kind of problem also occurred, and the fall of the post — *Baekje*. The first King(太祖) of the *Koryo* enacted *Hoonyoshipcho*(ten provisions for discipline, 訓要十條) in his later years, among which a third provision is to give an advice about the succession to throne. He ordered the throne to be succeeded only to a son. Unlike the latter period of the *Silla*, uncle, sister, nephew, or son — in — law of ex — king were excluded from candidates for the throne through the *Koryo*. This led the *Koryo* to a more peaceful succession to the throne.

The conclusion is that the best principle to succeed to the throne in the latter part of the *Silla* is the one from father to son. But there happened exceptional cases when any other factor was far ahead among three — blood relation, political factor and *Kolpum* rules. Even if there were at times the successions to the throne from king to non — sons, they belonged to the sussession through the paternal lineage in the strict sense. In the procedure of this, *Kolpum* rules of the *Silla* was abolished. The first King of the *Koryo* came to establish and fix the principle of the succession to the throne directly from father to son for descendants, on which only blood relation and political factors had a great effect.

찾아보기

ㅂ

ㅊ

김 창 겸(金昌謙)

경북 김천 출생
영남대학교 국사학과 졸업, 성균관대학교 대학원 졸업(문학석사, 문학박사)
성균관대·아주대·유한대·신구대 강사, 현재 한국정신문화연구원 선임편
수연구원

著 書
『통일신라의 대외관계와 사상연구』(공저, 2000),『신라 최고의 사상가 고운
최치원 탐구』(공저, 2001),『한국 중세사회의 제문제』(공저, 2001),『한국고대
사의 제조명』(공저, 2001) 등 다수

論 文
「후삼국통일기 태조왕건의 패서호족과 발해유민에 대한 정책 연구」,「신라
경문왕대 수조역사의 정치사적 고찰」,「신라시대 태자제도의 성격」,「신라
원성왕의 즉위와 김주원계의 동향」,「신라 진흥왕의 즉위과정」,「신라 원성
왕계 왕의 황제·황족적 지위와 골품 초월화」,「신라 하대의 왕위계승과 상
대등」, 등 다수

新羅 下代 王位繼承 研究
정가 : 28,000원

2003년 5월 9일	초판 인쇄
2003년 5월 20일	초판 발행

저　　자 : 金 昌 謙(kimck0301@hanmail.net)
회　　장 : 韓 相 夏
발 행 인 : 韓 政 熙
발 행 처 : 景仁文化社
편　　집 : 申 鶴 泰
　　　　　서울특별시 마포구 마포동 324 - 3
　　　　　전화 : 718 - 4831~2, 팩스 : 703 - 9711
　　　　　E-mail : kyunginp@chollian.net
등록번호 : 제10 - 18호(1973. 11. 8)